Ines Engelmann

Alltagsrationalität im Journalismus

Ines Engelmann

Alltagsrationalität im Journalismus

Akteurs- und organisationsbezogene Einflussfaktoren der Nachrichtenauswahl

UVK Verlagsgesellschaft Konstanz · München

Die vorliegende Arbeit wurde von der Ludwig Sievers Stiftung gefördert (www.sievers-stiftung.de).

Bibliografische Information der Deutschen Nationalbibliothek
Die Deutsche Nationalbibliothek verzeichnet diese Publikation in der Deutschen Nationalbibliografie; detaillierte bibliografische Daten sind im Internet über http://dnb.d-nb.de abrufbar.

ISBN 978-3-86764-352-8

Einband: Susanne Fuellhaas, Konstanz
Printed in Germany

UVK Verlagsgesellschaft mbH
Schützenstr. 24 · 78462 Konstanz · Deutschland
Tel.: 07531-9053-0 · Fax: 07531-9053-98
www.uvk.de

Inhalt

Vorwort

Diese Arbeit wäre ohne Unterstützung einiger Personen nicht möglich gewesen: Mein Doktorvater Prof. Dr. Bertram Scheufele hat mich stets loyal unterstützt, beantwortete jederzeit alle Fragen sehr geduldig und verstand es, eine äußerst anregende Arbeitsatmosphäre während unserer gemeinsamen Zeit in Jena zu schaffen. Sein unermüdlicher Arbeitseifer wird für mich ein Vorbild bleiben. Prof. Dr. Martin Löffelholz hat die Arbeit begutachtet. Prof. Dr. Marcus Maurer hat in der Endphase der Arbeit mein häufiges Fernbleiben im Institut verständnisvoll toleriert.

Sehr hilfreiche Anmerkungen zu verschiedenen Aspekten der Arbeit erhielt ich außerdem auf den Tagungen der DGPuK-Fachgruppen »Methoden« und »Journalistik/Journalismusforschung« in Berlin 2009, auf der DGPuK-Jahrestagung in Ilmenau 2010 sowie für die bereits veröffentlichten Aufsätze in der Zeitschrift MEDIEN & KOMMUNIKATIONSWISSENSCHAFT.

Folgende Studierende eines Projektseminars aus dem Wintersemester 2007/2008 haben mich beim Pretest mit ausgewählten Journalisten engagiert unterstützt: Christin Babin, Andrea Dylewski, Lars Günther, Adrian Keller, Franziska Landmann, Johanna Leidel, Christin Nase, Alice Ruddigkeit, Josephine Settmacher und Anni Steinhagen.

Meine Kollegen und Freunde haben mich bei allen Fragen, Problemen und Zweifeln wissenschaftlich und freundlich unterstützt, abgelenkt und aufgemuntert. Lars Günther, Dr. Jutta Milde, Dr. Denise Sommer, Dr. Claudia Wilhelm und Dr. Arne Zillich haben zudem für die Interessen der Leser dieser Arbeit gekämpft. Rüdiger Steiner vom Verlag hat der Arbeit formal den letzten Schliff verliehen. Die Ludwig-Sievers-Stiftung hat schließlich einen Großteil der Druckkosten für die Veröffentlichung übernommen.

Die größten Belastungen habe ich – insbesondere im letzten Jahr – meinem Mann Ronny zugemutet, der mich dennoch stets unendlich geduldig und liebevoll unterstützt hat. Ihnen allen gebührt mein herzlicher Dank.

Jena, im Juni 2012 Ines Engelmann

1 Problemstellung

1.1 Journalistische Nachrichtenentstehung

Journalisten haben es heute mit einer wahren Informationsflut zu tun. Nachrichtenagenturen stellen täglich jeweils hunderte von Meldungen und Berichten über Geschehnisse in aller Welt bereit. Andere Medien liefern weitere Geschichten. Redakteure und Korrespondenten entwickeln Ideen für eigene Recherchen, und auch das Publikum tritt mit Themenwünschen an Redaktionen heran. Dieses überkomplexe Angebot an Informationen müssen Redaktionen bzw. Journalisten sinnvoll reduzieren, um daraus die relevanten Informationen an ihr Publikum zu vermitteln[1] (Maier et al. 2010). Denn die Aufgabe der Presse ist es, Bürger umfassend zu informieren und deren freie Meinungsbildung zu gewährleisten. Gleichzeitig sind aufgrund der immensen täglichen Informationsfülle und vielfältiger Einschränkungen im Redaktionsalltag solche idealtypischen Vorstellungen nur begrenzt umsetzbar. Das Interesse an der Frage, wie Nachrichten entstehen, wie Journalisten bzw. Redaktionen Nachrichten selektieren bzw. reduzieren und konstruieren, erklärt sich aus seiner offenkundigen politischen Brisanz, denn:

> »[…] in modernen Gesellschaften ist das Publikum darauf angewiesen, sich aus den Medien über das aktuelle politische Geschehen zu informieren. Es erwartet eine unabhängige Berichterstattung über die relevantesten Ereignisse. Ob Journalisten dieser Aufgabe nachkommen, entzieht sich weitgehend der Kontrolle des Publikums.« (Eilders 1999: 16)

Ob und inwieweit Journalisten diese Aufgabe erfüllen, welche Nachrichten sie auswählen, untersuchte die Journalismusforschung bisher aus verschiedenen Forschungsparadigmen, die häufig unverbunden nebeneinander stehen.

Auf der *Mikro-Ebene* – z. B auch als »Personenparadigma« (Raabe 2005: 19) bezeichnet – wurde die journalistische Nachrichtenauswahl

---

[1] Zwar sind neben Redaktionen auch andere Instanzen wie z. B. Nachrichtenagenturen an der Beschaffung und Vermittlung von Informationen beteiligt (Maier et al. 2010: 15), jedoch stehen sie hier nicht im Mittelpunkt des Interesses.

einerseits aus der Gatekeeper-Perspektive und andererseits aus der News-Bias-Perspektive untersucht. Aus der *Gatekeeper-Perspektive* wurde Nachrichtenauswahl als »reines Auswahlhandeln bereits fertig vorgegebener Nachrichten« (Raabe 2005: 35) verstanden (z. B. White 1950; Überblick: Joch-Robinson 1973). Das Gatekeeper-Modell legte demzufolge ein aktives, wenngleich unproduktives Auswahlverhalten von Journalisten zugrunde (Raabe 2005: 34f.). In diese Sicht lässt sich auch die Nachrichtenwerttheorie einordnen (Neuberger 1996: 253, FN 71; Kritik: Emmerich 1984: 23, 28), sofern man Nachrichtenfaktoren als Ereignismerkmale auffasst. Danach wählen Journalisten Ereignisse als selektionswürdig aus, weil diese bestimmte ereignisinhärente Merkmale aufweisen. Die *News-Bias-Perspektive* erweiterte die Gatekeeping-Perspektive um die Auswirkungen auf den öffentlichen Kommunikationsprozess. Diese Sicht betont die möglichen Folgen von Medieninhalten für Meinungen und Einstellungen des Publikums und der Öffentlichkeit (zusammenfassend Raabe 2005: 38ff.). Hier wird unterstellt, dass Journalisten aufgrund ihrer (politischen) Meinungen und Einstellungen die Realität »verzerren« und Nachrichten einseitig auswählen (z. B. Kepplinger et al. 1989; Noelle-Neumann 1973). Ein solches journalistisches Auswahlverhalten beinhaltet nicht nur reduktive, sondern auch konstruktive Prozesse. Solche Eingriffe von Journalisten werden vorrangig akteursbezogen interpretiert. Auch dieser Perspektive lässt sich die Nachrichtenwerttheorie zuordnen, sofern man Nachrichtenfaktoren als interpretationsbedürftige journalistische Selektionskriterien versteht, um Selektionsentscheidungen zu legitimieren (Staab 1990). Danach wird Medienberichterstattung durch die Intentionen bzw. Entscheidungen von einzelnen Journalisten erklärt, die »völlig oder vorrangig auf Zwecke jenseits der Berichterstattung zielen« (Kepplinger 1989a: 11f.). Diese Position betont das »politische Handeln« von Journalisten (Kepplinger 1989b; Kepplinger & Ehmig 1997; Kepplinger et al. 1989). Diese Forschungstradition bleibt aber eine wissenschaftliche Vorstellung von den journalistisch Handelnden schuldig, da sie keine begründete Akteurskonzeption entwickelt hat (Löffelholz 2003: 36). So gehen alle bisher genannten Konzepte und Theorien mittlerer Reichweite

> »[…] weder auf die Individualität oder individualpsychologische Handlungsaspekte von Journalisten ein, noch weisen sie eine subjekttheoretische Fundierung auf, wie sie aus phänomenologischer oder handlungstheoretischer Perspektive denkbar wäre.« (Raabe 2005: 19)

Zudem berücksichtigt diese Sicht zwar die redaktionelle Einbettung von Journalisten, aber nur aus dem Blickwinkel, welche individuellen Freiheiten Journalisten trotz einer solchen Einbettung haben (Raabe 2005: 42). Akteursübergreifende soziale Handlungszusammenhänge spielen aus dieser Sicht keine Rolle.

Auf der *Meso- bzw. Makro-Ebene* – dem so genannten »Systemparadigma« (Raabe 2005: 19) – werden nicht mehr die Auswahlhandlungen einzelner Journalisten betrachtet. Stattdessen werden z. B. einzelne Redaktionen oder der Journalismus als System zusammenhängender, strukturierter Handlungsweisen der beteiligten Akteure begriffen (Rühl 1979: 14). Redaktionelles Handeln erfolgt aus dieser Sicht nicht durch Nachrichten sammelnde, redigierende und kommentierende Redakteure, sondern als durchrationalisierter Produktionsprozess in nicht minder rationalisierten und differenzierten Organisationssystemen.[2] Journalistische Entscheidungen treten in einem organisierten sozialen Handlungssystem, wie es Rühl konzipiert, als kollektive Entscheidungsprozesse auf (Rühl 1979: 76). Aus dieser Sicht »entscheiden« keine einzelnen Redakteure mehr, sondern Redaktionen (Kritik: Hienzsch 1990: 70). Journalistische Auswahlentscheidungen basieren nach Rühl (1980: 246ff.) auf generalisierten Handlungserwartungen in Redaktionen, die Journalisten anerkennen und befolgen. Die Position journalistischer Akteure bleibt aus dieser Perspektive widersprüchlich. Vorteilhaft ist an dieser Forschungstradition, dass sie nicht nur auf Journalisten, sondern auf den sozialen Handlungszusammenhang und die Strukturen verweist, die das Handeln einzelner Journalisten prägen.

Anhand der beiden eben skizzierten Forschungstraditionen sollen zwei Probleme deutlich werden. Das »personenbezogene Paradigma« beinhaltet Theorien über die Nachrichtenauswahl wie z. B. Nachrichtenwerttheorie und News-Bias-Ansatz. Sie sind aber erstens nicht akteurs- bzw. handlungstheoretisch (Raabe 2005: 19; Ausnahme in Ansätzen: Fengler & Ruß-Mohl 2005, 2007) fundiert und demzufolge auch nicht theoretisch miteinander verbunden (Fretwurst 2008). Zweitens greifen personen- und systembezogene Forschungsperspektive für sich genommen zu kurz, um die journalistische Nachrichtenauswahl angemessen zu erklären. Die akteursbezogen argumentierenden Theorien der Nachrichtenauswahl wurden bisher nicht in einen breiteren z. B. organisations- bzw. systembezogenen Rahmen gestellt (Reinemann 2007). Diesen beiden Forschungslücken nimmt sich die vorliegende

[2] Die radikalisierte Systemperspektive auf Journalismus als autopoietisches Sozialsystem der Gesellschaft bleibt hier ausgeklammert, da sie Akteure und Handlungen gänzlich aus dem System ausschließt und sich daher für empirische Untersuchungen kaum eignet (Überblick z. B. Hohlfeld 1999; Raabe 2005: 60ff.).

Arbeit an, indem sie die Nachrichtenauswahl auf Basis *akteurs- und organisationsbezogener Merkmale* erklären will. Insbesondere die Verknüpfung zwischen Personen- und Systemperspektive schließt an die aktuelle Debatte in der deutschen Journalismusforschung an, die sich mit der Verbindung von Mikro-, Meso- und Makro-Ebene, von Akteuren und Systemen bzw. von Handlungen und Strukturen befasst (Überblick z. B. Löffelholz 2000, 2004; Löffelholz & Quandt 2005; Reinemann 2007; Quandt & Scheufele 2011). Auf der *Mikro-Ebene* soll das individuelle Publikationshandeln bzw. genauer das Selektionshandeln von Journalisten aufgrund der von ihnen wahrgenommenen bzw. zugeschriebenen Selektionskriterien erklärt werden, wofür verschiedene Theorien der Nachrichtenauswahl integriert werden. Auf der *Meso-Ebene* soll untersucht werden, ob und inwiefern Merkmale journalistischer Organisationen die Faktoren auf der Mikro-Ebene – d. h. wahrgenommene bzw. zugeschriebene Selektionskriterien und journalistisches Publikationshandeln – prägen. Folgende theoretische und empirische Fragen sind zentral für die Arbeit. Aus organisationstheoretischer Sicht betrifft die erste Frage die Verknüpfung zwischen *Meso- und Mikro-Ebene*:

- Wie können journalistische Institutionen und Organisationen mit dem Wissen und Handeln einzelner Journalisten verknüpft werden?

Der zweite Fragenkomplex betrifft die *Mikro-Ebene* journalistischen Handelns, zum einen aus handlungstheoretischer, zum anderen aus nachrichtenauswahltheoretischer Sicht. Aus *handlungstheoretischer Sicht* interessiert:

- Was können soziologische und sozialpsychologisch orientierte Handlungstheorien zur Fundierung journalistischer Nachrichtenauswahltheorien beitragen?

Eher *nachrichtenauswahltheoretisch* gewendet lässt sich fragen:

- Wie lassen sich die Nachrichtenwerttheorie und der News-Bias-Ansatz handlungstheoretisch fundiert miteinander verknüpfen?

In *empirischer Hinsicht* interessieren die Beziehungen aller Merkmalsbündel zueinander:

- Inwiefern erklären organisationsbezogene Faktoren die wahrgenommenen Selektionskriterien von Journalisten bzw. ihr Selektionshandeln?

- Welche akteurs- und organisationsbezogenen Merkmale erklären journalistisches Selektionshandeln und in welchem Verhältnis stehen die Merkmalsbündel zueinander?
- Inwieweit erklären Selektionskriterien, die aus der Nachrichtenwerttheorie und dem News-Bias-Ansatz resultieren, journalistisches Selektionshandeln im Vergleich zueinander?

1.2 Theoretischer Rahmen und Aufbau der Arbeit

Den sozialtheoretischen Rahmen der Arbeit bilden das Modell der soziologischen Erklärung (Esser 1999: 14ff.) und der darauf aufbauende Akteurzentrierte Institutionalismus (Mayntz & Scharpf 1995; Schimank 1996, 2005b). Mit Essers *Mehrebenenmodell der soziologischen Erklärung* lassen sich die Mikro- und Meso-Ebene[3] über drei Schritte miteinander verbinden (vgl. Abb. 1.1), was Coleman (1991) auch als »Badewanne« bezeichnet.

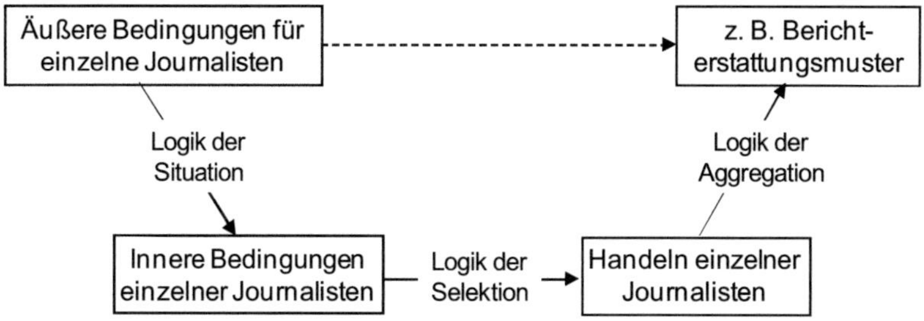

Abb. 1.1: Modell der soziologischen Erklärung (angelehnt an Esser 1999: 166)

Der Link zwischen Meso- und Mikro-Ebene ist durch die *Logik der Situation* gekennzeichnet (Esser 1999: 16ff., 387ff.). Danach sind Akteure in soziale Situationen eingebettet, wie sie z. B. Journalisten in Ressorts oder Redaktionen vorfinden. Sie bilden die äußeren Bedingungen ihres Handelns. Die inneren Bedingungen betreffen das Wissen und die Werte von Journalisten wie z. B. Selektionskriterien für die Nachrich-

[3] In das Modell der soziologischen Erklärung lassen sich beliebig viele Erklärungsebenen einführen. Hier wird die *Meso-Ebene* für journalistische Organisationen verwendet, wenngleich sie mehrere Ebenen (z. B. Redaktionen, Ressorts, Teams) umfassen kann. Diese Ebene wird von der Makro-Ebene abgegrenzt, die z. B. Journalismus als gesellschaftliches Teilsystem kennzeichnet, hier aber nicht primär interessiert. Grundsätzlich sind empirisch also mehr als drei Erklärungsebenen denkbar.

tenauswahl, die zumindest teilweise der redaktionelle Kontext prägt. Die *Logik der Selektion* erklärt, wie Akteure aufgrund ihres subjektiven Wissens und ihrer Werte handeln. Nach Esser (1999: 16ff., 241ff.) entscheiden sich Akteure für die Alternative, von der sie rational kalkulierend den größten Nutzen erwarten. So könnten z. B. Journalisten diejenigen Meldungen auswählen, von der sie sich den größten Nutzen versprechen, worin auch immer der Nutzen im Einzelnen besteht (Fengler & Ruß-Mohl 2005, 2007). Esser erklärt die Auswahl zwischen mehreren Handlungsalternativen mit einer Wert-Erwartungstheorie. Die *Logik der Aggregation* verbindet das Handeln individueller Akteure mit kollektiven Phänomenen, indem man Aggregations- oder Transformationsregeln angibt. So ergeben z. B. viele einzelne Selektionsentscheidungen von Journalisten in einer Redaktion auf der Meso-Ebene aggregierte Berichterstattungsmuster für diese Redaktion.

Schimank (1996: 243ff.) verbindet über das Modell der soziologischen Erklärung hinaus Akteurs-, Institutionen- und Systemtheorien miteinander (»Akteurzentrierter Institutionalismus«). Diese Perspektive ist auch in der deutschsprachigen Journalismusforschung nicht mehr unbekannt (z. B. Neuberger 1996, 2000; F. Esser 1998; Altmeppen 2006). Sie wird häufig als »Forschungsheuristik« (Mayntz & Scharpf 1995: 39) verwendet. Schimanks (2009: 202) Modell überwindet die »sozialtheoretische Zersplitterung« gegenüber Essers Modell. Zudem spezifiziert es Essers Situations- und Aggregationslogik zusätzlich über drei Strukturebenen: teilsystemische Orientierungshorizonte, institutionelle Ordnungen und Akteurkonstellationen (Schimank 1996: 243). Sie werden nachfolgend kurz skizziert, um anschließend die eigene Arbeit darin zu verorten.

Schimank siedelt auf der *Makro-Ebene teilsystemische Orientierungshorizonte* an. Sie bilden »generalisierte sinnhafte Handlungsorientierungen« (Schimank 2005b: 78) für Entscheidungen von Organisationen, Institutionen und Akteuren. So wissen z. B. Journalisten, dass es im Journalismus bzw. konkret in Redaktionen primär um das Publizieren[4] von Informationen geht und nicht vorrangig um Macht, Liebe oder Geld. Teilsysteme bilden demzufolge für Akteure handlungsprägende Fiktionen, die mit einem Leitwert die »Richtung des Wollens« (Schimank 1996: 243) festlegen. So bestimmt Löffelholz (2003: 42) Öffentlichkeit als gesellschaftliches Funktionssystem und Journalismus als Leistungssystem von Öffentlichkeit (auch Görke & Kohring 1997; Kohring &

[4] Andere Leitwerte bzw. binäre Codes wie z. B. Aktualität oder Aufmerksamkeit sind denkbar, aber interessieren hier nicht primär (Überblicke z. B. Hohlfeld 1999; Raabe 2005).

Hug 1997), das andere Teilsysteme wie z. B. Politik oder Wirtschaft beobachtet und so ihre (Selbst-)Beobachtung ermöglicht. Die Leistungen, die der Journalismus für die Öffentlichkeit erbringen soll, verknüpft er mit journalistischem Handeln. Löffelholz benennt das Selektieren, Bearbeiten und Publizieren als journalistische Leistungen, um über zielgruppenspezifisch relevante Themen zu informieren.

Die sinnhafte Orientierung des gesellschaftlichen Teilsystems konkretisiert Schimank in den *institutionellen Ordnungen (Meso-Ebene).* Institutionelle Ordnungen sind dauerhaft verfestigte Regeln (vgl. Kap. 2.1.2), wie sie z. B. für journalistische Organisationen oder Rollen gelten. Sie prägen z. B. das Selektionshandeln von Journalisten konkreter als Leitwerte, indem sie Normen vorgeben (»Sollen«). Sie schaffen so »wechselseitige Erwartungssicherheit« (Schimank 1996: 245) und reduzieren Komplexität und Unsicherheit (Simon 1981: 29; March & Simon 1976: 154) für Journalisten. Auf dieser Ebene wird aus differenzieller Perspektive erklärt, ob und inwiefern journalistische Organisationen die teilsystemische Handlungslogik jeweils organisationsspezifisch (nicht organisationsübergreifend!) operationalisieren, um ihr Publikum zielgruppenspezifisch zu informieren. Im Mittelpunkt steht hier die organisationsspezifische Ausrichtung institutionalisierter Selektionskriterien und institutionalisierten Selektionshandelns.

Auf der *Mikro-Ebene* agieren Akteure in bestimmten *Akteurkonstellationen.* Ihr Handeln wird sowohl durch die teilsystemische Logik, durch die institutionellen Ordnungen als auch durch andere Akteure geprägt. Akteure verfügen zwar über eigene Interessen und über Einflusspotenziale, um ihre Interessen durchzusetzen, aber ihr Handeln ist beschränkt durch andere Akteure (»Können«). Demzufolge setzen sie ihre Interessen nicht zwingend rational kalkulierend und egoistisch nutzenmaximierend um, da sie »auf die Koordination mit anderen angewiesen« sind (Schimank 1996: 244). Auch mit dieser Annahme geht Schimanks Modell über Essers hinaus. Schimank sieht die Nutzenorientierung von Akteuren nur als zweiten Schritt, die im Rahmen institutioneller Beschränkungen und damit verbundener Erwartungssicherheit erfolgt. Erst wenn Akteure wissen, in welchem Teilsystem sie sich gerade befinden und welche Normen dort gelten, können sie sich überlegen, was sie dort interessieren könnte (Schimank 2009: 220ff.). So können auch Journalisten Interessen mit ihrem Selektionshandeln verfolgen (Fengler & Ruß-Mohl 2005; Neuberger 1996), wenngleich deren Durchsetzung durch redaktionelle Normen, durch Vorgesetzte, durch Publikumserwartungen etc. beschränkt ist. Journalisten handeln demzufolge nicht individuell-isoliert, wie es das »Personenparadigma« weitgehend unterstellt.

Damit sind drei Ebenen benannt, die das Selektionshandeln von Journalisten prägen bzw. begrenzen, (nicht determinieren!). Jedoch wird das Handeln von Journalisten nicht nur geprägt. Stattdessen (re-)produziert das Handeln auch fortwährend Strukturen mehr oder weniger ähnlich (Schimank 1996: 247). So (re-)produzieren Journalisten z. B. Strukturen der Berichterstattung, Wissensstrukturen, Redaktions- oder Ressortstrukturen. Esser bezeichnete dies als Logik der Aggregation.

Diese Arbeit fokussiert – angelehnt an Essers Modell der soziologischen Erklärung – auf die Logik der Situation und der Selektion, d. h. individuelles journalistisches Selektionshandeln wird erklärt. Konkret wird der prägende Meso-Einfluss journalistischer Institutionen – vermittelt über das subjektive Wissen und die Werte von Journalisten – auf das Selektionshandeln untersucht. Damit fokussiert diese Arbeit auf die »Vorfrage« (Schimank 2005b: 24) des handelnden Zusammenwirkens von Journalisten, während die Folgen des handelnden Zusammenwirkens für Berichterstattungs-, journalistische Wissens- oder Organisationsstrukturen unberücksichtigt bleiben. Diese Überlegungen bilden den Rahmen für die vorliegende Arbeit.

Kapitel 2 beginnt im Sinne der Situationslogik auf der Meso-Ebene mit den organisatorischen Bedingungen, die das individuelle Handeln von Organisationsteilnehmern prägen. Hier wird die Brücke zwischen Organisationen bzw. Institutionen und dem subjektiven Wissen einzelner Akteure auf der Mikro-Ebene geschlagen.

Kapitel 3 beleuchtet die Situationslogik auf der akteursbezogenen Mikro-Ebene, einerseits aus soziologischer und andererseits aus kognitions- und sozialpsychologischer Perspektive. Aus soziologischer Sicht werden zunächst die auf Alfred Schütz basierenden Grundlagen zum (alltags-)rationalen Handeln und zum subjektiven Wissensvorrat skizziert. Anschließend werden Wissens- und Einstellungsstrukturen besprochen, die das Konzept des Wissensvorrats psychologisch präzisieren. Schließlich wird eine sozialpsychologische Wert-Erwartungstheorie vorgestellt und mit Schütz' alltagsrationalen Handlungsannahmen verbunden.

Kapitel 4 füllt die vorher theoretisch spezifizierte Logik der Situation mit journalismusbezogenen Inhalten auf der Meso- und der Mikro-Ebene. Auf der Meso-Ebene werden journalistische Institutionen und Organisationsstrukturen betrachtet, die journalistisches Selektionshandeln als »objektive« Rahmenbedingungen direkt oder indirekt prägen bzw. begrenzen. Anschließend werden Selektionskriterien für journalistisches Selektionshandeln aus nachrichtenauswahltheoretischer Sicht herausgearbeitet, mit denen später eine geeignete Handlungstheorie nachrichtenauswahltheoretisch »gefüllt« wird.

Kapitel 5 verknüpft die vorher beschriebenen organisations- und akteursbezogenen Bedingungen in einem Modell. Damit werden journalistische Selektionsentscheidungen einerseits durch deren redaktions- und ressortspezifische Einbettung erklärt (organisationsbezogene Merkmale), und andererseits durch das Wissen und die Werte von Journalisten, die u. a. organisationsspezifisch geprägt sind (akteursbezogene Merkmale). Dieses Modell stellt erstmals journalistische Nachrichtenauswahltheorien in einen breiteren theoretischen Rahmen und fundiert sie handlungstheoretisch.

Schließlich werden in Kapitel 6 Annahmen und Forschungsfragen zur journalistischen Nachrichtenauswahl abgeleitet. Sie betreffen den Einfluss organisationsbezogener äußerer Bedingungen auf Wissen und Werte von Journalisten zu selektionsrelevanten Alternativen (Einflussaspekt) und den Einfluss von akteursbezogenen Faktoren auf journalistisches Selektionshandeln (Auswahlaspekt). Um die Annahmen prüfen und die Fragen beantworten zu können, werden im Kapitel 7 Untersuchungsanlage, Methode und Auswertungsstrategie vorgestellt.

Kapitel 8 stellt die Ergebnisse vor. Zunächst wird der Meso-Mikro-Link betrachtet, d. h. die Zusammenhänge zwischen organisationsbezogenen äußeren Bedingungen sowie dem Wissen und den Werten von Journalisten. Schließlich werden organisations- und akteursbezogene Einflüsse im Vergleich zueinander auf die Nachrichtenauswahl untersucht.

Abschließend werden die theoretischen Grundlagen, die methodischen Befunde und die empirischen Ergebnisse zusammengeführt. Die Befunde werden in dem eingangs angelegten theoretischen Rahmen diskutiert sowie theoretische und methodische Schlussfolgerungen für die zukünftige Forschung gezogen (Kap. 9).

2 Organisationsstrukturen individueller Entscheidungen

Als eine von drei Sichtweisen auf Organisationen nennt Donges (2008: 69ff.) die *Meso-Mikro-Sicht*, d. h. wie Akteure im Kontext von Organisationen handeln bzw. sich entscheiden[5]. Im Journalismus lässt sich aus dieser Sicht fragen, wie Journalisten eingebettet in Redaktionen und/oder Ressorts Selektionsentscheidungen treffen. Schütz & Luckmann (2003: 149) sowie Esser (1999) bezeichnen dies in Anlehnung an Thomas & Thomas (1928) als *Definition der Situation*[6]. Sie interessiert hier nur soweit, wie sie Akteure als sozial geteilt wahrnehmen (vgl. Kap. 2.2; Kap. 3.1). Grundlegend für sozial geteilte Situationsdefinitionen sind die äußeren Bedingungen (Esser 1999: 35, 56f.). Sie bestehen aus institutionellen Regeln und Ressourcen sowie aus weiteren Akteuren. Dieses Kapitel spezifiziert die Bedingungen, die grundlegend für subjektive (aber sozial geteilte) Situationsdefinitionen von Akteuren in Organisationen sind und an denen Akteure ihr Handeln ausrichten. Zunächst werden die Grundbegriffe erläutert, mit denen sich Organisationen, ihre Grenzen und ihre Elemente beschreiben lassen (vgl. Kap. 2.1). Kap. 2.2 spezifiziert strukturelle und soziale Elemente, Prozesse und Mechanismen in Organisationen, die das *Wissen* und/oder das *Handeln* einzelner Akteure koordinieren.

2.1 Grundbegriffe

Definitionen für Organisationen sind vielfältig (z. B. Miebach 2007: 11f.; Kieser & Walgenbach 2007: 1ff.; Bea & Göbel 1999: 3ff.; Scott 1986: 89ff.) und können hier nicht in ihrer Breite diskutiert werden. Stattdessen wird auf die Elemente (vgl. Kap. 2.1.1) und Strukturtypen fokussiert, aus denen Organisationen bzw. Organisationssysteme beste-

---

[5] In diesem Kapitel werden die Begriffe *Handeln* und *Entscheiden* synonym verwendet, bevor sie in Kap. 3.1 definiert werden.

[6] Zu den verschiedenen Lesarten des Begriffs *Situation der Definition* vgl. Esser (1999: 170ff.).

hen, da sie mit dem Handeln von Akteuren auf verschiedene Art verknüpft sind (vgl. Kap. 2.1.2).

2.1.1 Elemente von Organisationssystemen

Die Organisationstheorie unterscheidet im Wesentlichen zwei Systemvorstellungen – rationale und natürliche Systeme. Teils konfligieren sie miteinander, teils überlappen sie sich oder ergänzen einander. Hier interessiert der rationale Charakter von Systemen. Als *rationale Systeme* sind Organisationen bestrebt, spezifische Ziele zu erreichen und dafür auf hochgradig formalisierte Strukturen zurückgreifen. Aus dieser Sicht sind »Organisationen Instrumente, Mittel, mit denen spezifische Ziele erreicht werden sollen« (Scott 1986: 92). Rationalität bedeutet, organisatorische Strukturen so einzusetzen, dass mit dem Handeln der Akteure Organisationsziele erreicht werden. Auch in der Kommunikationswissenschaft und speziell in der Journalismusforschung ist im Wesentlichen das rationale Paradigma führend, das stärker auf formale statt informale Strukturen von Organisationen fokussiert (Theis-Berglmair 1999: 72).

Systeme können zudem offen oder geschlossen sein, wobei Scott (1986: 180) sich nur auf *Handlungssysteme* bezieht. Aus der *offenen Perspektive* sind die Elemente von Organisationen nur locker miteinander verkoppelt. Die Elemente beziehen sich sowohl auf organisatorische Strukturen als auch auf die Beteiligten (Scott 1986: 156). So sind die normativen Strukturen einer Organisation mit ihrer Verhaltensstruktur nur locker gekoppelt. Auch die strukturellen Einheiten wie z. B. Ressorts sind nur lose miteinander verbunden. Aus sozialpsychologischer Perspektive sind auch die Intentionen einzelner Organisationsteilnehmer mit ihren Handlungen nur schwach verknüpft. So sind z. B. die Sachverhalte, über die Journalisten berichten wollen, nicht zwingend identisch mit denen, über die sie tatsächlich berichten. Das Verhältnis zwischen Individuum und Organisation ist demnach ein grundsätzliches Bestandsproblem, das fortwährend bearbeitet, aber nie gelöst wird (Berger & Bernhard-Mehlich 2006: 209). Dies rückt die Prozesshaftigkeit von Organisationen in den Mittelpunkt und hält die Grenzen zur Umwelt der Organisation flexibel bzw. unscharf[7]. Die *geschlossene Perspektive*

[7] Zu dieser Unschärfe gehört auch das Problem, ob Leistungsempfänger (z. B. Publikum) der Organisation ein Teil des Organisationssystems sein sollen. Simon (1981) fasst z. B. die Organisationsgrenzen sehr weit und zählt Leistungsempfänger dazu. Dies ist deshalb problematisch, weil sie einen anderen Status haben als Teilnehmer von Organisationen. Deshalb werden hier Leistungsempfänger der Umwelt von Organisationen zugerechnet.

blendet dagegen den Umweltaspekt von Organisationen und die damit verbundene Unsicherheit für Organisationen von vornherein aus. Sie vernachlässigt dynamische Prozesse von Organisationen wie Überleben, Wandel und Untergang. Die offene Konzeption ist vorteilhafter, weil die Grenzen von Organisationen nicht immer eindeutig zu ziehen und Handlungen in Organisationen nicht ohne ihre Umwelt zu verstehen sind. So fasst Simon (1981: 117ff.) die begrenzte Rationalität von Akteuren nicht an sich als begrenzt auf, sondern im Hinblick auf die Komplexität und Veränderlichkeit der Umwelt. Demzufolge bieten Organisationen Erwartungssicherheit. Erst mittels Organisationen lässt sich die Komplexität für einzelne Akteure und ihre Entscheidungen reduzieren. Dies geschieht dadurch, dass die Fülle der täglichen Ereignisse in der Welt organisatorisch begrenzt wird, erstens durch den teilsystemischen Leitwert des Journalismus und zweitens durch Redaktionen und ihre thematisch gegliederten Redaktionsbereiche. So erhalten z. B. Journalisten des innenpolitischen Ressorts kaum Agenturmeldungen, die die Auslandspolitik betreffen. Auf diese Weise begrenzen Ressortstrukturen die Komplexität für einzelne Redakteure. Als Fazit der bisherigen Überlegungen werden journalistische Organisationen als *rationale offene Systeme* gefasst, die aus über- und untergeordneten Einheiten bestehen, z. B. Redaktionen und Ressorts. Journalistische Organisationen sind rational, weil ihre Handlungen zielgerichtet zur Erfüllung von Organisationszielen (vgl. Kap. 2.2.1) beitragen und weil formale Strukturen dies ermöglichen.

Organisationen lassen sich über verschiedene Elemente mit steigendem Abstraktionsgrad charakterisieren (Überblick: Donges 2008: 60ff.): über (1) Personen, (2) Handlungen, (3) soziale Beziehungen oder (4) Kommunikation. Hier werden Organisationen als *Systeme koordinierter Handlungen* verstanden (March & Simon 1993: 2; Simon 1981: 108). Danach bestehen Organisationen nicht aus Personen, sondern aus Handlungen und sozialen Beziehungen. Personen gehören zur organisatorischen Umwelt, sodass Organisationen auch weiter existieren, wenn andere Personen die Handlungen ausführen. Deshalb sprechen March & Simon (1976) nicht von Organisationsmitgliedern, sondern von Organisationsteilnehmern. Zudem gliedern March & Simon (1976: 81ff.; auch Simon 1981: 141, 282) das Bestandsproblem der Organisation in Entscheidungen »in« Organisationen und denen vorgelagerte Entscheidungen für die Teilnahme an Organisationen. Diese Vorfrage findet an den Organisationsgrenzen statt und bleibt hier ausgeklammert.

Zusammenfassend erlaubt die Perspektive, Organisationen als Systeme koordinierter Handlungen zu verstehen, Handeln in *verschiedenen* Organisationen zu untersuchen. Dies hat den Vorteil, Handeln nicht an vorab bestimmte, empirisch vorfindbare Entitäten anzubinden, wie z. B. in der Journalismusforschung Organisationen oftmals mit Redaktionen oder Ressorts gleichgesetzt wurden (z. B. Rühl 1979: 48ff.; Kohring & Hug 1997: 23; Marcinkowski 1993: 99; Möllmann 1998: 252; Görke 1999: 330; Überblick: Malik 2004: 53f.; Ausnahme: Altmeppen 1999).

2.1.2 Organisationen und Strukturen

Die Definition von Organisation ist aus Meso-Mikro-Sicht zu präzisieren, da Organisationen nicht nur durch Handlungen, sondern auch durch Strukturen gekennzeichnet sind.[8] Giddens (1997: 76) definiert Strukturen als Regeln und Ressourcen, die in Institutionen eingelagert sind. Regeln, Ressourcen und Institutionen werden nachfolgend definiert.

Regelstrukturen

Regeln sind kollektiv geteilte Sinnkriterien, die das Handeln von Akteuren anleiten. Institutionen sind darüber hinaus zeitlich dauerhafte und stabile Regelstrukturen. Was genau Institutionen ausmacht, darüber besteht in der Literatur kein Konsens. Uneinigkeit besteht erstens über die Art der Regeln. Scott (2001: 47ff.) unterscheidet kognitive, normative und regulative Regeln (ähnlich Giddens 1997: 70). *Regulative Regeln* sind explizit formulierte Regeln und Gesetze. Dies betrifft im Journalismus z. B. das Presserecht mit bestimmten Sorgfalts- und Impressumspflichten. *Normative Regeln* legen Normen und Werte fest, die sich als Handlungserwartungen bzw. in den Entscheidungen von Akteuren manifestieren (Sanktionierung bzw. Legitimation). Im Journalismus geht es z. B. um Ausgewogenheits- oder Trennungsnormen von Tatsachen und Meinungen, die mittels redaktioneller Kontrolle durchgesetzt werden können. *Kognitive Wissensregeln* beziehen sich auf die Art und Weise, wie Akteure die kollektiv geteilte empirische Wirklichkeit in Organisationen erfahren (Sinn bzw. Signifikation). Handlungen, die so geregelt werden, laufen routinemäßig, selbstverständlich und quasi-

[8] Organisationen, die als korporative Akteure handeln, bleiben unberücksichtigt (Mayntz & Scharpf 1995).

automatisch ab. So lässt sich z. B. die Auswahl von Meldungen anhand von Selektionskriterien charakterisieren.

Da kognitive Regeln nach Scott alle Phänomene der sozialen Wirklichkeit beinhalten – z. B. Glaubensvorstellungen, Modelle und Skripte, lassen sich auch Gesetze, Regeln, Werte und Normen unter die kognitive Dimension[9] subsumieren (z. B. Senge 2006: 41ff.; Klatetzki 2006: 61). Auch Tolberts & Zuckers (1996) Modell der Institutionalisierung rückt die kognitiven Regeln in den Vordergrund. Demzufolge erfolgt Handeln häufig aufgrund kognitiver Selbstverständlichkeiten[10] (Taken-for-Grantedness) und weniger aufgrund von Druck und Zwang, wie es Scott (2001: 47ff.) für die Durchsetzung regulativer und normativer Regeln annimmt. Demzufolge sind Organisationen kognitive Institutionen, die regulative und normative Institutionen als Spezialfälle umfassen.

Institutionen sind zweitens durch deren *Sinnbereich* gekennzeichnet: Einig ist man sich darüber, dass Institutionen zeitlich dauerhaft und stabil sind (z. B. Donges 2008: 105; Tolbert & Zucker 1996: 180ff.). Dieses Kriterium allein greift aber zu kurz. In kognitiver Hinsicht hängt die Existenz von Institutionen auch davon ab, wie maßgeblich sie für ein empirisches Phänomen sind, d. h. wie anwendbar sie auf einen Sachverhalt sind. So interessieren z. B. institutionalisierte Nachrichtenfaktoren primär für das Selektieren von Sachverhalten, aber nicht für das Redigieren von Beiträgen. Für das Redigieren ist möglicherweise die Institution des Nachrichtenschemas wichtiger, also dass der Beitrag dem schematischen Aufbau einer Nachricht entspricht. Nach Senge (2006: 44) werden Institutionen als soziale Regeln gefasst, die das organisationale Geschehen in *zeitlicher Perspektive* dauerhaft (sie gelten lange), in *sozialer Hinsicht* verbindlich (Akteure halten sich daran) und in *sachlicher Hinsicht* maßgeblich (die Institution ist für ein Phänomen bedeutsam) beeinflussen.[11] Gleichzeitig ist diese Definition von Institutionen so

[9] Der Begriff der Kognition umfasst im Neo-Institutionalismus im engeren Sinn unterschiedliche Formen des Wissens. Unter Wissen wird dabei eine mentale Repräsentation der Realität verstanden, die zu Problemlösungen befähigt (Klatetzki 2006: 52).

[10] Das bedeutet, dass Akteure Regeln unhinterfragt, automatisch bzw. unbewusst verwenden, ohne sie explizit benennen zu können. Ob Institutionen selbstverständlich wirken, hängt demzufolge nicht vom kollektiven Grad ihrer Institutionalisierung ab, sondern vom subjektiven Ausmaß der Internalisierung (Meyer & Hammerschmid 2006: 168f.).

[11] *Verbal formulierte Regeln* in Organisationshandbüchern oder Stellenbeschreibungen sind dagegen lediglich kodifizierte Interpretationen von Regeln (Ortmann et al. 1997: 329). Dies gilt auch für Strukturmerkmale von Organisationen, wie z. B. Arbeitsteilung, Hierarchie oder Zentralisierung (vgl. Kap. 2.2). Sie werden zwar durch Handeln hervorgebracht, reproduziert oder verändert, sind aber keine Struktur im engeren Sinn von Regeln und Ressour-

weit gefasst, dass sie letztlich jede Art von (dauerhaft) reproduzierten sozialen Praktiken umschließt, die sich empirisch für Organisationen gezeigt haben (Türk 1997: 141). So können nicht nur Organisationen als Institutionen (Zucker 1983) gefasst werden, sondern auch formale Aspekte (Zucker 1987) wie z. B. Rollen (Meyer & Rowan 1977), Arbeitsteilung oder informale Aspekte von Organisationen.

Institutionalisierung

Der Begriff der *Institutionalisierung* wird ebenfalls mehrdeutig verwendet. Er meint entweder den *Prozess*, durch den spezifische soziale Regeln zu Institutionen bzw. zu dauerhaften Regelsystemen werden, oder einen *Zustand*, wenn man z. B. nach dem Grad der Regelgeltung fragt (z. B. Zucker 1977: 726ff.). Hier interessiert der Begriff der Institutionalisierung als Zustand. Tolbert & Zucker (1996: 180ff.) unterscheiden in Anlehnung an Berger & Luckmann drei Phasen bzw. Grade zunehmender Institutionalisierung: Habitualisierung, Objektivierung und Sedimentierung. In der *Habitualisierungsphase* entwickeln Akteure in regelmäßigen Interaktionen spezifische Verhaltensmuster, um konkrete Probleme zu lösen. In der *Objektivierungsphase* werden Argumente hervorgebracht, um die Denk- und Verhaltensmuster zu legitimieren. Dadurch werden diese Muster auch von Akteuren über den lokalen Kontext hinaus akzeptiert. Vollständige Institutionalisierung wird erst in der *Sedimentierungsphase* erreicht, wenn Akteure diese Denk- und Verhaltensmuster internalisiert haben. Internalisierung[12] bildet so den einen Endpunkt eines Kontinuums, noch nicht verinnerlichte habitualisierte Interaktionen den anderen Endpunkt. Internalisierung als Ergebnis von Wissenserwerb verweist auf der Mikro-Ebene auf den subjektiven Wissensvorrat und auf der Makro-Ebene auf den gesellschaftlich geteilten Wissensvorrat von Akteuren. Er entspricht demzufolge der sozialen Verteilung des Wissens und ist keineswegs identisch mit der Entwicklung von subjektiven Wissensvorräten einzelner Akteure (Schütz & Luckmann 2003: 355ff., 410).[13] Da Institutionen auf der Meso-Ebene zwischen Akteuren und Gesellschaft angesiedelt sind, haben sie raumzeitliche Grenzen und sind nicht überall gültig:

---

cen (Ortmann et al. 1997: 329), sondern komplexe Systeme von Regelmäßigkeitsstrukturen auf höherer Ebene (Reckwitz 1997: 160ff.; Kieser & Walgenbach 2007: 64).

[12] Damit ist nichts über die Prozesse gesagt, die zur Internalisierung von Wissen, z. B. in Organisationen führen (vgl. Kap. 2.2.2).

[13] Den Link zur Mikro-Ebene einzelner Akteure, zu ihren subjektiven Wissensvorräten, zu ihren subjektiven Situationsdefinitionen und zu ihrem Handeln beleuchtet Kap. 3.1

> »Sobald die routinemäßige Vermittlung sozial relevanten Wissens durch eine Sozialstruktur gegeben ist, verkörpert sich im gesellschaftlichen Wissensvorrat gleichsam das Prinzip der Arbeitsteilung [...].« (Schütz & Luckmann 2003: 403).

So existieren z. B. im Journalismus ein teilsystemspezifisch geteilter Wissensvorrat und ausdifferenzierte organisationsspezifisch geteilte Wissensvorräte. Sie überlappen sich teilweise, unterscheiden sich aber in anderen Aspekten.[14] So treffen Journalisten Selektionsentscheidungen aufgrund subjektiv gültiger Selektionskriterien. Diese Selektionskriterien könnten subjektiv im idiosynkratischen Sinne sein. Dieser Fall interessiert hier nicht. Sie können auch redaktionell vermittelt sein, wenn z. B. ein Journalist einer Boulevardzeitung Prominenz für selektionsrelevanter hält als der Journalist einer überregionalen Zeitung. Darüber hinaus gibt es allgemein gültige journalistische Selektionskriterien wie z. B. Relevanz, die nicht nur für spezifische Medienorganisationen gelten. In beiden Fällen kann von institutionell geteilten Wissensvorräten gesprochen werden, wenngleich sie im ersten Fall organisationsspezifisch und im zweiten Fall organisationsübergreifend institutionalisiert sind. Sofern Institutionen kognitiv verfügbar sind, haben sie sich im Wissen von Akteuren »sedimentiert«. Dieses Wissen wird dann selbstverständlich angewendet und existiert überindividuell:

> »Die soziale Ordnung als kognitive Ordnung wird [...] durch die interaktive Praxis der Akteure hervorgebracht und erhalten, sie besteht aus nichts anderem. Sie hat gleichwohl einen externen Charakter, denn für alle praktischen Belange kann der Einzelne in einem ausreichend großen Kollektiv seinen spezifischen Beitrag zur Konstituierung und zur Erhaltung sozialer Realität vernachlässigen. Wenn der Einzelne z. B. seine kognitiven Aktivitäten einstellt, verschwindet die soziale Wirklichkeit nicht.« (Klatetzki 2006: 61)

Das etablierte Wissen und der damit verbundene Sinn von Institutionen werden primär durch Habitualisierung und sekundär durch Sanktionen aufrecht erhalten (Berger & Luckmann 2004: 59). Institutionen erfüllen so zwei Funktionen: erstens entlasten sie Akteure in komplexen Situationen, wobei sie ihre Aufmerksamkeit und ihr Handeln entsprechend selektiv steuern. Zweitens werden gleichzeitig die Reaktionen anderer Akteure voraussagbar (Etzrodt 2003: 193). Institutionen sind zudem dynamisch zu denken, denn Institutionen modifizieren Akteure, und Akteure modifizieren Institutionen (Schütz & Luckmann 2003: 402ff.).

[14] Institutionalisierung umfasst hier demzufolge nur gedanklich-internes Wissen. Es umfasst kein extern-fixiertes Wissen aus Regelwerken, Archiven etc.

Das Wissen der Akteure ist nicht einfach ein Abbild der Realität. Stattdessen konstituieren Akteure aktiv die Realität, indem sie Wissen anwenden (Klatetzki 2006: 52ff.). Was Institutionen in empirischer Hinsicht sind, wird für den Journalismus in Kap. 4 spezifiziert. Versteht man Organisationen oder Teilbereiche davon als Institutionen, so schaffen sie ein Klima der Erwartungssicherheit. Sie strukturieren Arbeitsprozesse vor, die einzelne Organisationsteilnehmer beobachten oder vermittelt bekommen und ggf. im eigenen Handeln situativ anwenden können. Organisationen ermöglichen so die organisatorische Koorientierung des Einzelnen, um im Sinne organisatorischer Ziele, Normen etc. zu handeln.

Ressourcenstrukturen

Giddens (1997: 84ff.; 315ff.; 429) unterscheidet weiterhin autoritative und allokative Ressourcen:

- *Autoritative Ressourcen* ergeben sich »aus der Herrschaft von Akteuren über andere Akteure« (Giddens 1997: 429). Sie beziehen sich auf Organisationswissen, Führungsfähigkeiten, Einfluss, Reputation etc.
- *Allokative Ressourcen* meinen die Herrschaft über Objekte, Güter, Produktionswissen oder materielle Phänomene (Giddens 1997: 429).

Ressourcen wenden Akteure im Gegensatz zu Regeln nicht-sinnhaft beim Handeln an, d. h. sie erkennen sie nicht unbedingt bewusst (Etzrodt 2003: 42f.; Raabe 2005: 118; 163). Dennoch sind autoritative und allokative Ressourcen miteinander verknüpft. Bezieht man autoritative Ressourcen auf journalistische Positionen in Redaktionen, resultiert daraus auch der Einfluss über allokative Ressourcen. So hat z. B. ein Chefredakteur Einfluss auf die Redakteure in der Redaktion (autoritative Ressource) und kontrolliert möglicherweise, wie viel Zeit sie für einen Beitrag aufwenden dürfen und wie viel Geld sie für eine Recherche bekommen (allokative Ressourcen).

Beziehung zwischen Regeln, Ressourcen und Handeln

Regeln und Ressourcen hängen eng miteinander zusammen. Einerseits bestimmen Regeln, welche Gegenstände oder Eigenschaften als Ressourcen wertvoll bzw. wertlos sind. Andererseits werden Ressourcen benötigt, um Regeln angemessen durchzusetzen[15] (Giddens 1997: 69f.; Reckwitz 1997: 156). Welche Ressourcen für Handeln zentral sind, ist abhängig vom Kontext und am ehesten empirisch zu bestimmen (Ortmann et al. 1997: 331; Scharpf 2000: 95). Regel- und Ressourcenstrukturen können auf zweierlei Art mit dem Handeln von Akteuren verknüpft sein (Giddens 1997: 52; Reckwitz 1997: 135; Schimank 1996: 247): Einerseits *prägen* Regeln und Ressourcen[16] das Handeln von Akteuren in Organisationen, geben ihnen sozusagen einen Handlungsrahmen vor (Richtung: Meso-Mikro). Andererseits *ermöglichen* Regeln und Ressourcen das Handeln der Akteure erst, indem sie ihnen Handlungsspielräume und damit Erwartungssicherheit vorgeben (Richtung: Mikro-Meso).

Diese prozesshafte Verknüpfung von Handeln und Struktur, die auch Esser (1999), Schimank (1996) oder Berger & Luckmann (2004) modellieren, radikalisiert Giddens. Er betont die *Dualität*[17] (Giddens 1997: 77) von Handeln und Strukturen, d. h. die Dynamik sozialer Prozesse. Die dynamische Integration von Handeln und Struktur hat aber auch Nachteile. So vernachlässigt sie das Handeln nach verschiedenen Antrieben. Die Rationalisierung des Handelns ist in Giddens' (1997) Strukturationstheorie wenig eindeutig. An manchen Stellen spricht er Akteuren die Kompetenz zu, die Gründe für ihr Handeln darzulegen (Giddens 1997: 431), an anderen Stellen spricht er ihnen diese Kompetenz ab (Giddens 1997: 53ff.) (vgl. Kap. 3.1). Zudem fasst die Theorie die vertikale Integration von Mikro-, Meso- und Makroebene nicht scharf genug. Den Prozess der Verfestigung vom subjektiven Sinn der Akteure hin zu sozialen Strukturen lösen Berger & Luckmann (2004: 36ff.) im Gegensatz zu Giddens von den Akteuren ab und bezeichnen ihn als Objektivation. Solche Sinn-Objektivationen sozialer Strukturen lassen sich zumindest analytisch vom subjektiven Sinn differenzieren. Sie erlauben eine Handlungserklärung aufgrund verschiedener prägender struktureller Ebenen wie z. B. journalistischer Redaktionen oder Ressorts und zwar ergänzend zur subjektiven Sicht der handelnden Akteure.

---

15 Dies bedeutet, dass Ressourcenverteilungen keine Regeln determinieren, sondern den Möglichkeitsspielraum »angemessener« Regeln umgrenzen. Ressourcen erfüllen damit eine stabilisierende oder destabilisierende Funktion für Regeln.

16 *Ressourcen* und *Restriktionen* sind zwei Seiten einer Medaille, je nachdem, ob man sie als handlungsermöglichend oder -begrenzend betrachtet. Beide Begriffe werden hier synonym verwendet.

17 Berger & Luckmann (2004: 71) behandeln die Dualität von Handeln und Struktur unter dem Begriff der *Verwirklichung*.

2.2 Handlungskoordination in Organisationen

Im vorherigen Abschnitt wurden Organisationen als koordinierende Handlungssysteme definiert. Gleichzeitig wurde festgestellt, dass Institutionen verschiedene Handlungen von Organisationsteilnehmern hinsichtlich übergeordneter Ziele aneinander ausrichten bzw. untereinander abstimmen (Simon 1981: 135; Friedl 2003: 9). Die Notwendigkeit, das Handeln von Akteuren zu koordinieren, steht in Organisationen außer Frage. Denn erstens überblickt der einzelne Akteur nicht alle organisatorischen Aktivitäten, wenn die Anzahl von Organisationsteilnehmern größer ist. Zweitens können die Handlungen einzelner Akteure nur zur Erreichung von Organisationszielen beitragen, wenn ihre Handlungen mit denen anderer Organisationsteilnehmer abgestimmt sind (Kieser & Walgenbach 2007: 100ff.).

Koordination vollzieht sich über verschiedene Prinzipien, die auf die Organisationsteilnehmer und ihre Handlungen einwirken. Friedl (2003: 9ff.) unterscheidet vier Dimensionen von Koordination:

- *Träger der Einwirkung* werden danach differenziert, ob die Träger der Handlungen ihre Handlungen selbst abstimmen (Eigenkoordination) oder ob sie durch Dritte abgestimmt werden (Fremdkoordination).
- Die *Richtung der Einwirkung* unterscheidet zwischen hierarchischer und hierarchiefreier Koordination. Im ersten Fall geben übergeordnete Instanzen mit Entscheidungs- und Weisungsbefugnissen vor, wie Handlungen abzustimmen sind. Im zweiten Fall stimmen sich die Organisationsteilnehmer selbst ab, wie sie ihre Handlungen ausführen, ohne an Vorgaben gebunden zu sein.
- Der *Geltungsbereich der Einwirkung* kann sich auf Einzelfälle beziehen, zeitlich befristet geregelt sein oder auch unbefristet. Unbefristete Regelungen sind dann entweder starr, oder sie gelten nur unter bestimmten Bedingungen.
- Die *Art der Einwirkung* kann sach- oder personenorientiert erfolgen. *Sachorientierte* Koordination wirkt, indem man den Handlungsspielraum von Organisationsteilnehmern eingrenzt. Dies geschieht entweder durch die Vorgabe bzw. Vereinbarung von Verhaltensnormen oder durch die Begrenzung der Verfügungsmöglichkeiten über Ressourcen (z. B. Altmeppen 2006: 89ff.; Friedl 2003: 12ff.; Kieser & Walgenbach 2007: 108ff.; Mintzberg 1992: 19ff.). *Personenorientierte* Koordination zielt darauf ab, das Verhalten von Organisationsteilnehmern zu beeinflussen und sie zu motivieren, Verhaltensnormen bzw. die ressourcenorientierten Restriktionen zu berücksichtigen.

Kritisch ist an dieser Klassifizierung, dass sie unterstellt, Koordination in Organisationen beruhe ausschließlich auf *interpersonaler Kommunikation*. Dies ist aber nur eine Möglichkeit, die Brücke zwischen Organisationen bzw. Institutionen und dem Handeln einzelner Organisationsteilnehmer zu schlagen. Durch Kommunikation mit anderen erlangen Akteure Aufmerksamkeit für bestimmte Aspekte der Situation, aus denen sie individuell Bedeutungen konstruieren (Blumer 1973: 81ff). Kommunikation ist dann die Voraussetzung, um den Meso-Mikro-Link subjektiv auf der Ebene der Wahrnehmung und Verarbeitung von Informationen (Schimank 2010: 228ff.) zu modellieren. Die andere Möglichkeit ist demzufolge die *rein gedankliche Koorientierung* von Organisationsteilnehmern an Institutionen. So kann z. B. ein Journalist einen Beitrag im Sinne redaktioneller Ziele schreiben, weil es ihm sein Vorgesetzter sagt bzw. gesagt hat oder weil er denkt, sein Vorgesetzter könnte den Beitrag in dieser Form erwarten. Kennen Journalisten einer Redaktion die redaktionellen Ziele und wenden sie beim Schreiben ihrer Beiträge an, kann diese Koorientierung an den redaktionell geteilten Zielen im zweiten Schritt zum koordinierten Handeln in Organisationen führen.[18] Hier interessiert Koordinierung nicht als Phänomen, das auf tatsächlich stattfindender Interaktion oder Kommunikation beruht, sondern in kognitiver Hinsicht auf Koorientierung fokussiert:

> »Koorientierung ist die *gemeinsame* und ›koordinierte‹ *gedankliche Orientierung* an dem gleichen vorgestellten Modell des Handelns – ohne jede weitere Kontaktaufnahme in der Situation.« (H. Esser 2000: 229)

Diese Definition basiert auf dem Konzept *Intersubjektiv geteilter Idealtypen* (Schütz 1991: 245ff.), dass auf der Reziprozität der Perspektiven beruht und mit drei Annahmen verbunden ist (Schütz 1971a: 11ff.; Schütz & Luckmann 2003: 99ff.):

- Ein Akteur kann eine Situation aus der Perspektive des Interaktionspartners betrachten (*»Vertauschbarkeit der Standpunkte«*).
- Für einen Akteur sind dieselben Dinge relevant wie für seinen Interaktionspartner (*»Kongruenz der Relevanzsysteme«*).
- Der Ursprung des Wissens ist sozial, d. h. subjektive Erfahrungen finden in sozialen Situationen statt.

[18] Diese Sicht schließt nicht aus, dass auch Organisationsstrukturen wie z. B. gegliederte Arbeitsbereiche oder Positionen direkt handlungskoordinierend wirken können. Wahrscheinlicher ist aber, dass sie vermittelt durch die kognitive Interpretation bestimmter Regeln (»Beliefs«) von Akteuren und/oder deren Kommunikations- und Interaktionsprozessen handlungskoordinierend wirken (vgl. Kap. 3).

Demzufolge bezeichnet Koorientierung einerseits gemeinsame Orientierungen auf einen Gegenstand hin (als *parallelisierte Kognitionen*) und andererseits die wechselseitige Beobachtung zwischen Organisationsteilnehmern (als *wechselseitige Wahrnehmung*), woraus ein entsprechend abgestimmtes soziales Handeln resultiert. Im ersten Fall würden zwei Journalisten ähnliche Selektionsentscheidungen auf Basis ähnlicher Selektionskriterien treffen, ohne dies voneinander zu wissen. Im zweiten Fall würden sie ihre Entscheidungen aufgrund ihrer Wahrnehmungen darüber treffen, wie der jeweils andere, z. B. der Vorgesetzte, in der Redaktion entscheiden würde. In diesem zweiten Fall ergänzt Koorientierung die Internalisierung dahingehend, dass man sich an anderen Akteuren orientiert. So könnten Journalisten z. B. Reaktionen von Vorgesetzten auf ihren Beitrag antizipieren, wenn der Beitrag nicht ausgewogen formuliert ist. Demzufolge sind Journalisten bemüht, den Beitrag so zu verfassen, dass Reaktionen darauf entweder möglichst gering oder möglichst positiv ausfallen. Antizipierte Reaktionen koordinieren nach Kieser & Walgenbach (2007: 105f.) das Handeln von Akteuren im Voraus, wenn sie bei erneutem Handeln berücksichtigt werden. Sie koordinieren das Handeln im Nachhinein, indem z. B. ein Journalist Reaktionen erhält, die er bei ähnlichen zukünftigen Handlungen berücksichtigen soll(te). Solche Formen der Voraus- und Feedbackkoordination treten z. B. in Redaktionskonferenzen auf.

Aufbauend auf den oben genannten zwei Aspekten der Koorientierung lassen sich eher strukturelle und eher soziale Koordinationsmechanismen in Organisationen unterscheiden (Kieser & Walgenbach 2007: 108f.). *Strukturelle Koordinationsmechanismen* umfassen demzufolge Institutionen, die von Organisationen langfristig geschaffen wurden und die sich verfestigt haben (vgl. Kap. 2.1.2). An ihnen können sich einzelne Organisationsteilnehmer koorientieren, indem sie die Regeln mehr oder weniger ähnlich interpretieren und handelnd anwenden. Wenn Organisationsteilnehmer sich an einer Institution koorientieren, reproduzieren sie sie mehr oder weniger identisch *(parallelisierte Kognitionen). Soziale Koordinationsmechanismen* im hier verstandenen Sinn basieren dagegen auf der wechselseitigen Beobachtung zwischen Organisationsteilnehmern. Dass Organisationsteilnehmer miteinander kommunizieren, um organisationsrelevantes Wissen zu etablieren und um ihr Handeln *wechselseitig* antizipieren zu können, wird hier vorausgesetzt.

2.2.1 Strukturelle Koordinationsmechanismen

Institutionen fungieren als strukturelle Koordinationsmechanismen. Sie lassen sich als mehr oder weniger sedimentierte Erfahrungen des kollektiven Wissensvorrats in Organisationen oder ihren Teilbereichen verstehen, die Organisationsteilnehmer in Interaktionen herausgebildet haben bzw. die durch Weisungen bei ihnen etabliert wurden. Sie wirken als kognitive Handlungserwartungen koordinierend, sofern sich Organisationsteilnehmer an ihnen koorientieren. Kieser & Walgenbach (2007: 108ff.; auch Friedl 2003: 12ff.) unterscheiden hauptsächlich zwischen Plänen und Programmen als strukturellen Koordinationsmechanismen. Da Pläne nur befristet Ziele und Aktivitäten regeln, erfüllen sie nicht dauerhaft verfestigten Charakter von Institutionen und werden hier vernachlässigt. Programme koordinieren Handeln dagegen unbefristet. Auch Organisationsziele und Rollen lassen sich dem Konzept der Programmkoordination zuordnen (z. B. Simon 1981: 283). Rollen werden hier dennoch separat betrachtet, da sie weniger an einzelne Organisationen gebunden sind als Programme (Kieser & Walgenbach 2007: 136; auch Quandt 2005: 129). Organisationsziele spielen insbesondere in rationalen Organisationssystemen eine große Rolle (Simon 1981), so dass sie ebenfalls separat betrachtet werden.

Organisationsziele

Das Konzept des Organisationsziels ist einer der »schillerndsten und tückischsten« Begriffe in der Organisationsforschung (Scott 1986: 348ff.). Es gibt zwei grundsätzliche Sichtweisen auf Organisationsziele, die beide nicht unproblematisch sind:

- Im ersten Fall wird organisatorisches Handeln durch die Ziele der individuellen Teilnehmer der Organisation erklärt. Hier besteht die Gefahr, Organisationsziele mit »Zielen der obersten Unternehmensleitung« gleichzusetzen oder mit »Zielen derjenigen Personen, die die legitime Autorität zur Führung der Organisation haben« (Simon 1981: 273), je nach Perspektive z. B. Verleger oder Chefredakteur.
- Im zweiten Fall existieren ein oder mehrere organisatorische Ziele unabhängig von den Zielen einzelner Teilnehmer. Hier besteht der Einwand, dass nur Individuen Ziele verfolgen können, Kollektive dagegen nicht (Donges 2008: 64).

Diesen Kritikpunkt hat die verhaltenswissenschaftliche Entscheidungstheorie aufgegriffen. So definieren Cyert & March (1995: 29ff.; ähnlich auch Simon 1981: 144) Organisationsziele als gemeinsame Vorstellungen relevanter Interessengruppen (Koalitionen) oder Teilgruppen (Subkoalitionen), die intern orientiert bzw. institutionalisiert sein können oder sich funktional an Umwelten der Organisation orientieren (Mohr 1973: 475). Diese Definition geht einen Schritt weiter als die von Barnand (1938) und Simon (1981), die nur die Herkunft der Organisationsziele erklären. Cyert & March (1995) erklären auch die Entstehung, Veränderung und Stabilisierung von Organisationszielen. Danach handeln Organisationsteilnehmer Organisationsziele in Interaktionen aus, wobei manche Gruppen bei der Durchsetzung ihrer Ziele aktiver bzw. dominanter sind (z. B. Unternehmensleitung) als andere (z. B. Mitarbeiter). Eine solche Definition von Organisationszielen schließt aus, dass es *ein* organisatorisches Gesamtziel gibt, auf das alle organisatorischen Entscheidungen hin optimiert werden (Simon 1981: 287f.). Stattdessen sind Organisationsziele durch folgende Merkmale gekennzeichnet, die koordinierend wirken können:

- Organisationsziele sind oftmals vage, unvollständig, inkonsistent und nicht sehr konkret formuliert. Sie symbolisieren dann erst einmal nur den Konsens zwischen den Subkoalitionen. Erst in alltäglichen Aushandlungsprozessen werden diese Ziele konkretisiert (Berger & Bernhard-Mehlich 2006: 183f.).
- Organisationen werden durch Bündel von Zielen bestimmt (Simon 1981: 277). Aus der Widersprüchlichkeit und Inkonsistenz dieser Ziele resultiert, dass Teilziele auf verschiedenen vertikalen Entscheidungsebenen bzw. in horizontal spezialisierten Abteilungen existieren (Simon 1981: 101). Dies entspricht der Alltagsrationalität von Akteuren (vgl. Kap. 3.1), die Heath & Staudenmayer (2000) auch empirisch belegen. Fengler & Ruß-Mohl beschreiben dies im journalistischen Kontext so:

  »Im Zweifelsfall berücksichtigen wir die Konsequenz unserer Entscheidung fürs unmittelbare Umfeld. Auch Journalisten denken somit wohl zuerst ans eigene Ressort oder allenfalls an die Redaktion, aber nicht an das ganze Medienunternehmen.« (Fengler & Ruß-Mohl 2005: 202)

Sind die Organisationsziele einmal ausgehandelt, werden sie über organisatorische Kontrollsysteme (Cyert & March 1995) *stabilisiert*. Dadurch begründen sie eine normative Ordnung in der Organisation, an denen sich einzelne Organisationsteilnehmer koorientieren (können). Organisationsziele können sich im Zeitverlauf *ändern*, wenn Akteure oder

Gruppen zu einem Zeitpunkt nur bestimmte Probleme in den Fokus rücken. Ein Beispiel ist z. B. die politisch-redaktionelle Linie von Zeitungen für die Politikberichterstattung, die mit dem Aufkommen der Parteipresse eine wichtigere Rolle gespielt hat als heute (Dussel 2004), während heute möglicherweise andere Ziele dominieren.

Organisationsteilnehmer können sich an organisatorischen (Teil-)Zielen koorientieren, wenn sie vor Entscheidungen (1) *Alternativen erzeugen* oder (2) *Alternativen prüfen* (Simon 1981: 278). Bei der Alternativenprüfung existieren bereits verschiedene Lösungen, die Organisationsteilnehmer anhand von Organisationszielen auf ihre Angemessenheit prüfen. Bei der Alternativenerzeugung beschränken Organisationsziele die fraglichen Alternativen. Die zugrunde liegenden Ziele für die Generierung und Erzeugung von Alternativen decken sich aber nicht zwingend, da sie auf verschiedenen Entscheidungsebenen der Organisation angesiedelt sind (Simon 1981: 261, 290). Wenn z. B. ein Journalist Informationsquellen *sucht*, um ein Thema zu recherchieren, orientiert er sich möglicherweise an anderen Zielen als wenn er bereits über verschiedene Quellen aus Nachrichtenagenturen verfügt und deren Auswahl für seinen Beitrag *prüft*. Im ersten Fall ist er möglicherweise auf sich gestellt, im zweiten Fall ist möglicherweise ein Vorgesetzter beteiligt, der andere Ziele verfolgt. So lassen sich aus dem obersten Zielbündel nicht notwendigerweise klar umgrenzte Teilziele für niedrigere Organisationsebenen (z. B. Ressorts) ableiten bzw. nicht alle eingesetzten Mittel niedrigerer Entscheidungsebenen dienen Teilzielen, die wiederum Mittel für obere oder das oberste Organisationsziel sind. Ziele können demzufolge auf unterschiedlichen Ebenen der Organisation angesiedelt sein. Entscheidend für die Umsetzung von Zielen im Handeln ist aber, dass sie Organisationsteilnehmer subjektiv kennen und/oder zumindest handelnd anwenden. Simon (1981) erklärt aber auf der Mikro-Ebene des Handelns nur die *Suche nach Alternativen* mit individuellen Anspruchsniveaus (die so genannte Satisficing-Regel), ohne dass diese Erklärung kollektiv geteilten Status erreicht. Entscheidungen, die auf der *Prüfung vorhandener Alternativen* basieren, erklärt er dagegen nicht. Dieser Aspekt ist aber besonders dann relevant, wenn z. B. Journalisten aus bereits vorhandenem Agenturmaterial Informationen für einen Beitrag zusammenstellen. Diese Frage wird in Kap. 3 vertieft.

Insgesamt haben journalistische Organisationen mehrere Ziele. Zudem dürften in Suborganisationen (z. B. Ressorts) eigene Teilziele bestehen oder gar dominieren. Da hier insbesondere Selektionsentscheidungen erklärt werden sollen, werden publizistische gegenüber ökonomischen Zielen in den Mittelpunkt gerückt (vgl. Malik 2004: 57; Pühringer 2007). Dementsprechend sind Kriterien, die die Effektivität von Organisationszielen beurteilen, nicht sinnvoll anwendbar (vgl. Bea & Göbel 1999: 15ff.). Publizistische (Teil-)Ziele von journalistischen Organisationen lassen sich u. a. aus den Nachrichtenauswahltheorien ableiten (vgl. Kap. 4.2) bzw. mit ihnen verknüpfen (vgl. Kap. 5). Sie sind teilweise in organisatorische Programme eingelagert. Während z. B. im innenpolitischen Ressort die politische Linie von Zeitungen ein Teilziel sein könnte, an dem sich Selektionsentscheidungen orientieren, könnte im Lokalressort das Ziel sein, bundesrelevante Themen auf lokale Gegebenheiten »herunter zu brechen«. In einem Fall würde das Teilziel aus dem News-Bias-Ansatz abgeleitet, im anderen Fall aus der Nachrichtenwerttheorie.

Programme

Programme sind institutionelle Ordnungen in Organisationen (vgl. Kap. 1.1; Kap. 2.1.2). An ihnen können sich Organisationsteilnehmer koorientieren, um sinnhaft zu handeln, ohne dass sie dieses Handeln determinieren (z. B. March & Simon 1976: 133). Programme beinhalten einerseits generelle Regeln, Verfahrensweisen, Normen und Werte, die einen ganzen Berufszweig bzw. Berufsstand betreffen. Andererseits konstituieren sich Programme auch aufgrund spezifischer Organisationsziele und Ressourcen einzelner Organisationen (March & Simon 1976: 137). Sie gelten also teilweise organisationsübergreifend und teilweise organisationsspezifisch. March & Simon (1976: 133ff.) bezeichnen Programme auch als Ausführungsprogramme. In der Journalismusforschung werden sie auch *Entscheidungsprogramme* genannt (vgl. Rühl 1979: 272ff.). Simon (1981: 260f.) differenziert zwei Entscheidungstypen: Entscheidungen über Organisationsstrukturen (»Organisationsentscheidungen«) und Entscheidungen über Inhalte der Organisationsarbeit (»Objektentscheidungen«) (auch Bea & Göbel 1999: 109). Darauf aufbauend unterscheidet Altmeppen (1999: 40) Entscheidungsprogramme für journalistische Organisationen in Organisations- und Arbeitsprogramme. Darum geht es in Kap. 4.1.1, aber so viel vorab: Beide Programmtypen entstehen und reproduzieren sich durch Handeln bzw. Entscheiden, aber sie bedingen sich auch wechselseitig. Organisationsprogramme bilden den strukturellen Aufbau von Organisationen ab und dienen deshalb als Entscheidungsprämissen für individuelles Handeln (Meso-Mikro-Link). Organisationsprogramme sind auf einer höheren Ebene anzusiedeln als Arbeitsprogramme, die als verfestigte Handlungsmuster ebenfalls als Entscheidungsprämissen für individuelles Handeln dienen. So können z. B. bestimmte Ressortstrukturen direkt journalistisches Handeln prägen *(Organisationsprogramme)*, da in einem Ressort nur bestimmte Themen bearbeitet werden. In diesen Ressorts können aber auch bestimmte Themen- und Selektionsprogramme institutionalisiert sein *(Arbeitsprogramme)*, die das Selektionshandeln von Journalisten prägen. In diesem Fall hängt das Organisationsprogramm für Ressortstrukturen mit den journalistischen Arbeitsprogrammen für die Themenauswahl zusammen. Entscheidungsprogramme erfüllen zwei Funktionen:

- Erstens sind sie wichtige Bestandteile der *Koordination* in Organisationen (March & Simon 1976: 136), worauf schon hingewiesen wurde. March und Simon beziehen Koordination entweder auf Handeln von Akteuren oder auf die Ergebnisse dieser Handlungen. Sie können sich im Journalismus z. B. auf das koordinierte Selektionshandeln einzelner Journalisten beziehen. Demzufolge würden alle Journalisten ähnliche Sachverhalte veröffentlichen bzw. vernachlässigen. Dies würde unter entsprechenden organisatorischen Zwängen zu ähnlichen Berichterstattungsergebnissen führen. Da Programme kognitive Regeln sind, orientieren Organisationsteilnehmer nicht nur ihr Handeln an diesen Programmen, sondern auch das zugrunde liegende Wissen dafür. In unserem Beispiel wären dies selektionsrelevante Kriterien, die erst im zweiten Schritt zu einer mehr oder weniger koordinierten Nachrichtenauswahl führen (vgl. Kap. 3.1).
- Zweitens sind Programme *Teil des Kontrollsystems* in Organisationen. Dies trifft aber nur soweit zu, wie die Programminhalte beobachtbar und messbar sind. So dürfte die journalistische Recherche einfacher zu beobachten bzw. zu kontrollieren sein als die Orientierung an professionellen Selektionskriterien für die Nachrichtenauswahl.

Insgesamt bündeln Programme Entscheidungsprämissen, auf die Organisationsteilnehmer beim Handeln situativ zurückgreifen können. Sie stellen damit Vorgaben für das Wissen und das Handeln von Organisationsteilnehmern dar. Allerdings sind diese Vorgaben teilweise sehr vage und wenig präzise, sodass sie gleichzeitig Interpretations- und Handlungsspielräume erlauben. Damit können Programme individuelles Handeln in Organisationen stabilisieren und koordinieren, schließen aber auch mehr oder weniger schleichenden Wandel nicht aus. Über welche Programme journalistische Organisationen verfügen, wird in Kap. 4.1.1 betrachtet.

Rollen

Auch Rollen unterliegen dem Konzept der Programmkoordination (z. B. Simon 1981: 283), so dass ein Teil der Ausführungen zu Programmen auch für Rollen zutrifft. Die Überlegungen zu Programmen werden hier um rollenspezifische Aspekte ergänzt. Das soziologische Rollenkonzept (Überblick z. B. Joas 1973; Wiswede 1977) variiert zwischen den Extrempositionen des strukturalistischen und des interaktionistischen Ansatzes, wobei neuere Ansätze beide Positionen zu integrieren versuchen (Etzrodt 2003: 297ff.). Turner (1962: 22) unterscheidet zwischen Role Taking und Role Making. Akteure können einerseits – im Sinne eines *Role Taking* – eine vorhandene Rolle so ausfüllen, wie sie diese vor dem Hintergrund der (von ihnen konstruierten) Verhaltenserwartungen anderer Organisationsteilnehmer wahrnehmen (Dahrendorf 1977). Sie können aber auch ein *Role Making* betreiben und die Rolle zwar annehmen, sie aber dennoch gestalten bzw. verändern. Wahrgenommene Rollenerwartungen beinhalten zudem sowohl organisatorisch als auch außerorganisatorisch erworbenes Wissen (Simon 1981: 283).

Zwei Aspekte sind vor dem Hintergrund der bisherigen Ausführungen kritisch, (1) der Terminus der »Verhaltenserwartung« als Definitionselement und (2) – damit verbunden – die Annahme, dass Akteuren diese Verhaltenserwartungen bewusst sind:

(1) Simon (1981: 36f.) kritisiert zu Recht, dass der Begriff der Verhaltens- bzw. Entscheidungserwartungen eine zu grobe und unflexible Einheit für Rollen darstellt. Denn Rollen schreiben z. B. Journalisten nicht vor, über welches spezifische Ereignis sie berichten sollen und über welches nicht. Stattdessen beziehen sich die Erwartungen auf bestimmte Entscheidungsprämissen (Simon 1991: 126), die von der jeweiligen Entscheidungssituation abhängen und gleichzeitig Raum für persönliche Prämissen lassen, die aufgrund des vor- bzw. außerberuflichen Wissensvorrats von Organisationsteilnehmern existieren. So kann z. B. ein Journalist über ein Ereignis berichten, weil es thematisch in seinem Ressort angesiedelt ist (Entscheidungsprämisse 1), weil sein Vorgesetzter es ihm aufgetragen hat (Entscheidungsprämisse 2) oder weil er auch persönlich eine Affinität zum Themenkomplex hat, dem sich das Ereignis zuordnen lässt (Entscheidungsprämisse 3) etc. Demzufolge sind Entscheidungsprämissen nicht komplett vorgeschrieben, sondern eher wahrscheinliche bzw. typische Erwartungen. Sie stabilisieren sich dadurch, dass sie produziert und reproduziert werden. Role Taking und Role Making sind deshalb als Kontinuum zu betrachten. Akteure produzieren im Sinne eines Role Taking entweder die bestehenden (Rol-

len-)Strukturen identisch oder sie betreiben Role Making, indem sie diese Strukturen mit ihren Entscheidungen mehr oder weniger stark verändern. Wie stark der Einfluss von rollenbezogenen im Vergleich zu persönlich-kognitiven (nicht persönlich-motivationalen!) Entscheidungsprämissen ist, hängt u. a. davon ab, ob und inwiefern die Entscheidungen des einzelnen Akteurs in Organisationen kontrolliert werden (Simon 1981: 284) und wie stark sich Organisationsteilnehmer selbst mit ihrer Rolle identifizieren.

(2) Die Diskussion über kognitive Institutionen in Kap. 2.1.2 zeigte, dass Akteuren die handlungsleitenden Regeln nicht zwingend bewusst sind, die mit Rollen verbunden sind. Eine Diskussion, wie relevant selbst zugeschriebene Berufsrollenerwartungen für das Handeln sind, führte auch die Journalismusforschung (Rühl 1980: 53ff., 62f.) (vgl. Kap. 4.1.2). Eine »objektivere« Grundlage für den Einfluss von Rollen auf individuelle Entscheidungsprozesse bilden Arbeitsrollen[19], die in der sozialpsychologischen Organisationsforschung mit Positionen verknüpft sind (Gruenfeld & Tiedens 2010: 1260). Positionen sind u. a. Ausdruck formaler Hierarchien in Organisationen. Positionen sind aber nicht dauerhaft und fest an Akteure gekoppelt. Stattdessen können Akteure situativ unterschiedliche Positionen einnehmen, aber dennoch typische Positionen inne haben. So kann z. B. ein Redakteur temporär die Position des »Chefs vom Dienst« einnehmen, während er sonst die Position eines Redakteurs inne hat. Multiple Rollen können demzufolge für die Handlungskoordinierung auch problematisch werden (Gruenfeld & Tiedens 2010: 1268), wie Heath & Staudenmayer (2000) empirisch belegten. Auch in Positionen, einem Teil von Arbeitsrollen, sind kognitive Institutionen eigelagert. So nehmen March & Simon (1976: 68f.) an, dass Akteure mit ähnlichen Positionen sich auch in ihren kollektiv geteilten Vorstellungen ähneln, was wiederum auch ihr Handeln beeinflusst (auch Gruenwald & Tiedens 2010: 1269f.). Auch Kiecolt (1988: 390) belegt, dass der Rollenwechsel von Akteuren zu Änderungen ihrer Vorstellungen und Einstellungen führt (vgl. Kap. 3.2).

Zusammenfassend lassen sich Rollen insofern als kognitiv-normative Regelstrukturen verstehen, als sie wahrgenommene Erwartungen bzw. Entscheidungsprämissen für das Handeln von Akteuren darstellen. Je nach Identifikations- bzw. Internalisierungsgrad der Rollenerwartungen machen sie sich Akteure mehr oder weniger bewusst. Sind Erwartungen an Positionen geknüpft, sind sie als Institutionen kognitiv in Positionen eingelagert. So dürften z. B. Volontäre in Redaktionen andere bzw.

[19] Zum Unterschied zwischen Arbeits- und Berufsrollen im Journalismus vgl. Kap. 4.1.2.

noch nicht so stark ausgeprägte Vorstellungen von den angemessenen Selektionskriterien haben, die in der Redaktion gelten. Sie bedürfen deshalb stärker der sozialen Koordination, bis sie redaktionell relevantes Wissen hinreichend erworben haben. Dies stabilisiert gleichzeitig die hierarchische Ordnung in Organisationen (Biddle 1986). Dies wird im folgenden Kapitel vertieft.

2.2.2 Soziale Koordinationsmechanismen

Bei sozialen Koordinationsmechanismen in Organisationen steht interpersonale Kommunikation im Vordergrund (Kieser & Walgenbach 2007: 108f.). Sie wird primär bei Einzelfallentscheidungen eingesetzt. Kommunikations- und Interaktionsprozesse zwischen Organisationsteilnehmern etablieren, modifizieren und erweitern den jeweiligen subjektiven Wissensvorrat um berufliches oder organisatorisches Wissen. Solche Sozialisationsprozesse[20] finden in *formalen Organisationen* wie z. B. journalistischen Redaktionen meistens hierarchisch statt (z. B. Weischenberg et al. 2006: 146ff. – vgl. Kap. 4). Demzufolge stehen hier Hierarchien gegenüber nicht-hierarchischen Koordinationsformen wie der Selbst- oder Gruppenabstimmung im Mittelpunkt (Überblick: Gruenwald & Tiedens 2010: 1263ff.; Friedl 2003: 12; Kieser & Walgenbach 2007: 108; Jost 2000: 334ff.). Im ersten Schritt interessieren Autorität und Kontrolle in Organisationen, wobei erneut die gedankliche Koorientierung im Mittelpunkt steht – in diesem Fall als wechselseitige Wahrnehmung von Organisationsteilnehmern. Anschließend werden Bedingungen spezifiziert, unter denen Autorität in Organisationen stattfindet.

Autorität in Organisationen

Autorität hat in der verhaltenswissenschaftlichen Entscheidungstheorie eine wichtige Brückenfunktion (Kelle & Lüdemann 1995; Opp & Friedrichs 1996), um die organisatorisch gewünschten Verhaltensweisen bei den Organisationsteilnehmern durchzusetzen und ihr Handeln zu koordinieren[21] (Simon 1981: 153ff.; March & Simon 1976: 150ff.). Autorität ist u. a. mit formalen Hierarchien verknüpft, was Weber (1972: 125) als

---

[20] Zu weiteren Koordinationsmechanismen in Organisationen vgl. Gruenwald & Tiedens (2010: 1258)

[21] Neben formalen können auch natürliche bzw. informale Autoritätsbeziehungen in Organisationen auftreten (Sanders & Kianty 2006: 153), die nicht hierarchisch bedingt sind.

legale Herrschaft bezeichnet. Hierarchien dienen dazu, horizontal differenzierte Arbeitsprozesse zu koordinieren sowie Unternehmensziele und Entscheidungen durch die gesamte Redaktion hindurch zu kommunizieren, um schließlich umgesetzt zu werden (Staehle 1992: 103f.). Autorität schafft für den einzelnen Organisationsteilnehmer Erwartungssicherheit. Vorgesetzte sind demzufolge relevante Stellvertreter der Mikro-Ebene für die Meso-Ebene, um organisatorisch relevantes Wissen an einzelne Organisationsteilnehmer zu vermitteln. Die hier verwendete sozialpsychologische Definition von Autorität setzt beim Untergebenen einer hierarchischen Beziehung an. Autorität ist gegeben, wenn ein Untergebener akzeptiert, dass ein Vorgesetzter sein Handeln über Erwartungen und Entwürfe steuert (Simon 1981: 23, 55, 155ff.; auch Barnand 1938). Autorität als »Brücke« zwischen Meso- und Mikro-Ebene hat aus dieser Sicht ein interpersonales und ein subjektives Moment:

- *Interpersonal* ist die *Weisung* des Vorgesetzten an einen Untergebenen mittels Sprache. Hier unterscheidet sich Autorität als »einseitig bzw. hierarchisch gerichteter Koordinationsprozess« von sonstiger Kommunikation in Organisationen (Simon 1981: 76).
- Das *subjektive Moment* der Autoritätsdefinition besteht in der verbindlichen Akzeptanz dieser Weisung durch den Untergebenen.

Bei Autorität – verstanden als kognitives Konstrukt – antizipieren Organisationsteilnehmer die *Weisungen* von Vorgesetzten aufgrund von Lernerfahrungen, etwa in der Form »Wie würde mein Vorgesetzter sich meine Entscheidung unter diesen Umständen wünschen?« (Simon 1981: 158; Ajzen 2005) bzw. wie reagiert er, wenn ich seinen Wünschen nicht entspreche. Dies entspricht einerseits den antizipierten Reaktionen[22] bzw. allgemeiner den Erwartungen von Organisationsteilnehmern (V. Kunz 1997: 196ff.), einem kognitiven Aspekt von Autoritäts*kontrolle*[23]. Andererseits müssen Organisationsteilnehmer die antizipierten Erwartungen akzeptieren. In diesem Fall geht es um Bewertungen. Antizipierte Erwartungen und damit verbundene *Akzeptanz* basieren auf kognitiv-normativen Regeln, die Handeln sowohl begrenzen als auch ermöglichen. Der akzeptierte Bereich von Autorität begründet sich einerseits durch die Teilnahme an der Organisation und andererseits durch den abgesteckten Bereich möglicher Handlungen laut Arbeitsver-

[22] Schütz (1971a: 12ff.) bezeichnete dies als »Reziprozität der Perspektiven«.

[23] Autorität ist in diesem Fall nicht ex ante gegeben, sondern ex post durch die nachträgliche Prüfung abgeschlossener Handlungen.

trag (Berger & Bernhard-Mehlich 2006: 175f.). So akzeptieren Organisationsteilnehmer antizipierte Erwartungen von Vorgesetzten aufgrund ihrer intrinsischen Wertbindung oder aufgrund strategischer Nützlichkeitsmotive – etwa der Sanktionsvermeidung (V. Kunz 1997: 246; Sanders & Kianty 2006: 152f.; Simon 1981: 146, 159f.; Reckwitz 1997: 128). Andererseits akzeptieren Organisationsteilnehmer Weisungen, weil sie sonst nicht wissen, wie sie handeln sollen. Während der erste Aspekt eher *normative* soziale Einflüsse beschreibt, bezieht sich der zweite Aspekt auf *informative* soziale Einflüsse (z. B. Deutsch & Gerard 1955; Überblick: Aronson et al. 2008: 233ff.). In kognitiver Hinsicht hängt die Akzeptanz von Weisungen auch davon ab, ob sie klar und verständlich formuliert sind (O'Reilly & Chatman 1996). Darüber hinaus sind auch Einflüsse des sozialen Netzwerks bzw. der Arbeitsgruppe auf die Akzeptanz von Weisungen empirisch belegt (Überblick: Kiecolt 1988: 389; Gruenwald & Tiedens 2010: 1259f.). Antizipierte Weisungen und deren Akzeptanz können sich sowohl auf Ergebnisse von Handlungen beziehen als auch auf die Art der Ausführung (Simon 1981: 248ff.). Im Journalismus beziehen sie sich z. B. auf das Schreiben von Beiträgen oder auf bereits veröffentlichte Beiträge. Da Autorität oftmals an Positionen gebunden ist, spiegeln sich autoritäre Beziehungen häufig in den typisch eingenommenen vertikalen Arbeitsrollen wider (Schimank 2010: 295) (vgl. Kap. 2.2.1).

Da Autorität in der Habitualisierungs- und Objektivierungsphase einzelfallbezogen erfolgt und recht aufwendig ist, sind Organisationen bestrebt, sie zu minimieren. Organisationen müssen demzufolge Akteure im Sinne ihrer Regeln beeinflussen (vgl. Kap. 3). So bekommen z. B. Redakteure vermittelt, welche Selektionskriterien für die Veröffentlichung von Meldungen redaktionell bzw. allgemein journalistisch gelten. Andernfalls ist der individuelle Interpretationsspielraum zur Auslegung organisatorischer Regeln sehr groß, so dass organisationsexterne Regeln die individuellen Entscheidungen von Organisationsteilnehmern besonders stark beeinflussen. Autorität und Beeinflussung lassen sich so abgrenzen:

> »In Abgrenzung zur Autorität bezeichnet hier der Begriff der ›Beeinflussung‹ den Versuch, die eigenen Entscheidungsgrundlagen des Beeinflussten zu verändern. Aus Sicht des Mitarbeiters bedeutet also Autorität, die Entscheidungen des Vorgesetzten zu akzeptieren, Beeinflussung, die Argumente des Vorgesetzten für eigene Entscheidungen zu berücksichtigen.« (Sanders & Kianty 2006: 182; ähnlich Simon 1981: 48)

Dies führt zur Internalisierung organisatorischen Wissens, wobei Internalisierung hier nicht nur in soziologischer Tradition Normen und Sanktionen meint (z. B. Esser 1996: 380; Esser 2001: 363), sondern in ökonomischer Tradition internalisierte Kostenreduzierung (Kelman 1958). Kelman beschreibt Internalisierung als Kongruenz zwischen fremdem Handeln und dem eigenen Wertesystem. Danach akzeptieren Akteure extern-organisatorische Einflüsse, weil sie intrinsisch belohnend wirken. Das heißt: Akteure empfinden bestimmte Ziele, Werte oder Handlungen als problemlösend bzw. zu ihren Bedürfnissen passend. Sie integrieren sie deshalb in ihre bereits bestehende Wertordnung und handeln danach (Vandenberg 1994: 123). Je nach Bindung(-sprozess) von Organisationsteilnehmern und Vorgesetzen kann die anfängliche Einwilligung in die Vorgaben von Vorgesetzten später zur Identifikation und möglicherweise viel später zur Internalisierung bestimmter Werte, Ziele etc. führen (Kelman 1958).

Zusammenfassend wird Autorität als *kognitives* Konstrukt verstanden, das die Weisungen von Vorgesetzten als *Vorstellungen mit einer bestimmten Stärke* einbezieht und die Akzeptanz dieser Weisungen als *Vorstellungsbewertungen* berücksichtigt. So kann Autorität für Organisationsteilnehmer erstens direkt handlungsleitend sein, indem Akteure die antizipierten Entscheidungen ihrer Vorgesetzten umsetzen, weil sie sie akzeptieren. Autorität kann aber auch indirekt handlungsleitend sein, indem Akteure Wissen vermittelt bekommen, nach welchen Kriterien sie Entscheidungen treffen sollen (vgl. Kap. 3.3.2). Im ersten Fall orientieren sich Untergebene direkt an Vorgesetzten, im zweiten Fall an dem Wissen, das ihnen Vorgesetzte vermitteln. Wie Beeinflussung erfolgt, d. h. wie Wissen von Akteuren etabliert, stabilisiert und verändert wird, behandelt Kap. 3.2. Durch den Autoritätsmechanismus gelten Vorgesetzte als wichtige Bezugsgruppen in Organisationen (vgl. Schimank 2010: 60ff., 58ff., 173f.; auch Esser 2001: 438), wenngleich sie nicht die einzige Bezugsgruppe für Journalisten bilden (vgl. Kap. 4.1.3).

Bedingungen von Autorität

Organisationen setzen weniger Autorität ein, wenn für sie die Nachteile überwiegen: (1) Überlastung der Vorgesetzten, (2) hohe Kosten für die Autoritätskontrolle, (3) ein Informationsmonopol der Untergebenen z. B. beim Recherchieren, so dass sie einen Teil der für ihre Entscheidungen notwendigen Entscheidungsprämissen selbständig setzen und (4) mangelnde Motivationsanreize für die Untergebenen (Berger & Bernhard-Mehlich 2006: 176; Friedl 2003: 20ff.; Mintzberg 1992: 136ff.;

Simon 1981: 251ff.). Nachteile des Autoritätseinsatzes sind zugleich vorteilhaft für die Entscheidungsdelegation.[24] Entscheidungsdelegation meint, formale Entscheidungsbefugnisse an untere Hierarchieebenen weiterzugeben (Kieser & Walgenbach 2007: 167; Mintzberg 1992: 140f.).

Entscheidungsbefugnis kennzeichnet das Recht des Einzelnen, in spezifischen Situationen Entscheidungen zu fällen. Es handelt sich dabei um ein individuelles Merkmal, wonach einzelne Organisationsteilnehmer mehr oder weniger selbstbestimmt entscheiden. Im Journalismus betrifft dies z. B. die Detailkompetenz, die das Betriebsverfassungsgesetz einzelnen Redakteuren im Gegensatz zur Grundlagen- und Richtlinienkompetenz zugesteht (Pürer & Raabe 2007: 274ff.). *Entscheidungsdelegation* bezeichnet die Verteilung von Befugnissen auf Stellen untergeordneter Hierarchien. Hierbei handelt es sich um ein Gruppenmerkmal organisatorischer Einheiten. Es ist nicht zwingend, dass Vorgesetzte zusätzlich auch die Verantwortung für Entscheidungen delegieren (Goihl 2003: 18). Dennoch kann sich aus Entscheidungsbefugnissen der Grad der Weisungsbefugnis als einem Aspekt von Autorität ableiten lassen (Kieser & Walgenbach 2007: 164ff.), denn wer eine hohe Entscheidungsbefugnis hat, erhält weniger Anweisungen von Vorgesetzten.

Individuelle Entscheidungsbefugnisse hängen vom Grad der Hierarchie in Organisationen ab (Mintzberg 1992: 152; Simon 1981: 251ff.), einem organisationsbezogenen Merkmal der Meso-Ebene. Der Hierarchiegrad bezieht sich auf die vertikale Spanne, mit der die Anzahl der Hierarchieebenen bezeichnet wird (Kieser & Walgenbach 2007: 190f.). Allerdings kann in »modernen« Organisationen nicht mehr unmittelbar von der Anzahl der Hierarchieebenen auf die rangmäßige Differenzierung zwischen Organisationsteilnehmern gesprochen werden, da Hierarchien zunehmend schwächer ausgeprägt sind oder verdeckter existieren (Kieser & Walgenbach 2007: 160f.). Deshalb ist der Hierarchiegrad als subjektiv wahrgenommenes Merkmal zu konzipieren (vgl. Kap. 7.2.2). Die Höhe individueller Entscheidungsbefugnis lässt sich auf zweierlei Weise erklären:

- Die Höhe der Entscheidungsbefugnis ist ein *akteurs- bzw. rollengebundenes Merkmal*, wenn Organisationsteilnehmer entweder erst seit kurzem der Organisation bzw. einem organisatorischen Teilbereich angehören. In diesem Fall wird die Entscheidungsbefugnis dem Einzel-

[24] Entscheidungsdelegation ist eine von fünf Dimensionen formaler Organisationsstrukturen (vgl. Kieser & Walgenbach 2007), die teilweise etwas unpräzise als Dezentralisation bezeichnet wird (Simon 1981: 251ff.).

nen *temporär* entzogen. Mittelfristig werden Entscheidungsbefugnisse an solche Akteure übertragen, sobald sie fähig sind, selbständig im Sinne der Organisations(teil-)ziele zu handeln.[25] Demzufolge wird die Entscheidungsbefugnis durch Individualmerkmale wie z. B. geringe Berufserfahrung oder geringe Position in der Organisation erklärt.

- Die Höhe der Entscheidungsbefugnis ist ein *organisationsbezogenes Merkmal*, wenn Organisationsteilnehmern Entscheidungen dauerhaft aus der Hand genommen werden. In diesem Fall ist zu erwarten, dass der Hierarchiegrad auf der Meso-Ebene als hoch bzw. stark wahrgenommen wird und nicht von akteursbezogenen Merkmalen wie z. B. der Berufserfahrung Einzelner abhängt. Basiert mangelnde Entscheidungsbefugnis auf einem hohen wahrgenommenen Hierarchiegrad, die nicht von akteursbezogenen Merkmalen abhängen, spricht dies eher für zentralisierte Organisationen. In diesem Fall vereinen wenige Akteure höherer Hierarchieebenen Entscheidungsbefugnisse auf sich (ähnlich Kieser & Walgenbach 2007: 160).

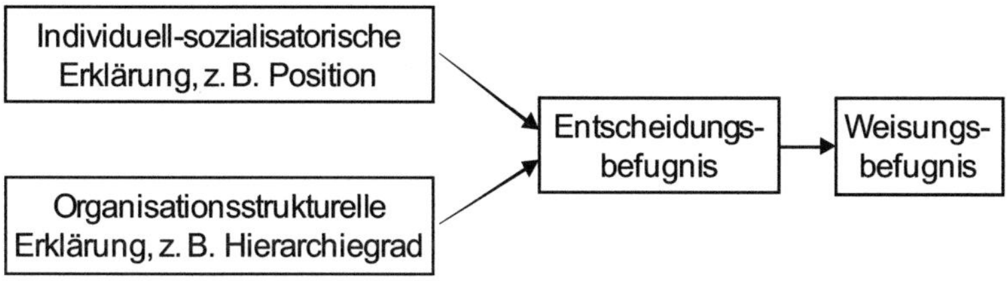

Abb. 2.1: Einflussfaktoren auf Weisungsbefugnis

Zusammenfassend zeigt Abb. 2.1, dass die antizipierte Weisungsbefugnis von Vorgesetzten im ersten Schritt durch die subjektiv wahrgenommene Höhe der Entscheidungsbefugnis beeinflusst wird. Im zweiten Schritt hängt die Höhe der Entscheidungsbefugnis von akteurs- bzw. organisationsbezogenen Merkmalen ab. Als akteursbezogenes Merkmal ist der Sozialisationsgrad von Teilnehmern an Organisationen ausschlaggebend für die individuell übertragene Entscheidungsbefugnis. Dies spricht für dezentrale Entscheidungsstrukturen in Organisationen. Als organisationsbezogenes Merkmal ist der Hierarchiegrad ausschlaggebend für die individuell übertragene Entscheidungsbefugnis. In Kap. 3 werden die Überlegungen handlungstheoretisch verknüpft und in Kap. 4 auf journalistische Entscheidungsprozesse bezogen.

[25] Zu weiteren Einflussmechanismen vgl. Berger & Bernhard-Mehlich (2006: 176)

2.3 Zusammenfassung

Die Überlegungen zu journalistischen Organisationen (Kap. 2.1) lassen sich wie folgt bündeln:

- Formale Organisationen werden primär als *rationale offene Systeme* verstanden. Formale Organisationsstrukturen unterstützen zielgerichtetes Handeln im Hinblick auf Organisationsziele. Die Grenzen von Organisationen sind unscharf, aber sie reduzieren die komplexe und veränderliche Umwelt für die Organisationsteilnehmer.
- *Organisationen als Handlungssysteme:* Organisationen konstituieren sich durch koordiniertes Handeln von Akteuren.
- *Institutionen und Organisationen:* Institutionen sind dauerhafte, verbindliche und maßgebliche kognitive Regelsysteme, die das Handeln von Akteuren prägen. Sowohl Organisationen als auch Teile davon (z. B. Rollen) lassen sich als Institutionen auffassen, die für Akteure kollektiv (nicht unbedingt für jeden einzelnen!) handlungsleitend sind. In Institutionen sind Ressourcen eingelagert.
- *Funktionen von Institutionen:* Institutionen entlasten Organisationsteilnehmer in komplexen Situationen, indem sich Akteure an ihnen koorientieren können. So werden gleichzeitig die Reaktionen der anderen Organisationsteilnehmer voraussagbar. Auf diese Weise werden Handlungen in Organisationen koordiniert.
- *Grad der Institutionalisierung:* Das Wirken von Institutionen bei einzelnen Organisationsteilnehmern variiert je nach subjektivem Ausmaß der Internalisierung.
- *Intersubjektiv-konstruktivistisch geteiltes Wissen über Institutionen:* Institutionen sind kollektiv geteilte Wissensstrukturen, die raum-zeitlich begrenzt gültig sind und die nicht identisch mit dem subjektiven Wissen einzelner Akteure sind.

Die Überlegungen zur Handlungs- bzw. Entscheidungskoordination in Organisationen (Kap. 2.2) lassen sich so zusammenfassen:

- *Strukturelle Handlungskoordination:* Strukturelle Koordinationskonzepte in Organisationen sind kollektiv verfestigte bzw. kognitiv-normativ »sedimentierte« Institutionen. In Organisationen sind dies z. B. Programme und Rollen.
- *Organisationsziele:* Organisationen haben Ziele, die von organisatorischen Akteursgruppen ausgehandelt werden. Diese Ziele sind in organisatorische Programme eingelagert, so dass sie handelnd angewendet werden können.

- *Soziale Handlungskoordination:* Soziale Koordination in Organisationen basiert auf unmittelbarer persönlicher Kommunikation, die sich kognitiv als Koorientierung verstehen lässt. In formalen Organisationen beruht Koorientierung u. a. auf Weisungen. Damit aus Weisungen Autorität in Organisationen resultiert, müssen Untergebene die Weisungen akzeptieren.
- *Bedingung von Weisung:* Weisungen werden durch Entscheidungsbefugnisse in Organisationen beeinflusst.
- *Bedingungen von Entscheidungsbefugnis:* Entscheidungsbefugnis lässt sich akteurs- oder organisationsbezogen begründen. Ersteres spricht für dezentrale, letzteres für zentrale Organisationsstrukturen.

Für die theoretische Erklärung journalistischen Entscheidungshandelns leiten sich aus der Organisationsperspektive folgende methodisch-konzeptionelle Anforderungen für die eigene Untersuchung ab:

- *Rekursivität von Handeln und Struktur:* Die Rekursivität zwischen Handeln und Struktur kann empirisch nur erfasst werden, indem Momentaufnahmen aus diesem Prozess herausgelöst und empirisch geprüft werden. Da hier der Blick auf den Meso-Mikro-Link interessiert, sind organisatorische Strukturen als unabhängige und Handlungen als abhängige Variablen zu konzipieren. Die subjektiven Wissensstrukturen einzelner Akteure sind einerseits abhängige Variablen für organisatorische Strukturen und andererseits unabhängige Variablen für das Handeln.
- *Konstruktivistische Perspektive:* Um die kognitiven Institutionen in Organisationen umfassend zu erheben, sind empirische Methoden heranzuziehen, die bei einzelnen Organisationsteilnehmern ansetzen und sowohl ihr Handeln als auch deren Wissen erfassen.
- *Formale Organisationsstrukturen und organisationale Institutionen:* Formale Organisationsstrukturen sind quasi-objektive Manifestationen, die den raum-zeitlichen Geltungsbereich von Institutionen markieren. Sie können demzufolge als gruppenbildend für die Analyse kognitiv eingelagerter institutioneller Strukturen verwendet werden.
- *Institutionen als Gruppenaggregat:* Obwohl Institutionen kognitive Strukturen sind, sind sie sozial vermittelt. Institutionalisiertes Wissen von Akteuren ist also für Aggregate von Subgruppen empirisch relevant. Um zu prüfen, ob z. B. Programme in Organisationen oder Positionen eingelagert sind, sind Variablen formaler Organisationsstrukturen dahingehend zu vergleichen, wie stark handlungsrelevante Institutionen darin eingelagert sind.

- *Überlagerung von Institutionen:* Institutionalisiertes Wissen, das sich durch die Einlagerung in verschiedene Organisationsstrukturen überlagert, ist empirisch abzubilden.

3 Individuelle Entscheidungsprozesse

In Kap. 2 standen organisatorische Strukturen im Mittelpunkt. Dieses Kapitel rückt das Handeln bzw. Entscheiden von Akteuren in den Fokus, d. h. wie sich individuelle Handlungen bzw. Entscheidungen von Akteuren auf Basis ihres subjektiven Wissens und ihrer Werte beschreiben und erklären lassen. Es wird gezeigt, dass alltagsrationales Handeln weniger ein Nutzenmaximierungsproblem der besten Handlungsoption ist als vielmehr ein kognitives Assoziationsproblem, das durch den situativen Kontext geprägt und stabilisiert wird. Der prägende Einfluss organisatorisch geteilten Wissens auf den Einzelnen muss deshalb mitgedacht werden.

Zunächst werden in Kap. 3.1 handlungstheoretische Grundlagen aus Sicht der phänomenologischen Handlungstheorie nach Schütz (1991) diskutiert, die er wesentlich umfassender ausarbeitet als die Rational-Choice-Theorie (z. B. Schimank 2005a: 44ff.) und als Simon (1981, 1993) mit dem Konzept der begrenzten Rationalität (Etzrodt 2003: 182f.). Anschließend werden aus kognitions- und sozialpsychologischer Sicht die Grundlagen mentaler Wissens- und Einstellungsrepräsentation, des sozialen Wissens- und Einstellungserwerbs und der Informationsverarbeitung dargestellt (vgl. Kap. 3.2). Schließlich erläutert Kap. 3.3 die Kernannahmen der Theorie des geplanten Verhaltens (Theory of Planned Behavior – TPB) von Ajzen (1991, 2005). Zudem wird diskutiert, inwieweit sie mit Schütz' alltagsrationaler Handlungskonzeption kompatibel ist.

3.1 Handlungstheoretische Grundlagen

Verhalten, Handeln und Handlung

Die verhaltenswissenschaftliche Entscheidungstheorie hat Entscheidungen nicht weiter spezifiziert, so dass sie hier handlungstheoretisch definiert werden (Überblick: Dimbath 2003: 18ff.). Grundlegend für verschiedene Handlungstheorien ist Webers (1972: 1) Handlungsbegriff. Handeln ist demzufolge dann gegeben, wenn Akteure mit ihm »subjektiven Sinn« verbinden. Soziales Handeln ist in seinem Sinn »auf das Verhalten anderer bezogen« oder »daran in seinem Ablauf orientiert«. Ausgehend von dieser Definition haben Esser (1991a,b; 1999) und Schütz (1971a,b; 1991) Handlungsbegriffe mit unterschiedlichen Rationalitätsannahmen entwickelt. Nachfolgend wird nur Schütz' Handlungsbegriff skizziert, weil er Essers Handlungsbegriff einschließt (ausführlich z. B. Etzrodt 2000, 2003; Schmidt 2000: 42ff.; Srubar 1992).

Schütz (1991: 74ff.) differenziert zwischen Handeln und Handlung. *Handeln* meint den nicht-sinnhaften und noch nicht abgeschlossenen Prozess der Realisierung eines Handlungsentwurfs. *Handlung* meint das Resultat des abgeschlossenen Handlungsprozesses. Handlungen bestehen aus dem aktuellen Verhalten und aus Handlungsentwürfen. Schütz (1991: 79) schreibt Entwürfen »Bewußtsein« zu. Dieses Bewusstsein kann sich entweder auf die vorentworfene Handlung beziehen, oder es handelt sich um eine reflexive, nachträgliche Bewusstseinsleistung, die auf das Handeln selbst oder den Entwurf gerichtet wird. Der Unterschied zwischen Handeln und Verhalten ist also »objektiv« nicht sehr groß:

> »Handeln liegt also dann vor, wenn jemand Ausschnitte seines erlebten Verhaltensstroms über zukunftsgewandte Um-zu-Motive selbst versteht. Die Um-zu-Motive sind dem Handelnden als die von ihm verfolgte Absicht bewusst, die zugrunde liegenden Weil-Motive sind es nicht unbedingt.« (Schimank 2010: 33)

Entscheiden, Entscheidung und Routinehandeln

Diese Überlegungen überträgt Schütz (1971b; 1991; auch Schütz & Luckmann 2003: 476ff.) auf *Entscheidungen*. Da er Handlungen durch Handlungsentwürfe kennzeichnet, versteht Schütz Entscheidungen als Wahl zwischen Handlungsentwürfen. Akteure gewichten die Sachverhalte in den Handlungsentwürfen positiv oder negativ, wägen sie gegeneinander ab. Wenn z. B. ein Redakteur noch zusätzliche Informationen zu einen Thema erhält, über das er gerade einen Beitrag schreibt, kann er die Handlung entwerfen, mit diesen Informationen den Beitrag zu ergänzen bzw. zu aktualisieren. Kommt nun im Laufe des Tages eine weitere Meldung mit Informationen zum Thema hinzu, muss er abwägen, welche der Informationen er für relevanter hält, um sie in seinen umfangsbegrenzten Beitrag noch aufzunehmen. Je nach Bewertungskriterien, nach denen er die Informationen miteinander vergleicht, wird er sich schließlich für die eine oder andere Information entscheiden. Die Entscheidung besteht schließlich in der Intention bzw. dem Entschluss, den Entwurf in die Tat umzusetzen (Schütz 1971b: 77, 101). Diese Ausführungen ähneln Wert-Erwartungsmodellen, worauf später eingegangen wird (vgl. Kap. 3.3.2). Das Beispiel zeigt, dass eine Entscheidung keine Qual der Wahl sein muss, sondern nah am gewohnheitsmäßigen Handeln ist. Je häufiger ein Journalist mit ähnlichen Situationen konfrontiert wird, desto weniger muss er sich an die konkurrierenden Entwürfe erinnern. Nach einigen Wiederholungen wird diese Handlung für ihn routinierter. *Routinehandeln und Entscheidungshandeln* lassen sich deshalb als Idealtypen verstehen, die an entgegengesetzten Polen eines Kontinuums von Bewusstheit angesiedelt sind (Schütz & Luckmann 2003: 500ff.). Routinen sind das Ergebnis früherer bewusster Entscheidungsprozesse (Anfangsrationalität), die inzwischen habitualisiert sind, aber dennoch Aufmerksamkeit verlangen und häufig intentional sind (Schütz & Luckmann 2003: 486; auch Simon 1981: 123). Dies ist z. B. bei der Berichterstattung über »Schlüsselereignisse« (z. B. Rauchenzauner 2008) der Fall. Nach einer einmaligen bewussten Entscheidung für die Veröffentlichung eines sehr schadensträchtigen Amoklaufs wird über nachfolgende – weniger schadensträchtige – Amokläufe zunehmend routinierter berichtet. Zudem ist auch ist denkbar, dass Journalisten bei jedem auftretenden Amoklauf wieder eine Begleitrationalität anwenden (Schimank 2010: 114). Demzufolge wären die beim ersten Amoklauf gültigen Selektionskriterien wie z. B. Schaden auch beim zweiten Mal gültig. Allerdings kann die Entscheidung problematisiert werden, sobald sie zunehmend suboptimaler wird. Dies wäre dann der Fall, wenn ein Amoklauf einmal zeitgleich zu einem anderen Unglück auftritt, bei dem mehr Menschen zu Schaden kommen, z. B. bei einem Erdbeben oder einem Tsunami.

Typen von Rationalität beim Handeln

Inwieweit betrachtet Schütz das beschriebene Handeln als rational? Schütz (1971a: 31ff.; 1972: 34ff.) unterscheidet zunächst mehrere Definitionen für Rationalität. Er verbindet Rationalität sowohl mit Handeln als auch mit der Lebenswelt, indem er zwei Beobachtungsebenen unterscheidet: die subjektive Eigenperspektive von Akteuren (»Konstruktionen ersten Grades«) und die »objektive« Fremdperspektive, z. B. von anderen Akteuren oder von Wissenschaftlern (»Konstruktionen zweiten Grades«) (Schütz 1971a: 3ff.; 44ff.):

- Die Gleichsetzung von Rationalität mit »geplant« und »logisch« verweist auf den subjektiven Sinn einer Handlung, d. h. auf die Konstruktion ersten Grades. Der subjektive Sinn ist gegeben, wenn Akteure aus allen Mitteln innerhalb ihrer Reichweite diejenige auswählen, die für ihre Realisierung den größten erwarteten Nutzen bringt. Dies bezeichnet Schütz (1972: 39) als *Rationalität der Wahl*. In diesem Fall würde z. B. ein Redakteur für die Auswahl von Sachverhalten alle möglichen Selektionskriterien und Folgen der Veröffentlichung gegeneinander abwägen, bevor er für die Veröffentlichung eines Sachverhalts entscheidet.

- Die Gleichsetzung von Rationalität im Sinne von »vernünftig« oder »vorhersagbar« weist auf einen intersubjektiven Sinn der Handlung hin. Hier geht es darum, Typen zu verwenden, die in Interaktionen für andere Akteure verständlich sind. Dies bezeichnet Schütz (1972: 39) als *Rationalität des Wissens*, das die Rationalität der Wahl bedingt (»Konstruktionen zweiter Ordnung«). In diesem Fall rekonstruiert ein Beobachter ein Handeln als verständig, sofern es vermeintlich aus einer klugen Wahl zwischen verschiedenen Handlungsoptionen hervorgeht. Um die subjektive von der intersubjektiven Ebene trennen zu können, wird intersubjektiv rationales Handeln nachfolgend als »vernünftiges« Handeln bezeichnet. In diesem Fall würde der Redakteur nur anhand weniger für ihn bedeutsamer Selektionskriterien entscheiden, diesen Sachverhalt zu veröffentlichen. Möglicherweise kann er diese Kriterien nicht zwingend benennen, so dass sie aus dem Kontext bzw. aus der Einbettung in Ressort oder Redaktion zu erschließen sind.

Rationalität beim Handeln im Alltag

Welchen der zwei skizzierten Idealtypen von Handeln – rationales oder vernünftiges Handeln – sieht Schütz nun als Normalfall des alltäglichen Handelns an? Nach Schütz (1971a: 31ff.) können Akteure je nach Situation entweder rational oder vernünftig handeln. Aber die Rationalität der Wahl ist für ihn »kein Grundzug des Alltagsdenkens« (Schütz 1972: 39). Stattdessen ist Alltagshandeln durch spezifische Formen des Wissensvorrats gekennzeichnet, die handlungsleitend werden:

> »Wir sind zufrieden, wenn wir eine faire Chance der Realisierung unserer Absichten haben und diese Chance haben wir, so denken wir jedenfalls, wenn wir den Mechanismus der Gewohnheiten, Regeln und Prinzipien in Bewegung setzen, der sich früher einmal bewährt hat und sich hoffentlich auch jetzt bewähren wird.« (Schütz 1972: 32)

Die Rationalität des Wissens hält Schütz beim Handeln für wahrscheinlicher als die Rationalität der Wahl. Akteure können aber aus der Beobachtersicht nie mit letzter Gewissheit sagen, ob ein anderer Akteur gehandelt hat. Es lässt sich lediglich aufgrund im Wissensvorrat abgelagerter Regeln und typisch beobachtbarer Verhaltensabläufe entscheiden, ob sich dem beobachteten Handeln ein typisches Ziel zuordnen lässt oder nicht (Schütz & Luckmann 2003: 454ff.). Genau genommen kann ein Handeln auch weder vernünftig noch rational sein. Schütz (1971a: 31) bezeichnet dies als »verständiges Verhalten«.

Abgrenzung verschiedener Entscheidungsbegriffe

Aufgrund der bisherigen Überlegungen lässt sich Schütz' Entscheidungsbegriff von dem der traditionell ökonomischen Rational-Choice-Theorie abgrenzen (z. B. Schimank 2005a: 44ff.), wie ihn z. B. Esser (1991a, b; 1999: 251ff.) in der Subjective Expected Utility Theory (SEU-Theorie)[26] zugrundelegt. Die SEU-Theorie bietet sich für einen Vergleich besonders an, da sie beansprucht, Schütz' Handlungsvorstellungen integrieren zu können (Kritik z. B. Etzrodt 2000; Schmidt 2000; Srubar 1992). Schütz' Entscheidungsbegriff beinhaltet den Moment des Auswahlaktes und die Vorbedingungen, um eine Wahlsituation zu erkennen (Schütz 1971b: 106). Die Herkunft der Alternativen begründet Schütz mit der Aufmerksamkeit, die Akteure ihnen zuwenden oder eben nicht zuwenden. Entscheidungen werden als »Fließgrößen« (Eichenberger 1992: 10) behandelt, die den gedanklichen Prozess hin zur eigentlichen Entscheidung mitberücksichtigen. In der Rational-Choice-Theorie werden Entscheidungen dagegen enger ausgelegt, d. h. es geht um die Ergebnisse bzw. die (aggregierten) Folgen der Entscheidung (z. B. Esser 1996, 1999). Die Rational-Choice-Theorie betrachtet demzufolge Entscheidungen als »Endgrößen« (Eichenberger 1992: 10). Der kognitive Entscheidungsprozess, d. h. die Aufmerksamkeitszuwendung zu bestimmten Handlungsalternativen und damit verbundenen Folgen bleibt unthematisiert bzw. wird als stark mathematisch formalisiert unterstellt. Insbesondere unterstellt die SEU-Theorie a priori, dass sich Akteure für die Handlungsoption mit dem größtmöglichen Nutzen entscheiden. Demzufolge müssten z. B. Journalisten für die Auswahl publikationswürdiger Sachverhalte nach dem Maximierungsmodell alle Selektionskriterien benennen können, die sie als entscheidungsrelevant ansehen. Sie könnten die zur Auswahl stehenden Selektionsoptionen – seien es Ereignisse, Quellen, Statements – im Hinblick auf ein übergeordnetes Redaktionsziel anhand von Kriterien bewusst gegeneinander abwägen,

[26] Das Ursprungsmodell geht auf Neumann & Morgenstern (1944) sowie Savage (1954) zurück.

um darauf aufbauend ihre Entscheidung zu treffen. Dies scheint unrealistisch, da sich Menschen nicht in eine mathematische Formel pressen lassen. Unrealistisch ist zudem, dass Handeln ausschließlich durch die nutzenmaximierende Selektionsregel[27] (SEU-Regel) erklärt wird und Handeln a priori als rational angesehen wird. In der Rational-Choice-Theorie – auch in der SEU-Theorie – ist rationales Handeln nicht wie bei Schütz ein »Idealtypus« (Schütz 1991: 115ff., 257ff.) neben anderen Handlungstypen, die auch von der Rationalität abweichen können. Stattdessen wird er als durchschnittlich rationaler Handlungstyp über alles Handeln hinweg angesehen. Dies ist deshalb problematisch, weil die Nutzenmaximierungsregel »empirisch inhaltsleer« (Kneer 2006: 250; Frey 1989: 77) und selbst nicht falsifizierbar ist. Solche Annahmen weichen das Rationalitätskonzept auf. Um zu untersuchen, ob und ggf. unter welchen Bedingungen Journalisten möglicherweise rational handeln, ist Nutzenmaximierung nur als eine mögliche empirisch prüfbare Hypothese zu verwenden, die in bestimmten Handlungssituationen eher auftreten könnte als in anderen. Schließlich betrachtet der enge Entscheidungsbegriff die Randbedingungen der Entscheidung als gegeben. Regelgebundenes Handeln lässt sich aber nicht einer frei wählbaren Nutzenlogik unterwerfen. Die im sozialen Handeln selbst angelegte Genese von Wissen bzw. Orientierungsschemata (»Weil-Motive«) bleibt in der SEU-Theorie unerkannt (Srubar 1992: 161; V. Kunz 1997: 76f.). Entsprechend kann diese Theorie nur den subjektiven Handlungssinn bzw. die formale Rationalität der Wahl abbilden, nicht aber intersubjektiv vernünftiges Handeln. Die SEU-Theorie klärt nicht, unter welchen Bedingungen z. B. die Konsequenzen von Handlungen in den Aufmerksamkeitsfokus von Akteuren rücken und handlungswirksam werden. Da journalistisches Selektionshandeln häufig (organisatorischen und) individuellen Routinen folgt (z. B. Shoemaker & Reese 1996: 105ff.; Tuchman 1978; Weischenberg 1994), bildet die SEU-Theorie »vernünftiges Handeln« und »verständiges Verhalten« (Schütz 1971a: 31ff.) nicht angemessen ab, ebenso wie sie die Einbettung in Institutionen nicht berücksichtigt. Insgesamt eignet sich die Rational-Choice-Theorie bzw. SEU-Theorie nicht dafür, journalistische Selektionsentscheidungen zu erklären, da sie Schütz' Handlungsvorstellungen nur verkürzt integriert.

[27] Weiterführende Argumente zur Kritik an kausalen Handlungserklärungen im Sinne des deduktiv-nomologischen Modells vgl. Greve (1994: 126ff.).

Der subjektive Wissensvorrat

Bisher wurden der kollektiv geteilte Wissensvorrat in Organisationen als Institution[28] (vgl. Kap. 2.1.2) und Handlungen von Akteuren mit Hilfe von Handlungsentwürfen beschrieben. Offen ist noch die Verbindung zwischen den beiden beschriebenen Konzepten. Damit ist die Frage verbunden, wie sich institutionalisierte Wissensvorräte bestimmter gesellschaftlicher Gruppen an einzelne Akteure vermitteln. Eine Antwort darauf gibt der *subjektive Wissensvorrat* einzelner Akteure. Er wird von Schütz & Luckmann definiert als:

> »[...] sedimentierte[n] subjektive[n] Erfahrungen der Lebenswelt. Die subjektiven Erfahrungen sind durch die Aufschichtungen der Lebenswelt bedingt, und die Sedimentierung der Erfahrungen im Wissensvorrat erfolgt aufgrund der subjektiven Relevanzstrukturen. Die Struktur des Wissensvorrats ist durch die Vorgänge des Wissenserwerbs bestimmt.« (Schütz & Luckmann 2003: 410)

Subjektiv sedimentierte Erfahrungen erwerben Akteure außerberuflich (z. B. in Schule und Familie) und beruflich. Wenn z. B. Journalisten in einer Redaktion beginnen, journalistisch zu arbeiten, wird ihr subjektiver Wissensvorrat »mit den ›Erfahrungen‹ der dort institutionell vorgegebenen generalisierten Handlungsorientierungen aufgestockt« (Altmeppen 1999: 54). Darüber hinaus ist der Wissensvorrat räumlich, zeitlich und sozial strukturiert und spannt mit verschiedenen Wissenselementen die Struktur der subjektiven Erfahrung auf (Schütz & Luckmann 2003: 193ff.). Journalistische Organisationen sind dann Institutionen, in denen Volontäre bzw. Redakteure journalismus-, redaktions- oder ressortspezifisches Wissen erwerben, um aufgrund institutionell verankerter generalisierter Erwartungsmuster typisch zu handeln. So lernen z. B. Journalisten, nach professionellen Kriterien gesellschaftlich relevante Informationen auszuwählen. Dennoch können auch ihre nicht-professionellen, z. B. persönlichen politischen Einstellungen beabsichtigt oder unbeabsichtigt in die Auswahl eingehen. Betrachtet man den Wissenserwerb des Einzelnen über längere Zeit und viele Handlungen hinweg, synthetisieren Akteure die eigenen sinnhaften Erlebnisse in einen gesamten Erfahrungs- oder Sinnzusammenhang.

Aufgrund der bisherigen Überlegungen ist das Wissen, das Akteure ausbilden, einerseits subjektiv, aber teilweise innerhalb bestimmter Sozi-

[28] Schütz (1991: 227f.) verwendete das Konzept des kollektiven Wissensvorrats ursprünglich als *Wirbeziehung*, d. h. für Akteure, die persönlich und aufeinander bezogen in Dyaden agieren. Mit dem Institutionenbegriff weiten Berger & Luckmann (2004) dieses Konzept auf gesellschaftlich relevante Gruppen und Kontexte aus (vgl. Kap. 2).

alstrukturen auch institutionell geteilt. Nur der sozial geteilte Anteil des Wissens lässt sich für bestimmte ausdifferenzierte Relevanzbereiche oder gar gesamtgesellschaftlich als intersubjektiv geteilt bezeichnen. Aber nicht alle Akteure haben institutionell relevantes Wissen vollständig verinnerlicht, sei es, weil der Wissenserwerb bestimmter Institutionen für einzelne Akteure noch nicht abgeschlossen ist, weil kollektives Wissen außerhalb ihres Aufmerksamkeitsbereichs liegt oder weil einzelne Akteure weniger gut lernen als andere. Ein Journalist, der sein Leben lang in einer Lokalzeitung tätig war, wird nur begrenzt wissen, nach welchen Kriterien und Merkmalen er Meldungen für das außenpolitische Ressort selektieren bzw. produzieren soll. Aber selbst wenn alle Akteure, die einem bestimmten Relevanzbereich angehören, das gleiche Wissen hätten, ist deren identische Wissensanwendung in einer Situation problematisch. Erstens sind Wissen bzw. Erwartungen nicht immer so detailliert formuliert, dass sie sich ohne weitere Deutungsprozesse des Einzelnen situativ klar und eindeutig anwenden lassen (Schütz & Luckmann 2003: 173ff.). Und zweitens verfügen einzelne Akteure nicht über die kognitiven Kapazitäten, in einzelnen Handlungssituationen alles subjektiv verfügbare Wissen bezüglich einer Handlung bzw. Entscheidung anzuwenden.

Definition der Situation

Dies leitet zur Frage über, wie Akteure ihren subjektiven Wissensvorrat konkret anwenden, d. h. wie sie einzelne Wissenselemente ihrer sedimentierten Erfahrungen für die Konstruktion ihrer Handlungsentwürfe auswählen. Nach Schütz & Luckmann (2003: 450) ist diese Auswahl handlungsrelevanter Elemente aus dem Wissensvorrat erstens vom situativen Kontext, zweitens von den subjektiven (und gesellschaftlich geprägten) Relevanzen und drittens vom subjektiven Wissensvorrat selbst abhängig. Auf dieser Basis erfolgt die *Definition der Situation* (Thomas & Thomas 1928). Sie beruht einerseits auf der Erfassung des situativen Kontextes mit den situativ gültigen Restriktionen und institutionellen Regeln (d. h. den *äußeren Bedingungen* der Situation) und andererseits auf der Gesamtheit des Wissens und der Werte sowie der Einstellungen einzelner Akteure (d. h. den *inneren Bedingungen* der Situation) (Esser 1999: 50ff.; Schütz & Luckmann 2003: 149ff.). In diesem abgesteckten Rahmen definieren Akteure ihre Situation. Den subjektiven Wissensvorrat und die darin enthaltenen Sinnzusammenhänge beschreibt Schütz auch als »Schemata unserer Erfahrung« (Schütz 1991: 109), den Vorgang der Einordnung von Erfahrungsinhalten unter ein

Schema als »Deutung«. So dürfte z. B. derselbe Journalist eingehende Tickermeldungen bei einer Boulevardzeitung nach anderen Kriterien als bei einer Qualitätszeitung deuten, da sich die kollektiv geteilten Selektionsregeln je nach Zeitungstyp unterscheiden.

Insgesamt liefern Schütz und Luckmann einen handlungstheoretischen Rahmen für die Analyse der Selektionsentscheidungen von Journalisten in organisatorischen Kontexten. Auch wenn Journalisten subjektiv die Elemente von Situationen definieren und individuell handeln, so können sie aufgrund institutionalisierten Wissens in ähnlichen situativen Bedingungen auch die Elemente von Situationen »ähnlich« definieren und aufgrund dessen zu »ähnlichen« Entscheidungen gelangen. Dies gilt freilich nur zum gewissen Grad, da der individuelle Wissenserwerb von Akteuren und auch der Spezifizierungsgrad institutioneller Regeln graduell variiert. Dies lässt Akteuren Interpretationsspielräume, Wissen situationsbezogen auszulegen und anzuwenden.

Daran knüpft die Dualität von Handeln und Struktur (Giddens 1997) an, die bisher nicht genügend berücksichtigt wurde. Denn der subjektive (und institutionelle vermittelte) Wissensvorrat des Einzelnen prägt nicht nur sein Handeln, sondern gleichzeitig kann der Einzelne aufgrund seiner Wissensdeutungen und seines Handelns neue Erfahrungen erlangen, die sich wiederum im subjektiven Wissensvorrat ablagern. Auch wenn der Einzelne die Veränderung institutionalisierten Wissens wenig beeinflusst, können solche Prozesse über viele Akteure hinweg institutionalisiertes Wissen mehr oder weniger schleichend verändern.

Wie lassen sich nun aber aggregierte Handlungs- und Entscheidungsmuster von institutionellen Regelstrukturen im Sinne der Dualität von Handeln und Struktur abgrenzen? Nach Reckwitz (1997: 36, FN 49; 107, FN 184) sind Handlungs- bzw. Entscheidungsmuster zwar im primitiven Sinne auch schon Strukturen. Da jedoch Strukturen als Grundlage von Handlungserklärungen behandelt werden, gelten Strukturen nur für die erklärenden Regeln bzw. Ressourcen, nicht jedoch für das Entscheiden selber. Um entscheidungsleitende Regeln und das Entscheiden als Prozess nicht gleichzusetzen, ist erstens die zeitliche Strukturiertheit des Entscheidens, zweitens der Rückbezug auf institutionelle Regeln beim Entscheiden, das nicht voraussetzungslos stattfindet, und drittens die Interpretationsabhängigkeit der anzuwendenden Regeln für jede Entscheidung zu berücksichtigen (Reckwitz 1997: 136). Demzufolge sind Entscheidungen zunächst immer nur eine temporale Sequenz. Sie finden stets kontextgebunden statt, und die anzuwendenden Regeln müssen beständig neu interpretiert werden. Von Entscheidungsmustern als Regeln kann also erst dann die Rede sein, wenn sie sozial verbindlich, maßgeblich und dauerhaft zu beobachten sind (vgl. Kap. 2.1.2).

3.2 Kognitions- und sozialpsychologische Grundlagen

Die handlungstheoretischen Grundlagen lassen sich kognitionspsychologisch präzisieren. Zunächst werden grundlegende mentale Strukturen wie Wissen bzw. Vorstellungen und Einstellungen beleuchtet, da sie grundlegend für die hier verwendete Handlungstheorie sind. Anschließend werden die Anordnung von Wissen und Einstellungen im Gedächtnis sowie deren Anwendungsbedingungen betrachtet. Schließlich werden Mechanismen skizziert, mit denen Wissen und Einstellungen etabliert, verändert und stabilisiert werden.

Wissensstrukturen

Es lassen sich verschiedene *Wissensstrukturen* des Gedächtnisses unterscheiden (Überblick z. B. Fiske & Taylor 1991: 96ff.), wobei hier mentale Modelle[29] interessieren. Sie basieren auf der *Theorie mentaler Modelle* (Johnson-Laird 1980, 1983, 1989; Überblick: Schnotz 1994: 158ff.; Stocké 2002: 44ff.), wonach Urteile und Handlungen von Akteuren immer auf einer subjektiven Repräsentation der Entscheidungssituation beruhen. Mentale Modelle ähneln also der *Definition der Situation* (vgl. Kap. 3.1), sie können aber sozialpsychologisch noch präzisiert werden.

Die Theorie mentaler Modelle ist kein einheitlicher Erklärungsansatz (Oaksford & Chater 1998: 104ff.). Hier interessiert die Schemaaktivierung, weil sie in die Nähe von Schütz' (1991: 105ff., 261ff.) schemabasierter Wissenskonzeption rückt. Schemata wirken sich vermittelt durch die mentale Repräsentation der konkreten Situation auf das Entscheidungshandeln von Akteuren aus (Taylor & Crocker 1981: 91). Sie bewirken, dass mentale Situationsmodelle durch unterschiedliche Formen von Hintergrundwissen angereichert werden (Schnotz 1994: 161f.). Schemata repräsentieren Sachverhalte von unterschiedlicher Komplexität, die hierarchisch angeordnet sind (Schnotz 1994: 66ff.). Der Wandel von Schemata lässt sich durch die Herausbildung von Subschemata erklären. Fiske & Taylor (1991) bezeichnen dies als Subtyping. So kann z. B. ein journalistisches Relevanz-Schema verschiedene Subschemata

[29] In der Kommunikationswissenschaft greifen z. B. Eilders (1997: 113) aus Rezipientensicht und Scheufele (2003: 22f.) aus Journalistensicht mentale Modelle auf.

wie ein Schadens- oder Prominenz-Schema beinhalten. Das Schadensschema kann wiederum nach konkreten thematischen Sachverhalten wie z. B. verschiedenen Formen des Schadens oder der jeweiligen Schadenshöhe ausdifferenziert sein. Je länger z. B. Journalisten in ihrem Beruf arbeiten, desto differenziertere Relevanz-Schemata bzw. desto mehr untergeordnete Nachrichtenfaktoren-Schemata für verschiedene thematische Facetten dürften sie herausbilden. Schemata legen nach Schnotz (1994: 61ff.) fest, welche Eigenschaften Objekte wie z. B. berichtenswerte Sachverhalte haben müssen, damit sie unter ein Schema fallen. Solche Eigenschaften werden auch Attribute genannt. Die Verknüpfung von Attributen mit bestimmten Objekten definieren Ajzen & Fishbein (1980: 66) als *Beliefs*[30] (vgl. Kap. 3.3.1). So kann ein journalistisches Schadensschema z. B. Attribute zur Schadensart enthalten. So werden die Informationen einer Agenturmeldung über eine neue »Studie zur Einführung von Mindestlöhnen« mit der Schadensart abgeglichen. Möglicherweise wird das Schema des Journalisten aufgefüllt mit dem typischen Attribut »wirtschaftlicher Schaden«.

Schemata und Beliefs sind zwar Wissensstrukturen in Schütz' Sinn. Sie vereinfachen Informationen, aber sie unterscheiden sich auch teilweise (z. B. Larson 1994: 18ff.):

- *Grad der Generalisierung:* Schemata sind stärker generalisierte kognitive Wisseneinheiten als Beliefs. Schemata beinhalten verschiedene konkrete, aber auch abstrakte Objekte und Attribute, die miteinander verknüpft sind. Beliefs sind dagegen konkrete und situationsspezifische Verknüpfungen zwischen Objekten und Attributen. Sie sind in Schemata enthalten, verändern sich aber schneller.
- *Grad der kollektiven Geteiltheit:* Aus dem Abstraktionsgrad von Schemata und Beliefs resultiert, dass Beliefs eher kollektiver Natur sind, während Schemata idiosynkratischer als Beliefs sind. In der Journalismusforschung betreffen kollektiv geteilte Beliefs z. B. »Nachrichtenideologien« (Westerstahl & Johansson 1986).

Schemata und Beliefs können sich auf verschiedene Objekttypen beziehen. Fiske & Taylor (1991: 118ff.) unterscheiden Personen-, Selbst-,

[30] Der Begriff der *Beliefs* hat im Deutschen verschiedene Entsprechungen, z. B. Meinungen, Überzeugungen oder Vorstellungen, die aber alle unterschiedliche Konnotationen hinsichtlich der Stärke der Beliefs aufweisen (vgl. Stroebe 1980). Am neutralsten scheint der Vorstellungsbegriff zu sein. Deshalb werden nachfolgend der deutsche Begriff der *Vorstellung* und der englische Begriff der *Beliefs* synonym verwendet. Vorstellungen und Schemata ähneln dem, was Schütz als Wissen bezeichnet. Deshalb werden auch die Begriffe *Vorstellungen* und *Wissen* synonym verwendet.

Rollen- und Ereignisschemata. Diese Unterscheidung überzeugt nicht, weil sie nicht trennscharf ist und nicht theoretisch begründet wird (vgl. Kap. 5). Mentale Repräsentationen sind dynamisch und situationsspezifisch konzipiert, sodass sie auf Basis der Textinformation und unter Rückgriff auf das Vorwissen permanent neu entworfen bzw. umstrukturiert werden. Diesen Prozess beschreibt Kintschs (1988) Konstruktions-Integrations-Modell, das zudem Annahmen über assoziative Verknüpfungen enthält. Ein Redakteur hat möglicherweise zum Issue »Mindestlohn« folgende (sehr unvollständige) Schemarepräsentation mit den Attributen: »Innenpolitik, Konflikt zwischen SPD und CDU« sowie einige Positionen »schwächt die Wirtschaft« oder »senkt die Armut«. Bearbeitet ein Redakteur eine Agenturmeldung zum Thema »Mindestlöhne in Deutschland«, können folgende Veränderungsprozesse dieses situationalen Modells auftreten: (1) Validierung, d. h. Abgleich des berichteten Geschehens mit seinem eigenem aktuellen Modell, (2) Erweiterung des mentalen Modells um neue Informationen, (3) Integration, d. h. zwei aktuelle mentale Modelle zu einer Information können in einem neuen aufgehen und (4) Konstruktion/Revision des mentalen Modells, wenn sein aktuelles mentales Modell nicht den Informationen der Agenturmeldung entspricht. Die zwei Richtungen der Informationsverarbeitung laufen permanent, gleichzeitig und wechselseitig ab:

- Bei der *konzeptgesteuerten bzw. top-down-Verarbeitung* (z. B. Fiske & Taylor 1991: 98ff.; Kintsch 2005) berücksichtigen Akteure möglichst viele Informationen ihres Vorwissens z. B. darüber, ob und ggf. wie andere Medien über ein Ereignis berichten, um Informationen für ihr situationales Modell zu erhalten.
- Bei der *daten- bzw. bottom-up-gesteuerten Informationsverarbeitung* (z. B. Fiske & Taylor 1991: 149ff.) steuern die neuen Textinformationen die Wahrnehmung von Akteuren, und/oder das aktuelle situationale Modell aktiviert Vorwissen.

Mentale Modelle sind komplex und flexibel genug, um einzelne Ereignisse bzw. Meldungen ganzheitlich-holistisch (ausführlich: Schnotz 1994: 175ff.) zu beschreiben und zu erklären. Danach werden Mikrostrukturen von Texten sofort zu semantischen Makrostrukturen verdichtet. Die Makrostrukturen werden durch auf- und absteigende Schema-Aktivationen gebildet. Da Wissen erst aktuell bei seiner Verwendung konstituiert wird, lässt sich auch die Integration neuer Textinformationen (»cues«) beschreiben. Andererseits geht auch der situative Kontext, wie z. B. redaktionelle Rahmenbedingungen, und das Wissen um Merkmale potenziell relevanter Sachverhalte (vgl. Kap. 2.2.1) in mentale Modelle ein. Trotz kollektiv geteiltem Wissensvorrat von Akteuren sind mentale Modelle individueller Natur. Mehr oder weniger starke Abweichungen zwischen den mentalen Modellen einzelner Akteure und zur externen Realität sind schematheoretisch durch das Ausmaß der Informationszugänglichkeit bzw. durch Prozesse der Schemaaktivierung der Akteure bestimmt (Stocké 2002: 61).

Aus kommunikationswissenschaftlicher Sicht lassen mentale Modelle aber offen, unter welchen Bedingungen Textinformationen oder Vorwissen stärkeren Einfluss auf die Bildung von mentalen Modellen haben (Scheufele 2003: 24). Zudem bleibt unklar, wie mentale Modelle selbst inhaltlich strukturiert sind und wie das Vorwissen in Schemata strukturiert sein muss, damit es mentalen Modellen zugänglich ist. So kann z. B. ein Nachrichtenfaktor-Schema *ein* abstrakteres Schema sein, das inhaltlich spezifischere Subschemata für verschiedene Ereignisse oder Akteure *intern* enthält, oder es kann *extern* mit verschiedenen inhaltlich spezifischeren Ereignis- oder Akteursschemata verknüpft sein. Dieses Problem lässt sich theoretisch nicht lösen. Zudem ist die Dynamik mentaler Modelle empirisch schwer zu fassen, da sie letztlich immer nur ein Moment einer konkreten Handlungssituation abbilden, in der situative Kontextfaktoren (z. B. journalistische Selektionsgramme und präsentierte Textinformationen), aktiviertes Vorwissen und konstruiertes Modell aktuell zusammenspielend abgebildet sind.

Einstellungsstrukturen

Manche Autoren zählen zum Wissen auch Einstellungen (Überblick: Eagly & Chaiken 1993: 18f.). Diese Sicht interessiert vor dem Hintergrund, ob z. B. für Nachrichtenfaktoren (Wissen über Selektionskriterien zu Sachverhalten) und für politische Einstellungen (Bewertung) zu diesen Sachverhalten ein Schema angenommen werden kann. Die Konzeption werthaltiger Kognitionen verwischt aber den Unterschied zwischen Vorstellung und Einstellung, so dass sie nachfolgend voneinander unterschieden werden. Ajzen (1993: 41) definiert Einstellungen als »[...] an individual's disposition to react with a certain degree of favorableness or unfavorableness to an object, behavior, person, institution, or event [...]«. Einstellungen haben drei Komponenten: eine kognitive, eine evaluative[31] und eine behaviorale (z. B. Rosenberg & Hovland 1966: 1). Evaluativ gebildete Objekteinstellungen geben generelle positive oder negative Bewertungen einer Person gegenüber einem Objekt wieder. Sie entsprechen Globalurteilen und sind entsprechend eindimensional. Bezogen auf journalistisches Selektionshandeln wäre ein Beispiel: »Die Auswahl eines Sachverhalts ist gut vs. schlecht, weise vs. unbedacht etc.« Kognitiv basierte Objekteinstellungen basieren auf verschiedenen Vorstellungen zum Einstellungsobjekt, die mit Erwartungen verknüpft sind. Sie bilden Einstellungen mehrdimensional ab und sind deshalb differenzierter.

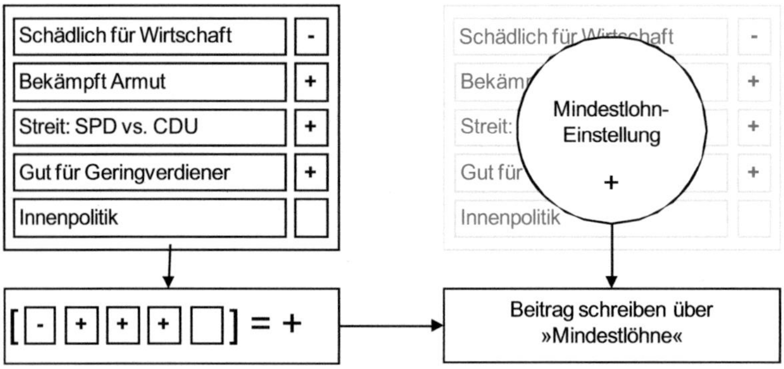

Abb. 3.1: Vorstellungen und Bewertungen zur Selektion des Issues »Mindestlohn«

Abb. 3.1 veranschaulicht grob schematisch, wie sich ein Urteil bzw. eine Einstellung z. B. zum Issue »Mindestlohn« herausbilden kann. Ein Redakteur hat verschiedene Vorstellungen zum Issue, z. B. »Mindestlöhne sind schädlich für die Wirtschaft«, »Mindestlöhne bekämpfen Armut« oder »Mindestlöhne sind ein Streitthema«, die er mehr oder weniger stark mit dem Issue assoziiert.[32] Diese Vorstellungen sind (mit subjektiven oder sozial vermittelten) Bewertungen verknüpft, z. B. »der Schaden für die Wirtschaft ist für mich/für unsere Leser unwichtig« (–), »Armutsbekämpfung ist für mich/für unsere Leser wichtig« (+) und »Streitthemen sind mir/unseren Lesern wichtig« (+). Die Gesamteinstellung zum Issue »Mindestlöhne« ergibt sich schließlich aus der Summe der

[31] Die frühe Einstellungsforschung verwendete die Begriffe *affektiv* und *evaluativ* synonym (z. B. Fishbein & Ajzen 1975), während später Einstellungen mit Evaluationen verbunden (Überblick: Ajzen 2000: 2f.) und von Emotionen abgegrenzt wurden.

[32] In Abb. 3.1 wurden der Einfachheit halber alle Vorstellungen gleich stark gehalten.

einzelnen Produkte, die man aus den Vorstellungsstärken und Bewertungen bildet.[33] Sie kann anschließend mehr oder weniger handlungsrelevant sein. Auf Vorstellungen und Bewertungen basiert auch die Theorie des geplanten Handelns (TPB), die in Kap. 3.3 dargestellt wird. Die gebildete Einstellung ändert sich demzufolge, sobald Vorstellungen stärker oder schwächer wahrgenommen werden, Vorstellungen anders bewertet werden oder sich beides ändert.

Zudem können zwei Typen von Einstellungsobjekten unterschieden werden: Zieleinstellungen und Handlungseinstellungen (z. B. Ajzen & Fishbein 1980: 84; Fazio 1990). *Zieleinstellungen* beziehen sich auf ein Objekt, z. B. auf die Bewertung eines innenpolitischen Konflikts. *Handlungseinstellungen* beziehen sich auf mindestens zwei Objekte: die Handlungsweise selbst sowie das Zielobjekt. So können Akteure eine positive Einstellung zum Zielobjekt (z. B. Agenturmeldung pro Mindestlöhne), aber eine negative Einstellung zum Handeln (z. B. Veröffentlichen der Agenturmeldung pro Mindestlöhne) besitzen. Handlungseinstellungen werden teilweise eher mit systematischer und Zieleinstellungen mit heuristischer Informationsverarbeitung verknüpft (z. B. Fazio 1990), worauf noch eingegangen wird (vgl. Kap. 3.3.3).

Organisation und Anwendung von Wissen und Einstellungen

Die Organisation und Anwendung von Wissenselementen und ihren Bewertungen (Überblick: Wyer & Albarracin 2005: 278ff.) wird hier betrachtet, um für die journalistische Nachrichtenauswahl und -verarbeitung zu klären, ob und ggf. wie abstrakte »Nachrichtenfaktoren-Schemata« (Eilders 1997: 118f.) z. B. mit konkreten Ereignis- oder Akteursschemata bestimmter Issues zusammenhängen. Weiterhin ist für die Verknüpfung von Nachrichtenwerttheorie und News-Bias-Ansatz relevant, wie Wissen z. B. über selektionsrelevante Nachrichtenfaktoren mit politischen Einstellungen verknüpft sein kann.

Die Organisation von Wissenselementen und ihren Bewertungen kann man sich als *assoziatives (konnektionistisches oder neuronales) Netzwerk* vorstellen (Hinton & Anderson 1981; McClelland & Rumelhart 1986; Rumelhart & McClelland 1986). Erhalten Journalisten neue Informationen, werden bestimmte Knoten bzw. Knotenbündel des Netzwerkes aktiviert (*spreading activation* z. B. nach Collins & Loftus 1975; Anderson

---

[33] Bewertungen lassen sich auch als Attributeinstellungen bezeichnen. Hier wird der Bewertungsbegriff verwendet, um ihn von der evaluativen globalen Einstellung zu einem Objekt abzugrenzen.

1983). Ein Beispiel wäre eine Pressemitteilung, die in einer Redaktion eingeht und in der der Bürgermeister von Frankfurt am Main und der Bundesinnenminister als Akteure vorkommen. Da dem lokal tätigen Redakteur aufgrund seines Vorwissens die Information »Bürgermeister« möglicherweise zugänglicher ist, aktiviert er dazu weitere Konzepte wie z. B. »regional nah«. Das heißt, bei ihm ist eine starke Verbindung für die Knoten »Bürgermeister – Regionale Nähe« durch häufige Anwendung im Lokalressort geprägt.

Solche Netzwerkvorstellungen lassen sich im ersten Schritt mit Schema-Theorien verknüpfen und im zweiten Schritt mit Einstellungstheorien. Der Gedanke der »spreading activiation« lässt sich erstens auf die simultane Verknüpfung von Schemata bzw. Vorstellungen zu einem Sachverhalt anwenden (*schema-triggered affect* – z. B. Fiske 1982: 60). So werden z. B. Nachrichtenfaktoren für einen Sachverhalt nicht unabhängig voneinander wahrgenommen (z. B. Fretwurst 2008). Zweitens lässt sich der Netzwerkgedanke auf die simultane Verknüpfung von Einstellungen anwenden (*spreading-attitude effect* – z. B. Walther 2002). Damit lässt sich die simultane Aktivierung z. B. von wahrgenommenen Nachrichtenfaktoren und politischen Einstellungen zu diesem Sachverhalt für das Finalmodell der Nachrichtenwerttheorie beschreiben.[34] Die bisherigen Überlegungen sind lediglich als *heuristisches Modell* über den Wissenserwerb, die Wissensrepräsentation und deren Verarbeitung bei Journalisten zu verstehen. Theoretischen Status erreichen die Modelle nicht, da nicht geklärt werden kann, in welche Richtung die genannten Einflussfaktoren von Vorwissen, neuen Informationen und aktuellem mentalen Modell statisch und dynamisch zusammenwirken (weiterführende Kritik: Schnotz 1994: 134ff.). Dennoch können Netzwerke implizit angewendetes Wissen situativ und flexibel modellieren. Wissensaktivierung findet auch dann statt, wenn wahrgenommene Informationen nicht hundertprozentig zum subjektiv bestehenden Wissen passen. Solche Aktivierungen führen aufgrund ständiger Rekonstruktions- und Inferenzprozesse auch zu Wissensveränderungen. Letztlich sind die Knoten im Netzwerk aber empirisch festzulegen, so dass sich Knoten auf Wissensbündel wie Schemata oder auf einzelne Attribute von Schemata beziehen können. Einstellungen sind dann im Netzwerk so eingebunden, dass sie die jeweiligen Wissensknoten mit einer Bewertung einfärben.

[34] Diesen Gedanken enthält auch das MODE-Modell (Fazio 1990), eine Informationsverarbeitungs- und Verhaltenstheorie, die später skizziert wird (vgl. Kap. 3.3.3).

Anwendungsbedingungen von Wissen und Einstellungen

Vorstellungen und Einstellungen müssen zugänglich (*accessibility*) sein, damit sie sich anwenden lassen. Zugänglichkeit bezieht sich auf die Leichtigkeit bzw. das Potenzial, Beliefs situativ zu aktivieren bzw. anzuwenden (Werth & Mayer 2008: 29). Analog ist die Zugänglichkeit auch für Einstellungen definiert (Fazio 2000). Je zugänglicher eine Einstellung, desto automatischer wird sie ausgelöst und desto wahrscheinlicher ist sie verhaltens- bzw. handlungsleitend (Houston & Fazio 1989). Eine Bedingung für die Zugänglichkeit von Vorstellungen und Einstellungen ist die häufige Aktivierung in der Vergangenheit (Wyer & Albarracin 2005: 281ff.), wie sie bei organisatorischen Prägungs- und Lernprozessen stattfinden. Da sie längerfristig existieren, sind sie chronisch zugänglich. Davon sind temporär bzw. kurzfristig zugängliche Vorstellungen und Einstellungen zu unterscheiden (z. B. Higgins & Brendl 1995). Temporäre Zugänglichkeit basiert auf Priming bzw. situativen Hinweisreizen (Fazio 1990: 87; Überblick: Werth & Mayer 2008: 29f.). Da chronisch zugängliche Vorstellungen und Einstellungen entsprechend stabiler sind, ermöglichen sie bessere Handlungsvorhersagen (Fazio 1990: 81ff.). Für die Analyse von Handlungen in institutionellen Zusammenhängen, wie sie hier untersucht werden, interessieren primär langfristig zugängliche Vorstellungen und Einstellungen, die z. B. in Redaktionen oder redaktionellen Teilbereichen entstanden und damit im Langzeitgedächtnis verfügbar (*availability*) sind (z. B. Eagly & Chaiken 1993: 131).

Bildung und Veränderung von Wissen und Einstellungen

Ob bzw. inwiefern Wissen und Einstellungen handlungsleitend sind, hängt von ihren Entstehungs- und Veränderungsbedingungen ab. Grundlegend ist, dass Akteure aufgrund mentaler Modelle Beliefs und Schemata ständig evaluieren, erweitern und verändern. Damit sich Vorstellungs- bzw. Schemaveränderungen dauerhaft verfestigen, müssen entsprechende Prozesse häufig geschehen. Dies gilt auch für Bewertungen, sofern Vorstellungen mit Bewertungen verknüpft sind (*schema-triggered affect* – Fiske 1982). Dies setzt voraus, dass Akteure lernfähig sind und sich durch eigene oder beobachtete Erfahrung Wissen und Handeln aneignen können (Überblick zu Lerntheorien in Organisationen z. B. G. Maier et al. 2003).

Wesentlich für die Etablierung von Vorstellungen und Bewertungen ist das Streben nach Konsistenz (vgl. Werth & Mayer 2008: 205ff.). Dies lässt sich an der Handlungseinstellung *(HE)* zeigen, deren Bildung am

Beispiel des Issues »Mindestlohn« erläutert wurde. Abb. 3.2 zeigt auf der linken Seite, dass die mit dem Mindestlohn verknüpften Vorstellungen eines Akteurs alle gleich stark vorhanden sind, die Bewertungen einer Person aber variieren. Auf Basis neuer Informationen zum Mindestlohn-Issue – z. B. durch eine eingehende Agenturmeldung, durch Orientierung an der Berichterstattung anderer Medien oder durch Gespräche in Redaktionen – kann sich längerfristig die Vorstellung *(b_1)* zum Mindestlohn »schädlich für die Wirtschaft« verstärken. Die anderen Vorstellungen bleiben dagegen gleich oder werden gar schwächer *(b_2, b_3, b_4, b_5)*, weil sie z. B. im medialen oder im redaktionellen Diskurs nicht mehr auftreten. Obwohl der Journalist seine Bewertungen *(e_1 bis e_5)* zu den einzelnen Vorstellungen nicht verändert hat (rechte Seite in Abb. 3.2), erhält die negative Bewertung für das Attribut »schädlich für Wirtschaft« mehr Gewicht *($b_1 * e_1$)* durch die Produktbildung mit der nun höheren Vorstellungsstärke. Summiert man dieses hohe negative Produkt und die drei geringen positiven Produkte der anderen Vorstellungen auf, kann sich die Einstellung zum Negativen verändern. Umgekehrt ist denkbar, dass die Vorstellungsstärken gleich bleiben, während sich die Bewertungen dazu ändern. Auch dies verändert letztlich die Handlungseinstellung – in diesem Fall für die Auswahl des Issues »Mindestlohn«. Dieser Mechanismus liegt auch der Theorie der Instrumentellen Aktualisierung von Kepplinger et al. (1989) zugrunde (vgl. Kap. 4.2.1).

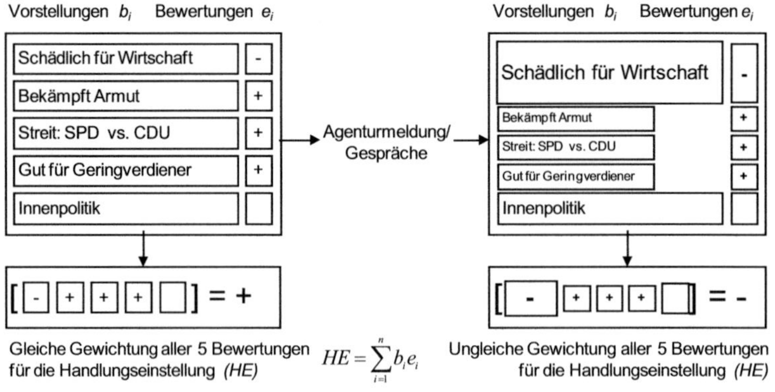

Abb. 3.2: Prozess der Einstellungsänderung für das Issue »Mindestlohn«

Bildung und Veränderung von Handlungseinstellungen sind deshalb relevant, weil Handlungseinstellungen in Ajzens (2005) Theorie des geplanten Handelns (TPB) Handlungsintentionen erklären (vgl. Kap. 3.3.2). Prinzipiell besteht dieser Mechanismus auf der individuellen Ebene einzelner Akteure. Damit er kollektiv wirksam werden kann, ist von kollektiv geteilten Vorstellungen, Vorstellungsstärken und/oder Vorstellungsbewertungen auszugehen. Um die Bildung solch voraussetzungsreicher kollektiver Einstellungen geht es später noch. Sie tragen dazu bei, dass Akteure Institutionen kognitiv verinnerlichen (vgl. Kap. 2.1.2) und potenziell entsprechend handeln.

3.3 Die Theorie geplanten Handelns

Nachfolgend wird die Theorie des geplanten Handelns[35] (TPB) (Ajzen 1991, 2005) ausführlicher dargestellt. Sie beansprucht für sich, Handlungen empirisch zu erklären. Sie basiert ebenso wie die SEU-Theorie auf einem Wert-Erwartungsmodell (vgl. Kap. 3.1), kann aber Schütz' Handlungsvorstellungen angemessener integrieren. Die TPB wird in der *Sozialpsychologie* einerseits als Einstellungstheorie mit Schwerpunkt auf Handlungseinstellungen, andererseits als Handlungstheorie (Greve 1994, 2002) betrachtet. Sie wird sowohl für die sozialpsychologische Handlungs- und Verhaltenserklärung verwendet, z. B. zum Umweltverhalten (Bamberg 1996), zur Nutzung öffentlicher Verkehrsmittel (Bamberg et al. 2008; Bamberg & Lüdemann 1996), zur Nutzung von Verhütungsmitteln (Plies & Schmidt 1996) als auch für *soziologische* Fragestellungen, z. B. zur Teilnahmebereitschaft an der Volkszählung (Kühnel 1993) (Meta-Analysen: Armitage & Conner 2001; Six & Eckes 1996). Einen Überblick über die kommunikationswissenschaftliche Anwendung der TPB gibt Rossmann (2011: 36ff., 58ff.), wobei die Journalismusforschung bisher davon unberührt blieb.

Zunächst betrachtet Kap. 3.3.1 die inhaltliche Beschaffenheit mentaler Modelle, wofür die TPB zugrunde gelegt wird. Anschließend wird in Kap. 3.3.2 der Entscheidungsprozess in der TPB vorgestellt, um sie mit Schütz' Handlungsvorstellungen zu konfrontieren. Kap. 3.3.3 diskutiert

---

35 Ein Spezialfall der *Theorie des geplanten Handelns (Theory of Planned Behavior* – TPB nach Ajzen 1991, 2005) ist die *Theorie des überlegten Handelns (Theory of Reasoned Action* – TRA), die zunächst nur auf Handlungen unter voller willentlicher Kontrolle beschränkt war (Ajzen & Fishbein 1980). Da die TPB allgemeiner ist als die TRA, gelten alle Überlegungen zur TPB auch für die TRA.

brauchbare Erweiterungen der TPB für alltagsrationale Handlungsannahmen.

3.3.1 Subjektive Elemente in der Theorie

Vorstellungstypen

Handlungen bzw. Verhalten werden in der TPB durchVorstellungen erklärt. Ajzen & Fishbein (1980: 66) definieren Vorstellungen als Verknüpfungen von Attributen mit Objekten. Unter Objekten verstehen sie Handlungen. Die Vorstellungen in der TPB entsprechen formal den Handlungskonsequenzen in der SEU-Theorie. Aber die TPB berücksichtigt nur solche Vorstellungen, die einer Person in einer Handlungssituation subjektiv zugänglich sind. Damit betont sie die Aufmerksamkeitsfokussierung und Bedeutungszuweisung im Gegensatz zur SEU-Theorie (vgl. Kap. 3.1). Die TPB unterscheidet drei Vorstellungstypen: Handlungs-, Norm- und Kontrollvorstellungen (Ajzen 1991; 2005):

Handlungvorstellungen sind in der TPB nicht auf zukünftig antizipierte Handlungsergebnisse bzw. -folgen beschränkt wie die Rational-Choice-Theorie. Sie umfassen beliebige Kognitionen (Fishbein & Ajzen 1975: 223, 301):

> »Beliefs can refer to a specific event or situation or a general one. Moreover, they can be about the present, the past, or the future.« (Wyer & Albarracin 2005: 274).

Indem sie auf Gegenwart und Vergangenheit referieren, ähneln sie Schütz' Weil-Motiven und sind anschlussfähig an den Institutionenbegriff (vgl. Kap. 2.1.2). Bezogen auf den Journalismus werden später Selektionskriterien bzw. Nachrichtenfaktoren als handlungsleitende Vorstellungen interpretiert.

Unter *Normvorstellungen* verstehen Ajzen & Fishbein (1980: 73ff.) die Erwartungen von Bezugspersonen und -gruppen, eine Handlung auszuführen. Der theoretische Gehalt normativer Vorstellungen wird vor allem aus soziologischer Sicht als unpräzise und unvollständig kritisiert (z. B. Jonas & Doll 1996: 19ff.; Mayerl 2008: 67, FN 32). Ajzen vernachlässigt u. a. »(antizipierte) soziale Reaktionen« von Bezugsgruppen (V. Kunz 1997: 196ff.), wie sie in Kap. 2.2.2 für Vorgesetzte bzw. Kollegen beschrieben wurden. Da diese Reaktionen informativer oder normativer Art sein können, werden sie hier eindeutiger als *Bezugsgruppenvorstellungen* bezeichnet. Journalistische Bezugsgruppen diskutiert Kap. 4.1.3.

Mit den *Kontrollvorstellungen* berücksichtigt Ajzen (2005: 107ff.; 1991: 182) die eigene Kontrolle über Ressourcen und Gelegenheiten, die Akteure als notwendig erachten, um eine Handlung ausführen zu können. Ajzen (2005: 108) unterscheidet zwischen akteursinternen (z. B. Emotionen, kognitive Fähigkeiten) und akteursexternen Kontrollfaktoren. Interne Kontrollfaktoren sind bereits im Konstrukt der »Selbstwirksamkeit« enthalten und für journalistisches Handeln nicht vorrangig (Sparks et al. 1997; Überblick: z. B. Armitage & Conner 2001; Jonas & Doll 1996). Beschränkt man sich auf externe Kontrollvorstellungen, erscheint der Begriff der *Ressourcenvorstellungen* angemessener (vgl. Liska 1984). Gelegenheiten verändern sich anders als Ressourcen kurzfristig bzw. schnell, wie z. B. die Ereignis- bzw. Nachrichtenlage im Journalismus. Während Giddens' Ressourcenbegriff Gelegenheiten aufgrund der dynamisch modellierten Strukturen (vgl. Kap. 2.1.2) explizit umfasst, weist Ajzen (2005: 109) gesondert darauf hin. Externe Ressourcen bzw. Restriktionen für die Nachrichtenauswahl behandelt Kap. 4.1.4.

Aus entscheidungstheoretischer Perspektive wird kritisiert, dass alle drei Vorstellungstypen als Handlungskonsequenzen interpretierbar sind und daher die Unterscheidung unnötig (Miniard & Cohen 1981; Überblick: V. Kunz 1997: 196ff.). Diese Unterscheidung dient aber nicht nur als »Heuristik« (Kühnel 1993: 47ff.) für die inhaltliche Beschaffenheit mentaler Modelle von Akteuren. Sie trägt auch der Alltagsrationalität von Akteuren Rechnung. Vorstellungen in der TPB sind anders als Konsequenzen in der SEU-Theorie als voneinander abhängig konzipiert (z. B. Liska 1984: 68, 72). Möglicherweise erwarten Journalisten im redaktionellen Kontext Unterstützung z. B. durch den Ressortleiter, Sachverhalte aufgrund kontextrelevanter Nachrichtenfaktoren zu selektieren. In diesem Fall helfen Vorgesetzte (Bezugsgruppe), redaktionell präferierte Auswahlkriterien (Handlungsvorstellung) bei den einzelnen Redaktionsmitgliedern zu etablieren und zu stabilisieren. Je nach Stärke können die Vorstellungen gegenseitig verstärkend oder abschwächend auf nachfolgende Urteile z. B. bei der Nachrichtenauswahl wirken (z. B. Liska 1984). Gleiches gilt für Handlungsvorstellungen und Ressourcen. So kann ein Akteur z. B. beim Autokauf ein Auto mit dem Handlungsattribut »teuer« verknüpfen und gleichzeitig mit der Ressource »Kaufpreis«. Der Kaufpreis ist eine zugrunde liegende Restriktion für das Attribut »teuer« (Ajzen 1991: 197). Demzufolge erfassen die Vorstellungstypen nicht dasselbe. Die Verknüpfung der Beliefs rekurriert auf die Aktivierungsausbreitung in assoziativen Netzwerken (vgl. Kap. 3.2).

Vorstellungsstärken

Formal betrachtet entsprechen die Vorstellungsstärken[36] in der TPB den erwarteten Eintrittswahrscheinlichkeiten von Handlungsfolgen in der SEU-Theorie, aber inhaltlich unterscheiden sie sich davon:

Ajzen & Fishbein (1980: 66) konzipieren die *Stärken der Handlungsvorstellungen* als subjektiv wahrscheinliche Assoziationsstärken zwischen einer Handlungsweise und einem Attribut. Je höher die subjektive Wahrscheinlichkeit für die Zusammengehörigkeit eines Attributs mit einem Handeln, desto stärker wird das Belief assoziiert. Dies entspricht Schütz' (1971a: 38; 1972: 32) Verständnis alltagsrationaler Wahrscheinlichkeiten. So ist z. B. die Veröffentlichung des Ereignisses »Flutkatastrophe« für einen Redakteur aufgrund der subjektiven Schadenswahrnehmung unterschiedlich wahrscheinlich und kann vom Ressort abhängen, in der er tätig ist. Die SEU-Theorie modelliert die Eintrittswahrscheinlichkeiten von Handlungsfolgen dagegen streng mathematisch (z. B. V. Kunz 2004: 73; Jungermann et al. 2005: 202). Für alltagsrationales Handelns von Akteuren sind solche stark formalisierten Annahmen über die menschliche Informationsverarbeitung nicht haltbar (z. B. Kühnel 1993: 52; Etzrodt 2003: 11; Mayerl 2008: 167) und empirisch oft widerlegt (z. B. Eisenführ & Weber 2003: 175ff.).

Die *Stärke der Bezugsgruppen* definieren Ajzen & Fishbein (1980: 74f.) als wahrgenommene Stärke des sozialen Drucks von Bezugsgruppen, ein Handeln auszuführen bzw. zu unterlassen. Aufgrund der organisationstheoretischen Ausführungen in Kap. 2.2.2 wird die Vorstellungsstärke als subjektive Wahrscheinlichkeit antizipierter Reaktionen durch Bezugsgruppen interpretiert, die im Fall von z. B. Vorgesetzten Weisungscharakter hat. Wenn z. B. ein Journalist einen Beitrag zu einem Ereignis veröffentlichen will, kann er eventuell auftretende Reaktionen seines Vorgesetzten assoziieren, so oder anders darüber zu berichten.

Die *Stärke der Ressourcen* deutet Ajzen (1989: 252f.) als subjektiv assoziierte Wahrscheinlichkeit, dass Ressourcen bzw. günstige Umstände vorliegen, um die Handlung auszuführen. So dürfte für einen Redakteur handlungsbestimmend sein, ob er Zeit für eine Recherche zugebilligt bekommt oder nicht.

---

36 Es ist zwischen Stärke und Intensität von Vorstellungen zu unterscheiden. Bei der Intensität geht die Null-Ausprägung mit ein, bei der Stärke nicht. In diesem Fall muss man zwischen Vorkommen und Stärke unterscheiden. Diese Unterscheidung ist später für die Nachrichtenwerttheorie relevant (vgl. Kap. 4.2.2).

Vorstellungsbewertungen

Bewertungen von Handlungen erfassen, wie wichtig die assoziierten Attribute für ein Handeln sind (Ajzen & Fishbein 1980: 65ff.). Wenn Journalisten z. B. zum Ereignis »Flutkatastrophe« Schaden wahrnehmen, aktivieren sie Schaden mit hoher Wichtigkeit (z. B. in ihrem jeweiligen redaktionellen Kontext). Die TPB interpretiert diese Bewertungen aber nicht als Kosten bzw. Nutzen, der sich mathematisch beziffern lässt, sondern lediglich als relative Bewertungen von Attributen zueinander. Auch March & Olsen (1975: 151) argumentieren gegen die Nutzenannahme: »Not all values are attended to at the same time; attention focus, rather than utility, seems to explain much of the behaviour.«

Bewertungen von Bezugsgruppen beziehen sich auf die subjektive Akzeptanz der Äußerungen von Bezugsgruppen (vgl. Kap. 2.2.2). In einer anderen Lesart von Simons (1981: 136f.) ist auch denkbar, dass die subjektiv akzeptierte Autorität von Vorgesetzten bereits in den Vorstellungsstärken von Bezugsgruppennormen enthalten ist. Empirisch belegen z. B. Doll & Orth (1993: 412) die Konfundierung der Stärken und Bewertungen von Normen für die TPB.

Bewertungen von Ressourcen können sich nach Sparks et al. (1997) auf die wahrgenommene Schwierigkeit oder auf die wahrgenommene Kontrolle beziehen, unter gegebenen Restriktionen zu handeln. Sie belegen empirisch, dass wahrgenommene Schwierigkeiten von Restriktionen Handeln erklären, nicht aber die wahrgenommene Kontrolle von Restriktionen. Allerdings ist darüber hinaus zu berücksichtigen, dass wahrgenommene Schwierigkeiten nur external attribuierend konzipiert sein dürfen, also auf das »Vorhandensein« von Ressourcen abheben sollen und nicht internal auf »Selbstvertrauen« von Akteuren, entsprechend zu handeln (Armitage & Conner 1999a,b; 2001).

Insgesamt sind die Bewertungen aller drei Vorstellungstypen nicht mit Nutzen gleichzusetzen, egal ob mit individuell-egoistischem oder sozial-organisatorischem Nutzen. Sie werden stattdessen als sozial vermittelt verstanden (z. B. V. Kunz 1997: 246). So ist z. B. die Verwendung skandalträchtiger Nachrichtenfaktoren in der BILD-Zeitung nicht nur auf antizipiertes Leserinteresse und Absatzmärkte ausgerichtet, sondern resultiert zunächst auf der redaktionellen Genese in der Vergangenheit. Damit sind Bewertungen aufgrund der Alltagsrationalität von Akteuren erstens durch den institutionellen Bezugsrahmen begrenzt und zweitens nur kurzfristig bzw. situativ gültig (z. B. Eisenführ & Weber 2003: 32; Etzrodt 2003: 30f.; Opp 2004: 46; Simon 1981: 103). Ob und wie die Bewertungen der drei Vorstellungstypen das Handeln von Akteuren beeinflussen, ist empirisch zu klären. Denkbar ist erstens, dass die sie keinen Einfluss haben, zweitens einen direkten Einfluss auf Selektionsentscheidungen haben oder drittens mit den Vorstellungsstärken konfundieren. Die Konfundierung belegt z. B. Esser (2004: 110). Dies wäre mit der Aktivierungsausbreitung in assoziativen Netzwerken erklärbar. Denn prinzipiell kann jedes zugängliche Attribut mit einer Bewertung und mit anderen Attributen verknüpft sein. So kann ein für wichtig erachteter Nachrichtenfaktor (Handlungsattribut) mit der für wichtig erachteten Meinung eines Vorgesetzten (Bezugsgruppenattribut) für die Auswahl eines Sachverhalts assoziiert sein.

Handlungsintentionen

In der TPB ist die Handlungsintention die einzige erklärende Variable für tatsächliches Handeln bzw. Verhalten. Handlungsoptionen können je nach Komplexität des zu betrachtenden Handlungszusammenhanges neben *Einzelhandlungen* (z. B. Selektieren bzw. Gewichten, Präsentieren, Recherchieren etc.) auch *Handlungskategorien*, ganze Bündel und komplette *Sequenzen von Handlungszusammenhängen* sein (Jungermann et al. 2005: 19ff.; Esser 1999: 252; Ajzen & Fishbein 1980: 29ff.). So sind z. B. Publikationsentscheidungen eine sehr abstrakte Handlungskategorie, die man auf journalistisches Selektieren, Gewichten, Präsentieren oder Recherchieren verengen kann oder auch zeitlich in einzelne Sequenzen des redaktionellen Arbeitsablaufes gliedern kann (z. B. Krzeminski 1987; Reinemann 2003). Spezifische Handlungen der Handlungskategorie »Ereignisse auswählen« wären dann z. B. das Sortieren von Tickermeldungen oder das Redigieren einer Pressemitteilung. Die Handlungskategorie »Quellen auswählen« bestünde z. B. aus dem Surfen im Netz, dem Lesen von Dokumenten oder dem Interviewen von Personen. Aus möglichst verschiedenen spezifischen Handlungen lässt sich auf Handlungskategorien wie z. B. Selektieren oder Recherchieren schließen. Demzufolge können mehr oder weniger spezifische Entscheidungssituationen modelliert werden.

Die Annahmen über die Wahrnehmung von Handlungsoptionen variieren je nach Entscheidungsbegriff (vgl. Kap. 3.1). Der enge Entscheidungsbegriff impliziert eine vorgegebene Anzahl von Optionen, zwischen denen Akteure *simultan* nach der Regel der Nutzenmaximierung auswählen. Über die Generierung dieser Optionen und deren entscheidungsrelevanter Kriterien gibt es keine Annahmen (z. B. Esser 1999: 251f., Simon 1993: 21f.). Der weite Entscheidungsbegriff thematisiert den kompletten Entscheidungsprozess. Demzufolge kann er die Suche nach Optionen und auswahlrelevanten Kriterien in den Fokus rücken (Schütz 1971b: 97; March & Simon 1976: 162; Simon 1981: 278). So können Journalisten z. B. bei Recherchen Quellenoptionen auf Basis vorhandenen Agenturmaterials prüfen. In diesem Fall sind die Quellen bereits vorgegeben (angebotsorientierte Recherche). Sind solche Informationen nicht vorhanden, müssen Quellen bzw. Informationen zu einem Ereignis erst gesucht werden (ergebnisorientierte Recherche) (Krzeminski 1987: 182ff.).

Aus *handlungstheoretischer Sicht* entspricht die Handlungsintention bzw. die Entscheidung dem Um-zu-Motiv bzw. dem Entschluss nach Schütz (1971b: 77, 101).[37] Dies ist kompatibel mit Ajzen & Fishbeins (1980: 244) Sicht, Rationalität lediglich auf Intentionen bzw. Entscheidungen zu beziehen. Aus einstellungstheoretischer Sicht unterscheiden Bagozzi & Yi (1989) aber je nach Grad der Informationsverarbeitung zwischen harten und weichen Intentionen. Weiche Intentionen sind eher spontan und ohne größere Reflexion gebildet. Ihnen fehlt die Bewusstheit für den Entschluss. Sie korrelieren geringer mit tatsächlichem Handeln als harte Intentionen (Liska 1984: 67). Die mangelhafte oder gar fehlende Ausbildung von Intentionen wird mit fehlenden Möglichkeiten (z. B. Zeitknappheit) oder mit fehlender Motivation erklärt (vgl. Kap. 3.3.3). Aus *entscheidungstheoretischer Sicht* modelliert die TPB nicht explizit mehrere Handlungsoptionen. Sie erklärt *ein* Handeln bzw. Verhalten, während die *Option des »Unterlassens«* der Handlung implizit bleibt (Pfister & Konerding 1996: 93).

3.3.2 Entscheidungsprozesse in der Theorie

Die TPB ist nach Ajzen (2005: 126f.) als dreistufige Relation konzipiert (auch Fishbein & Ajzen 1975: 222f.) (vgl. Abb. 3.3). Auf der ersten Ebene hängen tatsächlich vollzogene Handlungen *(H)* mit Handlungsintentionen *(HI)* zusammen. Die Handlungsintention ist die zentrale Determinante tatsächlichen Handelns neben der Handlungskontrolle. Handlungsintention und tatsächliches Handeln stehen in der TPB nicht kausal, sondern nur relational bzw. probabilistisch zueinander, d. h. bei höherer Intention steigt die Wahrscheinlichkeit, entsprechend zu handeln. Auf der zweiten Ebene werden Handlungsintentionen durch Einstellungen zu den Handlungsoptionen *(HE)*, durch die subjektiv wahr-

[37] In der SEU-Theorie wurden die antizipierten Konsequenzen des Handelns als Um-zu-Motive interpretiert, die systematisch aufgrund antizipierter Folgen von Handlungsoptionen abgewägt wurden (vgl. Kap. 3.1).

genommene soziale Norm *(SN)* und durch die subjektiv wahrgenommene Handlungskontrolle *(WHK)* beeinflusst. Zudem ist ein Fehlerterm *e* enthalten, da nach Ajzen (1991, 2005) weitere Prädiktoren Handlungsintentionen konstituieren können:

Formel 1: $H \approx HI = w_1(HE) + w_2(SN) + w_3(WHK) + e$

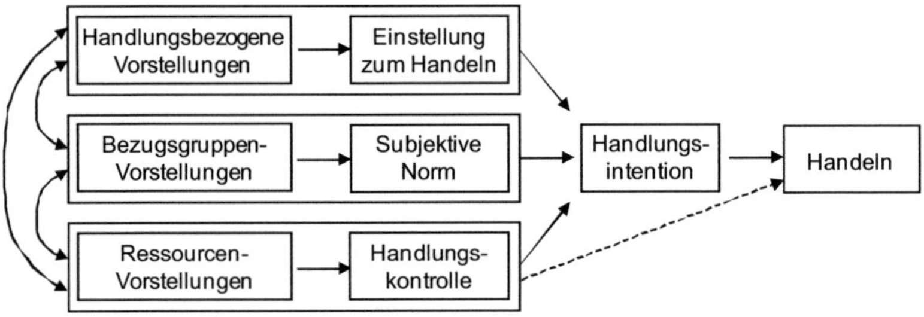

Abb. 3.3: Theorie geplanten Handelns (nach Ajzen 2005: 135)

Auf der dritten Ebene wird jedes dieser drei Einflussbündel werterwartungstheoretisch aus den jeweiligen Vorstellungsstärken und -bewertungen situativ zugänglicher Handlungsattribute, Bezugsgruppen und Ressourcen gebildet: die Handlungseinstellung aus der Produktsumme der Stärken und Bewertungen aller Handlungsattribute, die subjektive Norm aus der Produktsumme der Bezugsgruppen und die Handlungskontrolle aus der Produktsumme der Ressourcen (vgl. Kap. 3.2). Wenn die Intention tatsächliches Handeln bestimmt, ist von einer *Handlungs*erklärung die Rede (deshalb ursprünglich: Theory of Reasoned *Action*). In Fällen, in denen Ressourcen das tatsächliche Handeln direkt restringieren, ist keine Intention beteiligt (gestrichelte Linie in Abb. 3.3). In diesem Fall wird *Verhalten* erklärt.[38] Diesen Aspekt bildet die TPB zusätzlich zur TRA ab (deshalb: Theory of Planned *Behavior*) (vgl. Greve 1994, 2002).

Nachfolgend wird kurz dargestellt, wie die Produktsummen aller drei Komponenten gebildet werden (detailliert: Ajzen & Fishbein 1980; Ajzen 2005). *Handlungseinstellungen (HE)* basieren auf Vorstellungen zu einem Handeln. Akteure verknüpfen Attribute mit einer bestimmten Wahrscheinlichkeit zu einem Handeln *(b_i)*. Außerdem bewerten sie jedes

[38] Nachfolgend wird von Handlungsintention und Handeln statt von Verhaltensintention und Verhalten gesprochen, wenn nicht explizit der Verhaltenscharakter hervorgehoben wird.

dieser Attribute *(e_i)*. Die Produktsumme einzelner Stärken und Bewertungen von Attributen zu einem Handeln bezeichnet die Handlungseinstellung. Formal gilt nach Ajzen & Fishbein (1980: 62ff.):

Formel 2: $$HE = \sum_{i=1}^{n} b_i e_i$$

Die *subjektive Norm (SN)* wird aus der Produktsumme der antizipierten Reaktionen relevanter Bezugsgruppen *(n_i)* und der Akzeptanz gebildet, entsprechend der antizipierten Reaktionen zu handeln *(m_i)*. Für die subjektive Norm gilt (Ajzen & Fishbein 1980: 75):

Formel 3: $$SN = \sum_{i=1}^{n} n_i m_i$$

Die *wahrgenommene Handlungskontrolle (WHK)* berücksichtigt einerseits Vorstellungen darüber, wie stark bestimmte Ressourcen oder Gelegenheiten situativ vorhanden sind *(c_i)*. Außerdem fragt sie danach, ob und inwiefern Akteure die für relevant gehaltenen Ressourcen und Gelegenheiten als handlungserleichternd bzw. -erschwerend beurteilen *(p_i)* (Ajzen 2005: 107ff.). Formal gilt:

Formel 4: $$WHK = \sum_{i=1}^{n} c_i p_i$$

Die Kritik an der TPB lässt sich vier Problemfeldern zuordnen:
- theorieimmanente Probleme und Widersprüche der TPB
- informationsverarbeitungs- bzw. einstellungstheoretische Kritik
- handlungs- bzw. entscheidungstheoretische Kritik
- organisationstheoretische Kritik

Theorieimmanente Probleme und Widersprüche in der TPB betreffen die Konstruktspezifikation, die Operationalisierung einzelner Modellkomponenten (vgl. Kap. 3.3.1, z. B. Jonas & Doll 1996; V. Kunz 1997) und die Theoriearchitektur selbst (auch Mayerl 2008: 71ff.). Erstens ist es empirisch strittig, ob die Intention zwischen Einstellung und tatsächlichem Handeln vermittelt. Weitere Diskussionen betreffen die mögliche *Einführung von Interaktionseffekten*, erstens zwischen Handlungs- und Bezugsgruppenvorstellungen (Conner & McMillan 1999; Grube & Morgan 1990; Jonas & Doll 1996; Kashima & Gallois 1993; Liska 1984) und zweitens zwischen Ressourcen- und Handlungsvorstellungen bzw. Bezugsgruppenvorstellungen (vgl. Armitage & Conner 2001; Eagly & Chaiken 1993: 189). Im ersten Fall sind sie sinnvoll, weil handlungsleitende Beliefs z. B. bei neuartigen Situationen wahrgenommene Erwartungen von Bezugsgruppen verstärken könnten. Im zweiten Fall sind sie nötig, weil vorhandene Ressourcen allein keine Intentionen erklären, sondern höchstens nicht vorhandene Ressourcen (Mayerl 2008: 73; V. Kunz 1997: 208). Die Interaktionseffekte lassen sich mit der kognitionspsychologischen Vorstellung mentaler Modelle (vgl. Kap. 3.2) begründen, ein Link, den die TPB bisher nicht hergestellt hat.

Weiterhin sind die Beziehungen zwischen den Modellkomponenten unklar. Handlungs- und Bezugsgruppenvorstellungen können Intentionen bzw. Handlungen auch nachgeordnet sein, wie dies z. B. Konsistenztheorien (z. B. March & Olsen 1975: 151; Zanna & Olson 1982) und gesellschaftstheoretische Theorien postulieren. Darauf weisen Ajzen & Fishbein (1989: 248) auch hin.[39] Aber empirisch stärkere Effekte sind von Vorstellungen auf Intentionen belegt (Überblick z. B. Eagly & Chaiken 1993: 185f.; Liska 1984: 67). Zweitens unterliegen die Zusammenhänge zwischen Einstellung und Handeln sowie zwischen (Handlungs-)Einstellungen und Handlungsintentionen unzähligen Moderatorvariablen, die nicht theoretisch konsistent in die TPB eingebunden sind (Überblick: Ajzen 2005; Eagly & Chaiken 1993; Mayerl 2008: 37; Six & Eckes 1996).

Die *informationsverarbeitungs- bzw. einstellungstheoretische Kritik* betrifft die Kernfrage der in Kap. 3.1 zugrunde gelegten Alltagsrationalität. An der TPB wird kritisiert, dass sie nicht-intentional vermitteltes Handeln nicht erklären kann (Jonas & Doll 1996: 22). Zudem wird der TPB unterstellt, sie bilde nur aufwendige bzw. überlegte Informationsverarbeitungsprozesse ab (Eagly & Chaiken 1993: 204f.; Fazio 1990), weil die einzelnen Modellkomponenten wert-erwartungstheoretisch gebildet werden. Akteure müssten ständig neu und bewusst über bestimmte Bestimmungsfaktoren nachdenken, bevor sie handeln. Ajzen & Fishbein entkräften diesen Vorwurf:

> »[…] we do not mean to imply that prior to performing each and every action, people systematically scrutinize the determinants of their behavior. Rather, we view the processes involved as largely automatic or implicit, and only in rare cases do we become fully aware of these processes.« (Ajzen & Fishbein 1980: 245, ähnlich Ajzen & Fishbein 2000: 27)

39 Dies ist mit Giddens' (1997) Dualität von Handeln und Struktur kompatibel, wenngleich Giddens diesen Prozess dynamischer konzipiert und der mentalen Ebene nicht so viel Aufmerksamkeit schenkt.

Die TPB sieht zwar explizit Komponenten spontaner (»unbewusster«) und überlegter (»intentionaler«) Informationsverarbeitung vor, sie kann aber nicht erklären, von welchen Bedingungen der Informationsverarbeitungsmodus abhängt. Aber Ajzen & Fishbeins (1980) obige Ausführungen zu unbewusster Informationsverarbeitung erübrigen die Kritik, dass die TPB Routinehandeln nicht berücksichtigt. Zudem kann die TPB nicht nur Routinehandeln im Sinne automatischer Aktivierung integrieren (vgl. Ajzen 2000: 18ff.), sondern auch automatisches Verhalten, wenn keine Intentionen zwischen Vorstellungen und Handeln vermitteln (V. Kunz 1997: 263). Duale Prozesstheorien können Informationsverarbeitungsprozesse sicher adäquater abbilden, aber dieser Aspekt steht hier nicht im Fokus, da keine Handlungstypen erklärt werden sollen, sondern inhaltlich die journalistische Nachrichtenauswahl aufgrund ihres (institutionell vermittelten) Wissens.

Kritisch ist zudem der Fokus in der TPB auf *Handlungseinstellungen*, da diese Einstellungen sehr spezifisch sind. Streng genommen lässt sich so nur dasselbe Handeln in derselben Situation vorhersagen (Bamberg 1996: 49). Die Einbindung situationsübergreifender Zieleinstellungen, z. B. von politischen Einstellungen von Journalisten, könnte die Handlungserklärung der TPB verbessern. Die Einbindung von Habits und Zieleinstellungen als Erweiterungen der TPB werden in Kap. 3.3.3 diskutiert.

Aus *entscheidungstheoretischer Kritik* wird erstens die fehlende Einbindung von Zielen in die TPB kritisiert (Conner & Armitage 1998; Jonas & Doll 1996). Auch wenn dies die Einstellungsforschung nicht explizit herausstellt, so können Einstellungen doch als Ziele verstanden werden: (1) in Form von Zieleinstellungen, die zumindest implizit mit bestimmten Interessen verbunden sind oder (2) in Form von mehrdimensionalen Handlungseinstellungen, wenn sie als Handlungskonsequenzen modelliert sind (Eagly & Chaiken 1993; V. Kunz 1997: 262). Der zweite Kritikpunkt, dass die TPB nur ein Handeln erklärt und Alternativhandlungen ausblendet, die die Erklärung der einen Handlungsoption möglicherweise mit beeinflussen, lässt sich durch die Einbindung mehrerer Handlungsoptionen beseitigen (Jonas & Doll 1996; Pfister & Konerding 1996: 93). Für die Erhebung von Handlungsvorstellungen und Intentionen zu allen Handlungsalternativen wurden Differenzwertmodellierungen vorgeschlagen (zusammenfassend V. Kunz 1997: 195). Damit lässt sich zumindest bei der Einstellungskomponente ein Selektionsgesetz für

Handlungen á la SEU-Theorie implementieren.[40] Folglich realisieren Akteure die Handlung, die auf der Handlungseinstellung mit der höchsten Produktsumme basiert. Die Differenzwertmodellierung ermöglicht nicht nur eine interindividuelle, sondern auch eine intraindividuelle Handlungsvorhersage (z. B. Jaccard 1981; Pfister & Konerding 1996: 93). Allerdings sind für die Erklärung journalistischen Selektionshandelns Differenzwertmodelle für die subjektive Norm und die Handlungskontrolle ungeeignet, weil sie als Kontextfaktoren für die Auswahl verschiedener medialer Sachverhalte in einer Redaktion bzw. einem Ressort konstant sein dürften. So taucht das Problem des Selektionsgesetzes an anderer Stelle wieder auf. Zu erklären wäre dann, unter welchen Bedingungen eher Handlungseinstellungen, die subjektive Norm oder die Handlungskontrolle z. B. journalistische Selektionsentscheidungen vorhersagen. Hierfür bietet die TPB keine Lösung, aber möglicherweise die Verknüpfung der TPB mit Organisationstheorien.

Aus *organisationstheoretischer Sicht* ziehen Ajzen & Fishbein (1980: 59) in Betracht, die TPB »for a group of individuals« anzuwenden, wie sie z. B. für journalistische Redaktionen oder Ressorts zuträfen. Dafür führen Ajzen & Fishbein (1980: 68) *modal salient beliefs* bzw. in neuerer Terminologie *modal accessible beliefs* (Ajzen 2000) ein. Modal zugängliche Beliefs sind akteursübergreifend bzw. für Akteursgruppen gültig[41], d. h. sie sind idealtypische Beliefs verschiedener Akteure in einer Handlungssituation, z. B. für die Auswahl politischer Nachrichten in verschiedenen Mediengattungen. Für die Anwendung der TPB auf Gruppen eignet sich die Bildung von *Produktsummen* für die Handlungseinstellung, subjektive Norm und Handlungskontrolle nicht, da man unterstellen würde, dass alle Akteure in der Gruppe identische Vorstellungsstärken und -bewertungen hätten (vgl. Bamberg & Schmidt 1994: 87; Kühnel 1993: 68). Da dies kaum der Fall sein dürfte, werden lediglich die *Produkte* einzelner Vorstellungsstärken und -bewertungen als handlungserklärend herangezogen.

Zweitens sagt die TPB nichts über die Zugänglichkeit von Vorstellungen in bestimmten Handlungen, Situationen und Subgruppen von Akteuren aus (Ajzen 2000: 8). Dies tangiert die Frage, wie sich die TPB mit sozialen Strukturen verknüpfen lässt (auch Liska 1984: 70ff.). Zwar

[40] Versteht man die SEU-Regel als Hypothese und nicht als a-priori-Gesetz (vgl. Kap. 3.1), lassen sich auch kognitiv weniger aufwendige Entscheidungsregeln implementieren, sofern man den Schwerpunkt auf die individuelle Informationsverarbeitung von Journalisten legen würde (vgl. Kap. 3.3.3).

[41] Zur empirischen Ermittlung kollektiv zugänglicher Beliefs (vgl. Kap. 7.2; Ajzen & Fishbein 1980: 68ff.).

wurden soziale Strukturen und Einstellungen zahlreich diskutiert (z. B. Kiecolt 1988), aber sie wurden bisher kaum mit Handeln verknüpft (Six & Eckes 1996: 8). So benennt Ajzen (2005: 134; auch Ajzen & Fishbein 1980: 84) lediglich Bündel von Hintergrundvariablen, die Vorstellungen erklären, verweist aber nur auf den Anschluss weiterer Theorien (Ajzen 2005: 134).

Drittens lässt sich aus den aggregierten Intentionen einzelner Organisationsteilnehmer nicht ohne Weiteres das Selektionshandeln auf redaktioneller Ebene erklären. Stattdessen wird solches journalistisches Handeln von zahlreichen weiteren Faktoren beeinflusst, die einzelne Akteure entweder nicht wahrnehmen oder die sich erst in Interaktionsprozessen zwischen Journalisten herausbilden. Demzufolge scheint die TPB für sekundäre Selektionsentscheidungen (z. B. Informationsquellen, Ereignisaspekte) geeigneter zu sein als für primäre Selektionsentscheidungen (z. B. Themen, Ereignisse), weil erstere wahrscheinlich häufiger individuell statt kollektiv getroffen werden. Der Inhalt einer Zeitungsausgabe ist z. B. ein Handlungsergebnis, das sich aus vielen mehr oder weniger intendierten Handlungen zusammensetzt, die auf eine bestimmte Weise zusammenwirken und die im Ergebnis nicht mehr zwingend intendiert sind. Diesen Aspekt, den Esser (1999) als Logik der Aggregation bezeichnet (vgl. Kap. 1.1), betrachtet die TPB nicht primär (Ajzen & Fishbein 1980: 30).

Insgesamt erklärt die TPB nicht, woher die zugänglichen Vorstellungen der Akteure kommen, unter welchen Bedingungen welcher der drei Vorstellungstypen Intentionen stärker oder schwächer beeinflusst und welche Kontextfaktoren die Vorstellungen, Intentionen und das Handeln einzelner Akteure beeinflussen. Es ist zu vermuten, dass die kognitive Verankerung von Vorstellungen bzw. die Vorstellungsstärken davon abhängen, wie stark sie institutionalisiert sind (vgl. Kap. 2.1.2). Demzufolge dürften stark institutionalisierte bzw. internalisierte Vorstellungen besonders handlungsrelevant sein (ähnlich Bamberg 1996: 50).

3.3.3 Alltagsrationale Erweiterungen in der Theorie

Die einstellungs- und informationsverarbeitungstheoretische Kritik des vorigen Kap. 3.3.2 wird nun teilweise aufgegriffen. Erstens wird die Einbindung von Zieleinstellungen in die TPB theoretisch fundiert. Zweitens wird diskutiert, ob Habits den Geltungsbereich der TPB erweitern. Drittens werden Entscheidungsheuristiken diskutiert.

Zieleinstellungen

Zieleinstellungen, wie z. B. politische Einstellungen zu selektionswürdigen Sachverhalten, sind in der TPB modellextern angesiedelt und deshalb nicht weiter theoretisch fundiert (vgl. Ajzen & Fishbein 1980: 84; Eagly & Chaiken 1993: 209ff.). Das *MODE-Modell* (Fazio 1990), das zu den Dual-Process-Theorien der Urteilsbildung gehört (Überblick: Eagly & Chaiken 1993; Mayerl 2008), hat die TPB mit Zieleinstellungen theoretisch verknüpft. Fazio (1990: 91) unterscheidet zwei Modi der kognitiven Informationsverarbeitung in Handlungssituationen: überlegte und automatisch-spontane Informationsverarbeitung. Im spontanen Modus führen Zieleinstellungen direkt zu einem Verhalten ohne vermittelnde Intention (Fazio 1990: 93f.). So kann die hoch zugängliche politische Einstellung eines Redakteurs dazu führen, dass er aus einer Agenturmeldung bestimmte einstellungskonsistente Positionen für seinen Beitrag eher übernimmt als andere (unabhängig davon, ob dieser Beitrag später so veröffentlicht wird oder nicht).[42] Hohe *Motivation (Motivation)* und hohe *Möglichkeit (Opportunity)* sind die Determinanten (*DEterminants*), unter denen überlegte Informationsverarbeitung stattfindet und Intentionen gebildet werden (Fazio 1990: 92f.). Andernfalls wird der spontane Modus aktiviert.

Hier interessiert explizit das gleichzeitige Wirken und Interagieren von spontaner und überlegter Informationsverarbeitung im MODE-Modell (Fazio 1990: 96ff.): erstens automatische Informationsverarbeitungskomponenten innerhalb des überlegten Modus und zweitens überlegte Informationsverarbeitungskomponenten beim spontanen Prozessieren (*mixed models*). Sie entsprechen nach Ajzen & Fishbein (1980: 245) der Informationsverarbeitung in der TPB. Danach dienen Zieleinstellungen als Wahrnehmungsfilter und fördern die selektive Wahrnehmung bzw. Erinnerung einstellungskonsistenter Vorstellungen. Akteure mit negativer Zieleinstellung nehmen eher negative Merkmale eines Zielobjekts wahr, Akteure mit positiver Zieleinstellung eher positive Objektmerkmale. Aus diesen einstellungskonsistenten *Handlungsvorstellungen* werden anschließend im überlegten Modus *Handlungseinstellungen* gebildet. Diese Handlungseinstellungen sind anschließend mehr oder weniger intentions- bzw. handlungsrelevant. So könnten z. B. zugängliche politische Einstellungen die Wahrnehmung einzelner Nachrichtenfakto-

---

[42] Während Fazio bei chronisch hoch zugänglichen Einstellungen einen hohen Einstellungs-Verhaltens-Zusammenhang annimmt, postuliert er bei niedriger chronischer Zugänglichkeit einen geringen oder gar keinen Einstellungs-Verhaltens-Zusammenhang.

ren filtern. Akteure nehmen dann aufgrund ihrer politischen Einstellung Nachrichtenfaktoren nur noch einstellungskonsistent wahr. So aktiviert z. B. ein Redakteur bei einer eingehenden dpa-Meldung zum Mindestlohn-Issue seine befürwortende – also eher linke – Einstellung zum Mindestlohn. Gleichzeitig assoziiert er mit der Meldung stark ausgeprägte Nachrichtenfaktoren, die das Veröffentlichen dieses Issues rechtfertigen, z. B. Merkmale wie »der Konflikt interessiert unsere Leser sehr« (Kontroverse) oder »der Konflikt betrifft viele unserer Leser« (Reichweite) etc. Seine politische Einstellung würde in diesem Fall moderieren, wie stark er einzelne Nachrichtenfaktoren zu Sachverhalten wahrnimmt. Bamberg (1996: 58) bestätigt die spontane Aktivierung von Zieleinstellungen und Beliefs, wobei bei ihm nicht klar ersichtlich wird, ob er die Aktivierung von Einstellungen und Beliefs als simultanen (Fazio 1990) oder als sequentiellen Prozess (Ajzen & Fishbein 1980) modelliert.

Das MODE-Modell blieb nicht ohne Kritik (zusammenfassend z. B. Ajzen 2000: 19ff.; Mayerl 2008: 96ff.). Wichtig ist hier, dass im MODE-Modell unklar bleibt, wie abstrakt oder konkret die Zieleinstellungen sein müssen, um als Wahrnehmungsfilter für Handlungsvorstellungen zu wirken. Da sich die TPB situationsspezifisch modellieren lässt, wird hier davon ausgegangen, dass sich politische Einstellungen auch situationsspezifisch als politische Meinungen konkretisieren lassen. Insgesamt wird das MODE-Modell hier lediglich heuristisch für die Integration von Zieleinstellungen verwendet, das die in Kap. 3.2 beschriebene netzwerkartige Anordnung von Vorstellungen und Einstellungen hinsichtlich der Wirkungsrichtung präzisiert.

Habits

Um den Geltungsbereich der TPB auf habituelles Verhalten zu erhöhen, schlugen Bentler & Speckart (1979) als zusätzlichen Prädiktor für Handlungsintentionen und tatsächliches Handeln Habits vor (Bamberg & Lüdemann 1996; Brickell et al. 2006). Obwohl Ajzen & Fishbein (1980: 245) das Problem des Routinehandelns theorieimmanent lösten (vgl. Kap. 3.3.2) bzw. auch das MODE-Modell (Fazio 1990) diese Idee weiterentwickelte, entfachte dieser Vorschlag eine Diskussion über die Suffizienzerweiterung der TPB. Dabei wurde diese Diskussion eher auf der Variablen- als der Theorieebene geführt. Sofern Habits als Frequenz vergangenen Handelns operationalisiert wurden, wie meistens geschehen, ist die Integration von Habits kritisch zu betrachten (vgl. z. B. Ajzen 2002; Davidov 2007). Hauptkritik ist die Gefahr des tautologischen Fehlschlusses, wenn Handeln mit Handeln erklärt wird (Kritik zusammenfassend: Ajzen 2000: 23ff.; Eagly & Chaiken 1993: 178ff.; V. Kunz 1997: 263ff.; Mayerl 2008: 69f.). Deshalb eignet sich vergangenes Verhalten weniger als Habit-Maß[43], sondern allenfalls als Kontrollvariable. Diese Kontrollvariable kann angeben, ob und inwieweit zusätzliche Bestimmungsfaktoren von Handlungsintention und tatsächlichem Handeln bislang unberücksichtigt geblieben sind (vgl. Ajzen 1991, 2005; Bamberg & Lüdemann 1996).

Heuristiken

Heuristiken sind wie Routinen kognitive Vereinfachungsstrategien, die als Daumenregeln zu begreifen sind. Darin unterschieden sie sich von analytischen Entscheidungsregeln wie der SEU-Regel (vgl. Kap. 3.1) Während Tversky & Kahnemann (1974) Heuristiken negativ als Verzerrungen (biases), als irrationale Fehlschlüsse bzw. als Abweichung von der Nutzenmaximierungsnorm begreifen, betonen Todd & Gigerenzer (2003) deren positive Bedeutung, mit begrenztem Wissen und wenig Zeit zu guten Lösungen zu kommen. Ähnlich beschreibt das auch Schütz (1972: 32), wenngleich er keine konkreten Entscheidungsregeln ausarbeitet.

Gigerenzer (2001: 42) unterscheidet grob zwei Rationalitätsbereiche, für die unterschiedliche Heuristiken gelten: (1) *Anpassungsprobleme* (adaptive problems), die eher durch den Entscheidungsinhalt als die Entscheidungsaufgabe gekennzeichnet sind (z. B. die Wahl des Ehepartners) und (2) *Urteilsaufgaben* (cognitive tasks), die Klassifikationen, Schätzungen und Zwei-Alternativen-Wahlen beinhalten. Die Wahl von selektionswürdigen Sachverhalten im Journalismus lässt sich eher den Anpassungsproblemen an institutionelle Gegebenheiten und organisatorische Strukturen zuordnen. Mit dieser Differenzierung sind verschiedene Heuristiktypen verbunden: für Anpassungsprobleme sind inhaltliche Urteilsheuristiken geeignet und für Urteilsaufgaben statistisch-formale Heuristiken (Stocké 2002: 54). *Urteilsaufgaben* interessieren nicht für die journalistische Nachrichtenauswahl (Überblick z. B. Jungermann et al. 2005: 120ff., 181ff.; Fiske & Taylor 1991: 391ff.). Bei *Urteilsheuristiken* (Überblick: Werth & Mayer 2008: 51ff.; Fiske & Taylor 1991: 381ff.) sind die Wahrnehmung bzw. die kognitive Verarbeitung von inhaltli-

[43] Zu weiteren Konzeptions- und Operationalisierungsvorschlägen des Habit-Maßes, die unabhängig von vergangenem Verhalten sind: vgl. Verplanken et al. (1994); Verplanken et al. (2005) und Davidov (2007).

chen Kriterien für Entscheidungen bedeutsam. Die wichtigsten Heuristiken sind die Repräsentativitätsheuristik (d. h. die Entscheidung ist durch das beeinflusst, was Akteure für typisch halten), die Verfügbarkeitsheuristik (d. h. die Entscheidung basiert darauf, was einem zuerst einfällt) und die Verankerungs- bzw. Anpassungsheuristik (Tversky & Kahnemann 1982). Fengler & Ruß-Mohl beschreiben Heuristiken z. B. auch für journalistische Entscheidungen:

> »Als begrenzt rationale Akteure sind wir zudem anfällig für ›Verfügbarkeits-Heuristiken‹: [...] man fokussiert seine Aufmerksamkeit auf greifbare Details, statt sich von einem Sachverhalt oder einer Entwicklung ein vollständiges Bild zu verschaffen.« (Fengler & Ruß-Mohl 2005: 202)

Kritisiert wird an Heuristiken, dass sie nur für spezifische Entscheidungsprobleme (Gigerenzer 2001: 43) gelten und teilweise idiosynkratisch verwendet werden (Fiske & Taylor 1991: 391). Damit erreichen sie häufig nur den Status einer post-hoc-Erklärung, der sie gegen empirisch prüfbare Hypothesen immunisiert. Aus kommunikationswissenschaftlicher Sicht kommt hinzu, dass häufig nur kognitive Urteilsaufgaben untersucht werden, in denen Urteilsoptionen lediglich sprachlich variiert werden (Gigerenzer 2004: 5f.), aber inhaltlich identisch sind wie z. B. beim bekannten Asian disease problem (Tversky & Kahnemann 1981: 453; Kritik: Esser 1999: 333ff.). Dafür werden häufig nur Laborexperimente durchgeführt, aber kaum Entscheidungen im Feld untersucht (Todd & Gigerenzer 2003: 154). Zu bedenken ist zudem, dass Heuristiken individuelle Urteils- und Entscheidungsstrategien sind, die Entscheidungsprozesse statt Entscheidungsinhalte in den Fokus rücken. Deshalb dienen Urteilsheuristiken hier nur als mögliche Alternativerklärung für die Erklärung journalistischen Selektionshandelns, sofern Akteure Urteilsheuristiken intersubjektiv geteilt anwenden und sie sich durch entsprechende akteursunabhängige Faktoren plausibel begründen lassen.

3.4 Zusammenfassung

Die Überlegungen zu handlungstheoretischen Grundbegriffen (Kap. 3.1) lassen sich wie folgt bündeln:

- *Prämisse:* Handeln ist im Normalfall alltagsrational. Es kann unter besonderen Bedingungen nutzenrational sein.
- *Handlung und Entscheidung:* Handlungen werden zu Entscheidungen, wenn ein Abwägen zwischen verschiedenen Entwürfen stattfindet.

Dies kann mehr oder weniger bewusst geschehen. So wird auch der gedankliche Handlungs- bzw. Entscheidungsprozess mit thematisiert.

- *Entscheidungen und Routinen:* Entscheidungen und Routinen sind als Idealtypen zu verstehen, die graduell nach der Bewusstheit des Handlungsentwurfs bzw. einzelner Elemente ineinander übergehen.
- *Handlungsentwürfe:* Handlungsentwürfe basieren auf dem subjektiven Wissensvorrat über zurückliegende, bereits ausgeführte Handlungen.
- *Subjektiver Wissensvorrat:* Der subjektive Wissensvorrat von Akteuren weist Schnittmengen mit kollektiv geteilten Wissensvorräten auf, in denen Akteure handeln. Beide sind aber nicht identisch.
- *Rational-Choice- bzw. SEU-Theorie:* Die SEU-Theorie erklärt ausschließlich nutzenrationales Handeln, was Schütz lediglich als Sonderfall des alltäglichen Handelns beschreibt. Demzufolge ist Rationalität nicht als Universalgesetz, sondern als empirisch widerlegbare Hypothese in bestimmten Handlungssituationen zu konzipieren.

Die Überlegungen zu Wissen und Einstellungen (Kap. 3.2) lassen sich so bündeln:

- *Prämisse:* Akteure verfügen über mentale Modelle, die die individuelle Informationsverarbeitung leiten.
- *Konstruktion mentaler Modelle:* Mentale Modelle speisen sich aus (individuellem, beruflichem und redaktionellem) Vorwissen sowie aus Textinformationen. Diese Konstruktionsprozesse sind dynamisch und situativ gebunden sowie top-down- und bottom-up-gesteuert.
- *Inhalt mentaler Modelle:* Situative mentale Modelle enthalten situativ gültige Vorstellungen, die zumindest teilweise kollektiv geteilt sind.
- *Konstruktion von Einstellungen:* Einstellungen basieren auf differenzierten kognitiven Vorstellungen, die evaluativ gefärbt sind.
- *Inhalt von Einstellungen:* Einstellungen können sich auf Objekte, Handlungen, Personen, Institutionen oder Ereignisse beziehen.
- *Vernetzung von mentalen Modellen und Bewertungen:* Mentale Modelle sind assoziative Netzwerke, deren Knoten aus Objekten bzw. Objekt-Attributen und Bewertungen bestehen. Über Verbindungen zwischen den Knoten breitet sich Aktivierung aus, die in ihrer Stärke variieren kann.
- *Hoch zugängliche Vorstellungen:* Bedingungen für hoch zugängliche Vorstellungen sind häufig und kürzlich aktivierte Vorstellungen, Schemapassung sowie starke Assoziationen zwischen Objekten bzw. Objekt-Attributen.

- *Hoch zugängliche Einstellungen:* Bedingungen für hoch zugängliche Einstellungen sind häufig aktivierte Einstellungen und starke Assoziationen zwischen Objekten bzw. Objekt-Attributen und Bewertungen.
- *Prämisse:* Personen sind lernfähig. Sie eignen sich Vorstellungen und Einstellungen primär durch Lernen an.
- *Konsistenzeffekte:* Akteure verändern ihre kognitiven Vorstellungsstärken und/oder Bewertungen zu Objekten, wenn sie Informationen aus der Umwelt (aus Texten oder Gesprächen) konsonant und kumulativ wahrnehmen. Dies kann Einstellungen verändern.

Die Überlegungen zu den Inhalten mentaler Modelle und Bewertungen sowie zum kognitiven Urteils- bzw. Entscheidungsprozess (Kap. 3.3) werden wie folgt gebündelt:

- *Vorstellungstypen:* Vorstellungen sind Verknüpfungen von Attributen mit Handlungsweisen. Es werden Handlungs-, Bezugsgruppen- und Ressourcenvorstellungen unterschieden.
- *Erklärung der Handlungsintention:* Vorstellungen von Handlungsattributen, Bezugsgruppen und Ressourcen sowie ihre Bewertungen sind Prädiktoren der Handlungsintention.
- *Handlungsintention und Entscheidung:* Handlungsintentionen lassen sich als Entscheidungen interpretieren.
- *Theorie des geplanten Handelns:* Vorstellungen und Intentionen werden als intersubjektiv vermittelte Konzepte betrachtet und angewendet.
- *Produktsummenbildung in der TPB:* Für Akteursgruppen sind statt Produktsummen einzelne Vorstellungsstärken und -bewertungen sowie Produktterme aus beiden Größen als Prädiktoren der Handlungserklärung heranzuziehen.
- *Erklärung von Vorstellungen:* Die TPB ist anschlussfähig an Theorien, die die langfristige Entstehung von Vorstellungstypen und ihren Wahrnehmungsstärken sowie Bewertungen erklären können.
- *Handlungsintention und Handeln:* Für eine organisationstheoretische Handlungseinbettung ist der Link zwischen Handlungsintention bzw. Entscheidung und tatsächlichem Handeln nur bei solchen Entscheidungen geeignet, die primär individuell getroffen werden. Dies gilt z. B. für sekundäre Selektionsentscheidungen.
- *Zieleinstellungen:* Aufbauend auf netzwerktheoretischen Überlegungen lässt sich vermuten, dass Zieleinstellungen und Handlungsvorstellungen bei starker Assoziation simultan aktiviert werden und Entscheidungen im Zusammenspiel erklären.

- *Heuristiken:* Auch Urteilsheuristiken beeinflussen Entscheidungsprozesse. Sie lassen sich lediglich als post-hoc-Erklärung heranziehen.
- *Habits* sind kein Indikator, um Routinehandeln zu erklären, sondern lediglich eine Kontrollvariable dafür, ob im Situationsmodell weitere Bestimmungsfaktoren für Handlungen bzw. Entscheidungen fehlen.

Aus der theoretischen Erklärung von Entscheidungshandeln kann methodisch-konzeptionell Folgendes abgeleitet werden:

- *Konstruktionen erster und zweiter Ordnung:* Nach Schütz lässt sich Handeln sowohl aus der subjektiven Eigenperspektive von Journalisten als auch aus der »objektiven« Fremdperspektive, also der Einbettung von Journalisten in organisatorische Strukturen, untersuchen.
- *Analyseebene:* Aus der Eigenperspektive der Journalisten muss die Analyse individueller Entscheidungsprozesse im Vordergrund stehen. Aus der Forscherperspektive müssen die Kriterien aggregierter Entscheidungen über Gruppen hinweg im Mittelpunkt stehen.
- *Empirisches Korrelat für Handlungstypen:* Die TPB kann rationales und vernünftiges Handeln sowie Verhalten empirisch abbilden.
- *Vorstellungsstärken und -bewertungen:* Es wird unterstellt, dass Akteure die Stärken und Bewertungen ihrer Vorstellungen kennen und angeben können.
- *Knoten in Netzwerken:* Knoten in mentalen Netzwerken sind empirisch festzulegen. Die Knoten besitzen unterschiedliche Abstraktionsgrade und können sich auf Wissensbündel wie Schemata oder auf einzelne Attribute und auf damit verknüpfte Bewertungen beziehen.
- *Mentale Modelle* sind zwar theoretisch dynamisch modellierbar, aber die situative Aktivierung von Beliefs kann empirisch nur als Momentaufnahme abgebildet werden. Demzufolge können Kausalannahmen zwischen einzelnen Theoriebausteinen nur dann empirisch geprüft werden, wenn die relevanten Variablen zu mehreren Zeitpunkten erhoben werden.

4 Institutionalisierte Entscheidungszusammenhänge im Journalismus

Die bisherigen Überlegungen bleiben relativ abstrakt, solange sie nicht auf den Journalismus angewendet werden. Deshalb behandelt dieses Kapitel die Bedingungen journalistischen Entscheidungshandelns aus Sicht der Journalismusforschung. Analog zur obigen Trennung in Meso-Mikro-Link und Mikro-Ebene des Handelns unterscheidet z. B. Frank Esser (1998: 20f.) in der Journalismusforschung zwischen Einfluss- und Auswahlaspekt. Der *journalistische Einflussaspekt* fragt nach Einflüssen auf journalistische Vorstellungen (sowie teilweise Einstellungen und Handeln) des Berufsstandes, der Organisationsteilnehmer und einzelner Medienakteure, die indirekt die Entstehung medialer Aussagen beeinflussen (Shoemaker & Reese 1996: 151) (vgl. Kap. 4.1). Dies entspricht der Logik der Situation nach Esser (1999). Mit dem *journalistischen Auswahlaspekt* beschäftigt sich die Nachrichten(auswahl)forschung. Handlungstheoretisch tangiert dies die Logik der Situation und die Logik der Selektion (Esser 1999). Den Auswahlaspekt behandelt Kap. 4.2. Die Gatekeeper-Forschung hat sich sowohl mit dem Einfluss- als auch dem Auswahlaspekt beschäftigt (Überblicke z. B. Joch-Robinson 1973; Shoemaker & Reese 1996). Aber Neuberger fasst die Defizite der Gatekeeper-Forschung treffend zusammen, die diese Untersuchung aufzugreifen versucht:

> »Der Zusammenhang von Einfluss- und Auswahlaspekt ist wegen der Vielzahl und Vermitteltheit von Einflüssen weitgehend offen. Einflüsse sind oft vermittelt – vor allem bei Arbeitsorganisationen und Journalisten kann schwer zwischen originären und vermittelten Interessen unterschieden werden. Außerdem sind Systematiken für Einflüsse unzureichend – es mangelt an einer gesellschaftstheoretischen Einbettung.« (Neuberger 1996: 281)

4.1 Einflussaspekte im Journalismus

Die Strukturen journalistischer Organisationen prägen direkt journalistisches Wissen bzw. Werte und indirekt journalistisches Handeln. Dieser Meso-Mikro-Link findet sich auch in Analysemodellen wie dem Ring-Modell (Shoemaker & Reese 1996: 63ff.), dem Zwiebel-Modell (Weischenberg 1994: 431) oder dem Vier-Sphären-Modell (Donsbach 1987: 111ff.).[44] Solche Modelle haben eher heuristischen Wert, da die Zusammenhänge zwischen den Ebenen nicht spezifiziert werden. Nachfolgend werden journalistische *Organisationsprogramme* und separat *Rollen*, journalistische *Bezugsgruppen* sowie *Ressourcen und Gelegenheiten* betrachtet, die die Nachrichtenauswahl prägen und begrenzen (können).

4.1.1 Journalistische Organisationsprogramme

In Kap. 2.2.1 wurden Programme als verbindliche Vorgaben verstanden, die sinnhaftes Handeln ermöglichen bzw. koordinieren, es aber nicht determinieren (z. B. Altmeppen 1999; Quandt 2005). Auch wenn sich Programme sowohl systemtheoretisch (z. B. Kneer & Nassehi 1997: 133) als auch handlungstheoretisch definieren lassen, hat die deutsche Journalismusforschung trotz systemtheoretischer Ausrichtung bisher die Verknüpfung mit Handlungen bevorzugt (z. B. Scholl & Weischenberg 1998: 79; Diskussion bei Quandt 2005: 121ff.), nicht zuletzt aus Gründen der empirischen Zugänglichkeit. Über die Bestimmung journalistischer Programme herrscht »Konfusion« (Scholl & Weischenberg 1998: 79), denn sie beziehen sich auf sehr unterschiedliche Analyseebenen (z. B. Scholl & Weischenberg 1998: 82; Überblick: Quandt 2005: 124ff.). Sie umfassen einerseits organisationsübergreifende Regeln, Verfahrensweisen, Normen und Werte als auch organisationsspezifische Ziele und Ressourcen (Altmeppen 1999: 41; Altmeppen 2006: 123). Malik definiert journalistische Programme z. B. als:

> »[…] Bedingungen und Regeln journalistischen Entscheidens, die das tägliche Entscheidungshandeln entweder routiniert oder zweckge-

[44] Im Zwiebel-Modell von Weischenberg (1994: 431) tangiert die organisationstheoretische Einbettung journalistischen Handelns den *Funktionskontext*, wenngleich hier nicht der funktionale Aspekt im Vordergrund steht. In Shoemakers & Reeses (1996: 63ff.) Ring-Modell betrifft sie die Ebenen der *routines of media organizations* und der *organizational influences*. In Donsbachs (1987: 111ff.) Vier-Sphären-Modell tangiert die Organisationsperspektive die *Professions-* und die *Institutionssphäre*.

richtet anleiten und damit das journalistische Entscheidungshandeln am Code des Systems orientieren.« (Malik 2004: 59)

Damit bieten journalistische Programme einzelnen Redakteuren Orientierung, sie gelten aber nicht als individuelles Phänomen, sondern lassen sich ausschließlich der jeweiligen Organisation (z. B. Redaktion) zuschreiben (Wyss 2002: 43). Weniger statisch definiert Altmeppen journalistische Programme als:

»[...] strukturierende Merkmale der journalistischen Arbeit, die sich nach organisierenden Formen, Tätigkeitsregeln, Mustern der Berichterstattung und Organisationszielen unterscheiden lassen und die zur Institutionalisierung generalisierter Deutungsmuster beitragen. Programme sind Sets übergeordneter Merkmale, die als Elemente und Operationen systemkonstituierend sind.« (Altmeppen 2006: 123; ähnlich Altmeppen 1999: 40)

Diese zweite Definition bildet den dynamischen Prozess von Programmen, ihre prägende Funktion, ihre situative Auslegung und ihre mögliche Veränderung im aktuellen Handeln angemessener ab als die erste Definition, wenngleich die eigene Studie empirisch nur Struktur-Handlungs-Momente untersucht.

Die Vorschläge, journalistische Programme zu typisieren, sind sehr vielfältig (Überblick z. B. Altmeppen 1999: 37ff.; Malik 2004: 57ff.; Quandt 2005: 124ff.). Für diese Untersuchung muss die Programmdifferenzierung das Verhältnis »von Ordnungen und ordnungserzeugenden Prozessen, von Organisation und Handlung« (Quandt 2005: 127f.) abbilden, was z. B. in Blöbaums (1994: 277ff.) Klassifizierung nicht der Fall ist (Kritik z. B. Scholl & Weischenberg 1998: 82; FN 19). Dieser Forderung entspricht am ehesten die Differenzierung in journalistische Organisations- und Arbeitsprogramme[45] (Altmeppen 1999: 40ff.), da sie zwischen Strukturen und Handlungsroutinen trennt. Nachfolgend werden journalistische Organisationsprogramme näher beleuchtet, soweit sie dazu beitragen, journalistische Publikationsentscheidungen längerfristig stabil zu koordinieren. Konkret geht es um den vertikalen und den horizontalen Aufbau in Redaktionen.[46]

[45] Journalistische Arbeitsprogramme sind an journalistisches Handeln geknüpft. Altmeppen (1999: 41f.) unterscheidet vier Arbeitsprogramme: Bearbeitungs-, Darstellungs-, Selektions- und Themenprogramme (Kritik: Quandt 2005: 129). Kap. 4.2 geht auf die Nachrichtenselektion aus Handlungsperspektive ein, die an journalistische Selektionsprogramme anknüpft.

[46] Zu Organisationsstrukturen gehören zunehmend alternative Strukturen (vgl. Altmeppen 1999: 41; Quandt 2005: 128). Dennoch bilden Redaktionen derzeit noch den Kern journalistischen Handelns und sind auch hier empirische Grundlage.

Hierarchien in journalistischen Organisationen

In der Journalismusforschung gibt es zwei Forschungsstränge, die die Auswirkungen vertikal gegliederter Organisations- bzw. Redaktionsstrukturen und damit verbundener formaler Hierarchien auf journalistische Aussagen untersuchen (Donsbach 1993a; F. Esser 1998: 112ff.):

- Aus *organisationssoziologischer Sicht* steht die Analyse redaktionell-hierarchischer Strukturen im Mittelpunkt, die kollektiv-organisatorische Entscheidungsprozesse festlegen und unterstützen.
- Aus (implizit) *handlungstheoretischer Sicht* einzelner Journalisten wird häufig die redaktionelle Kontrolle für journalistische Selektions- bzw. Publikationsentscheidungen thematisiert. Hier steht die Akteursebene im Vordergrund, verweist aber implizit auf den mehr oder weniger restringierenden Einfluss journalistischer Redaktionen.

Aus *organisationssoziologischer Sicht* werden durch vertikale Binnendifferenzierung in Redaktionen formale Hierarchien implementiert, die mit Entscheidungs- und Verantwortungsbefugnissen an bestimmte Positionen verknüpft sind. Redaktionshierarchien können eher strikt oder flach, eher zentralisiert oder dezentral, eher dauerhaft stabil oder flexibel gehandhabt werden (Weischenberg et al. 2006: 74). Strikte, zentrale und stabile Hierarchien ermöglichen Publikationsentscheidungen schnell und effektiv. Für komplexere Entscheidungsprozesse eignen sich eher flache, dezentrale und flexible Strukturen, da sie einzelne Redakteure besser einbinden. In deutschen Redaktionen dominiert eine Mischung aus hierarchischer Ordnung sowie flachen, dezentralen und flexiblen Strukturen, die das Delegationsprinzip z. B. von Chefredakteuren an Ressortleiter oder von Ressortleitern an Redakteure bevorzugen. Das Prinzip der Entscheidungsdelegation belegen z. B. Rühl (1979: 247) und teilweise Neverla & Walch (1994: 313ff., 357ff.) in Redaktionsbeobachtungen und flankierenden Leitfadengesprächen. Einhellig bestätigen sie, dass redaktionelle Strukturen wenig hierarchisch sind (Neverla & Walch 1994: 313ff., 369), wobei sie im Hörfunkbereich noch weniger strukturiert sind als im Zeitungsbereich (Altmeppen 1999: 84 ff., 2006: 89). Im Vergleich mit anglo-amerikanischen Redaktionen zeigt sich, dass Journalisten in deutschen Redaktionen sehr viel mehr Entscheidungsbefugnisse haben (z. B. Donsbach 1993a; F. Esser 1998: 386ff., 405ff.). Dies liegt einerseits an den nicht getrennten horizontalen Arbeitsrollen, z. B. in reporters und editors, sowie an der wenig etablierten redaktionellen Kontrolle. Entscheidungsbefugnisse einzelner Journalisten sagen aber noch nichts über die Verantwortungsbefugnis aus. So können Chefredakteure am Ende eines Tages entscheiden, welcher Beitrag letztlich in der morgigen Ausgabe veröffentlicht wird unabhängig davon, mit wie viel eigener Entscheidungsbefugnis ein Redakteur den Beitrag geschrieben hat. In Meiers (2002: 299ff.) Befragung von Chefredakteuren deutscher Tageszeitungen zeigt sich, dass die straffe Organisation von Redaktionen mit ausgewiesenen Zuständigkeiten, klaren Kompetenzabgrenzungen, Weisungsbefugnissen sowie der Durchlässigkeit von Ressortgrenzen keine Gegensätze bilden. Meier (2002: 300) kann daraus aber nicht ableiten, ob die Einführung innovativer Redaktionsstrukturen eher auf straff oder locker organisierte Redaktionen zutrifft. Zudem ist denkbar, dass in den Redaktionen verdeckte Hierarchien existieren (vgl. Kap. 2.2.2).

Aus *handlungstheoretischer Sicht* stehen Einflüsse und Reaktionen von Kollegen und Vorgesetzten auf die journalistischen Beiträge von Redakteuren im Mittelpunkt (Donsbach 1993a; Donsbach & Wolling 1995; Überblick: Reinemann 2003: 55), um Hierarchien zu untersuchen. *Einflüsse* sind bei der Entstehung journalistischer Produkte wirksam, z. B. beim vorherigen Gegenlesen. *Reaktionen* erfolgen nach veröffentlichten Beiträgen, z. B. bei Blattkritiken in Redaktionskonferenzen. Donsbach & Wolling (1995: 429) stellen fest, dass die redaktionelle Kontrolle in regionalen Zeitungen stärker als in überregionalen ausgeprägt ist, weil dort die politischen Einstellungen von Journalisten weniger gut mit der redaktionellen Linie übereinstimmen. Andererseits ist die redaktionelle Kontrolle dort höher, wo Journalisten unabhängiger vom Publikum sind und Themen eher selbst setzen. Dies trifft wiederum eher auf überregionale Tageszeitungen zu (Meyen & Riesmeyer 2009: 132). Insofern ist die Stärke der redaktionellen Kontrolle im Vergleich regionaler und überregionaler Tageszeitungen widersprüchlich. Aus Sicht einzelner Journalisten werden nach Scholl & Weischenberg (1998: 98) vor allem Beiträge jüngerer, wenig berufserfahrener Journalisten und solcher in niedrigeren Positionen vorab kontrolliert. Zudem erhalten sie intensivere bzw. mehr redaktionelle Reaktionen als erfahrenere und hierarchisch höher gestellte Journalisten (vgl. Scholl & Weischenberg 1998: 115; Weischenberg et al. 2006: 292). Folglich ist der Grad der redaktionellen Kontrolle einerseits von individuellen Merkmalen wie Position und Berufserfahrung (Mikro-Ebene) und andererseits von redaktionellen Merkmalen wie der politischen Ausrichtung von Zeitungen abhängig (Meso-Ebene) (Donsbach & Wolling 1995: 428). Allerdings ist die politische Ausrichtung nur eines von mehreren möglichen Organisationszielen, das Redaktionen mehr oder weniger stark durchsetzen. Demzufolge sollte der Einfluss der Meso-Ebene allgemeiner formuliert werden. Den Einfluss von subjektiv wahrgenommenen Entscheidungsbefugnissen auf antizipierte Weisungen (vgl. Kap. 2.4) als einem Aspekt redaktioneller Kontrolle berücksichtigen diese Studien nicht.

Insgesamt zeigen die Befunde, dass in deutschen Redaktionen das Prinzip der Entscheidungsdelegation und flache Hierarchien stark dominieren. Allerdings basieren die Befunde zumeist auf Einzelfallanalysen und sind bis auf Meiers (2002) Ergebnisse erstens nicht verallgemeinerbar und zweitens nicht vergleichbar zwischen Redaktionen mit unterschiedlichen Strukturmerkmalen. Kritisch ist, dass empirisch belegte Entscheidungsdelegation und flache Hierarchien zumeist aus einer Beobachterperspektive erfasst wurden. Fraglich bleibt dann, ob offen sichtbare flache Hierarchien in Redaktionen nicht tatsächlich nur impliziter auftreten (vgl. Goihl 2003: 15). Offen lassen die Befunde erstens, ob und inwieweit individuelle Entscheidungsbefugnisse einzelner Redakteure mit antizipierten Weisungen durch redaktionelle Bezugsgruppen zusammenhängen und sich damit als Indikator für redaktionelle Kontrolle eignen. Zweitens bleibt offen, ob bzw. zu welchem Grad sich die individuelle Entscheidungsbefugnis nicht nur aus individuellen Merkmalen von Journalisten wie wenig Berufserfahrung und niedriger Position ableiten lässt, sondern auch aus dem Grad der Zentralisation von Redaktionen.

Arbeitsteilung in journalistischen Organisationen

Redaktionen sind intern nicht nur vertikal, sondern auch horizontal differenziert. Primär interessiert hier die Differenzierung und Spezialisierung auf Abteilungsebene.[47] In der klassisch organisierten Zeitungsredaktion bearbeitet jedes Ressort eine thematisch abgegrenzte Sparte (Weischenberg et al. 2006: 77). Diese Redaktionsgliederung entspricht traditionell auch der Gliederung in den Zeitungsprodukten. Nachteilig ist an dieser Strukturierung nach Meier (2002: 101f.), dass manche Themen komplett durchs Raster fallen, weil sich kein Ressort für sie zuständig fühlt. Zudem doppeln sich Themen in der Berichterstattung, weil mehrere Ressorts sie unabhängig voneinander aufgreifen. Denn häufig finden Themenabsprachen nur auf Ressortleiterebene statt. Seit den 90-er Jahren bilden sich neben den klassischen Ressorts zunehmend neue Formen der Teamarbeit heraus (vgl. Meckel 1999: 74ff.). Meier

47 Auf die Spezialisierung der Stellenebene wird später eingegangen.

(2002: 287) fasst die Umstrukturierungsmaßnahmen, die er in 76 Tageszeitungsredaktionen untersucht hat, zusammen:

- Bildung von Teams über Ressortgrenzen hinweg für einzelne Projekte[48]
- Zusammenlegung einzelner Ressorts zu größeren Einheiten
- Bildung neuer Ressorts zusätzlich zu den bisherigen Ressorts
- (teilweise) Aufhebung der Trennung zwischen Lokal- und Mantelressorts
- Auflösung von Fachressorts und Bildung anderer Einheiten
- Bildung von Teams über Ressortgrenzen hinweg als dauerhafte Recherche- oder Reportergruppen

Auf der *Mikro-Ebene* bedeuten diese Umstrukturierungen, dass Redakteure flexibler eingesetzt werden und insbesondere beim Rotationsmodell das »Schubladen«-Denken aufgebrochen wird. Das Aufbrechen verfestigter Strukturen kann aber die Wissensspezialisierung der Redakteure verringern, wenn sie als Generalisten in verschiedenen Bereichen eingesetzt werden (Dernbach 2009: 43f.). Neue Ressorts können aber auch die Wissensspezialisierung von Journalisten steigern (Meier 2002: 285, 295f.). Wann Journalisten zu Generalisten oder zu Spezialisten in Redaktionen werden, ist u. a. auch von der Menge des Personals in Redaktionen abhängig (Meyen & Riesmeyer 2009: 113). Redaktionen mit nur wenig Personal werden Journalisten häufiger als Generalisten einsetzen als Redaktionen mit viel Personal.

Auf der *Meso-Ebene* führen die Umstrukturierungen zur allmählichen Abkopplung zwischen redaktioneller Ressortstruktur und Zeitungssparten, wenngleich die inhaltliche Gliederung der Zeitung in traditionelle Sparten weiter besteht (Meier 2002: 306). Dies bestätigen auch empirische Befunde von Wyss (2002: 358ff.) für die Schweiz. Er zeigt, dass Tageszeitungen weniger häufig ressortübergreifend arbeiten (nur 51%) als andere Medientypen. Die neuen Redaktionsstrukturen werden je nach Konzeption als Newsdesks oder Newsrooms bezeichnet (z. B. Meier 2005, 2006). Ein Newsdesk ist »eine Koordinations- und Produktionszentrale, in der alles zusammenläuft, was die Redaktion als Material zur Verfügung hat« (Meier 2006: 209). Als Newsroom bezeichnet Meier (2006: 210) ein »redaktionelles Konzept des ressort- und medienübergreifenden Planens und Arbeitens«. In diesem Fall steht crossmediales journalistisches Handeln im Vordergrund.

[48] Dies führt weg von einer Spezialisierung auf Stellenebene.

Redaktionelle Strukturen und journalistisches Handeln bedingen sich wechselseitig (Altmeppen 1999: 43). Die Einbettung von Akteuren in organisatorische Strukturen steuern sowohl die Entscheidungen als auch die vorgelagerten Entscheidungsprämissen von Organisationsteilnehmern. Nachfolgend werden Zusammenhänge dargestellt, die den Einfluss von Organisationsstrukturen auf journalistisches Handeln empirisch bestätigen[49]:

- *Einfluss auf Bearbeitungsprogramme:* Empirisch belegt sind Einflüsse der Ressortdifferenzierung (Scholl & Weischenberg 1998: 93), der Arbeitsbereiche im Hörfunk (Altmeppen 1999: 116, 118, 124, 133), der Größe von Hörfunksendern (Altmeppen 1999: 123ff.), der Mediengattungen (Scholl & Weischenberg 1998: 93) sowie einzelner Online-Redaktionen (Quandt 2005: 268ff.) auf journalistische Bearbeitungsprogramme (z. B. Schreiben, Redigieren etc.)
- *Einfluss auf Themenprogramme:* Empirisch bestätigen Altmeppen (1999: 43) und Quandt (2005: 295ff.) Einflüsse von Ressort- und Bereichsdifferenzierungen auf die Themenauswahl, im ersten Fall für Hörfunksender und im zweiten Fall für Online-Redaktionen.
- *Einfluss auf Selektionsprogramme:* Einflüsse von Organisationsstrukturen auf Selektionsprogramme werden in Kap. 4.2 betrachtet.

Insgesamt zeigten die Ausführungen in Kap. 2.2.1, dass sich die bereichsspezifische Arbeitsteilung in Ressorts auf die Wahrnehmung organisatorischer (Teil-)Ziele auswirkt und die Aufmerksamkeit von Journalisten auf bestimmtes Wissen und Handeln hin begrenzt. Wenn nun aber stabile Ressortstrukturen zunehmend zugunsten flexiblerer Strukturen abnehmen, hat dies Auswirkungen auf journalismusspezifische Institutionalisierungsprozesse. Nach Blöbaum (2008: 122) wandeln sich Arbeitsprogramme schneller, weil die klassischen Ressortstrukturen mit ihren Teilrationalitäten auf redaktionelle Strukturen mit Gesamtrationalitäten umgestellt werden. Dies belegt er empirisch insbesondere für journalistische Selektionsprogramme. Wenn solche Institutionen auf der Meso-Ebene zunehmend stärkerem Wandel unterworfen sind, kann dies auf der Mikro-Ebene zu einer geringeren kognitiven Internalisierung (vgl. Kap. 2.1.2) typisierten Wissens – z. B. über relevante Selektionskriterien – bei einzelnen Redakteuren führen. Folge

[49] Quandt (2005) fokussierte auf die Herausbildung organisatorischer Strukturen durch journalistisches Handeln (Richtung: Mikro-Meso). Durch die bei ihm zugrunde gelegte Rekursivität von Handeln und Struktur lässt sich auch die umgekehrte Meso-Mikro-Richtung einnehmen, die hier im Mittelpunkt steht.

davon wären u. a. zunehmend mehr Abstimmungsprozesse in Redaktionen, wie sie Altmeppen (1999) untersuchte. Dieser Aspekt ist bei der Ergebnisinterpretation mitzudenken.

4.1.2 Journalistische Rollen

Rühl (1980: 272ff.) unterscheidet drei Rollentypen im Journalismus:

- *Mitgliedsrollen* drücken den Grad der Zugehörigkeit zu einer Organisation aus, der häufig über das Anstellungsverhältnis erfasst wird (z. B. Scholl & Weischenberg 1998: 326). Anders als im Rundfunk- und Online-Bereich dominieren in Tageszeitungen immer noch feste Anstellungsverhältnisse (Neuberger 2002: 365; Weischenberg et al. 2006: 40).
- *Arbeitsrollen* gliedern die Stellen in Organisationen vertikal[50] nach dem Umfang der Leitungsverantwortung. Grob lassen sich hier Gesamt- (z. B. Chefredakteure) und Teilleitungsrollen (z. B. Chef vom Dienst, Ressortleiter etc.), Redakteure mit geringer oder ohne Leitungsfunktion sowie Volontäre unterscheiden (Shoemaker & Reese 1996: 151; Weischenberg et al. 2006: 75f.). In vertikalen Arbeitsrollen drücken sich die formalen Organisationshierarchien aus (vgl. Kap. 2.2). Rollen bezeichnen die Erwartungen, die Journalisten mit Positionen verbunden wahrnehmen. Nur dadurch lässt sich journalistisches Handeln potenziell koordinieren. Positionen sind nicht dauerhaft und fest an Personen gekoppelt (Altmeppen 1999: 107f.; Quandt 2005). Stattdessen können Personen situativ unterschiedliche Positionen einnehmen, aber dennoch typische Positionen inne haben. So kann z. B. ein Chefredakteur (Gesamtleitungsrolle) gelegentlich auch Chef vom Dienst (Teilleitungsrolle) oder Redakteur sein (keine Leitungsrolle). Nach Weischenberg et al. (2006: 76) haben mehr als drei Viertel aller Journalisten in Deutschland keine Leitungsposition.
- Über *Berufsrollen* lassen sich Journalisten organisationsübergreifend identifizieren. Dies wird häufig über das journalistische Selbstverständnis von der eigenen (Berufs-)Rolle erfasst. Diese Zuschreibungen sind für die Nachrichtenauswahl theoretisch und methodisch umstritten und widersprüchlich (Überblick z. B. F. Esser & Weßler

[50] Horizontale Differenzierungen von Arbeitsrollen bzw. Rollenspezialisierungen sind im deutschen Journalismus sehr viel schwächer ausgeprägt als im anglo-amerikanischen Raum (z. B. Donsbach 1993a: 147ff.; F. Esser 1998: 391ff.; Weischenberg et al. 2006: 78). Rollenspezialisierung ist aber von Wissensspezialisierung zu unterscheiden (Meckel 1999: 74f.), die in deutschen Redaktionen durchaus stattfindet (vgl. Kap. 4.1.1).

2002: 188ff.; Weischenberg et al. 2006: 98ff.; Fengler & Ruß-Mohl 2005: 114 aus rationaler Sicht). Demzufolge werden Arbeitsrollen als prägender und entscheidender für die Berichterstattung angesehen als Berufsrollen (Rühl 1980: 42ff., 272f.; Rühl 1989: 256).

Empirisch stellt sich die Frage, ob und inwiefern journalistische Rollentypen journalistisches Handeln beeinflussen. Diese Zusammenhänge lassen sich nur mit Befragungen und Beobachtungen untersuchen, wenngleich es dazu bisher wenige Ergebnisse gibt.

Einflüsse von *Mitgliedsrollen* auf:

- *journalistische Tätigkeiten (Bearbeitungsprogramme):* In der repräsentativ angelegten Journalistenbefragung korrelierte ein freies Anstellungsverhältnis positiv mit journalistischen Tätigkeiten wie Recherchieren und Texten, aber negativ mit dem Selektieren (Scholl & Weischenberg 1998: 93).

Einflüsse von *Arbeitsrollen* auf:

- *journalistische Tätigkeiten (Bearbeitungsprogramme):* Die Repräsentativbefragungen deutscher Journalisten von 1993 und 2005 und die Beobachtung von fünf privaten Hörfunksendern zeigten, dass höhere Positionen in der Hierarchie negativ mit journalistischen Recherche- und Schreibtätigkeiten korrelieren (Scholl & Weischenberg 1998: 93; Weischenberg et al. 2006: 76ff.).

Nicht belegt sind Einflüsse von Mitglieds- und Arbeitsrollen auf journalistisches Selektionshandeln. Dieser Zusammenhang wird in dieser Arbeit mit berücksichtigt, da mit ihnen möglicherweise unterschiedliche Vorstellungen über Selektionskriterien verbunden sind, die im zweiten Schritt das Selektionshandeln beeinflussen (zur Operationalisierung von Mitglieds- und Arbeitsrollen vgl. Kap. 7.2.2).

4.1.3 Journalistische Bezugsgruppen

Redaktionelle Bezugsgruppen von Journalisten wurden bereits bei den formalen Redaktionshierarchien diskutiert. Demzufolge koordinieren Vorgesetzte das Wissen und Handeln in Redaktionen und seinen Teilbereichen. Weiterhin wurde gezeigt, dass antizipierte Reaktionen von Bezugsgruppen handlungsrelevant für Akteure sind (vgl. Kap. 3). In der Journalismusforschung wurden Bezugsgruppen häufig in Verbindung mit der medialen Aussagenentstehung untersucht (z. B. Weischenberg et al. 2006: 142ff.; Überblick: Reinemann 2003: 33ff.). Eine wichtige journalistische Bezugsgruppe ist das Publikum, weil es über Leistungserwartungen an den Journalismus im Funktionssystem der Öffentlichkeit inkludiert ist (vgl. Kap. 5). Während in den 60-er und 70-er Jahren des vergangenen Jahrhunderts fehlende Publikumsorientierung beklagt wurde (z. B. Noelle-Neumann & Mathes 1987), kritisiert man mittlerweile die Folgen einer zu starken Publikumsorientierung (z. B. Meckel 1999: 166ff.; Scholl & Weischenberg 1998). Wenn Journalisten zunehmend berichten, was zwar dem Publikum gefällt, was aber nicht gesellschaftlich relevant ist, so ist die journalistische Unabhängigkeit bedroht (z. B. Weischenberg et al. 2006: 143f.). Allerdings orientieren sich Journalisten aus Politik und Nachrichten, Wirtschaft sowie Kultur weniger stark an den Publikumsinteressen, -wünschen, -erwartungen und -reaktionen als Journalisten anderer Themenbereiche (Meyen & Riesmeyer 2009: 118, 138, 256). Darüber hinaus sind jüngere bzw. weniger berufserfahrene Journalisten weniger mit den Publikumswünschen und -reaktionen vertraut als erfahrenere Journalisten (Meyen & Riesmeyer 2009: 198).

Empirische Untersuchungen zu Bezugsgruppen zeigen, dass Angehörige des eigenen Berufsstandes für Journalisten eine der wichtigsten Bezugsgruppen sind. Reinemann (2003: 34) nennt dafür folgende Gründe: die Unsicherheit von Journalisten bei Entscheidungen, das fehlende Publikumsbild bzw. die fehlende Publikumsorientierung sowie die Notwendigkeit zur Konkurrenzbeobachtung. Dies wird auch unter den Stichworten der Kollegenorientierung bzw. Koorientierung diskutiert (z. B. Donsbach 1982: 235ff.; Kepplinger 1998: 39ff.). Sie ist dann bedenklich, wenn die Autonomie des Journalismus in Autarkie umschlägt (vgl. Weischenberg et al. 2006: 144). Kollegen- und Publikumsorientierung müssen nicht zwingend Gegensätze darstellen (Gans 1979: 126; Koelbl 2001: 24), sondern können einander bedingen:

> »Gerade weil Medienunternehmen und Journalisten berücksichtigen wollen, was ihr Publikum bereits weiß, ist die Beobachtung der anderen Medien notwendig, um die Anschlussfähigkeit der eigenen Berichterstattung sicherzustellen.« (Reinemann 2003: 38)

Weitere journalistische Bezugsgruppen sind Personen des persönlichen Umfelds sowie medienexterne institutionell gebundene Akteure, z. B. Politiker, Unternehmen und Verbände (Überblick z. B. Shoemaker & Reese 1996: 175ff.). Nachfolgend werden die empirischen Befunde aus der repräsentativen Journalistenbefragung von 2005 soweit zusammengefasst, wie sie später benötigt werden (vgl. Kap. 7.2.2), um die Vorstellungen von journalistischer Bezugsgruppen für ihre Selektionsentscheidungen zu spezifizieren. Abb. 4.1 nennt die anteiligen Reaktionen journalistischer Bezugsgruppen und zwar sowohl separat für die Zeitungssparte als auch über alle Medien hinweg.

Rang	Einflussreiche Bezugsgruppen	Anteile in % (Zeitungssparte)[a]	Anteile in % (insgesamt)[b]	Kontext der Bezugsgruppe[c]
1.	Publikum/Leser	94	85	lebensweltlich
2.	Kollegen im eigenen Betrieb	93	90	redaktionell
3.	Vorgesetzte	86	87	redaktionell
4.	Familie/Freunde/ Bekannte	85	81	lebensweltlich
5.	Informanten	76	59	teils organisiert/ lebensweltlich
6.	Politiker	49	27	organisiert
7.	Pressestellen/ Öffentlichkeitsarbeiter	47	50	organisiert
8.	Kollegen aus anderen Medien	36	41	teils organisiert/ lebensweltlich

a) Die Prozente weisen den Anteil derer aus, die in der Befragung 2005 jeweils Reaktionen in der Zeitungssparte erhalten haben (Basis: n=544) (vgl. Weischenberg et al. 2006: 291)
b) Die Prozente weisen den Anteil derer aus, die in der Befragung 2005 jeweils Reaktionen unabhängig von der Mediensparte erhalten haben (Basis: n=1532-1535) (vgl. Weischenberg et al. 2006: 146, 291)
c) Die Dimensionierung basiert auf einer Faktorenanalyse der Bezugsgruppen-Reaktionen (Scholl & Weischenberg 1998: 109)

Abb. 4.1: Bezugsgruppen-Reaktionen von Journalisten in der Zeitungssparte

Die Befunde zeigen, dass redaktionelle Bezugsgruppen und das Publikum ähnlich häufig auf journalistische Produkte reagieren wie Personen aus dem persönlichen Umfeld von Journalisten. Trotz der zahlreichen *Reaktionen* halten Journalisten die *Einflüsse* dieser Gruppen auf ihr Handeln aber für sehr gering (Weischenberg et al. 2006: 126f.). Journalisten schreiben Vorgesetzten den höchsten Einfluss zu (vgl. auch Reinemann 2003; Weischenberg et al. 2006: 148, 292), was mit den Weisungen gegenüber Untergebenen erklärbar ist (vgl. Kap. 2.2.2). Weischenberg et al. (2006: 295; ähnlich Scholl & Weischenberg 1998: 119) belegen zudem mehr bzw. intensivere redaktionelle sowie lebensweltliche Einflüsse (z. B. Familie, Freunde und Bekannte) auf wenig berufserfahrene Journalisten gegenüber erfahrenen Journalisten. Dies scheint die stärkere redaktionelle Kontrolle für wenig berufserfahrene Redakteure zu rechtfertigen. Offen bleibt aber, ob bzw. inwieweit die Reaktionen von Bezugsgruppen tatsächlich Selektionsentscheidungen in konkreten Situationen beeinflussen und wie groß ihr Anteil im Vergleich zu anderen Einflussgrößen ist.

4.1.4 Journalistische Ressourcen und Restriktionen

Ressourcen und Restriktionen sind ebenfalls Strukturen journalistischer Organisationen (vgl. Kap. 2.1.2). Bisherige Ansätze der Journalismusforschung haben Ressourcen wenig oder gar nicht beachtet (Ausnahme: Altmeppen 1999; Fengler & Ruß-Mohl 2005; Meyen & Riesmeyer 2009; Quandt 2005). Einige der bisherigen Befunde in der Journalismusforschung lassen sich als Ressourcen interpretieren.

Es gibt zwei Arten von Ressourcen-Einflüssen auf journalistische Publikationsentscheidungen. Im ersten Fall beeinflussen Ressourcen *direkt* die Selektion bzw. Gewichtung von Themen, Ereignissen, Issues, Quellen etc., z. B. *Platz* (space) (Sigal 1973: 10ff.). Im zweiten Fall beeinflussen sie sie *indirekt*, weil Journalisten Informationen nur aufgrund spezifischer Ressourcen erhalten. So erhalten z. B. Journalisten bekannterer und einflussreicherer Medien eher Zugang zu hochrangigen Politikerkreisen als Journalisten weniger bekannter Lokalzeitungen. Dies betrifft nicht die Informationsauswahl, sondern die vorgelagerte Informationsbereitstellung. Sie kann auf organisatorischen, ökonomischen und technischen Zwängen oder politischen Interessen der Redaktionen beruhen sowie auf subjektiven Vorlieben einzelner Journalisten oder ihrer Vorgesetzen. Hier interessieren direkte Einflüsse von Ressourcen auf Publikationsentscheidungen.

Die fundamentalste aller Ressourcen sowohl für die Recherche von Informationen als auch für das Verfassen und Redigieren von Beiträgen ist *Zeit* (Altmeppen 1999: 61f.; Sigal 1973: 10ff.). Dies belegen u. a. Befunde zum Streben nach Aktualität und Exklusivität im medialen Wettbewerb (Sparrow 1999: 62). Daneben gibt es weitere Ressourcen: (1) finanzielle Mittel, z. B. für Recherchereisen oder Abonnements von Nachrichtenagenturen (Fengler & Ruß-Mohl 2005: 121), (2) die *technische Ausstattung* in journalistischen Organisationen (z. B. Altmeppen 1999:

61f.; Quandt 2005: 184) oder (3) die *personelle Ausstattung* von Redaktionen, Ressorts bzw. Teams (Altmeppen 1999: 62).

Gelegenheitsstrukturen beeinflussen journalistische Publikationsentscheidungen eher situativ: (1) die tatsächliche Ereignislage bzw. die Nachrichtenlage, die durch die Tickermeldungen von Nachrichtenagenturen bestimmt wird (z. B. Reinemann 2007: 54; Staab 1990: 113) oder (2) die Nachrichtenlage, die Journalisten bzw. Redaktionen in den sie umgebenen Leit- und Konkurrenzmedien wahrnehmen (Reinemann 2003: 77ff.). Die Beobachtung von anderen Medien wurde als *journalistische Koorientierung*[51] bezeichnet. Fengler & Ruß-Mohl (2005: 57ff., 166ff., 2007: 112) bezeichnen dies aus nutzenrationaler Sicht auch als »Trittbrettfahren« einzelner Journalisten bzw. als »Rudeljournalismus« auf der Aggregatebene. Während Koorientierung im interpretativen Handlungsparadigma häufig mit Unsicherheit erklärt wird (z. B. Donsbach 2004; Reinemann 2003), erklären Ruß-Mohl & Fengler (2005: 169) dies nutzenrational mit Kostenersparnis von Zeit, Geld und kognitivem Aufwand etc. (ähnlich Meyen & Riesmeyer 2009: 102ff.). Man kann die Folgen von Koorientierung als negativ beklagen, z. B. als Selbstreferenz (Malik 2004) und als Konsonanz (Noelle-Neumann 1973) oder positiv als »Mechanismus der Selbstkontrolle jenseits von Presserat und Co.« (Meyen & Riesmeyer 2009: 94). Kepplinger (2001b: 47) belegt Koorientierung empirisch.

Bewusstes Durchbrechen solcher Koorientierungsroutinen führt zu *Exklusivität* (Fengler & Ruß-Mohl 2005: 116ff.; Meyen & Riesmeyer 2009: 103; Shoemaker & Reese 1996: 125). Exklusivität birgt das Risiko, dass die exklusiven Informationen tatsächlich stimmen, die ein Medium als erstes veröffentlicht. Demzufolge werden mehr Ressourcen benötigt als für vorgefertigte Rechercheprodukte wie z. B. Agenturmeldungen. Diesen Aufwand betreiben entweder einzelne, meist freie Journalisten oder Leitmedien, die über ausreichende Geld, Zeit und Personal verfügen. Dies ist bei überregionalen Tageszeitungen deutlich häufiger der Fall als bei regionalen Tageszeitungen (vgl. Meyen & Riesmeyer 2009: 108, 114, 173, 252). Abb. 4.2 fasst journalistische Ressourcen und Gelegenheitsstrukturen zusammen, wobei Gelegenheiten auch von allokativen Ressourcen abhängen. Die hier genannten Ressourcen bzw. Restriktionen beziehen sich primär auf die Auswahl von Ereignissen bzw. Themen. Ressourcen bzw. Restriktionen sind aber auch für *Informations-*

[51] Im Unterschied zu Kap. 4.1.3 stehen hier nicht Akteure als Träger von Koorientierung im Mittelpunkt, sondern die ihrer Koorientierung zugrundeliegenden Informationen anderer Medien als journalistische Ressourcen und Gelegenheitsstrukturen.

quellen denkbar, wenngleich dies hier nicht vertieft werden kann. Insgesamt ist bisher weitgehend ungeklärt, ob und inwieweit journalistische Ressourcen die Veröffentlichung von Themen, Ereignissen und Informationsquellen in konkreten Handlungssituationen beeinflussen.

Ressourcen	**Dimension**
Personal	Allokative Ressource
Zeit	Allokative Ressource
Platz	Allokative Ressource
Berichterstattung in anderen Medien bzw. Medienorientierung	Gelegenheitsstruktur

Abb. 4.2: Ressourcen und Gelegenheiten für die journalistische Nachrichtenauswahl

4.2 Auswahlaspekte im Journalismus

Der Auswahlaspekt hängt auf der institutionalisierten Meso-Ebene mit den journalistischen Selektionsprogrammen (Altmeppen 1999: 41f.) zusammen. In diesem Kapitel wird auf zwei wesentliche Nachrichtenauswahltheorien eingegangen – den News-Bias-Ansatz und die Nachrichtwerttheorie.[52] Beide Theorien erklären journalistische Publikationsentscheidungen aufgrund bestimmter Auswahlkriterien und sind organisationstheoretisch anschlussfähig. Für beide Ansätze werden die relevanten theoretischen Eckpfeiler skizziert und Befunde soweit zusammengefasst, wie sie später für die eigene Untersuchung benötigt werden.

4.2.1 Der News-Bias-Ansatz

Theoretische Grundlagen

Kepplinger (1989a: 9ff.) erweitert das klassische apolitische Selektionsmodell der Gatekeeper-Forschung, wonach Ereignisse und ihre Merkmale Ursachen journalistischer Publikationsentscheidungen sind, u. a. um ein Aktualisierungsmodell. Dies lässt sich der »News-Bias«-

[52] Der Framing-Ansatz als weitere Nachrichtenauswahltheorie (vgl. Kunczik & Zipfel 2001) steht hier nicht im Vordergrund und wird, soweit er hier interessiert, beim News-Bias-Ansatz mit berücksichtigt.

Forschung zuordnen (Überblicke z. B. D'Alessio & Allen 2000; Niven 2001; Staab 1990). Sie beschäftigt sich mit mehr oder weniger bewussten bzw. zielgerichteten politischen »Verzerrungen«[53] im tatsachenbetonten Teil der Berichterstattung. Auf der Mikro-Ebene werden diese »Verzerrungen« bzw. medialen Konstruktionen mit den politischen Einstellungen von Journalisten erklärt, auf der Meso-Ebene mit der redaktionellen Linie von Medien bzw. Zeitungen (z. B. Kerrick et al. 1964). Politische Einstellungen von Journalisten gehören nach Flegel & Chaffee (1971: 645) zu den *extrinsischen*, d. h. sachfremden, illegitimen Faktoren bei der Nachrichtenauswahl. Sie stehen im Gegensatz zu den *intrinsischen*, d. h. professionellen Auswahlkriterien wie Nachrichtenfaktoren (vgl. Kap. 4.2.2).

Kepplinger et al. (1989) entwickelten den News-Bias-Ansatz weiter, indem sie die *Theorie der Instrumentellen Aktualisierung* für publizistische Konflikte ausarbeiteten. Danach verknüpfen Journalisten einen zentralen Konfliktgegenstand mit Sachverhalten, die für oder gegen eine Konfliktpartei sprechen. Die Verknüpfung zwischen Gegenstand und Sachverhalten kann tatsächlich gegeben[54] (»objektive Instrumentalität«) oder subjektiv wahrgenommen (»subjektive Instrumentalität«) sein. Eine Partei oder Konfliktlösung wird durch die instrumentelle Aktualisierung gestützt, indem Konfliktakteure oder Journalisten jene Sachverhalte hochspielen, die für die von ihnen favorisierte Partei bzw. Lösung sprechen, und Sachverhalte der gegnerischen Konfliktseite herunterspielen[55]:

> »Negative Informationen bzw. Informationen über negative bewertete Gegebenheiten besitzen einen höheren Nachrichtenwert als positive Informationen bzw. Informationen über positive Sachverhalte [...]. [...] Deshalb werden die Konfliktgegner und die Journalisten, die ihre Konfliktsicht teilen, eher negative Informationen über die gegnerische Seite als positive Informationen über die eigene Seite verbreiten.« (Kepplinger et al. 1989: 207)

Im Unterschied zur ursprünglichen News-Bias-Annahme behandelt die Theorie der Instrumentellen Aktualisierung nicht (mehr nur) unterschiedliche Bewertungen bzw. Umbewertungen gleicher Sachverhalte,

---

[53] Vom parteipolitischen News Bias sind andere Arten von News Bias zu unterscheiden, die hier aber nicht interessieren (z. B. Page & Shapiro 1992).

[54] Zum Verhältnis von Realität und Medienrealität bzw. Journalisten, die Realität konstruieren vgl. Kap. 5.2.4

[55] Sowohl Journalisten als auch das Publikum billigen das instrumentelle Hochspielen von Informationen eher als deren instrumentelle Verschleierung (Kepplinger et al. 1989: 207; Kepplinger 1994: 226).

sondern unterschiedliche Gewichtungen[56] gleich bewerteter Sachverhalte in der Berichterstattung bzw. in Selektionsentscheidungen. Dafür argumentieren sie in Anlehnung an Rosenberg (1956) werterwartungstheoretisch (Kepplinger et al. 1989: 208ff.): Die subjektive Konfliktsicht zum Konflikt der Mittelamerikapolitik der USA war eine unabhängige Variable (Bewertungskomponente), die subjektive Einschätzung der Instrumentalität von acht Meldungen eine zweite unabhängige Variable (Erwartungskomponente). Vier der acht Meldungen sprachen »objektiv« für die Position der USA (gegen die Position der Sandinisten) und vier Meldungen für die Sandinisten (gegen die USA) (objektive Instrumentalität). Die abhängige Variable bildeten die rangskalierten Urteile über die Publikationswürdigkeit dieser acht Meldungen (Nachrichtenwert).

Aus *handlungstheoretischer Sicht* lassen Kepplinger et al. (1989: 207) offen, ob Journalisten bewusst oder unbewusst Sachverhalte bevorzugen, die ihre eigene Konfliktsicht stützen (auch McQuail 1992: 193f.). Bewusstes Hochspielen würde eher für die Annahme eines nutzenrationalen Handlungsmodells sprechen, wenngleich kein Selektionsgesetz formuliert ist (*Logik der Selektion*). Unbewusstes Hochspielen spricht für die Annahme eines interpretativen alltagsrationalen Handlungsmodells. Zudem beschränkt sich die Theorie auf die Auswahl von Sachverhalten, die *einen* publizistischen Konflikt betreffen. Sie kann nicht die Wahl zwischen verschiedenen publizistischen Konflikten bzw. politischen Sachthemen erklären. Demzufolge bezieht sich die Theorie der Instrumentellen Aktualisierung vorrangig auf sekundäre Selektionsentscheidungen. Empirisch bildet der Nachrichtenwert die abhängige Variable (Kepplinger et al. 1989: 210f.). Implizit wird hier der Nachrichtenwert mit der Publikationswürdigkeit von Meldungen gleichgesetzt. Später räumt Kepplinger (1998: 34) aber ein, dass der Nachrichtenwert als journalistisches Zuschreibungsmerkmal die unabhängige Variable von Publikationsentscheidungen sein muss. Damit erkennt er zwar die Unterscheidung zwischen Wahrnehmung des Nachrichtenwerts[57] und Selektionsentscheidung an, aber nicht die zwischen individuellen Selektionsentscheidungen und aggregierten Berichterstattungsergebnissen.

[56] Die Gewichtung von Sachverhalten muss nicht nur Umfang und Platzierung betreffen, sondern sie kann auch auf die Häufigkeit berichteter Sachverhalte rekurrieren. Dies verweist auf die Aggregation von Selektionsentscheidungen.

[57] Bei Kepplinger et al. (1989) basiert der Nachrichtenwert lediglich auf der impliziten Zuschreibung von Nachrichtenfaktoren. Explizite Zuschreibungen berücksichtigen sie nicht.

Aus *organisationstheoretischer Sicht* argumentiert die Theorie einerseits auf der Meso-Ebene: »Dabei könnten Publikationsorgane mit unterschiedlichen redaktionellen Linien ihre Argumente aufgreifen oder verschweigen und positiv oder negativ darstellen [...]« (Kepplinger et al. 1989: 202). Teilweise wird noch unpräziser mit Massenmedien allgemein argumentiert, die publizistische Konflikte austragen. Andererseits beziehen sich die Annahmen auf einzelne Journalisten (Kepplinger et al. 1989: 207), was auf den Methodologischen Individualismus verweist (vgl. Kap. 1.1). Empirisch wird die Theorie separat nach den Medientypen Zeitung, Hörfunk und TV geprüft, ohne zu begründen, warum sich die Medientypen (nicht zwischen Medien mit unterschiedlicher redaktioneller Linie!) unterscheiden sollten (Kepplinger et al. 1989: 211). Die Theorie unterstellt zudem, dass die subjektiven Konfliktsichten von Journalisten und die redaktionellen Linien der Medien, für die Journalisten arbeiten, identisch sind. Damit wäre die Summe aggregierter Einstellungen identisch mit journalistischen Einzeleinstellungen. Die Theorie erklärt nicht, wie Journalisten zu ihren subjektiven Konfliktsichten gelangen, ob sie durch das Aufwachsen in bestimmten Milieus (Raabe 2005: 204f., 211) oder durch die Sozialisation in Redaktionen (Breed 1955) beeinflusst sind, für die Journalisten arbeiten. Möglicherweise überlagern sich beide Größen oder heben sich gegenseitig auf. Brückenhypothesen, die den Zusammenhang zwischen der Meso-Ebene von Redaktionen und den Einstellungen auf der Mikro-Ebene einzelner Journalisten spezifizieren, werden nicht aufgestellt. Auch sonstige institutionelle bzw. organisatorische Bedingungen, die diesem Zusammenhang moderieren können, werden nicht berücksichtigt. In dieser Arbeit wird die Kritik, die die Logik der Selektion und die Logik der Situation betrifft, versucht anzugehen.

Empirische Befunde

Empirische Befunde zum News Bias werden nachfolgend dargestellt, soweit sie für die eigene Studie relevant sind. *Inhaltsanalysen* untersuchen politische »Verzerrungen« in der tatsachenbetonten Berichterstattung für Medien, die verschiedene redaktionelle Linien haben (Überblicke z. B. Kunczik & Zipfel 2001: 266ff.; Maurer & Reinemann 2006: 129ff.; Staab 1990: 27ff.). Insgesamt gibt es für die deutsche Berichterstattung zahlreiche Belege für politische Einseitigkeiten im Vergleich unterschiedlicher redaktioneller Linien (z. B. Schönbach 1976, 1977; Weiß 1989; Wilke & Reinemann 2000; Donsbach & Jandura 2005). Da Inhaltsanalysen lediglich auf der Meso-Ebene argumentieren, kann nicht zwischen intentional und anderweitig (z. B. strukturell) bedingten Verzerrungen der Berichterstattung unterschieden werden. Die Mikro-Ebene, d. h. der einzelne handelnde Journalist mit seinen Einstellungen und Intentionen etc., bleibt bei Inhaltsanalysen auch theoretisch ausgeblendet. Über die deutsche Berichterstattung hinaus sind die Ergebnisse zum politischen News Bias in Inhaltsanalysen widersprüchlich. Meta-Analysen amerikanischer Studien belegen keinen medienübergreifenden Bias zugunsten der Demokraten oder der Republikaner (D'Alessio & Allen 2000; Niven 1999, 2003).

Befunde *nicht-experimenteller Journalistenbefragungen* sind nur sinnvoll (z. B. Flegel & Chaffee 1971), solange sie Einstellungen und Beliefs von Journalisten mit deren berichteten Inhalten verknüpfen. Studien, die nur generelle politische Einstellungen von Journalisten oder deren Ansichten zu politischen Streitfragen erfassen (z. B. Beyle et al. 1996; Lichter & Noyes 1995; Lichter et al. 1986; Weischenberg et al. 1994; Noelle-Neumann 1979), bleiben ausgeklammert, da sie offen lassen, ob und inwieweit sich die politischen Einstellungen von Journalisten im tatsächlichem Handeln bzw. im tatsachenbetonten Teil der Berichterstattung niederschlagen. Immerhin zeigten Donsbach & Patterson (2003: 288; auch Donsbach & Wolling 1995: 429), dass die politischen Einstellungen von Journalisten überregionaler Zeitungen und die wahrgenommene redaktionelle Linie ihrer Medienorganisationen mittelmäßig hoch korrelieren ($r=.54$, $p<0.001$). Für Journalisten regionaler Zeitungen und anderer Medientypen gab es diesen Zusammenhang nicht. Insgesamt sind die Ergebnisse zum Einfluss politischer Einstellungen auf das journalistische Handeln widersprüchlich. Nach Shoemaker & Reese (1996: 90f.) hängen subjektive Einflüsse auf die Berichterstattung von der Art und dem Umfang organisatorischer Beschränkungen wie z. B. der redaktionellen Kontrolle ab (z. B. auch Donsbach 1993a,b; F. Esser 1998: 436). In der Regel erbringen diese Studien aber keinen eindeutigen Kausalnachweis.

Eindeutigere Kausalnachweise erbringen *(quasi-)experimentelle Befragungsdesigns*, die journalistische Publikationsentscheidungen simulieren und zu erklären versuchen. Solche Studien, die Art und Umfang von Effektstärken unter kontrollierten Bedingungen prüfen, sind aber selten (z. B. Carter 1959; Donsbach 1993b; Donsbach & Patterson 2003; Kerrick et al. 1964; Kepplinger et al. 1989; Patterson & Donsbach 1996). Wie stark derartige Effekte sind, lässt sich zumindest aus der Studie von Donsbach & Patterson (2003: 292) kaum entnehmen, da die Ergebnisse kaum nachvollziehbar über alle 17 Arten von Nachrichtenentscheidungen und unterschiedliche Skalenniveaus hinweg zu einem Korrelationsmaß zusammengefasst wurden. Sie geben für deutsche Journalisten eine Korrelationsstärke r=0.16 (p<0.01) an. Die erklärte Varianz ist demzufolge im Mittel aller Auswahlentscheidungen sehr gering (R^2=0.03). In der Studie von Kepplinger et al. (1989) erklärt die subjektive Konfliktsicht bei zugrundegelegter objektiver Instrumentalität 14% des Nachrichtenwerts für die Publikationswürdigkeit der acht meldungen und bei zugrundegelegter subjektiver Instrumentalität 17% (Kepplinger et al. 1989: 211). Allerdings bezogen sich die acht Meldungen, deren Publikationswürdigkeit (»Nachrichtenwert«) die Journalisten einschätzen sollten, auf einen einzigen Konflikt. Im redaktionellen Alltag von Journalisten dürfte es die Ausnahme sein, aus acht Meldungen zu einem Konflikt eine auszuwählen, sodass die externe Validität solcher Designs beschränkt ist. Zudem argumentieren solche Studien fast ausschließlich auf der Mikro-Ebene, sind aber vor Hintergrund der redaktionellen Linie als Meso-Ebenen-Einfluss zu relativieren:

> »Where news stories had a policy connection, policy affected the story's slant, whether or not the writer agreed with that policy. Where there was no policy connection but the events themselves were ›biased‹, news stories reflected the bias in the event. Where the event was relatively neutral and there was no policy, the writer's attitude determined the bias.« (Kerrick et al. 1964: 214)

4.2.2 Die Nachrichtenwerttheorie

Theoretische Grundlagen

Die Nachrichtenwerttheorie geht auf Östgaard (1965) sowie Galtung & Ruge (1965) zurück, wurde aber seitdem ständig theoretisch weiter ausdifferenziert (Überblicke z. B. Eilders 1997: 19ff.; Fretwurst 2008: 13ff.; M. Maier et al. 2010). Nachfolgend werden die Eckpfeiler der Nachrichtenwerttheorie skizziert, die grundlegend für eine handlungstheoretische Interpretation der Nachrichtenwerttheorie sind. Ausgangspunkt sind drei Hypothesen, die das Zusammenspiel mehrerer Nachrichtenfaktoren charakterisieren (Galtung & Ruge 1965: 71f.):[58]

[58] Was genau den Nachrichtenwert von Nachrichtenfaktoren bestimmt, darüber herrscht kein Konsens (Neuberger 1996: 247ff.). Er wird in Kap. 5 diskutiert und bestimmt.

- *Selektionshypothese:* Je stärker Nachrichtenfaktoren auf ein Ereignis zutreffen, desto wahrscheinlicher wird es zur Nachricht. Diese Hypothese verweist auf die Stärke von Nachrichtenfaktoren.
- *Verzerrungshypothese:* Nachdem ein Ereignis zur Nachricht geworden ist, werden die Aspekte besonders betont, die seinen Nachrichtenwert bestimmen.
- *Additivitäts- und Komplementaritätshypothese:* Je mehr Nachrichtenfaktoren auf ein Ereignis zutreffen, desto wahrscheinlicher ist es, dass über dieses Ereignis berichtet wird. Diese Hypothese verweist auf das Vorkommen von Nachrichtenfaktoren. Logisch äquivalent dazu ist die Komplementaritätshypothese (erstmals Galtung 1974; auch Staab 1990: 64): Wenn ein Nachrichtenfaktor auf ein Ereignis nicht oder nur in niedriger Ausprägung zutrifft, dann müssen andere Faktoren umso stärker ausgeprägt sein, um das Ereignis zu veröffentlichen. Dieser Aspekt, dass nicht jeder vorhandene Nachrichtenfaktor selektionsleitend sein muss, ergänzt aber die Additivitätshypothese.

Galtung und Ruge gehen davon aus, dass die Merkmale von Ereignissen primär kulturunabhängig konstant wahrgenommen werden. Sie setzen also die individuelle Wahrnehmung von Akteuren mit der kollektiven Wahrnehmung von Medien, Medienkulturen etc. gleich (ähnlich Neuberger 1996: 246). Sie differenzieren nicht zwischen Mikro-, Meso- bzw. Makro-Ebene. Darüber hinaus setzen Galtung & Ruge die wahrgenommenen Merkmale von Ereignissen mit deren Auswahl zur Nachricht gleich:

> »Genau genommen kann die ursprüngliche Theorie der Nachrichtenwerttheorie gar nicht zwischen Nachrichtenfaktoren und Selektionskriterien diskriminieren, weil sie nämlich aufgrund ihrer Herleitung (Analogieschluss) nicht zwischen Wahrnehmen und Handeln diskriminiert, sondern die ›Wahrnehmungsroutinen‹ des kognitiven Systems mit ›Handlungsroutinen‹ des Nachrichtensystems gleichsetzt.« (Weber 2007: 36)

Schulz (1976: 13, 30) fasst Nachrichtenfaktoren dagegen als journalistische Hypothesen bzw. Vorstellungen über das Publikumsinteresse auf. Damit expliziert er erstmals die kognitive Interpretation von Nachrichtenfaktoren theoretisch und fokussiert auf einzelne Journalisten. Jedoch erklärt er nicht, wie Journalisten zu ihren Vorstellungen über das vermutete Publikumsinteresse gelangen. Er setzt ebenfalls die individuelle Wahrnehmung von Nachrichtenfaktoren mit journalistischem Selektionshandeln gleich (vgl. Weber 2007: 41).

Staab (1990) kommt der Unterscheidung von journalistischer Wahrnehmung und journalistischem Handeln näher, indem er die Nachrichtenwerttheorie mit dem News Bias konfrontiert (vgl. Kap. 4.2.1). Analog zu Kepplingers (1989a) Selektions- und Aktualisierungsmodell unterscheidet Staab zwischen Kausal- und Finalmodell der Nachrichtenwerttheorie.[59] Im Kausalmodell sind Nachrichtenfaktoren die Ursachen von Ereignissen bzw. Meldungen, d. h. Journalisten wählen Meldungen aufgrund (1) konsensbedingt wahrgenommener oder (2) ereignisinhärenter Nachrichtenfaktoren aus (Staab 1990: 93ff.; Kritik: Neuberger 1996: 116f., 253ff.). Im Finalmodell sind Nachrichtenfaktoren Folgen journalistischen Handelns. Journalisten schreiben Ereignissen bzw. Meldungen über Ereignisse aktiv bestimmte Eigenschaften (Nachrichtenfaktoren) zu, um den Nachrichtenwert zu steuern. In dieser Sicht schreiben Journalisten *implizit* den Ereignissen Nachrichtenfaktoren zu.

Weiterentwicklungen der Nachrichtenwerttheorie konzipieren Nachrichtenfaktoren als Relevanzkriterien, ohne dies als Finalmodell zu bezeichnen. Dies leisteten Neuberger (1996) theoretisch u. a. für die journalistische Nachrichtenauswahl sowie Eilders (1997) theoretisch und empirisch für die Nachrichtenauswahl und -verarbeitung von Rezipienten. Eilders definiert zunächst individuelle und kollektive Relevanz. Unter *individueller Relevanz* versteht sie:

> »[...] die Entsprechung eines Stimulus mit individuellen Interessen, wobei diese Interessen durch vorherige Erfahrungen oder bestimmtes Wissen bedingt oder aber von kurzfristig wirksamen Zielen bestimmt sein können.« (Eilders 1997: 93f.)

Ausgehend von individueller Relevanz versteht sie kollektive Relevanz »als Schnittmenge oder gemeinsame[n] Nenner der individuellen Relevanzen« (Eilders 1997: 94). In diesem Sinne, so argumentiert Eilders (1997: 85ff.), erklären Nachrichtenfaktoren kollektive Relevanzzuweisungen zu (berichteten) Ereignissen bzw. Meldungen über Ereignisse.[60] Beide Relevanzebenen versteht sie als Kontinuum, wobei der »individuelle Pol« für geringe und der »kollektive Pol« für hoch übereinstimmende Relevanzzuweisungen stehen (Eilders 1997: 97). Sie legt damit Mikro- und Makro-Ebene theoretisch an. Ihr Modell lässt sich auf die journalistische Nachrichtenauswahl übertragen. Blickt man aber

---

[59] Bereits viel früher weist Krzeminski (1987: 15) auf eine funktionale Perspektive der Nachrichtenwerttheorie hin.

[60] Die Brücke zwischen beiden Ebenen schlägt sie über die Social-Cognition-Forschung und über »gesellschaftliche Konstruktionen der Wirklichkeit« (Schütz & Luckmann 2003) (vgl. Kap. 3).

durch die »Brille« der Wert-Erwartungstheorien auf Eilders' Theorie, bleibt unklar, ob die Relevanzzuweisungen von Nachrichtenfaktoren zu Ereignissen bzw. Nachrichten bereits die Wahrnehmungs- oder davon unabhängig die Bewertungsebene betreffen. Es gibt Belege für beide Sichtweisen: »Nachrichtenfaktoren [...] markieren in diesem Schema die Merkmale von ›Wichtigkeit und Relevanz‹« und »dürften demnach Bestandteile eines solchen Schemas sein« (Eilders 1999: 119). Demzufolge sind Nachrichtenfaktoren als Kognitionen (z. B. Wahrnehmung eines schadenshaltigen Ereignisses) und als Bewertungen (z. B. der Schaden ist relevant für Leser der Region) denkbar (vgl. Kap. 3.2), so dass der Begriff unpräzise ist.

Eilders (1997: 94ff.) nennt drei theoretische Erklärungen dafür, warum Nachrichtenfaktoren kollektive Relevanzindikatoren sind. Neben einer evolutionstheoretischen und einer allgemein-psychologischen Erklärung bietet sie eine sozialisationstheoretische Erklärung an. Mit dieser Erklärung kann man zwischen allgemein-beruflicher oder organisationsspezifischer Relevanzzuweisung von Nachrichtenfaktoren differenzieren. Für folgende Nachrichtenfaktoren bietet Eilders (1997: 105) jeweils eine oder mehrere Erklärungen an:

- Relevanzzuweisungen durch potenzielle gesellschaftliche Betroffenheit (Ergebnis der Sozialisation): Relevanz/Reichweite, Schaden/Misserfolg, Nutzen/Erfolg, Konflikt/Kontroverse, Elite-Person/persönlicher Status/Prominenz, Elite-Person/Ortsstatus, Nähe
- Relevanzzuweisungen durch potenzielle direkte persönliche Betroffenheit (als evolutionärer Vorteil): Faktizität, Sex/Erotik, Überraschung (Schaden, Konflikt)
- Relevanzzuweisungen durch eigene Erfahrung (allgemein-psychologische Erklärung): Konsonanz/Vorhersehbarkeit, Personalisierung, Emotion, Kontinuität/Thematisierung, Etablierung

Insgesamt ist bisher kaum erforscht (Staab 1990: 111f.; Neuberger 1996: 262ff.), ob es neben Nachrichtenfaktoren weitere journalistische Relevanzkriterien für die Nachrichtenauswahl gibt, wie bedeutend sie sind und in welchen Bereichen sie auftreten. Dies interessiert hier u. a. im Zusammenspiel mit dem News-Bias-Ansatz, der journalistische Relevanzkriterien politisch-ideologisch begründet. Problematisch ist, dass bisher vor allem der Einfluss von Nachrichtenfaktoren auf Gewichtungsentscheidungen von Sachverhalten untersucht wurde. Da nicht einfach von der Bedeutung der Nachrichtenfaktoren für Gewichtungsentscheidungen auf die Bedeutung für Selektionsentscheidungen geschlossen werden kann, muss der Selektionsaspekt gesondert untersucht werden. Damit einher geht auch die bisher vernachlässigte Außenvalidierung der Nachrichtenfaktoren. Denn Nachrichtenfaktoren lassen sich eben nicht allein an Medieninhalten ablesen, da sie kein intendierter Anlass für die Nachrichtenauswahl sein müssen. Der in Kap. 4.1.1 beschriebene organisationstheoretische Rahmen bietet Anknüpfungspunkte, die Wahrnehmung (und ggf. Bewertung) von Nachrichtenfaktoren durch verschiedene Gruppen bzw. Kontexte (z. B. Redaktionen, Ressorts) zu unterscheiden (vgl. Eilders 1997: 92; Neuberger 1996: 262), um z. B. redaktionsspezifische Selektionskriterien zu identifizieren. Derartige Aspekte wurden bisher selten untersucht.

Empirische Befunde

Die Überblicke zum Forschungsstand der Nachrichtenwerttheorie sind zahlreich (Eilders 1997: 28ff.; Fretwurst 2008; Neuberger 1996: 241ff.; Staab 1990: 42ff.). Um später Nachrichtenfaktoren als Handlungsvorstellungen für die eigene Untersuchung zu berücksichtigen (vgl. Kap. 3.3.1), sind die empirischen Befunde zum Stellenwert einzelner Nachrichtenfaktoren für journalistische Selektions- und/oder Gewichtungsentscheidungen zusammenzufassen. Da Nachrichtenfaktoren als Wahrnehmungs- bzw. Zuschreibungsmerkmale von Journalisten verstanden werden, interessieren primär Befunde zu den Selektionsentscheidungen einzelner Journalisten, die in *Befragungsdesigns* ermittelt werden. Da die Nachrichtenwerttheorie am häufigsten inhaltsanalytisch geprüft wurde, wird zusätzlich eine *Synopse inhaltsanalytischer Befunde* erstellt. So lässt sich feststellen, welche Nachrichtenfaktoren methodenübergreifend für die Selektion und Gewichtung medialer Inhalte empirisch relevant sind.[61]

Für die erste Synopse relevanter Nachrichtenfaktoren auf Basis von *Journalistenbefragungen* interessieren experimentelle und nicht-experimentelle Designs (vgl. auch Kap. 7.1.1). Seit Eilders' (1997: 53ff.) Synopse zu experimentellen Befragungsdesigns hat sich die Forschungslage kaum verändert. Lediglich die Studie von Kepplinger & Ehmig (2006) ist hinzugekommen, wenngleich sie nur fünf Nachrichtenfakto-

[61] Auf Vergleiche mit Extra-Media-Daten (z. B. Rosengren 1970; Kritik: Eilders 1997: 48ff.; Neuberger 1996: 249ff.) sowie Input-Output-Untersuchungen (z. B. Eilders 1997: 51ff.; Kritik: Schulz 1976: 12) wird aus Platzgründen nicht eingegangen.

ren berücksichtigte.[62] Nicht-experimentelle Journalistenbefragungen fragen mehr oder weniger explizit nach Nachrichtenfaktoren als journalistischen Auswahlkriterien.

Theoretisch **Schulz (1982: 151ff.)**	**Literatur-synopse** **Eilders (1997: 56)**	**Befragung Hörfunkjournalisten** **Krzeminski (1987: 217ff.)**	**Befragung TV-Journalisten** **Diehlmann (2003: 132ff.)**	**Exp. Befragungsdesign** **Kepplinger & Ehmig (2006)**
Valenz: Aggression, Kontroverse, Erfolg, Werte	Negativismus, Konflikt	Gewalt, Konflikt	Negativismus, Schaden, Misserfolg, Gewalt, Kontroverse	
Status: Elite-Nation, Institutioneller Einfluss/Elite-Person	Elite-Person, Prominenz	Elite-Person (»Bedeutung für bestimmte Gruppen«)	Elite-Nation	Persönlicher Einfluss
Konsonanz: Kontinuität, Thematisierung, Stereotypie			Etablierung	
Relevanz: Tragweite, Betroffenheit	Relevanz, Reichweite, Bedeutsamkeit	Relevanz (»Bedeutung für viele«)	Betroffenheit	
Dynamik: Frequenz, Unvorherseh-barkeit, Überraschung		Neuigkeit, Überraschung		
Identifikation: Ethnozentris-mus, Personali-sierung, Emo-tionalisierung	Nähe	Räumliche Nähe (je nach Sendung)	Ethnozentris-mus, politische Nähe	Geographische Nähe
	Aktualität	Aktualität		

Abb. 4.3: Synopse relevanter Nachrichtenfaktoren in Befragungsdesigns

Krzeminski (1987: 40f., 73f.) untersuchte Selektionsentscheidungen in Hörfunkredaktionen sowie die Entscheidungsgründe für jeden einzel-

[62] Kepplinger & Ehmig (2006) zeigten, dass die *Stärken von Nachrichtenfaktoren* selektionsrelevant sind. Nach Emmerich (1984) nimmt hingegen der Einfluss von Nachrichtenfaktoren nicht mit ihrer Stärke zu, sondern letztlich sei das *Vorkommen* an sich entscheidend.

nen veröffentlichten Hörfunkbeitrag. Diehlmann (2003) untersuchte bei elf TV-Journalisten eine Woche lang, welche Nachrichtenfaktoren sie ihren gesendeten Nachrichtenbeiträgen zugeschrieben haben (Kritik z. B. Müller 2005: 43). Abb. 4.3 zeigt die Synopse selektionsrelevanter Nachrichtenfaktoren für Studien mit Befragungsdesign. Aufgrund unterschiedlicher Nachrichtenfaktoren-Kataloge variieren teilweise die Bezeichnungen (Übersicht bei Eilders 1997: 19ff.). Ausgangspunkt sind die von Schulz (1982) nur theoretisch bestimmten Dimensionen von Nachrichtenfaktoren. Danach lassen sich die Nachrichtenfaktoren zusammenfassen, die auf demselben latenten Konstrukt basieren. Nach diesem Raster werden Eilders' (1997: 56) Forschungssynopse und aktuelle empirische Befunde eingeordnet. Studienübergreifend relevant sind negativ valente Nachrichtenfaktoren (Gewalt, Konflikt, Negativismus, Kontroverse), Status (Elite-Person, Prominenz, Einfluss), Relevanz (Reichweite, Bedeutsamkeit, Betroffenheit) sowie Identifikation (Nähe politischer, geographischer Art). Kaum selektionsrelevant waren in den bisherigen Journalistenbefragungen die Dimensionen Konsonanz (Thematisierung, Etablierung) und Dynamik (Neuigkeit, Überraschung). Diese Dimensionen dürften in der Befragungssynopse deshalb kaum ausgeprägt sein, weil sie sich schwer simulieren lassen bzw. häufig nur Befragungsquerschnitte abgebildet werden.

Für *Inhaltsanalysen* dienen erneut Schulz' (1982) Nachrichtenfaktoren-Dimensionen als Basis, wenngleich sie sich auf Gewichtungsentscheidungen beziehen. Eilders (1997: 42) bündelt relevante Nachrichtenfaktoren auf Basis bisheriger Befunde der Printberichterstattung. Dabei decken sich Ergebnisse ihrer eigenen Studie mit denen ihrer vorab erstellten Synopse weitgehend (Eilders 1997: 42, 193). Seitdem sind zwei größere Studien hinzugekommen, die Nachrichtenfaktor-Dimensionen mittels statistischer Faktorenanalysen für die TV-Berichterstattung prüfen (Fretwurst 2008; M. Maier 2003). Maiers (2003) Ergebnisse sind wenig aussagekräftig. Ihre statistischen Faktorenanalysen, um Nachrichtenfaktoren zu bündeln, basieren auf sehr geringen Fallzahlen, da sie für einzelne Zeiträume und einzelne Medien separat durchgeführt wurden. Demzufolge sind diese Faktorenanalysen wenig stabil. Deshalb werden diese Befunde hier nicht berücksichtigt. Fretwursts (2008: 198) statistische Dimensionierung von Nachrichtenfaktoren weist starke Unterschiede zu Schulz' theoretischer Dimensionierung und zu Eilders' Synopse auf, so dass sich die Ergebnisse hier nicht einordnen lassen. Möglicherweise gehen die Unterschiede auf den erweiterten Nachrichtenfaktoren-Katalog zurück, den er in seiner Studie verwendet. Auch der untersuchte Zeitraum und die Beschränkung auf TV-Berichterstattung könnten die Unterschiede bedingen. Kepplinger & Bastian (2000: 467ff.) untersuchten den Einfluss von Nachrichtenfaktoren auf den Umfang der Nachrichtenbeiträge in deutschen Qualitätszeitungen von 1951 bis 1995. Nachrichtenfaktoren, die in dieser Studie im kompletten Zeitraum einflussreich bleiben, bildet Abb. 4.4 ab. Die Nachrichtenfaktoren-Dimensionen Relevanz, Status, Valenz und Identifikation erwiesen sich als gewichtungsrelevant für die Berichterstattung. Die Dimensionen Konsonanz und Dynamik wurden in der Studie von Kepplinger & Bastian (2000) nicht untersucht.

Theoretisch **Schulz (1982: 151ff.)**	**Literatursynopse** **Eilders (1997: 42, 193)**	**Print-Inhaltsanalyse** **Kepplinger & Bastian (2000: 467ff.)**
Valenz: Aggression, Kontroverse, Erfolg, Werte	Negativismus, Kontroverse, Aggression, Schaden, Konflikt	Kontroverse, Schaden, Misserfolg
Status: Elite-Nation, Institutioneller Einfluss, Elite-Person	Elite-Person, Prominenz, persönlicher Einfluss	persönlicher Einfluss
Konsonanz: Kontinuität, Thematisierung, Stereotypie	Kontinuität, Thematisierung, Etablierung, Vorhersehbarkeit, Konsonanz	
Relevanz: Tragweite, Betroffenheit	Relevanz, Bedeutsamkeit, Reichweite, Tragweite	Reichweite
Dynamik: Frequenz, Unvorhersehbarkeit, Überraschung	Überraschung, Ungewissheit	
Identifikation: Ethnozentrismus, Personalisierung, Emotionalisierung	Emotionalisierung	Personalisierung
	Komplexität	

Abb. 4.4: Synopse relevanter Nachrichtenfaktoren in Inhaltsanalysen

Methodenübergreifend sind vier Nachrichtenfaktor-Dimensionen selektions- bzw. gewichtungsrelevant: negative Valenz, Status, Relevanz und Identifikation. Aus den Synopsen lassen sich später Vorstellungen von Nachrichtenfaktoren ableiten, die selektionsrelevant für simulierte Selektionsentscheidungen sein könnten (vgl. Kap. 7.2.4). Das Raster für Nachrichtenfaktor-Dimensionen statt für einzelne Nachrichtenfaktoren gewährleistet, voneinander relativ unabhängige Nachrichtenfaktoren vorzugeben und erlaubt, solche Nachrichtenfaktoren in der eigenen

Studie vorzugeben, die auf die simulierten journalistischen Sachverhalte anwendbar sind.

Neben empirisch belegten *organisations- bzw. redaktionsübergreifend* gültigen Nachrichtenfaktoren (Staab 1990: 191ff.) sind auch ressort- und themenspezifische Unterschiede empirisch bestätigt (Staab 1990: 112). Diese Befunde wurden aber bisher kaum theoretisch begründet, und sie lassen keine studienübergreifend gültige Systematik erkennen. Als *ressort- und themenspezifisch* lassen sich sowohl ein unterschiedliches Vorkommen als auch unterschiedliche Stärken an Nachrichtenfaktoren erstens im Vergleich regionaler und überregionaler Tageszeitungen interpretieren (Schulz 1976: 98ff.; Staab 1990: 149ff., 165f.; Eilders 1997: 191ff.), zweitens im Vergleich internationaler und nationaler Berichterstattung (Staab 1990: 151ff.) und drittens im Vergleich politischer und unpolitischer Ereignisse (Fretwurst 2008: 199ff.). Rein themenspezifisch zeigte Eilders (1997: 191), dass in überregionalen Tageszeitungen die Parteipolitik zusätzlich zu Nachrichtenfaktoren fünf Prozent der Varianz des Beachtungsgrads ausschöpft. In regionalen Zeitungen erklären Parteipolitik und Arbeitsmarktpolitik gemeinsam vier Prozent zusätzliche Varianz. Staab (1990: 149ff.) belegt Unterschiede in den Stärken von Nachrichtenfaktoren für verschiedene Ereignisse, aber hieraus lässt sich auch keine Systematik ableiten.

4.3 Zusammenfassung

Die Überlegungen zum journalistischen Einflussaspekt (Kap. 4.1) lassen sich so zusammenfassen:

- *Horizontale und vertikale Ausdifferenzierung:* Journalistische Organisationen sind in ihren formalen Strukturen horizontal und vertikal arbeitsteilig differenziert. Diese Ausdifferenzierung beeinflusst journalistisches Selektionshandeln.
- *Ausdifferenzierung journalistischer Rollen:* Arbeitsrollen sind vertikal und horizontal ausdifferenziert und an Positionen geknüpft. Sie sind mit Erwartungen verbunden, die Journalisten als Entscheidungsprämissen selbst kennen bzw. wahrnehmen müssen, damit sie potenziell handlungsleitend sein können.
- *Bezugsgruppen:* Es lassen sich redaktionelle und außerredaktionelle Bezugsgruppen unterteilen. Es ist unklar, inwieweit sie Selektionsentscheidungen beeinflussen.
- *Ressourcen und Gelegenheiten:* Journalistische Ressourcen liegen der Nachrichtenauswahl *direkt* z. B. bei der Themen- bzw. Ereignisaus-

wahl oder *indirekt*, z. B. über den Quellenzugang und die Informationsbeschaffung zugrunde.

Die Überlegungen zum journalistischen Auswahlaspekt (Kap. 4.2) bündeln sich wie folgt:

- *News Bias:* Der News-Bias-Ansatz erklärt die politisch »verzerrte« Publikation (Selektion, Bewertung, Gewichtung) sekundärer journalistischer Sachverhalte (Quellen, Statements) aufgrund politischer Meinungen bzw. Einstellungen von Journalisten.
- *Nachrichtenwerttheorie:* Nachrichtenfaktoren lassen sich als Relevanzkriterien verstehen, die Journalisten im Laufe ihrer außerberuflichen, beruflichen oder organisatorischen Sozialisation (z. B. Redaktionen oder Ressorts) erwerben. Nachrichtenfaktoren sind theoretisch kognitive und möglicherweise evaluative Größen.
- *Verknüpfung von Nachrichtenwerttheorie und News Bias:* Nachrichtenfaktoren und politische Einstellungen wurden bisher nicht theoretisch verknüpft.
- *Spektrum der Relevanzkriterien:* Aus News-Bias-Ansatz und Nachrichtenwerttheorie lassen sich einerseits politische und andererseits professionell-journalistische Relevanzkriterien für die Nachrichtenauswahl ableiten und teilweise begründen. Offen bleibt, ob es weitere Relevanzkriterien im Journalismus gibt, wie bedeutend sie sind und in welchen Bereichen sie auftreten.
- *Alternativerklärungen:* News-Bias-Ansatz und Nachrichtenwerttheorie erklären Selektionsentscheidungen aufgrund von Selektionskriterien, vernachlässigen aber organisationsspezifische Einflüsse.

Aus der theoretischen Erklärung journalistischer Selektionsentscheidungen lässt sich methodisch-konzeptionell folgendes ableiten:

- *Methodischer Zugang zu Nachrichtenfaktoren:* Werden Nachrichtenfaktoren theoretisch kognitiv verortet, ist auch empirisch bei den Kognitionen von Journalisten anzusetzen anstatt bei den Medieninhalten. Dafür sind Nachrichtenfaktoren als *explizite* Wahrnehmungs- bzw. Zuschreibungsmerkmale zu konzipieren.
- *Publikationsentscheidungen:* Um journalistische Selektions- statt nur Gewichtungsentscheidungen zu untersuchen, eignen sich Inhaltsanalysen nicht. Geeignete Designs werden in Kap. 7 diskutiert.
- *Relevanz des Nachrichtenwerts:* Versteht man Nachrichtenfaktoren als Relevanzkriterien, variieren die Vorstellungen davon je nach journalistischem Relevanzbereich. Demzufolge sind Nachrichtenfaktoren

zu Sachverhalten und Selektionsentscheidungen empirisch vergleichend für verschiedene Relevanzbereiche zu untersuchen. Kaum vorhandene empirische Befunde zu kulturell (Peterson 1979) oder organisatorisch (Buckalew 1969; Kepplinger & Ehmig 2006) erklärbaren Selektionsentscheidungen belegen dies.

- *Verknüpfung von Nachrichtenwerttheorie und News Bias:* Um das Wechselspiel wahrgenommener Nachrichtenfaktoren und politischer Einstellungen von Journalisten als Selektionskriterien zu berücksichtigen, sind Nachrichtenwert und politische Einstellungen als kognitive Größen zu verknüpfen und mit journalistischen Selektionsentscheidungen zu verbinden.
- *Erhebung von Ressourcen:* Ressourcen werden als Individualmerkmale von Journalisten erhoben. Dies setzt voraus, dass Journalisten dazu zumindest teilweise Angaben machen können. Dies erlaubt weiterhin, diese individuellen Angaben z. B. ressort- oder redaktionsübergreifend zu aggregieren.
- *Empirische Befunde:* Die empirischen Befunde über journalistische Selektionskriterien, Bezugsgruppen und Ressourcen lassen sich als Anfangsbedingungen verwenden, um die abstrakte Theorie des geplanten Handelns für die Erklärung journalistischer Selektionsentscheidungen zu spezifizieren.

5 Organisations- und Akteursbedingungen der Nachrichtenauswahl – ein Modell

Aufgrund der bisherigen Überlegungen wird nachfolgend ein theoretisches Modell zur Nachrichtenauswahl[63] entwickelt. Die Nachrichtenauswahl basiert auf Publikationsentscheidungen, die Selektions- und Gewichtungsentscheidungen umfassen. Nachfolgend steht die Erklärung von Selektionsentscheidungen im Mittelpunkt, so dass auch dieser Begriff vorrangig verwendet wird. *Selektionsentscheidungen sind primärer Art*, sofern über die Auswahl eines zentralen Konfliktgegenstandes oder ein damit verbundenes Kernereignis etc. entschieden wird. *Sekundäre Selektionsentscheidungen* sind nachgelagerte Entscheidungen, bei denen Journalisten über weitere mit Kernereignissen verknüpfte Sachverhalte wie z. B. Informationsquellen oder Statements von Akteuren entscheiden. Einzelne Selektionsentscheidungen werden zu Gewichtungsentscheidungen[64], wenn sie als aggregierte Merkmale untersucht werden. So könnten in einer Meldung, z. B. zu einer Studie über Armut in Deutschland, mehrere nützliche bzw. erfolgreiche Argumente zur Bekämpfung von Armut vorkommen, aber keine für die Armutsbekämpfung schädlichen bzw. erfolglosen Argumente. Selektionsentscheidungen einzelner Journalisten sind mentale Merkmale, die mit tatsächlich veröffentlichten Sachverhalten nur lose verbunden sind.

Das Modell erklärt die Nachrichtenauswahl aufgrund organisations- und akteursbezogener Einflussfaktoren. *Organisationsbezogene Einflüsse* bilden den »objektiv« äußeren Handlungsrahmen (Esser 1999: 51ff.), der journalistische Selektionsentscheidungen prägt. Dieser äußere Handlungsrahmen wird durch die (kollektiv geteilte) Wahrnehmung von Journalisten »gebrochen«. Kap. 5.1 beschreibt beide Aspekte und deren wechselseitiges Zusammenpiel, da sie die mentalen Situationsmodelle von Journalisten prägen. In Kap. 5.2 wird schließlich ein mentales Situa-

[63] Selektionshandlungen und -entscheidungen werden in diesem Kapitel synonym verwendet, wenngleich in Kap. 5.1.2 eine theoretische Abgrenzung erfolgt.

[64] Formale Gewichtungsentscheidungen z. B. über Umfang, Aufmachung und Platzierung eines Beitrags, wie sie in der Nachrichtenwerttheorie untersucht werden, sind davon zu unterscheiden.

tionsmodell entwickelt, auf deren Grundlage Journalisten Selektionsentscheidungen treffen.

Mit dem Modell wird untersucht, wie organisations- und akteursbezogene Einflussbündel journalistische Selektionsentscheidungen im Vergleich zueinander erklären, d. h. ob und inwieweit der organisatorische Handlungsrahmen von Journalisten indirekt vermittelt über ihr Wissen und ihre Bewertungen die Nachrichtenauswahl prägt. Kap. 5.3 fasst alle Überlegungen zusammen. Das Gesamtmodell wird grafisch veranschaulicht und dessen Geltungsbereich abgesteckt.

5.1 Der Entscheidungsrahmen der Nachrichtenauswahl

Journalistische Organisationen und Institutionen sind äußere Bedingungen der Meso-Ebene, die zumindest teilweise den Rahmen für journalistische Selektionsentscheidungen abstecken (vgl. Kap. 5.1.1). Anschließend werden journalistische Selektionshandlungen und -entscheidungen voneinander abgegrenzt und mit dem subjektiven Wissensvorrat von Journalisten verknüpft (vgl. Kap. 5.1.2). Dies tangiert Einflüsse auf Selektionsentscheidungen auf der *Mikro-Ebene.* Abschließend wird die »Brücke« zwischen journalistischen Institutionen sowie dem Wissen und Entscheiden einzelner Journalisten geschlagen, d. h. der *Mikro-Meso-Link* beschrieben (vgl. Kap 5.1.3).

5.1.1 Journalistische Organisationen und Institutionen

Journalistische Organisationen werden hier als rationale offene Systeme koordinierter Handlungen bzw. Entscheidungen verstanden (vgl. Kap. 2.1.1). Diese Begriffsverwendung ist hinreichend breit, um das Teilsystem des Journalismus sowie einzelne Redaktionen, Journalistenbüros oder Ressorts als Organisation aufzufassen. Journalistische Organisationen sind durch *Institutionen* gekennzeichnet, d. h. durch kollektiv gebildete, zeitlich dauerhafte und sozial verbindliche kognitive Regelstrukturen (vgl. Kap. 2.1.2), die journalistische Selektionsentscheidungen prägen.[65] Als journalistische Institutionen werden hier *Selektionsprogramme* verstanden (vgl. Kap. 4.1.1), die direkte institutionell verankerte »generalisierte Erwartungszusammenhänge« (Rühl 1980: 200) für Selekti-

[65] Dies schließt umgekehrt nicht aus, dass journalistisches Handeln immer auch Wissensstrukturen einzelner Journalisten sowie Organisations- und Berichterstattungsstrukturen modifizieren kann.

onsentscheidungen bilden. Demzufolge koordinieren Selektionsprogramme im ersten Schritt das Wissen über relevante Selektionskriterien und im zweiten Schritt Selektionsentscheidungen von Journalisten.

Organisationsprogramme stecken dagegen den weiteren Strukturrahmen ab, in die institutionalisierte Selektionsprogramme eingelagert sind: sie gliedern journalistische Organisationen *vertikal* in Positionen und Hierarchieebenen, z. B. in Chefredakteure, Ressortleiter, Redakteure und Volontäre. Hierarchien drücken sich in der *Weisungsbefugnis* von Vorgesetzten an Untergebene aus, die journalistische Selektionsentscheidungen mit beeinflussen (vgl. Kap. 2.2.2). Wenn z. B. ein Redakteur selbst nicht über die Auswahl eines Beitrags entscheiden kann oder darf, übernimmt ein Vorgesetzter für ihn diese Entscheidung. Die Häufigkeit der Weisungen durch Vorgesetzte wird durch den Umfang der *Entscheidungsbefugnisse* beeinflusst, den einzelne Redakteure in der Redaktion inne haben. Ein geringer Umfang an Entscheidungsbefugnissen ist auf zweierlei Weise erklärbar:

- Temporär begrenzte Entscheidungsbefugnisse von Journalisten resultieren aus ihrer formalen Position in der Hierarchie, sofern sie organisationsspezifisches Wissen noch nicht erworben bzw. internalisiert haben (akteursbezogenes Merkmal). Dieses Vorgehen steht für stärker *dezentralisierte* Organisationen.
- Dauerhaft begrenzte Entscheidungsbefugnisse für Redakteure resultieren aus starken Hierarchien in journalistischen Organisationen (organisationsbezogenes Merkmal). Sie stehen für stärker *zentralisierte* Organisationen.

Horizontal gliedern sich Organisationen in Themen- bzw. Arbeitsbereiche wie z. B. Ressorts. In den einzelnen Bereichen sind u. a. spezifische *Selektionsprogramme*[66] institutionalisiert. Sie beschreiben die journalistische Aussagenproduktion sozial, sachlich und zeitlich (Altmeppen 2006: 130):

- Auf der *sachlichen Ebene* führen Journalisten verschiedene Auswahltätigkeiten aus. In diesem Fall fungieren Selektionsprogramme als Entscheidungsprämissen, um journalistische Sachverhalte auszuwählen.
- Auf der *sozialen Ebene* haben Journalisten unterschiedliche Rollen und Positionen inne, die zumindest teilweise explizite Aufgaben- und Leistungsbeschreibungen als generalisierte Erwartungszusammen-

[66] In funktionaler Hinsicht sollen Selektionsprogramme journalistische Leistungen für die Öffentlichkeit sicherstellen, wobei dieser normative Aspekt der Umwelt journalistischer Organisationen hier weitestgehend unberücksichtigt bleibt.

hänge an Journalisten bzw. an ihre Selektionsentscheidungen formulieren.[67] Diese Erwartungszusammenhänge beinhalten auch Bündel konkurrierender und vage formulierter Organisations(teil-)ziele.[68] So erwarten z. B. manche Redaktionen von ihren Redakteuren, dass sie eher über sensationelle Sachverhalte berichten. Andere Redaktionen oder Ressorts erwarten möglicherweise eher regionale Nähe.

- Auf der *zeitlichen Ebene* verdichten sich Journalisten als Rolleninhaber und ihre Tätigkeiten zu Arbeitsabläufen, die sie auf inhaltliche und formale Typen journalistischer Sachverhalte anwenden. Dadurch erhalten Selektionsprogramme ihren institutionellen Charakter, der sich aus vergangenen Selektionsentscheidungen sedimentiert hat und zukünftige Entscheidungen prägt.

Selektionsprogramme sind Teil eines kollektiven journalistischen Wissensvorrats, der auf verschiedenen Relevanzebenen des Journalismus ausdifferenziert ist. Selektionsprogramme verschiedener Relevanzebenen sind aber nicht völlig trennscharf voneinander abzugrenzen:

- *Organisationsspezifisch vs. organisationsübergreifend:* Professionelle Werte wie z. B. journalistische Selektionskriterien, die Journalisten kennen und anwenden, können sowohl organisationsübergreifend als auch organisationsspezifisch Selektionsentscheidungen prägen. Im zweiten Fall werden sie durch bestimmte Organisations(teil-)ziele »gebrochen«.
- *Organisatorisch-professionell vs. subjektiv-individuell:* Neben dem beruflich vermittelten Wissen bzw. Werten können auch außerberuflich vermittelte Vor- und Einstellungen Selektionsentscheidungen prägen (Kepplinger 1989a; Kepplinger et al. 1989).

Insgesamt werden hier Organisationsstrukturen als »objektiv« manifestierte und Selektionsprogramme als (äußere) kognitiv-institutionalisierte Erwartungen an Journalisten verstanden. Wie Journalisten diese Erwartungen subjektiv wahrnehmen bzw. danach handeln, klärt das folgende Kapitel.

---

[67] Journalistische Leistungen sind immer auch an ökonomische und technologische Strukturen gebunden, womit bestimmte Ziele und Zwänge einhergehen. Sie bleiben hier ausgeklammert.

[68] Was ein Organisationsziel oder ein Organisationsteilziel kennzeichnet, hängt eng mit der Frage zusammen, was man empirisch als journalistische Organisation versteht. Versteht man z. B. ein Ressort als Teil einer Redaktion, sind auch ressortspezifische Ziele als Teilziele der Redaktion zu verstehen.

5.1.2 Der subjektive Wissensvorrat von Journalisten

Journalistisches Handeln wird hier auf der *Mikro-Ebene* als soziales Handeln von Journalisten definiert (vgl. Kap. 3.1), das im Rahmen organisatorischer Strukturen und institutionalisierter Selektionsprogramme stattfindet (Altmeppen 1999: 50). Bevor der Link zwischen journalistischem Selektionshandeln und seinen prägenden Wissensstrukturen genauer betrachtet wird, sind journalistische Selektionshandlungen und Selektionsentscheidungen voneinander abzugrenzen.

Journalistischen Selektionshandlungen liegen mentale Handlungsentwürfe zugrunde und Intentionen, diese Entwürfe tatsächlich umzusetzen. Entwürfe für journalistische Selektionshandlungen enthalten mehr oder weniger starke Vorstellungen und Bewertungen von anwendbaren Selektionskriterien, die für oder gegen die Selektion eines journalistischen Sachverhalts sprechen. *Journalistische Selektionsentscheidungen* resultieren dagegen aus dem mehr oder weniger bewussten Abwägen mehrerer Handlungsentwürfe für verschiedene Sachverhalte.[69] Schließlich entscheiden sich Journalisten aufgrund bestimmter Kriterien für den Sachverhalt, den sie aufgrund ihrer Erfahrungen für relevant halten.

Routine- und Entscheidungshandlungen lassen sich als Idealtypen verstehen, die an entgegengesetzten Polen eines Kontinuums für Bewusstheit angesiedelt sind. Sie unterscheiden sich im Grad der Bewusstheit, Handlungsgründe für die Auswahl einer Handlungsoption gegeneinander abzuwägen. Routinehandlungen werden hier deshalb als Entscheidungshandlungen *ohne bewusste* Entscheidung verstanden (Schütz & Luckmann 2003: 500ff.). In empirischer Hinsicht sind Mischformen wahrscheinlich, wonach Entscheidungen auf graduell mehr oder weniger bewussten Entscheidungsprozessen basieren. Diese Sicht ist an die Theorie des geplanten Handelns anschlussfähig. Mit dieser Einordnung werden journalistische Selektionshandlungen als alltagsrational aufgefasst.

Wie entstehen nun subjektive Handlungsentwürfe von Journalisten, die in spezifischen Bereichen des Journalismus kollektiv relevant sind? Die Entstehung journalistischer Handlungsentwürfe bzw. Wählvorgänge ist abhängig vom situativen Kontext, vom subjektiven Wissensvorrat sowie von den Weil- und Um-zu-Motiven der Journalisten:

---

[69] Dementsprechend stehen hier *individuelle* Entscheidungszusammenhänge im Mittelpunkt, die in ihrem Sinn kollektiv auf andere Akteure in journalistischen Organisationen bezogen sind. Unbeachtet bleiben real stattfindende *kollektive* Entscheidungsprozesse in journalistischen Organisationen (z. B. Altmeppen 1999).

- Der *situative Kontext* des subjektiven Wissensvorrats besteht aus den zeitlich überdauernden und sozial verbindlichen Organisations- und Selektionsprogrammen, die in Kap. 5.1.1 beschrieben wurden. Dieser Kontext prägt die journalistische Wahrnehmung selektionswürdiger Sachverhalte und ihrer Merkmale.
- Im *subjektiven Wissensvorrat* von Journalisten sind »Schemata« über journalistische Selektionskriterien als kognitiv-sedimentierte vor- und außerberufliche sowie als journalismusbezogene Erfahrungen abgelagert (vgl. auch Altmeppen 1999: 54; Breed 1955; Raabe 2005: 162). Diese Erfahrungen lassen sich nur analytisch trennen. Sie sind kollektiv geteilt, sofern sie »von institutionellen Vorgängen der Wissensvermittlung« (Schütz & Luckmann 2003: 410) bestimmt sind (vgl. auch Kap. 5.1.3). Vor diesem Hintergrund definieren Journalisten aktuell die *Handlungs- bzw. Entscheidungssituation*, indem sie für bestimmte Sachverhalte aufmerksamer sind als für andere. So wenden sich z. B. Redakteure, die im innenpolitischen Ressort arbeiten, kaum außenpolitischen Sachverhalten zu.
- Aus dieser Situationsdefinition konstruieren Journalisten *Handlungsentwürfe*. Sie basieren auf Weil-Motiven, d. h. auf institutionell vermitteltem Wissen und auf vergangenen sedimentierten Erfahrungen über selektierte bzw. publizierte Sachverhalte. Die *Weil-Motive* verbinden sie gleichzeitig mit Erwartungen für aktuell zu treffende Selektionsentscheidungen (*Um-zu-Motive*).

5.1.3 »Brücken« zwischen Institutionen und Journalisten

Um journalistisches Selektionshandeln als institutionelles Handeln zu charakterisieren, müssen die beschriebenen Institutionen (vgl. Kap. 5.1.1) mit den Schemata bzw. Vorstellungen des subjektiven Wissensvorrats (vgl. Kap. 5.1.2) zusammengeführt werden. Auf der Meso-Ebene sind institutionalisierte Selektionsprogramme mit dem kollektiven Wissensvorrat verknüpft. Aus der Mikro-Ebene lassen sich Institutionen als Schemata verstehen (vgl. Dimbath 2003). Wenngleich die Anbindung an journalistische Schemata erst in Kap. 5.2 erfolgt, ist hier vorwegzunehmen, dass es sich sowohl bei Schemata als auch bei Institutionen um wechselseitig aufeinander bezogene Sinnzusammenhänge handelt. In einem Fall ist der Journalist die Bezugsgröße, im anderen Fall eine aggregierte Gruppe von Journalisten, z. B. einer Redaktion oder eines Ressorts. Während z. B. ein Nachrichtenfaktor-Schema für den einzelnen Journalisten aufgrund seiner individuellen Aufmerksamkeit mehr oder weniger gut zu einem Sachverhalt passt, sind z. B. institutionalisierte Selektionskriterien (als Aspekt von Selektionsprogrammen) weitgehend intersubjektiv abgesichert.[70] Aus der Wahrnehmungsperspektive eines Journalisten entsprechen institutionalisierte Selektionskriterien und Nachrichtenfaktor-Schemata einander, obwohl in einem Fall individuell sedimentiertes Erfahrungswissen und im anderen Fall soziales Regelwissen vorliegt. So kann bei zukünftigen Handlungen auf dieses Wissen zurückgegriffen werden, so dass Journalisten die Wahrnehmung von z. B. institutionalisierten Selektionskriterien als typisch relevant deuten können. Diese Sicht ist ähnlich zur schematisierten Wahrnehmung institutionalisierter Selektionskriterien. Individuell konstruierte Selektionskriterien für die journalistische Nachrichtenauswahl sind demzufolge nicht identisch mit den kollektiv geteilten Selektionskriterien. Die handlungskoordinierende Wirkung institutionalisierter Selektionskriterien stößt an Grenzen:

- wenn aus *Journalistensicht* die individuellen Deutungen uneinheitlich ausfallen (aufgrund keiner oder zu vage formulierter Erwartungen) oder wenn Journalisten organisatorisch relevantes Wissen nicht kennen bzw. verinnerlicht haben,
- wenn aus *Organisationssicht* kein organisatorisch relevantes Wissen vermittelt wird oder die Anwendung dieses Wissens organisatorisch nicht kontrolliert wird.[71]

Wie kann nun die »Brücke« zwischen journalistischen Institutionen und subjektiven Vorstellungen von Journalisten modelliert werden? In der *Mikro-Meso-Richtung* werden journalistische Selektionskriterien kollektiv institutionalisiert, indem sie sich in hierarchischen oder horizontalen Kommunikationsprozessen oder aufgrund von Beobachtungsprozessen herausbilden. Dies wurde in Kap. 2.1.2 als Institutionalisierungsprozess beschrieben. Die Institutionalisierung von Selektionskriterien erfolgt sowohl innerhalb als auch zwischen journalistischen Organisationen. Zudem findet sie entweder interpersonal oder (massen-)medial vermittelt statt (Reinemann 2003: 41ff.). *Interpersonale Kommunikation* in der eigenen Redaktion bzw. im eigenen Ressort dient dazu, redaktionelles Selektionshandeln zu koordinieren (z. B. Altmeppen 1999) und die

[70] Auch Institutionen können problematisch werden, wenn sie *kollektiv* angegriffen werden. Dies kann u. a. geschehen, wenn die Sanktionsmechanismen schwinden, die bestimmte Regeln und Normen sichern. Dieser Aspekt bleibt hier unberücksichtigt.

[71] Probleme, die die methodische Rekonstruktion journalistischen Wissens betreffen, behandelt Kap. 7.

Konstanz bzw. Konsonanz der eigenen Berichterstattung zu wahren. Außerdem dient sie dazu, dass vor allem »Neulinge« die relevanten journalistischen Selektionskriterien für die Auswahl von Informationen erlernen und verinnerlichen. Diese Kontrolle geschieht u. a. durch Gegenlesen noch nicht veröffentlichter Beiträge, wobei Sanktionsmechanismen die Lern- und Internalisierungsprozesse in die gewünschte Richtung lenken (vgl. auch Kap. 4.1.1). *Medial vermittelte Kommunikation* meint einerseits die Nutzung des eigenen Mediums. Sie hat ähnliche Funktionen wie die interpersonale Kommunikation (F. Esser 1998). Die Institutionalisierung journalistischer Selektionskriterien findet auch zwischen Redaktionen bzw. Medien statt. Sie basiert auf der intermedialen Beeinflussung von Journalisten, sei es aufgrund von Agenda-Setting- und Frame-Setting-Prozessen oder aufgrund von Bewertungen publizistischer Konflikte (Überblick: Reinemann 2003: 76ff.), die mit journalistischen Selektionskriterien verknüpft sind. Dadurch kommt es auf der medialen Ebene (Meso-Ebene) zu vertikalen und horizontalen Spill-Over-Effekten (Mathes & Czaplicki 1993), z. B. von regionalen zu überregionalen Medien bzw. umgekehrt oder von einem zum anderen Regionalmedium. Daraus folgt, dass die Vorstellungen, z. B. von Selektionskriterien bei einzelnen Journalisten (Mikro-Ebene) – teils journalismusübergreifend und teils nur redaktions- oder ressortspezifisch (Meso-Ebene) – geprägt werden.[72]

Wie können nun die Vorstellungen von Journalisten bzw. deren subjektiver Wissensvorrat geprägt werden? Dafür ist die Betrachtungsrichtung hin zum *Meso-Mikro-Link* zu wechseln (vgl. Kap. 3.2):

- *Etablierung von Vorstellungen:* Vorstellungen von Selektionskriterien werden beim Journalisten neu etabliert. Mittel- bis langfristig werden sie in journalistische Schemata bzw. Subschemata integriert.
- *Veränderung von Vorstellungen:* Bestehende Vorstellungen journalistischer Selektionskriterien, die bereits in Schemata eingebettet sind, werden durch Subtyping graduell modifiziert oder »überschrieben«.
- *Stabilisierung von Vorstellungen:* Bestehende Vorstellungen journalistischer Selektionskriterien werden aufgrund konsonanter Kommunikationsprozesse weiter verstärkt, indem sie wiederholt aktiviert werden. Demzufolge wird die kognitive Assoziation zwischen einem etablierten Selektionskriterium und einem Zielobjekt wie z. B. einer Person

[72] Zudem etablieren Journalisten Vorstellungen davon, welche Bezugsgruppen – nämlich Vorgesetzte und/oder Kollegen – ihnen journalistische Selektionskriterien vermitteln (vgl. Kap. 5.2).

oder einem Ereignis umso stärker, je häufiger, intensiver und/oder konsonanter sie in der Vergangenheit aktiviert wurde.
- *Konkurrenz zwischen mehreren Vorstellungen:* Journalistische Selektionskriterien können sich verändern, indem manche Selektionskriterien mehr Gewicht erhalten bzw. ihr Gewicht im Vergleich zu anderen Kriterien stärker hochgespielt (bzw. heruntergespielt) wird.

Insgesamt ermöglichen journalistische Selektionsprogramme in der eben beschriebenen Perspektive, dass Journalisten sich an ihnen koorientieren. *Koorientierung* erfolgt einerseits als gemeinsame Orientierung auf Selektionskriterien und Selektionsentscheidungen hin (als *parallelisierte Kognitionen*) und andererseits die wechselseitige Beobachtung zwischen den Redakteuren (als *wechselseitige Wahrnehmung*), woraus koordinierte Selektionsentscheidungen in spezifischen Ressorts oder Redaktionen resultieren (vgl. Kap. 2.2). Beide Formen von Koorientierung spielen im sozial geteilten mentalen Situationsmodell eine Rolle, mit dem die journalistische Nachrichtenauswahl erklärt wird (vgl. Kap. 5.2).

Zusammenfassend werden also Selektionsentscheidungen von Journalisten zumindest unter partiellem Einbezug institutionalisierter Selektionsprogramme untersucht. Andererseits sind Institutionen aber nur über die Analyse von Handlungs- bzw. Entscheidungsproblemen zu untersuchen. Diese Argumentation ist dann *nicht* tautologisch (vgl. Dimbath 2003: 59), wenn man institutionalisierte Selektionsprogramme mit den Erfordernissen von Handlungsentwürfen und Entscheidungen verknüpft, wie hier geschehen. Dafür sind sowohl Selektionsentscheidungen als auch Selektionsprogramme in »kleinere Einheiten« zu zerlegen. Der Geltungsgrad eines Selektionsprogramms erschließt sich dann aus spezifischen Selektionsproblemen individueller Entscheidungsprozesse von Journalisten (vgl. Kap. 5.2), und die individuellen Enscheidungsprozesse von Journalisten werden unter Einlassung von Selektionsprogrammen untersucht.

5.2 Ein Situationsmodell zur Erklärung der Nachrichtenauswahl

In diesem Kapitel wird mit Hilfe der TPB ein mentales Situationsmodell für die Erklärung journalistischer Selektionsentscheidungen inhaltlich spezifiziert. Dieses Modell fokussiert auf journalistisches Wissen und auf journalistische Bewertungen, die teils organisatorisch bzw. institutionell und teils außerberuflich vermittelt sind. Journalisten konstituieren mentale Situationsmodelle über selektionswürdige Sachverhalte aus ihren Vorstellungen, die in ihre Schemata wie z. B. Schadens- oder Relevanz-Schemata eingebettet sind.

Vorstellungen sind Verknüpfungen zwischen gedanklichen *Attributen* und *Objekten* (vgl. Abb. 5.1). Attribute spiegeln die Erfahrungen bzw. das Wissen von Journalisten darüber wider, was z. B. als schadensträchtig oder relevant wahrzunehmen ist. Objekte sind das, was hier als journalistische Sachverhalte bezeichnet wird. Mit dem Rückgriff auf die TPB werden die Vorstellungen spezifiziert, die für die Auswahl journalistischer Sachverhalte handlungs- bzw. entscheidungsleitend sind. Vorstellungen bilden die Wissenselemente, die Journalisten mehr oder weniger bewusst sowie mehr oder weniger stark mit journalistischen Sachverhalten und ihrer Veröffentlichung assoziieren (vgl. Kap. 5.2.1). Die einzelnen Wissenselemente zu Sachverhalten sind darüber hinaus mit Bewertungen verbunden, die mehr oder weniger bewusst simultan mit aktiviert werden können (vgl. Kap. 5.2.2). Schließlich wird in Kap. 5.2.3 der mentale Entscheidungsprozess modelliert, also wie Journalisten Vorstellungen und Bewertungen verknüpfen und daraus Selektionsentscheidungen treffen. Schließlich wird das Verhältnis von mentalem Situationsmodell und Realität erläutert (vgl. Kap. 5.2.4).

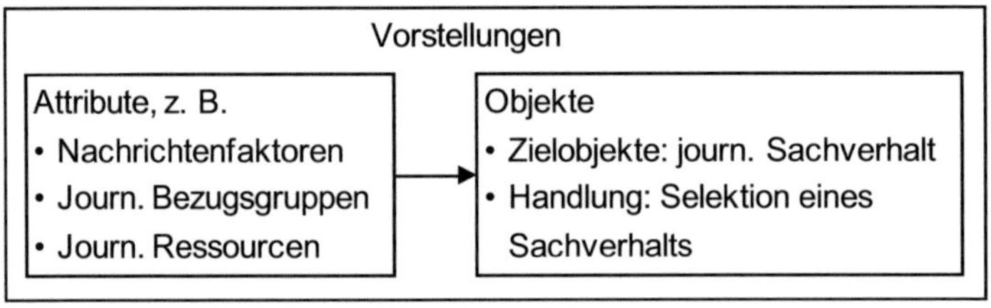

Abb. 5.1: Bestandteile von Vorstellungen

5.2.1 Journalistische Vorstellungen

Handlungsleitende Attribute, Bezugsgruppen und Ressourcen sind für die mentalen Modelle von Journalisten in Selektionssituationen inhaltlich zu spezifizieren.

Nachrichtenfaktoren

Zunächst geht es um Attribute, die mit der Selektion journalistischer Sachverhalte verknüpft sein können. Aus nachrichtenwerttheoretischer Sicht lassen sich Nachrichtenfaktoren in der TPB als handlungs- bzw. entscheidungsleitende Attribute auffassen (vgl. Engelmann 2010):

- *Nachrichtenfaktoren:* Nachrichtenfaktoren können als Handlungsvorstellungen für journalistische Selektionsentscheidungen verstanden werden. Sie können vor dem jeweiligen organisatorischen Kontext, der jeweils situativ wahrgenommenen Sachverhalte und aufgrund mehr oder weniger elaborierter und vernetzter Nachrichtenfaktor-Schemata[73] aktiviert werden.
- *Stärken von Nachrichtenfaktoren:* Journalisten nehmen Nachrichtenfaktoren an selektionswürdigen Sachverhalten aufgrund ihrer bisherigen Erfahrungen bzw. ihres Wissens in spezifischen Bereichen journalistischer Organisationen mit bestimmter Stärke wahr.

Nachrichtenfaktoren sind demzufolge institutionalisierte Relevanzkriterien, von denen angenommen wird, dass sie sich zunächst im Wissen (noch nicht im Handeln! – vgl. Kap. 5.2.3) von Journalisten abbilden. Demzufolge erklärt das Situationsmodell nur die wahrgenommenen Stärken und nicht das wahrgenommene Vorkommen von Nachrichtenfaktoren. Der Einfachheit halber wird nachfolgend von Nachrichtenfaktoren gesprochen, wenn die Wahrnehmungsstärken von Nachrichtenfaktoren gemeint sind. Nachrichtenfaktoren sind also zunächst absolute Individualmerkmale einzelner Journalisten, die zu analytischen Merkmalen auf der Ressort-, Redaktionsebene etc. aggregierbar sind (Hummell 1972: 19).

Vorstellungen von Nachrichtenfaktoren sind in *Nachrichtenfaktor-Schemata* eingebettet (vgl. Kap. 3.2) wie z. B. in ein Schaden- oder ein Prominenz-Schema. Sie beziehen sich klar auf bestimmte Ereignisse, Ereignisaspekte und auf verschiedene Qualitäten von Ereignissen, also z. B. auf die Qualität des Schadens. So lässt sich erklären, dass z. B. schadenshaltige Informationen nur dann in Nachrichtentexten verarbeitet werden, wenn sie zum journalistischen Schema »Schaden« passen. Schaden kann erstens mit verschiedenen Objekten, wie z. B. mit Akteuren, Gegenständen oder mit Abstrakta wie »Wirtschaft« verbunden sein

[73] Eine entsprechende Bündelungshypothese für Nachrichtenfaktoren belegt Fretwurst (2008: 10, 27, 198), allerdings nur inhaltsanalytisch für Berichterstattungsergebnisse, nicht auf kognitiver Ebene.

und zweitens verschiedene Qualitäten von Schaden aufweisen, die mehr oder weniger zum journalistischen Schaden-Schema passen. Darüber kann dieses Schema mit anderen Nachrichtenfaktoren-Schemata vernetzt sein. Insofern sind solche Schemata nicht »universell-inhaltsfrei« (Scheufele 2003: 102). Sie sind lediglich stärker sedimentiert bzw. abstrakter als konkrete Ereignis-Schemata.

Je häufiger Nachrichtenfaktoren in der Vergangenheit aktiviert wurden, desto leichter sind sie potenziell zugänglich (vgl. Kap. 3.2). Sie sind das Ergebnis von Lern- und Prägungsprozessen, die Journalisten *vor- und außerberuflich* sowie *beruflich* als Vertreter ihres Berufsstandes bzw. einer spezifischen Redaktion erworben haben. Dieses in verschiedenen Sozialisationsinstanzen erworbene Wissen über Selektionskriterien kann sich gegenseitig ausschließen, verstärken oder abschwächen. Welche Nachrichtenfaktoren letztlich situativ entscheidungsleitend in bestimmten journalistischen Kontexten bzw. für die Anwendung auf bestimmte Themen oder Ereignisse sind, ist empirisch aufgrund des organisatorischen Rahmens zu klären, in denen Journalisten handeln.[74]

Nachrichtenfaktoren können einem Wandel unterliegen (z. B. Scheufele & Brosius 1999), wobei sich nicht nur die thematischen Anwendungsbezüge[75] von Nachrichtenfaktoren ändern können, sondern auch der Stellenwert, den Journalisten, Ressorts oder Redaktionen ihnen zuschreiben (Kepplinger 1998: 23). In jeweils beide Richtungen lassen sich auch Ergebnisse interpretieren, die sich mit der Veränderung von Nachrichtenfaktoren im Zeitverlauf beschäftigen (z. B. Westerstahl & Johansson 1986; Kepplinger & Weißbecker 1991). Andererseits können sich auch die organisatorischen Rahmenbedingungen wie z. B. die Zeitungsformate und die interne Strukturierung von Zeitungen ändern, die schließlich auch Selektionskriterien verändern (z. B. Wilke 1984).

Bezugsgruppen und Ressourcen

Nach der TPB (vgl. Kap. 3.3) beinhalten journalistische Situationsmodelle auch Vorstellungen von Bezugsgruppen und Ressourcen. Als bedeutsame *Bezugsgruppen* in Selektionssituationen können Journalisten redaktionelle und außerredaktionelle Bezugsgruppen wahrnehmen (vgl.

[74] Dennoch ist zu unterstellen, dass Nachrichtenfaktoren tatsächlich als Selektionskriterien fungieren und an ihnen orientierte professionelle Normen bestehen. Andernfalls könnten sie nicht glaubhaft zur Legitimation von Selektionsentscheidungen verwendet werden (Staab 1990: 98).

[75] Die Merkmale von thematischen Anwendungsbezügen, die zur Veränderung von Nachrichtenfaktoren führen können, bleiben hier weitestgehend ausgeklammert.

Kap. 4.1.3). Vorgesetzte sind für Journalisten eine der wichtigsten Bezugsgruppen in Redaktionen und Ressorts. Kollegen sind weniger zentral, aber deren Einfluss kann teils durch temporär formale und teils durch natürliche Autoritätsbeziehungen begründet sein. Vorgesetzte können journalistische Selektionsentscheidungen über antizipierte Einflüsse und Reaktionen bedingen (vgl. Kap. 2.2.2; Kap. 3.3.1). Dieser Einfluss lässt sich als sozialpsychologisches Pendant zum soziologischen Weisungsbegriff verstehen. Antizipierte Weisung ist eine kognitive »Brücke« zwischen Meso- und Mikro-Ebene, die aus Interaktionen in journalistischen Organisationen resultiert. Die Reaktionen für aktuelle Selektionsentscheidungen antizipieren insbesondere solche Journalisten, die keine oder nur geringe Befugnisse für Selektionsentscheidungen haben (vgl. Kap. 5.1.1).

Die wichtigste außerredaktionelle Bezugsgruppe für Journalisten ist das Publikum, für das sie schreiben. Dies begründet sich auf der Meso-Ebene durch die Leistungen, die Journalisten einer Redaktion für ein spezifisches Publikum erbringen (sollen) bzw. die spezifische Publika von spezifischen Medien erwarten (»Erwartungserwartung«). Journalisten können demzufolge in ihrem mentalen Situationsmodell für die Nachrichtenauswahl folgende Aspekte aktivieren (vgl. Kap. 3.3.1):

- Die Vorstellungsstärken der *Bezugsgruppen* beziehen sich auf subjektiv antizipierte Wahrscheinlichkeit, mit der diese Bezugsgruppen versuchen werden, die Selektion von Sachverhalten vorab zu beeinflussen oder auf deren Veröffentlichung nachträglich zu reagieren.

Darüber hinaus können Journalisten Vorstellungen über *Ressourcen* ausbilden (vgl. Kap. 5.1.2), die hier als wahrgenommenes Merkmal von Journalisten konzipiert sind, aber auf der Meso-Ebene in institutionalisierte Selektionsprogramme eingelagert sind:

- Die wahrgenommenen Vorstellungsstärken vorhandener Ressourcen bzw. Gelegenheiten beziehen sich auf die subjektive Wahrscheinlichkeit, die Auswahl von Informationen (bzw. zugunsten anderer Informationen) bei vorhandenen Nachrichtenfaktoren oder Bezugsgruppen zu begünstigen oder abzuschwächen.

Journalistische Sachverhalte

Die bisherigen Ausführungen fokussierten auf Attribute, dem ersten Aspekt von Vorstellungen. Nachfolgend geht es um den zweiten Aspekt von Vorstellungen: *Objekte*. Es lassen sich zwei *Dimensionen* von Objekten unterscheiden, auf die sich Attribute wie z. B. Nachrichtenfaktoren beziehen können (vgl. Abb. 5.1): *Handlungen* und *Zielobjekte*.

- Journalistische *Handlungen* lassen sich aus journalistischen Arbeitsprogrammen herleiten (z. B. Altmeppen 1999: 41f.) und aus idealtypischen journalistischen Arbeitsprozessen (Krzeminski 1987: 182ff.; Reinemann 2003: 49ff.). Der journalistische Arbeitsprozess umfasst nach Reinemann (2003: 50) sechs idealtypische Phasen: Themensuche, Themenauswahl, Recherche, Produktion, Evaluation und Kontrolle. In unserem Modell liegt der Schwerpunkt auf der journalistischen Selektion, wie durch den Bezug zur Nachrichtenwerttheorie bereits deutlich wurde. Über Reinemann hinausgehend umfasst die hier zentrale Selektionsphase sowohl Auswahl- als auch Konstruktionsprozesse von Journalisten. Denn journalistische Sachverhalte sind als Selektionsoptionen nicht einfach gegeben, sondern sie werden von Journalisten aufgrund ihrer Erfahrungen subjektiv geschaffen bzw. wahrgenommen. Zudem gehen Auswahl- und Konstruktionsprozesse von Journalisten über *Themen* hinaus, wobei sich Reinemann nur auf Themen beschränkt. Dies wird nachfolgend diskutiert.
- Schemata bzw. in Schemata eingelagerte Attribute beziehen sich zweitens auf *Zielobjekte*, die Journalisten als Selektionsoptionen wahrnehmen. Zielobjekte können verschiedene Arten journalistischer Sachverhalte sein, z. B. Informationsquellen, Statements, Ereignisse. Die Art des Zielobjekts interessiert erstens für Nachrichtenfaktoren vor dem Hintergrund, wer oder was *Träger des Nachrichtenwerts* ist bzw. sein kann. Sie interessiert zweitens für die Frage, wie wahrscheinlich Reaktionen und Einflüsse redaktioneller Bezugsgruppen für verschiedene Arten von Zielobjekten sind.

In der ursprünglichen Nachrichtenwerttheorie sind Ereignisse *Träger des Nachrichtenwerts* (Galtung & Ruge 1965). Empirisch wurden sie oftmals mit journalistischen Beiträgen gleichgesetzt (z. B. Schulz 1976, Staab 1990; Ausnahme: Scheufele 2003: 195ff.), obwohl der Abstraktionsgrad von Ereignissen in Beiträgen sehr unterschiedlich sein kann und erst durch journalistische Vorstellungen definiert wird. Versteht man den Nachrichtenwert als journalistisches Wahrnehmungs- und Zuschreibungsmerkmal zu Ereignissen bzw. Meldungen, hängen Ereignisabgrenzungen von der Perspektive des Betrachters ab (Diskussion: Eilders 1997: 129ff.; Raabe 2005: 203; Staab 1990: 100ff.). Sie sind aufgrund subjektiver Wahrnehmungen und Bewertungen von Journalisten situations- und zielabhängig, d. h. sie unterliegen reduktiven und konstruktiven Prozessen. Ereignisse lassen sich in beliebig kleine Geschehenseinheiten spezifizieren oder in beliebig umfassende Geschehenseinheiten integrieren. So variieren Meldungen über Ereignisse je nach Wahrnehmung in ihrem Abstraktionsgrad und beziehen sich demzufolge auf mehr oder weniger große Realitätsausschnitte.

Als Heuristik für unterschiedliche Textkategorien bieten sich Nachrichtenschemata an (Hagen 1995: 98ff.; Dijk 1988: 52ff.), die teilweise wie die Nachrichtenwerttheorie Nachricht und Ereignis als identisch unterstellen (Überblick und Kritik: Neuberger 1996: 267ff.; Scheufele 2003: 93ff.). Geht man von einem subjektivierten realitätskonstruierenden Ereignisbegriff aus, sind auch Nachrichtenschemata in tatsachenbetonten Darstellungsformen an die subjektiven Vorstellungen von Journalisten anzubinden und nicht an Ereignisse (vgl. Kap. 5.2.4). Scheufele (2003: 93f.) schlägt für den Anwendungsbezug journalistischer Schemata eine Typologie vor, die sich auf *Zielobjekte* anwenden lässt. Er nimmt an, dass journalistische Vorstellungen fünf *Klassen sozialer Objekte* betreffen können: (a) Ereignisse, (b) Akteure, (c) Statements als Handlungen und Inhalte von Statements, (d) Interaktionen und Kommunikationen sowie (e) Probleme (»Issues«) und Entwicklungen. Interaktionen und Kommunikationen werden hier vernachlässigt, da sie sich als Bündel mehrerer aufeinanderfolgender Statements begreifen lassen. Darüber hinaus generalisiert Scheufele miteinander verknüpfte Nachrichtenschema-Kategorien zu *Final- und Kausalrelationen*, die für Objektklassen zutreffen können. So ist ein Akteur immer Urheber eines Statements und zugleich dessen Ursache (Kausalrelation). Ereignisvorstellungen, wie z. B. die Einführung eines Gesetzes zum Mindestlohn, sind dagegen mit Statements von Akteuren verknüpft und damit zugleich deren Folge. Diese Objektklassen stellen hier journalistische Sachverhalte bzw. Selektionsoptionen dar.

Mit der Objektklassen-Typologie von Scheufele lassen sich Nachrichtenwertträger spezifizieren. Diese Sicht widerspricht der Annahme, Propositionen – also Verknüpfungen von Objekten – als »nicht weiter unterteilbaren Träger von Nachrichtenwert« (Eilders 1997: 169) anzusehen. Entgegen Eilders' Ausführungen wird hier angenommen, dass auch isolierte Begriffe wie z. B. die Namen einzelner Akteure Nachrichtenwert besitzen können. Ihr Argument, dass z. B. Akteure erst durch eine Verknüpfung mit Statements Nachrichtenwert erhalten, überzeugt möglicherweise bei Inhaltsanalysen, die bereits bei positiven Selektionsentscheidungen ansetzen. Hier ist dieses Argument nicht geeignet, weil Statements eigener bzw. zusätzlicher Nachrichtenwert zum Urheber des

Statements zugeschrieben werden kann. Schließlich wählen Journalisten zuerst Akteure als Informations- bzw. Recherchequelle aus, ohne zu wissen, was sie zu einem Konflikt sagen werden bzw. ob sie sich überhaupt dazu äußern wollen (vgl. auch Hagen 1992). Auch dieses Nicht-Statement kann schließlich bei genügend hohem Einfluss eines Akteurs nachrichtenwert- bzw. selektionswürdig sein, z. B. mit der Aussage »Merkel äußerte sich nicht dazu«. Damit vermuten Journalisten einen eigenen Nachrichtenwert für »Merkel« als Bundeskanzlerin, der durch ihr mögliches Statement oder auch ihr verbales Nicht-Handeln gesteigert bzw. gesenkt wird. Um die Bildung des Nachrichtenwerts geht es in Kap. 5.2.3.

Unabhängig davon versteht Staab (1990: 59) räumliche, zeitliche und kulturelle Nähe als Nachrichtenfaktoren, die durch Relationen gekennzeichnet sind. Staab bezieht diese Relationen aber auf das jeweilige Subjekt, das Nähe aus seiner Sicht wahrnimmt bzw. zuschreibt. Da hier Nachrichtenfaktoren generell als journalistische Wahrnehmungs- bzw. Zuschreibungsmerkmale verstanden werden, kann seine Definition nicht überzeugen. Stattdessen sind Nachrichtenfaktoren kompatibel zu Scheufeles kausalen und finalen Relationen von Objektklassen. So lassen sich Nachrichtenfaktoren über Folgenqualitäten definieren, z. B. Schaden als negative und Nutzen/Erfolg als positive Folge von zentralen Konfliktgegenständen (Eilders 1997: 99). Ähnlich lassen sich die Nachrichtenfaktoren Kontinuität/Thematisierung/Etablierung einordnen, sofern über Folgeereignisse ursprünglicher Ereignisse berichtet wird. Auch die Nachrichtenfaktoren Konflikt/Kontroverse lassen sich als Relationen von Objektklassen verstehen, sofern sie sich auf den Gegensatz Statement vs. Gegen-Statement bzw. Akteur vs. Gegenakteur beziehen (Eilders 1997: 326; Kepplinger et al. 1989). Ist die Kontroverse dagegen in einer einzigen Äußerung einer Informationsquelle enthalten, ist es keine Objektrelation. Insgesamt dienen Objektklassen und -relationen hier als theoretische Heuristik, um die thematischen Anwendungsbezüge journalistischer Vorstellungen empirisch zu bestimmen.

5.2.2 Journalistische Bewertungen

Journalisten aktivieren nicht nur Vorstellungen vor dem Hintergrund ihres Wissens- und Erfahrungsschatzes in spezifischen Selektionssituationen. Die Vorstellungen sind auch mit Bewertungen (Attributeinstellungen) und Zieleinstellungen verknüpft. Diese Verknüpfung, die die TPB in ihren Wert-mal-Erwartungsprodukten anwendet (vgl.

Kap. 3.3.2), wurde hier durch das Konzept der Spreading Activation kognitionspsychologisch begründet (vgl. Kap. 3.2). Nachfolgend werden zunächst *Bewertungen* analog zu den oben dargestellten Vorstellungen für Nachrichtenfaktoren, Bezugsgruppen und Ressourcen definiert. Danach werden politische Einstellungen von Journalisten mit Nachrichtenfaktoren verknüpft. Abschließend wird die potenzielle politische Werthaltigkeit der oben beschriebenen Objektklassen und -relationen bestimmt.

Attributbewertungen zu journalistischen Sachverhalten

Möglicherweise nehmen Journalisten Nachrichtenfaktoren nicht organisationsspezifisch wahr, sondern bewerten sie je nach Organisationsbereich unterschiedlich. So könnte räumliche Nähe für Journalisten eines Lokalressorts eine wesentlich größere Rolle spielen als Konflikt, während dies möglicherweise im Politikressort einer Qualitätszeitung genau umgekehrt ist. Die Bewertungen von Nachrichtenfaktoren werden wie folgt definiert:

- *Bewertungen von Nachrichtenfaktoren* sind mehr oder weniger institutionalisierte Zuschreibungen darüber, welchen Stellenwert die einzelnen Nachrichtenfaktoren im Verhältnis zueinander für die Selektion journalistischer Sachverhalte haben, also wie *wichtig* sie dafür sind.

Darüber hinaus lassen sich die Bewertungen journalistischer Bezugsgruppen und Ressourcen wie folgt definieren:

- *Bewertungen von Bezugsgruppen* beziehen sich auf die subjektiv bewertete Akzeptanz von Reaktionen auf Basis bisheriger sedimentierter Erfahrungen. Allerdings bezieht sich die Akzeptanz nur im Falle von Vorgesetzten und (teils) Kollegen auf Autorität in der formalen Organisationshierarchie. Bei außerredaktionellen Bezugsgruppen wie z. B. dem Publikum betrifft Akzeptanz die Leistungen, die das Publikum von Journalisten erwarten kann.
- *Bewertungen von Ressourcen* beziehen sich darauf, inwiefern Journalisten (nicht) vorhandene Ressourcen die Auswahl von Sachverhalten (zugunsten anderer Sachverhalte) erleichtern oder erschweren.

Politische Einstellungen zu journalistischen Sachverhalten

Nachrichtenfaktoren können zudem durch politische Einstellungen von Journalisten gefiltert bzw. »gefärbt« sein. Die bisherige Verknüpfung von Nachrichtenwerttheorie und News Bias durch Staab (1990: 94ff.) lässt sich nutzenrational oder alltagsrational interpretieren. Für die nutzenrationale Interpretation spricht, dass Journalisten »die antizipierten Folgen« (Staab 1990: 97) ihrer Selektion bzw. Publikation im Blick haben. In diesem Fall wären Nachrichtenfaktoren antizipierte »Folgen von Publikationsentscheidungen« (Staab 1990: 98). Diese Sicht entspräche den Handlungskonsequenzen in der SEU-Theorie. Für eine alltagsrationale Interpretation des Finalmodells spricht, dass Nachrichtenfaktoren lediglich »unbewußt eingesetzte Mittel« (Staab 1990: 98) sind, die aufgrund des bisherigen Wissens- und Erfahrungsschatzes von Journalisten politisch »gefärbt« sind. Staabs Finalmodell wird aufgrund der bisherigen Überlegungen alltagsrational interpretiert. Demzufolge wird die Verknüpfung zwischen politischen Einstellungen und Nachrichtenfaktoren als unbewusster Prozess beschrieben, den das MODE-Modell präzisiert. Danach lassen sich politische Einstellungen von Journalisten bzw. Meinungen zu einem politisch kontroversen Sachverhalt als Zieleinstellungen interpretieren. Sie filtern die Wahrnehmung von Nachrichtenfaktoren zu Sachverhalten. Gemäß der Theorie der Instrumentellen Aktualisierung ist Konsistenz zwischen politischer Einstellung und Nachrichtenfaktor dann gegeben, wenn instrumentelle Nützlichkeit und positiv-politische Bewertung bzw. instrumentelle Schädlichkeit und negativ-politische Bewertung zu einem journalistischen Sachverhalt übereinstimmen (Kepplinger et al. 1989: 203). Wahrgenommene Nützlichkeit oder Schädlichkeit geht dort mit der impliziten Wahrnehmung von Nachrichtenfaktoren einher (Staab 1990: 99). Auf Basis des MODE-Modells wird Konsistenz hier so verstanden, dass politische Einstellungen *explizite* Wahrnehmungen von Nachrichtenfaktoren von Journalisten zu politisch kontroversen Sachverhalten filtern. Mit der Konsistenzannahme geht das MODE-Modell über das Konzept der Spreading Activation hinaus (vgl. Kap. 3.3.3). Wenn selektionswürdige Sachverhalte – z. B. Issues, Ereignisse, Statements oder Akteure – konform zu den politischen Einstellungen von Journalisten sind, nehmen sie konsistent dazu auch die Nachrichtenfaktoren zu diesen Sachverhalten stärker wahr. Sind Sachverhalte nicht konform zu ihrer politischen Einstellung, nehmen sie konsistent dazu auch Nachrichtenfaktoren weniger stark wahr. Ein Beispiel wäre ein instrumentell nützliches Statement eines Politikers zum zentralen Konfliktgegenstand der Einführung von Mindestlöhnen in bestimmten deutschen Wirtschaftsbranchen: »Die Einführung eines Mindestlohnes senkt die Armut in Deutschland«. Für dieses Statement nimmt z. B. ein Journalist die Nachrichtenfaktoren Relevanz und Erfolg mit einer bestimmten Stärke wahr, wobei dies redaktions- und/oder ressortspezifisch etc. bedingt sein kann. Hat er zudem eine politisch linke Einstellung, d. h. ist er für die Einführung von Mindestlöhnen, würde er Relevanz und Erfolg für das Statement möglicherweise stärker wahrnehmen als ein unentschiedener Journalist in Sachen Mindestlöhne. Wenn er eine tendenziell rechte, also ablehnende Meinung zu Mindestlöhnen hat, nimmt er die Relevanz und den Erfolg des Statements möglicherweise schwächer wahr als ein unentschiedener Journalist. Insgesamt dürfte der Einfluss der politischen Einstellung auf Nachrichtenfaktoren danach variieren, wie stark die politische Einstellung bzw. die konkrete Meinung eines Journalisten zu einem Issue ausfällt und wie explizit politisch werthaltig die auswahlrelevanten Sachverhalte sind. Demzufolge wird der Begriff der »Instrumentalisierung« von Nachrichtenfaktoren hier für die unbewusst politisch »gefärbte« Wahrnehmung von Nachrichtenfaktoren verwendet (vgl. Engelmann 2010).

Für *valente Nachrichtenfaktoren* wie z. B. Misserfolg/Schaden oder Erfolg/Nutzen ist das eben beschriebene Modell nur modifiziert anwendbar. Denn negative Bewertungen eines Sachverhalts führen nicht automatisch nur zur Wahrnehmung negativer Merkmale an einer Selektionsoption. Eine gegebene Meinung oder Einstellung von Journalisten zu einem Sachverhalt kann die wahrgenommenen Stärken von Nachrichtenfaktoren sowohl für positive meinungskonforme Sachverhalte (Erfolg, Nutzen) als auch für negative meinungsgegensätzliche Sachverhalte (Negativismus, Schaden etc.) erhöhen. Wenn z. B. ein Journalist für die Einführung von Mindestlöhnen ist und folgendes Statement »Das Ausbleiben von Mindestlöhnen erhöht die Armut in Deutschland« hört, wird der Journalist zu diesem meinungskonformen Sachverhalt höheren Schaden wahrnehmen als zu meinungsdiskrepanten Sachverhalten. Journalisten verfolgen also jeweils zusätzlich entweder offensive oder defensive Publikationsstrategien. Kepplinger et al. (1989: 205) gehen davon aus, dass defensive Publikationsstrategien häufiger vorkommen. Dennoch ist die Wahl der Strategie nur empirisch zu bestimmen.

Der *Geltungsbereich* des hier beschriebenen Modells beschränkt sich erstens auf die *explizite Wahrnehmung* von Nachrichtenfaktoren zu selektionswürdigen Sachverhalten. Dafür wird eine alltagsrationale Handlungsperspektive zugrunde gelegt. Danach nehmen Journalisten wenige Nachrichtenfaktoren bzw. konkreter ihre Stärken *unbewusst verzerrt* gemäß ihrer politischen Einstellungen wahr. Die bisherigen Überlegungen schließen nicht aus, dass die Mechanismen für implizite Wahrnehmungen von Nachrichtenfaktoren anders verlaufen und zu anderen Berichterstattungsergebnissen führen. Möglicherweise ist in diesem Fall eher denkbar, dass Journalisten aufgrund der textlichen »Kontexteinbettung« (Staab 1990: 99) von Issues, Ereignissen, Statements und Akteuren zusätzliche Nachrichtenfaktoren als nicht-intendierte Nebenfolgen wahrnehmen oder gar zuschreiben. Denkbar wäre auch die Annahme, dass Nachrichtenfaktoren nur ex-post-Rationalisierungen sind, um bestimmte Ereignisaspekte zu einem zentralen Konfliktgegenstand legitimieren zu können. Ob dies eher nutzenrational oder alltagsrational abläuft, wäre empirisch zu prüfen. Insgesamt beschränkt sich dieses Modell thematisch auf *innenpolitische* Sachverhalte mit politisch kontroversen Inhalten, d. h. auf den Ereignistyp »Kommunikationskonflikt« (Neuberger 1996: 379) oder »Publizistischer Konflikt« (Kepplinger et al. 1989). Da der eben beschriebene Aspekt des theoretischen Modells sowohl Weil- als auch Um-zu-Motive für journalistisches Handeln einbezieht, scheint dafür die Bezeichnung »Finalmodell der Nachrichtenauswahl« (Staab 1990: 93) nicht ganz passend zu sein. Stattdessen wird hier von einem *politischen Relevanzmodell* gesprochen.

Objekte journalistischer Bewertungen und Einstellungen

Nicht nur Schemata bzw. in Schemata eingelagerte Attribute beziehen sich auf verschiedene Zielobjekte, sondern auch politische Einstellungen. Für ein politisches Relevanzmodell der Nachrichtenauswahl ist deshalb abzuleiten, welche politische Werthaltigkeit[76] einzelne Klassen von Objekten – Ereignisse, Probleme, Akteure und Statements sowie die kausalen und finalen Objektrelationen – potenziell enthalten.

Neuberger (1996: 59ff.) unterscheidet explizite und implizite Wertungen für die Problembearbeitung im Journalismus, die sich auf politische Sachverhalte beziehen lassen. *Explizite Wertungen* sind dadurch bestimmt, wie ein Sachverhalt bewertet wird, z. B.: »Mindestlöhne beeinträchtigen den wirtschaftlichen Aufschwung und das können wir uns bei der derzeitigen Wirtschaftslage nicht erlauben«. Für *implizite Wertungen* gibt es verschiedene Formen:

- Erstens können Sachverhalte einseitig selektiert oder einseitig gewichtet werden, z. B. durch Umfang, Aufmachung und Platzierung, wobei dies auch von der Ereignis- und Nachrichtenlage abhängt (Kepplinger & Weißbecker 1991: 330). Dies hat z. B. Schönbach (1977: 39f.) mit der einseitigen Auswahl von Argumenten geprüft.

[76] Daneben ist auch eine kulturell, historisch etc. vermittelte Werthaltigkeit denkbar (Staab 1990: 65). Darum geht es hier aber nicht.

- Zweitens können explizit werthaltige Sachverhalte zitiert werden. Schönbach (1977: 54ff.) hat die Selektion und Gewichtung zitierter wertender Äußerungen mit explizit wertenden Aussagen inhaltsanalytisch verglichen, um deren »Parallelität« festzustellen.
- Drittens können implizite Wertungen durch die Nachrichtenfaktoren Negativismus/Schaden/Misserfolg und Positivismus/Nutzen/Erfolg vermittelt sein, die Kepplinger et al. (1989: 202) als »Instrumentalität der Gegebenheiten« bezeichnen. Bezugsgröße für diese Valenz ist in diesem Fall die politische Links-Rechts-Skala, von der aus nützliche oder schädliche Instrumentalitäten für die Konfliktkontrahenten eingeordnet werden.

Welche politischen Werthaltigkeiten konkret weisen nun die einzelnen *Objektklassen* potenziell auf? Die Objektklassen haben eine unterschiedliche theoretische Spannweite in der Theorie der Instrumentellen Aktualisierung, was für die politische Werthaltigkeit folgendes bedeutet:

- Die Objektklasse der Probleme bzw. »Issues« ähnelt dem zentralen Konfliktgegenstand, der nach der Theorie der Instrumentellen Aktualisierung umstritten und damit *implizit politisch werthaltig* ist. So ist z. B. die Einführung von Mindestlöhnen in bestimmten deutschen Wirtschaftsbranchen zwischen linken und rechten Parteien umstritten. Diese Art von Issues bezeichnet Volkens (1989: 120) als *Positions-Issues.* Davon unterscheidet sie *Valenz-Issues*, bei denen der zentrale Konfliktgegenstand unumstritten ist (ähnlich auch Pappi & Shikano 2004: 3; Neuberger 1996: 71). Solche Valenz-Issues sind per se *nicht politisch werthaltig.* Ein Beispiel dafür ist Arbeitslosigkeit, die als zentraler Konfliktgegenstand nicht umstritten ist. Politisch umstritten sind lediglich die Mittel, dieses Problem zu lösen.
- Von der Objektklasse »Akteure« können Journalisten lediglich vermuten, welcher Konfliktseite sie angehören (ähnlich auch Hagen 1992), d. h. es besteht Unsicherheit. Potenziell erwartbar sind politische Standpunkte am ehesten für *Politiker* aufgrund ihrer Parteizugehörigkeit. Für *andere Akteurstypen* ist eher nicht bekannt, ob sie instrumentell nützlich oder schädlich antworten werden. Die politische Werthaltigkeit ist deshalb für Informationsquellen kaum antizipierbar.

Sowohl zentrale Konfliktgegenstände (»Issues«) als auch Akteure sind mit Ereignissen bzw. Statements verknüpft, so dass journalistische Vorstellungen über Konflikte in Form von Objektrelationen dominieren.

Objektrelationen können folgende Eigenschaften aufweisen unabhängig davon, ob sie auf objektiven Tatsachen beruhen oder eine Folge subjektiver Wahrnehmungen sind (vgl. Kap. 4.2.1):

- Ereignisse oder Statements, die mit dem zentralen Konfliktgegenstand verbunden sind, enthalten implizite Bewertungen, sofern sie mit nützlichen oder schädlichen Instrumentalitäten für einen der Kontrahenten verknüpft sind. Sind nicht Journalisten, sondern zitierte Konfliktkontrahenten die Urheber nützlicher oder schädlicher Informationen, können diese Statements auch explizit werthaltig sein.

Insgesamt sind Statements potenziell politisch am werthaltigsten, während Valenz-Issues und unpolitische Informationsquellen potenziell politisch am wenigsten werthaltig sind. Die potenziell politische Werthaltigkeit von Objektklassen bzw. -relationen dient hier als Heuristik, um bestimmen zu können, inwieweit der Einfluss politischer Meinungen und Einstellungen von Journalisten davon abhängt, auf welche Objektklasse er angewendet wird.

5.2.3 Der journalistische Entscheidungsprozess

Der Nachrichtenwert als Entscheidungskriterium

In den bisherigen Kapiteln wurde die journalistische Wahrnehmung und Bewertung von Nachrichtenfaktoren zu Sachverhalten erläutert. Häufig nehmen Journalisten aber mehrere selektionswürdige Sachverhalte wahr, zwischen denen sie mehr oder weniger bewusst eine Auswahl treffen (müssen). Als Auswahlkriterium dient in der Nachrichtenwerttheorie der Nachrichtenwert. Deshalb wird nachfolgend die kognitive Bildung des Nachrichtenwerts beschrieben, da Nachrichtenwerte als »unabhängige Variable« von Selektionsentscheidungen angesehen werden müssen (Kepplinger 1998: 34).

Aufgrund der wert-erwartungstheoretischen Grundlegung können Journalisten den Nachrichtenwert zwischen (mindestens) zwei Sachverhalten auf zweierlei Art bilden. Im oberen Bild in Abb. 5.2 wird der Nachrichtenwert durch die Anzahl und die Stärken einzelner Nachrichtenfaktoren bestimmt, die Journalisten aufgrund ihres Vorwissens und ihrer Erfahrungen mit einem Sachverhalt wahrnehmen. Danach nehmen Journalisten für jeden einzelnen journalistischen Sachverhalt Nachrichtenfaktoren mit bestimmten Stärken wahr, die sie gegeneinander abwägen. Im Wert-Erwartungsmodell bedient diese Definition die Erwartungskomponente, die mit Nachrichten»wert« im Sinne der Wert-Komponente noch nichts gemein hat.

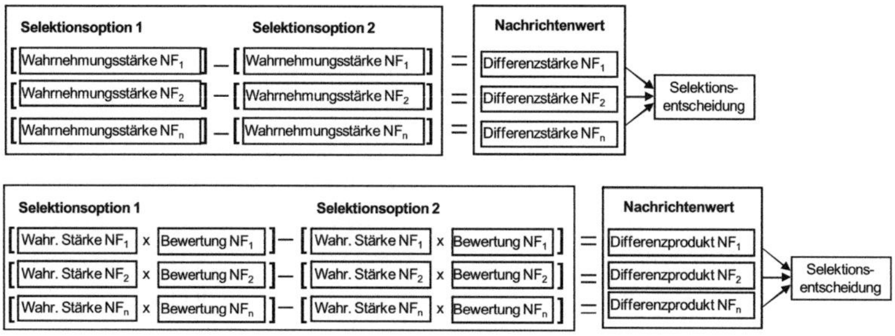

Abb. 5.2: Denkbare Varianten der Nachrichtenwertbildung aus entscheidungstheoretischer Sicht

Im unteren Bild in Abb. 5.2 erfolgt die Wertzuschreibung tatsächlich erst durch die Bewertungen, die Journalisten den Nachrichtenfaktoren zu Sachverhalten zuschreiben.[77] Aus diesen Komponenten ließe sich gemäß der Wert-Erwartungstheorie der Nachrichtenwert bilden, der ein Einflussbündel für journalistische Selektionsentscheidungen bildet. Man kann nun aber argumentieren, dass Nachrichtenfaktoren grundsätzlich »konstant« hoch bewertet werden, weil sie journalistische Relevanzkriterien darstellen. In diesem Fall würde nur die Erwartungskomponente – bestehend aus Anzahl und Stärke von Nachrichtenfaktoren – den Nachrichtenwert bilden. Beide Varianten der Nachrichtenwert-Bildung sind theoretisch denkbar, so dass deren Gültigkeit nur empirisch entschieden werden kann.

Damit ist aber noch nicht geklärt, wie viele Nachrichtenfaktoren Journalisten für Selektionsentscheidungen heranziehen. Die *Additivitätshypothese* der Nachrichtenwerttheorie (Galtung & Ruge 1965: 71f.) impliziert, dass alle ereignisinhärenten Nachrichtenfaktoren den Nachrichtenwert bilden und dass Journalisten all diese Nachrichtenfaktoren wahrnehmen. Aus nutzenrationaler Perspektive würde man unterstellen, dass Journalisten alle ereignisinhärent »gegebenen« Nachrichtenfaktoren erkennen und in Abwägung aller selektionswürdigen Alternativen den Sachverhalt mit dem höchsten Nachrichtenwert auswählen. Damit würde man zweitens unterstellen, dass Journalisten Ereignisse

[77] Vom *zugeschriebenen Nachrichtenwert* ist hier dann die Rede, wenn Bewertungen an der Bildung des Nachrichtenwerts beteiligt sind. Vom *wahrgenommenen Nachrichtenwert* wird gesprochen, wenn lediglich Vorstellungsstärken den Nachrichtenwert bilden.

objektiv erkennen bzw. übereinstimmend definieren. Diese Annahmen sind aber kognitionspsychologisch unzutreffend. Umgekehrt sagt die *Komplementaritätshypothese* der Nachrichtenwerttheorie, dass ein hoch ausgeprägter Nachrichtenfaktor einen nicht oder niedrig ausgeprägten bei der Auswahl ersetzen kann. Demzufolge muss nicht jeder vorhandene Nachrichtenfaktor selektionsleitend sein, was die Additivitätshypothese ergänzt. Diese Sicht ist konform zu einem alltagsrationalen Handlungsmodell. Denn Selektionsentscheidungen sind oft Routineentscheidungen, bei denen Journalisten nur aufgrund einiger weniger stark ausgeprägter Nachrichtenfaktoren handeln bzw. entscheiden. Selektionsentscheidungen zwischen mehreren Optionen basieren nicht auf nutzenmaximierenden Erwägungen, sondern lassen sich als Prozess zielgerichteter Aufmerksamkeitsfokussierung auf wenige Nachrichtenfaktoren verstehen. Dieses Argument gilt umso mehr, als Journalisten keine »fertigen« Ereignisse für die Selektion auswählen, sondern z. B. einzelne Quellen oder einzelne Aspekte, die erst um einen zentralen Konfliktgegenstand herum konstruiert werden. Aufgrund der Vielzahl solcher Entscheidungen wird dieser Prozess in der Regel nicht nutzenrational und auch nicht bewusst ablaufen. Möglicherweise werden die aktivierten Nachrichtenfaktoren und ihre wahrgenommenen Stärken gleichzeitig mit Bewertungen versehen. Dementsprechend haben die Selektionsoptionen mit dem jeweils höheren Nachrichtenwert nur eine wahrscheinlich höhere Chance, für selektionswürdiger gehalten zu werden.

Insgesamt ist der gebildete Nachrichtenwert eines Journalisten teilweise idiosynkratisch und teilweise allgemein-menschlich gültig. Teilweise lässt er sich aber auch durch prägende journalistische Kontexte begründen. In diesem Fall sind die Stärken und/oder Bewertungen von Nachrichtenfaktoren institutionell geprägt und variieren je nach journalistischem Relevanz- und Sinnbereich[78] (vgl. Kap. 5.1.1). Die *Selektionsentscheidung* zwischen den möglichen Optionen basiert nicht auf nutzenmaximierenden Erwägungen, sondern ist ein alltagsrationaler Prozess zielgerichteter Aufmerksamkeit auf wenige relevante Selektionskriterien. Dementsprechend hat ein journalistischer Sachverhalt mit dem höheren Nachrichtenwert nur probabilistisch eine höhere Chance, ausgewählt zu werden.

[78] Relevanz- bzw. Sinnbereiche, die z. B. über den westlichen Kulturkreis oder das deutsche Journalismussystem hinweg institutionalisiert werden, sind ebenfalls denkbar, aber hier weder theoretisch noch empirisch angelegt (Diskussion z. B. Kepplinger 1998: 24ff.).

Weiterhin ist nach der *Stabilität und Veränderung von Nachrichtenwerten* in zeitlicher Hinsicht zu fragen. Eine absolute Höhe bzw. ein Schwellenwert für einen Nachrichtenwert lässt sich nicht bestimmen, der über Selektion vs. Nicht-Selektion von Sachverhalten entscheidet. Stattdessen sind Nachrichtenwerte entscheidungstheoretisch relational zu vorhandenen selekionswürdigen Alternativen zu betrachten. Neuberger (1996: 241f.) bezeichnet dies als »interne Relevanz«. Zudem werden Entscheidungen immer innerhalb bestimmter institutionalisierter Sinn- und Relevanzbereiche getroffen (z. B. Kepplinger & Bastian 2000: 463f.), so dass die Höhe der Nachrichtenwerte zu einem Sachverhalt zwischen diesen Bereichen differiert und zusätzlich von der Bedeutung der beschriebenen Realitätsaspekte abhängig (»externe Relevanz«) ist. Die Bedeutung journalistischer Sachverhalte hängt wiederum von der jeweiligen (wahrgenommenen) Ereignislage der Journalisten ab (Staab 1990: 113; Kepplinger 1998: 26ff.; Neuberger 1996: 241f.) (vgl. Kap. 5.2.4). Bei veränderter Nachrichten- bzw. Ereignislage können sich auch die darauf anwendbaren Nachrichtenfaktoren ändern.

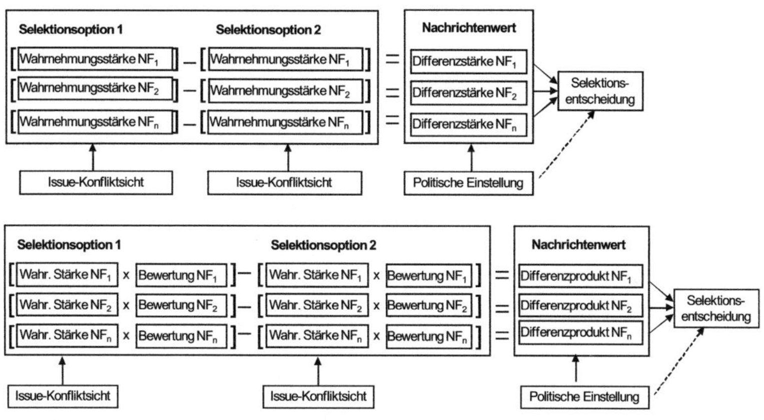

Abb. 5.3: Politische Einstellungen und die Nachrichtenwertbildung

Gemäß dem News-Bias-Ansatz sind *direkte oder indirekte politische Einflüsse* auf Selektionsentscheidungen möglich. Politische Einflüsse sind teilweise auf der Mikro- und teilweise auf der Meso-Ebene zu verorten. Auf der Mikro-Ebene betreffen sie die (redaktionell oder außerredaktionell vermittelten) politischen Einstellungen bzw. Meinungen von Journalisten. Auf der Meso-Ebene betreffen sie entweder die aggregierten politischen Einstellungen von Journalisten, die möglicherweise konform zur redaktionellen Linie des Mediums sind und so ein institutionalisiertes organisatorisches (Teil-)Ziel[79] darstellen, oder sie betreffen die wahrgenommene redaktionelle Linie als Organisationsmerkmal. Der indirekte Einfluss politischer Einstellungen von Journalisten über Nachrichtenfaktoren, die als legitime professionelle Selektionskriterien gelten, wurde bereits in Kap. 5.2.2 beschrieben (vgl. Abb. 5.3). Unabhängig von der politisch »gefärbten« Wahrnehmung von Nachrichtenfaktoren bei politisch konflikthaltigen Ereignissen können politische Einstellungen von Journalisten auch direkt Selektions- und Gewichtungsentscheidungen beeinflussen (vgl. Kap. 4.2.1). Ob politische Einstellungen journalistische Selektionsentscheidungen direkt oder indirekt beeinflussen, ist erstens von thematischen Anwendungsbezügen journalistischer Sachverhalte abhängig und zweitens vom Grad der redaktionellen Kontrolle.

Betrachtet man alle bisher spezifizierten Einflüsse auf journalistische Selektionsentscheidungen – Nachrichtenfaktoren, politische Einstellungen, politisch »gefärbte« Nachrichtenfaktoren – im Verhältnis zueinander, dürften die Nachrichtenfaktoren ohne politische Färbung Selektionsentscheidungen am besten erklären. Nachrichtenfaktoren sind professionell legitimierte Auswahlkriterien für Journalisten im Gegensatz zu politisch bedingten Einflüssen (Flegel & Chaffee 1971). Diese Annahme basiert auf dem Ausgewogenheits- und dem Vielfaltspostulat, dem Journalisten unterliegen (Diskussion: Neuberger 1996: 107ff.). Diese Postulate konterkarieren den direkten Einfluss politischer Meinungen und Einstellungen auf Selektionsentscheidungen. Politisch »gefärbte« Einflüsse von Nachrichtenfaktoren dürften dagegen in geringem Maß auch Selektionsentscheidungen beeinflussen, da diese Einflüsse unbewusst geschehen. Dennoch gilt der Ausgewogenheitsanspruch nur unter der Annahme, dass politisch konflikthaltige Sachverhalte auch in der Realität gleichmäßig verteilt sind. Diese Einschränkung für ausgewogene Selektionsentscheidungen wird als journalistische Realitätskonstruktion in Kap. 5.2.4 betrachtet. Darüber hinaus dürften die Erklärungsanteile für Selektionsentscheidungen bei unterschiedlichen Objekten wie z. B. Issues, Ereignissen, Akteuren und Statements variieren. Dies lässt sich darauf zurückführen, dass verschiedene Objektklassen graduell unterschiedlich politisch werthaltig sind. Bislang lässt dieses Modell aber

[79] Dies schlägt die Brücke zu der Annahme, dass Organisationsziele in institutionalisierte Nachrichtenfaktoren eingelagert sind, die für Journalisten in ihrer jeweiligen Organisation als Norm gelten (vgl. Kepplinger 1989a: 9; Altmeppen 1999; zur Diskussion von Normen und Zielen in individualistischen Theorien: Miebach 2006: 438, 444).

noch offen, welche weiteren Einflüsse journalistische Selektionsentscheidungen bedingen. Damit befasst sich der folgende Abschnitt.

Weitere Bedingungen für Selektionsentscheidungen

Neben Nachrichtenfaktoren wurden (außer-)redaktionelle Bezugsgruppen und Ressourcen spezifiziert, die in den journalistischen Entscheidungsprozess zu integrieren sind. Redaktionelle *Bezugsgruppen* beeinflussen Selektionsentscheidungen auf zwei Arten:

- Erstens können sie direkt durch antizipierte Weisung journalistische Selektionsentscheidungen beeinflussen, wobei durch formale Autorität legitimierte Vorgesetzte über Sanktionspotenzial abgesichert und damit vermutlich einflussreicher sind als z. B. Kollegen.
- Zweitens können sie indirekt Selektionsentscheidungen beeinflussen, sofern Untergebene institutionalisierte Selektionskriterien wie Nachrichtenfaktoren noch nicht (vollständig) internalisiert haben oder die Entscheidungssituationen neuartig sind. In diesen Fällen helfen redaktionelle Bezugsgruppen, die redaktionell präferierten Auswahlkriterien bei den einzelnen Redaktionsteilnehmern zu etablieren und zu stabilisieren. Bezugsgruppen wirken dann moderierend auf den Zusammenhang von Nachrichtenfaktoren und Selektionsentscheidung (vgl. Kap. 3.3.2).

Beeinflussung im Sinne der Organisationsregeln kann Weisungen zunehmend ersetzen. Die zunehmende Internalisierung von Selektionskriterien basiert auf einer langfristigen Sozialisation in der Organisation, die durch Berufserfahrung erreicht und durch Beförderung stabilisiert wird. Weisung kann prinzipiell bei jeder Art von Selektionsentscheidung erfolgen, sie ist aber für primäre Selektionsentscheidungen wahrscheinlicher als für sekundäre. So wird z. B. in Redaktionskonferenzen wahrscheinlicher über die Auswahl und Gewichtung von Themen bzw. Ereignissen diskutiert als über Auswahl und Gewichtung einzelner Quellen oder Statements zu einem Ereignis. Wie stark redaktionelle Bezugsgruppen journalistische Selektionsentscheidungen erklären, wird durch den *Grad der Entscheidungsbefugnis* von Journalisten moderiert, da sich Weisungsbefugnisse aus Entscheidungsbefugnissen ableiten (vgl. Kap. 5.1.1).

Darüber hinaus können prinzipiell auch andere journalistische Bezugsgruppen sowohl indirekt als auch direkt Selektionsentscheidungen beeinflussen. Teilweise ist der Einfluss des Publikums normativ legitimiert, sofern es Ansprüche an die journalistischen Leistungen bestimmter Medien hat (vgl. Kap. 5.2.1). Da aber redaktionelle Bezugsgruppen den Leistungsanspruch des Publikums gegenüber Untergebenen bzw. Kollegen durchsetzen, ist theoretisch nicht klar zu entscheiden, welche der beiden Bezugsgruppen Selektionsentscheidungen stärker beeinflusst, zumal auch die Weisungen von Vorgesetzten am Publikumsinteresse orientiert sein können (vgl. Kap. 4.1.3).

Ressourcen können Selektionsentscheidungen *nicht direkt* erklären. Das heißt, nicht vorhandene *Ressourcen* können zwar Selektionsentscheidungen verhindern, aber vorhandene Ressourcen können Selektionsentscheidungen lediglich *indirekt* über Nachrichtenfaktoren und redaktionelle Bezugsgruppen (vgl. Kap. 3.3.2) bedingen. So übernehmen sie vorwiegend moderierende Funktion. Demzufolge sind journalistische Ressourcen in Selektionsprogramme rekursiv eingelagert. Da sie teilweise organisationsspezifisch variieren, dürften auch die Ressourcen teilweise variieren.

Unabhängig von den bisherigen Einflussfaktoren bedingt möglicherweise die *vergangene Selektionshäufigkeit* als Drittvariable, ob sich Journalisten auch aktuell für die Selektion eines inhaltlich und/oder strukturell ähnlichen Sachverhalts entscheiden (vgl. Kap. 3.3.3).

5.2.4 Nachrichtenauswahl als Realitätskonstruktion

Das Realitätsproblem der Nachrichtenauswahl bzw. -produktion gliedert sich in zwei Aspekte: in die Beziehung zwischen Realität und dem Journalist als Subjekt, der Nachrichten erkennt und konstruiert sowie in die Beziehung zwischen Medienrealität und Realität.

Bereits in Kap. 5.2.1 wurde festgestellt, dass Ereignisse erst durch Journalisten als Vorstellungen definiert und konstruiert werden. Die Realitätskonstruktion betrifft die Frage, wie Vorstellungen von Journalisten mit der Realität verbunden sind. Es ist davon auszugehen, dass sich die Realität ähnlich wie journalistische Schemata gliedern lässt. So unterscheidet z. B. Kepplinger (2001a: 119) drei Ereignisebenen: *Themen bzw. Issues* im weiteren Sinn, *Ereignisse* im engeren Sinn und *Statements* als spezielle Art von Ereignissen. Statements verweisen zudem auf *Urheber* (Shoemaker & Cohen 2006). Realität ist demzufolge hierarchisch gegliedert, wobei die Objekte vielfältige Relationen zueinander aufweisen. Objekte und ihre Relationen konstituieren nach Scheufele (2003: 97) einen Realitätsausschnitt. Auch Nachrichtenfaktor-Schemata und darin eingelagerte Vorstellungen von Journalisten beziehen sich auf einzelne Objekte oder auf Objektrelationen. Sie spannen einen kognitivevaluativen Erwartungsrahmen auf, der sich auf einen Realitätsausschnitt bezieht.

Für das Verhältnis zwischen Realität und Medienrealität werden drei erkenntnistheoretische Positionen unterschieden (Kepplinger 1989a: 14ff.; Neuberger 1996: 123ff.). Die »realistische Position« geht davon aus, dass es eine Realität gibt, sie aber nur schwer zu erfassen ist. Behelfsweise kann man Medienrealität mit geeigneten externen Realitätsindikatoren vergleichen, wenngleich sie nur begrenzt verfügbar und ebenfalls nur relational zu anderen Bezugspunkten aussagekräftig sind (z. B. Donsbach 1990). Schulz' (1976) »konstruktivistische Position« geht davon aus, dass es keine objektive Realität gibt, sondern lediglich Konstruktionen davon. Diese Sicht verbietet Vergleiche zwischen Realität und Medienrealität. Eine vermittelnde Position nimmt Kepplinger ein, da Journalisten die Realität selbst dann nicht einfach so darstellen würden, »wie sie ist«, wenn sie keinerlei anderen Einflüssen ausgesetzt wären:

> »Das Erkenntnisproblem muß [...] von der Selektionsproblematik unterschieden werden, weil in die Nachrichtenselektion unvermeidlich Konventionen eingehen, die mit einer rein auf Erkenntnis gerichteten Betrachtungsweise kaum vereinbar sind.« (Kepplinger 1989a: 9f.)

Diese Position wird hier geteilt, wobei das Erkenntnisproblem ausgeklammert bleibt. Andernfalls müssten geeignete externe Realitätsindikatoren gefunden werden, die angeben, ob bestimmte Ereignismerkmale in der externen »Vergleichsrealität« genauso bedeutsam sind wie in der Medienrealität bzw. inwiefern sie davon abweichen. Von der Selektionsproblematik trennen lässt sich so auch das Problem, dass es in der Realität selbst in sich »unausgewogene« soziale Tatbestände gibt und das weder politische Standpunkte zu einem publizistischen Konflikt noch Nachrichtenfaktoren wie z. B. Negativismus/Schaden/Misserfolg oder Positivismus/Nutzen/Erfolg gleichmäßig in der Realität verteilt sind.

5.3 Zusammenfassung

Die journalistische Nachrichtenauswahl ist indirekt durch Strukturen geprägt, die auf der *Meso-Ebene*[80] journalistischer Organisationen angesiedelt sind. Sie werden nachfolgend zusammengefasst:

- *Definition journalistischer Organisationen:* Journalistische Organisationen werden als rationale offene Systeme koordinierter journalistischer Selektionsentscheidungen definiert. Die Koordinierung erfolgt durch organisatorisch geteilte Wissensstrukturen (Selektionsprogramme) und durch quasi-objektiv manifeste Organisationsstrukturen (Organisationsprogramme).
- *Organisationsprogramme* umfassen Regelstrukturen im weiteren Sinne darüber, wie journalistische Organisationen horizontal und vertikal aufgebaut sind. Horizontale Strukturen verweisen auf spezialisierte Organisationsbereiche, wie z. B. auf Ressorts. Vertikale Strukturen beziehen sich z. B. auf formale Organisationshierarchien (dunkelgrauer Teil in Abb. 5.4).

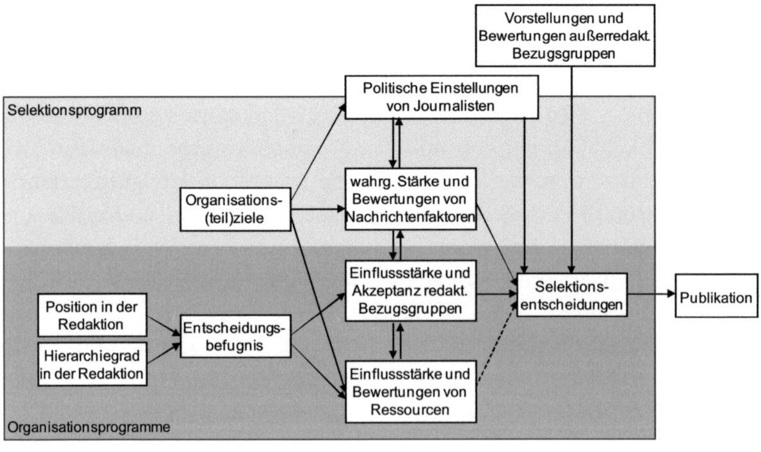

Abb. 5.4: Mentales Situationsmodell zur Erklärung journalistischer Selektionsentscheidungen im organisatorischen Bezugsrahmen

- *Selektionsprogramme* sind institutionalisierte Wissensstrukturen, die teilweise durch Organisationsprogramme geprägt sind. In Selektions-

[80] Wie schon eingangs angemerkt, lassen sich Meso- und Mikro-Ebene nicht eindeutig festlegen, da sich die theoretische von der methodisch-empirischen Zuordnung unterscheiden kann.

programme sind auch Organisations(teil-)ziele wie z. B. die politisch redaktionelle Linie eingelagert (hellgrauer Teil in Abb. 5.4).

- *Formale Hierarchien:* Haben Journalisten selektionsrelevantes Wissen für journalistische Selektionsentscheidungen (noch) nicht verinnerlicht, sichern Weisungsbefugnisse von Vorgesetzten gegenüber Untergebenen die Koordination journalistischer Selektionsentscheidungen ab.[81] Formale Hierarchien lassen sich als autoritative Ressourcen verstehen, die neben allokativen Ressourcen in Organisations- und Selektionsprogramm eingelagert sind. Sie drücken sich u. a. in den journalistischen Positionen und der Entscheidungsbefugnis aus, die einzelne Journalisten in Redaktionen inne haben.
- *Institutionelle Entscheidungszusammenhänge:* Journalistische Selektionsentscheidungen lassen sich als institutionalisierte Entscheidungszusammenhänge charakterisieren, da Journalisten auf kollektiv typisierte Selektionsprogramme zurückgreifen. Da Selektionsprogramme journalistischer Organisationen nicht identisch mit den subjektiv wahrgenommenen und zugeschriebenen Selektionskriterien einzelner Organisationsteilnehmer sind, werden Selektionsprogramme im Zeitverlauf nur mehr oder weniger ähnlich reproduziert.

Journalistische Selektionsentscheidungen sind direkt durch Vorstellungsstärken und ihre Bewertungen sowie durch Einstellungen geprägt, die zumindest teilweise durch den organisatorischen Rahmen bedingt sind. Dies verweist auf den *Meso-Mikro-Link*, d. h. auf die Verknüpfung zwischen linker und rechter Hälfte im theoretischen Modell (vgl. Abb. 5.4):

- *Koorientierung als »Kongruenz von Relevanzsystemen«* (parallelisierte Kognitionen): Redaktions- und ressortspezifisch institutionalisierte Selektionsprogramme bilden einen prägenden Rahmen für die Wahrnehmung und möglicherweise für die Bewertung von Selektionskriterien zu Sachverhalten, woraus im nächsten Schritt Selektionshandlungen bzw. -entscheidungen resultieren. Organisations(teil-)ziele wie z. B. die redaktionelle Linie führen möglicherweise dazu, dass politische Einstellungen von Journalisten organisatorisch geprägt sind.
- *Koorientierung als »Vertauschbarkeit der Standpunkte«* (wechselseitige Wahrnehmung): Verfügen Journalisten nicht über das notwendige

[81] Aus sozialpsychologischer Sicht muss zusätzlich zur Weisung die Akzeptanz von Journalisten hinzukommen, um formale Autorität in journalistischen Organisationen zu sichern und die Beeinflussung ressort- und redaktionsspezifisch gültiger Selektionskriterien zu begünstigen.

Wissen, um Selektionsentscheidungen zu treffen, orientieren sie sich an den redaktionellen Bezugsgruppen wie z. B. Vorgesetzten. Orientieren sich Untergebene an den Weisungen von Vorgesetzten und akzeptieren sie, ist formale Autorität gegeben.
- *Strukturprägung journalistischer Entscheidungen:* Abb. 5.4 zeigt, dass im theoretischen Modell Selektionsentscheidungen durch Vorstellungen und durch Einstellungen erklärt werden, während organisationsbezogene Merkmale als Hintergrundvariablen subjektiver Vor- und Einstellungen konzipiert sind. Denkbar sind auch direkte Einflüsse organisationsbezogener Merkmale auf Selektionsentscheidungen. In diesem Fall können Journalisten institutionalisiertes Regelwissen handelnd anwenden, es aber nicht explizit benennen. Der Übersichtlichkeit halber ist dieser Zusammenhang nicht im Modell gekennzeichnet.

Das hier entwickelte mentale Situationsmodell zur Erklärung journalistischer Selektionsentscheidungen entsteht und verfestigt sich durch Organisations- und Selektionsprogramme bei einzelnen Journalisten, die in bestimmten Redaktions- und Ressortkontexten existieren. Das mentale Situationsmodell verweist zunehmend auf die *Mikro-Ebene* und lässt sich so bündeln:
- *Entscheidungsdefinition:* Entscheidungen werden als mentale Entscheidungsprozesse von Journalisten definiert. Der Entscheidungsprozess muss nicht bewusst ablaufen. An deren Ende steht ein Entschluss, die Entscheidung auszuführen.
- *Grundlage des Entscheidungsprozesses:* Entscheidungsprozesse basieren auf mentalen Situationsmodellen, die Vorstellungen beinhalten. Vorstellungen verknüpfen Attribute (z. B. Nachrichtenfaktoren) und Objekte (z. B. Sachverhalte) miteinander. Vorstellungen sind in journalistische Schemata eingelagert und gehören zum subjektiven Wissensvorrat von Journalisten.
- *Typen journalistischer Vorstellungen:* Journalisten haben Vorstellungen über gültige Selektionskriterien, über Reaktionen und Einflüsse ihrer Bezugsgruppen und über Ressourcen zu Sachverhalten, die zumindest teilweise redaktions- bzw. ressortspezifisch vermittelt sind.
- *Prämisse:* Nachrichtenfaktoren sind professionell gültige Selektionskriterien für Journalisten.
- *Bezugspunkt journalistischer Vorstellungen* sind erstens das journalistische Handeln bzw. Entscheiden (z. B. Selektieren, Gewichten etc.) und zweitens die Zielobjekte der Auswahl (z. B. Ereignisse, Akteure,

Handlungen/Statements, Probleme/Issues) – sowie kausale und finale Relationen zwischen den einzelnen Objekten.

- *Vorstellungen und Bewertungen:* Journalistische Vorstellungen über Nachrichtenfaktoren, über Bezugsgruppen und über Ressourcen zu journalistischen Sachverhalten können mit Bewertungen verknüpft sein. Inwiefern sie idiosynkratisch oder organisationsspezifisch institutionalisiert sind, ist empirisch zu klären.
- *Politische Einstellungen* sind redaktionell und/oder außerberuflich vermittelt. Sie können Selektionsentscheidungen direkt beeinflussen, aber auch indirekt, sofern Nachrichtenfaktoren aufgrund politischer Einstellungen von Journalisten politisch »gefärbt« sind. So werden Nachrichtenfaktoren an einstellungskonformen Sachverhalten verstärkt wahrgenommen und an einstellungsdiskrepanten Sachverhalten abgeschwächt.
- *Journalistischer Selektionsprozess:* Journalisten wählen probabilistisch die Option mit dem höheren Nachrichtenwert aus. Der subjektiv ermittelte Nachrichtenwert kann entweder aus der Anzahl und der Stärke einzelner Nachrichtenfaktoren (Erwartungskomponente) definiert sein oder aus den Stärke-mal Bewertungsprodukten einzelner Nachrichtenfaktoren (Erwartungs-Wertkomponente). Im ersten Fall basiert der Nachrichtenwert nur auf Wahrnehmungen, im zweiten Fall auch auf Zuschreibungen.
- *Erklärung von Selektionsentscheidungen:* Neben Nachrichtenfaktoren können Bezugsgruppen und politische Einstellungen journalistische Selektionsentscheidungen direkt beeinflussen. Zudem können politische Einstellungen, Bezugsgruppen und Ressourcen Selektionsentscheidungen *indirekt vermittelt* über andere wahrgenommene Vorstellungstypen bedingen.
- *Stellenwert der TPB:* Die TPB eignet sich insbesondere für die Erklärung primärer Selektionsentscheidungen, d. h. für die Auswahl von Ereignissen, Themen, Issues etc.. An solchen Sachverhalten dürften Bezugsgruppen und Ressourcen stärker beteiligt sein als an sekundären Selektionsentscheidungen wie Informationsquellen und Statements.

Der *Geltungsbereich* des mentalen Situationsmodells zur Erklärung journalistischer Selektionsentscheidungen lässt sich wie folgt beschreiben:

- *Handlungsperspektive:* Das Modell bezieht sich auf Journalisten, die zwar allein Sachverhalte für die Veröffentlichung auswählen, die aber durch institutionelle Zusammenhänge und organisatorische Rahmenbedingungen geprägt sind. Kollektive Aushandlungs- und Entscheidungsprozesse zwischen mehreren Journalisten in journalistischen Organisationen werden in diesem Rahmen nicht beleuchtet (vgl. dazu z. B. Altmeppen 1999; Neverla & Walch 1994). Demzufolge lässt sich dieses Modell nur für alleinige journalistische Entscheidungen und in alltäglichen Entscheidungssituationen zugrunde legen.

- *Handlungsbereitschaft:* Das Modell bildet den mentalen Entscheidungsprozess ab. Ob und inwiefern sich journalistische Selektionsentscheidungen in der Berichterstattung niederschlagen, kann hier nicht geklärt werden. Aus diesem Grund befindet sich die tatsächliche Publikation in Abb. 5.4 außerhalb des kognitiven Rahmens.
- *Reichweite:* Das Modell legt eine mikro-institutionalistische Sicht zugrunde, wonach journalistische Selektionsentscheidungen durch Organisationsstrukturen und darin eingelagerte Selektionsprogramme geprägt sind. Im Fokus steht die Richtung von der Meso- zur Mikro-Ebene in einer situativen Momentaufnahme. Einflüsse oberhalb der Meso-Ebene – z. B. der Gesellschaftssphäre (Donsbach 1987) bzw. allgemein medienexterner Einflüsse (Shoemaker & Reese 1996) berührt diese Untersuchung am Rande durch den Publikumsbezug und die Orientierung an der Berichterstattung anderer Medien. Die Logik der Aggregation, die den Rekursivitätsgedanken von journalistischem Selektionshandeln und deren Folgestrukturen vollständig abbildet, kann das Modell berücksichtigen, indem die Pfeile in die entgegengesetzte Richtung zu den Pfeilen gezogen werden, die Abb. 5.4 zeigt. Die umgekehrte Richtung bleibt jedoch hier ausgeklammert, da sie andere Explananda zugrunde legt, die andere theoretische sowie empirische Zugänge benötigen.

Aus diesem Modell werden im folgenden Kapitel die Hypothesen abgeleitet, um das Modell empirisch testen zu können.

6 Forschungsfragen und Hypothesen

Das Situationsmodell zur Erklärung der Nachrichtenauswahl wird in zwei Schritten geprüft. Im ersten Schritt wird geprüft, ob und inwiefern Organisationsstrukturen bzw. -merkmale journalistische Vorstellungen und Bewertungen über journalistische Sachverhalte beeinflussen. Dies bezeichnet den *Einflussaspekt (EA)* des Journalismus (vgl. Kap. 6.1). Im zweiten Schritt wird geprüft, ob und inwiefern Organisations- und/oder Akteursmerkmale von Journalisten journalistische Selektionsentscheidungen bedingen. Dies betrifft den *Auswahlaspekt (AA)* (vgl. Kap. 6.2). Abb. 6.1 zeigt die Gliederung der Hypothesen und Forschungsfragen.

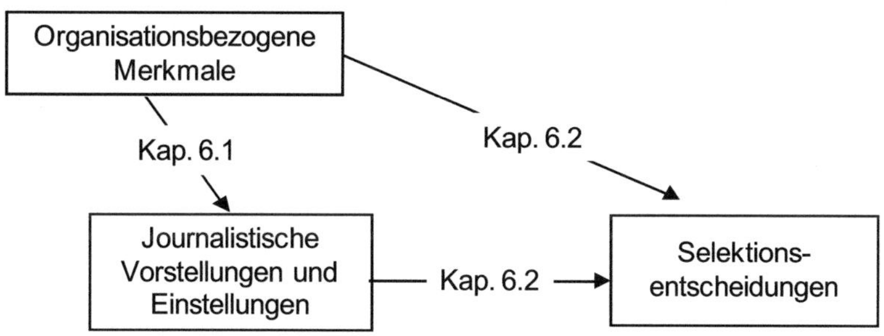

Abb. 6.1: Überblick über die Gliederung der Hypothesen und Forschungsfragen

6.1 Annahmen zum journalistischen Einflussaspekt

Für den Einflussaspekt (EA) ist zu klären, ob organisatorische Strukturen des Journalismus Wissen, Bewertungen bzw. Einstellungen von Journalisten beeinflussen. Nachfolgend werden Annahmen zum Einfluss von Organisationsstrukturen auf Nachrichtenfaktoren, redaktionelle Bezugsgruppen, Ressourcen und politische Einstellungen von Journalisten abgeleitet. Diese Annahmen haben explorativen Charakter.

Subjektive Vorstellungen von Journalisten über *Nachrichtenfaktoren* sind durch institutionalisierte Selektionsprogramme geprägt. Journalistische Selektionsprogramme gelten teilweise organisationsübergreifend, aber sie sind auch teilweise in organisationsspezifische Strukturen eingelagert. Dies ist erstens darauf zurückzuführen, dass Nachrichtenfaktoren auf inhaltlich unterschiedliche Sachverhalte angewendet werden, die z. B. in Redaktionen oder Ressorts differieren. Zweitens liegt dies daran, dass journalistische Organisationen und ihre Teilbereiche aufgrund eigener publizistischen (Teil-)Ziele Selektionskriterien teilweise unterschiedlich definieren bzw. gewichten, um ihre spezifischen Zielgruppen anzusprechen. Haben journalistische Organisationen bzw. Teilbereiche solche spezifischen Ziele, müssten Journalisten Nachrichtenfaktoren entsprechend unterschiedlich wahrnehmen. Ein unterschiedlich stark wahrgenommener bzw. zugeschriebener Nachrichtenwert lässt sich nur dann als abhängig von Organisationsstrukturen interpretieren, wenn sich nicht gleichzeitig die Ereignis- bzw. Nachrichtenlagen (Staab 1990: 113; Kepplinger 1998: 26ff.; Neuberger 1996: 259) geändert haben.[82] Daraus resultiert folgende Forschungsfrage:

> *Forschungsfrage EA1: Unterscheiden sich die wahrgenommenen Nachrichtenfaktoren der Journalisten nach Organisationsziel und nach Ressort?*

Weiterhin wurden redaktionelle und außerredaktionelle Bezugsgruppen unterschieden. Da in Zeitungsredaktionen die Koordinierung von Wissen und Selektionsentscheidungen größtenteils über *Weisungen* oder anderweitig informationelle *Einflüsse und Reaktionen* von Vorgesetzten erfolgt, sind die Einflüsse auf Weisungen zu erklären. Weisungen von Vorgesetzten leiten sich aus der *Entscheidungsbefugnis* ab, die einzelne Journalisten in der Redaktion inne haben. Sie kann mit *Akteursmerkmalen* wie z. B. mit mangelnder Berufserfahrung, aber auch mit einer niedrigen Position in der formalen Hierarchie einhergehen oder sie bedingen. Entscheidungsbefugnis, die dauerhaft bei Vorgesetzten liegt, geht mit langfristig etablierten zentralistischen Entscheidungsstrukturen journalistischer Organisationen einher. Sie existieren unabhängig vom Sozialisationsgrad bzw. Wissensstand einzelner Journalisten, sind demzufolge ein *Organisationsmerkmal*. In diesem Fall ließen sich Einflüsse und Reaktionen von Vorgesetzten auf untergebene Journalisten mit dem Hierarchiegrad in Redaktionen begründen. Da die Entscheidungsbefugnis bisher nicht untersucht wurde, wird explorativ folgende Forschungsfrage abgeleitet:

---

[82] Um dieses Problem zu lösen, sind die Ereignislagen strukturell konstant bzw. inhaltlich vergleichbar zu halten (Kepplinger 1998: 32). Diese methodische Herausforderung wird in Kap. 7 zu lösen versucht.

Forschungsfrage EA2: Welchen Einfluss hat die Entscheidungsbefugnis auf antizipierte Weisungen von Vorgesetzten? Lässt sich die Entscheidungsbefugnis der Journalisten eher akteurs- oder eher organisationsbezogen erklären?

Weiterhin sind allokative Ressourcen in horizontal differenzierten Organisationsstrukturen wie z. B. Redaktionen oder Ressorts eingelagert. Journalisten dürften sie demzufolge kontextabhängig wahrnehmen. Dennoch wenden Journalisten Ressourcen nicht immer bewusst an, so dass sie nicht immer Auskunft darüber geben können. Deshalb wird vorsichtig angenommen, dass *Ressourcen und Gelegenheiten* für Selektionsentscheidungen nach Organisationsstrukturen variieren. So dürften finanzielle Mittel und Personal für Recherchereisen eher in Qualitätszeitungen oder großen Regionalzeitungen vorhanden sein als in kleineren Blättern. Darüber hinaus erhalten Politikressorts in großen Tageszeitungen möglicherweise auch mehr finanzielle Zuwendungen als weniger relevante Ressorts wie z. B. das Feuilleton. Ressourcen sind zudem auch immer abhängig von den publizistischen Zielen, die journalistische Organisationen mit ihrer Berichterstattung gegenüber ihren Zielgruppen verfolgen. Wenn eine Tageszeitung bzw. ein Ressort viel Wert auf Eigenrecherche legt anstatt nur auf Agenturmeldungen, wird sie auch über mehr Personal, Zeit und Geld für Recherchen verfügen. Eine andere Tageszeitung wird demgegenüber mehr Mittel in das Abonnement von Agenturmeldungen stecken. Daraus wird folgende Frage abgeleitet:

Forschungsfrage EA3: Unterscheiden sich Ressourcen und Gelegenheiten je nach Ressort und Zeitungstyp?

Darüber hinaus sind allokative Ressourcen mit autoritativen Ressourcen verknüpft. Einflussreiche Journalisten in der Redaktion verfügen über mehr allokative Ressourcen als weniger einflussreiche Journalisten, bzw. sie können Ressourcen zuweisen oder verweigern. Der Einfluss kann dauerhaft und bereichsübergreifend durch die Position oder situativ für bestimmte Entscheidungsbefugnisse in der Organisation legitimiert sein, so dass hier einige Unschärfen auftreten. Dennoch folgt daraus die Forschungsfrage:

Forschungsfrage EA4: Unterscheiden sich Ressourcen je nach Einflusspozential in der formalen Organisationshierarchie?

Die Ziele journalistischer Organisationen sind nicht zwingend identisch mit den individuellen Zielen von Journalisten. Dieser Fakt wurde insbesondere für die redaktionelle Linie von Zeitungen und die *individuellen politischen Einstellungen* von Journalisten im Rahmen des News-Bias-

Ansatzes diskutiert. Einerseits internalisieren Journalisten die Ziele der Organisation aufgrund von Lernprozessen weitestgehend bzw. werden gemäß den Organisationszielen selektiv rekrutiert. Dies gilt aber insbesondere für Journalisten in überregionalen Zeitungen (Donsbach & Patterson 2003: 288; Donsbach & Wolling 1995: 429). Andererseits verfassen Journalisten im Sinne der redaktionellen Linie Beiträge, besitzen aber davon unabhängige politische Einstellungen. Dies trifft vorrangig auf Journalisten regionaler Tageszeitungen zu (Donsbach & Patterson 2003: 288; Donsbach & Wolling 1995: 429). Deshalb ist zu prüfen, inwiefern die redaktionelle Linie einer Tageszeitung und die individuellen politischen Einstellungen von Journalisten konform gehen. Daraus leiten sich eine Alternativ- und eine Nullhypothese ab:

Hypothese EA5a: Je linker (rechter) die redaktionelle Linie der Tageszeitung ist, für die Journalisten hauptsächlich arbeiten, desto linker (rechter) ist auch ihre persönliche politische Einstellung.

Nullhypothese EA5b: Es gibt keinen Zusammenhang zwischen der redaktionellen Linie der Tageszeitung, für die Journalisten hauptsächlich arbeiten, und ihren persönlichen politischen Einstellungen.

6.2 Annahmen zum journalistischen Auswahlaspekt

Nachfolgend werden Annahmen darüber formuliert, welche Organisations- und Akteursmerkmale journalistische Selektionsentscheidungen direkt beeinflussen. Sie betreffen den Auswahlaspekt, wobei die übergeordnete Forschungsfrage so lautet:

Forschungsfrage: Welche Organisations- und Akteursmerkmale beeinflussen journalistische Selektionsentscheidungen und wie stark sind die Einflüsse im Vergleich zueinander?

6.2.1 Auswahlaspekt aus Nachrichtenauswahlsicht

Mit dem Auswahlaspekt (AA) in der Tradition des News-Bias-Ansatzes und der Nachrichtenwerttheorie wird geprüft, ob wahrgenommene bzw. zugeschriebene Nachrichtenwerte von Journalisten, ihre politischen Einstellungen oder beide Faktoren im Zusammenspiel journalistische Selektionsentscheidungen beeinflussen. Die nachfolgenden Hypothesen zur Erklärung von Selektionsentscheidungen gelten sowohl für primäre als auch für sekundäre Selektionsentscheidungen. Es wird angenommen, dass sowohl der Nachrichtenwert als auch politische Einstellungen von Journalisten zumindest teilweise organisationsspezifisch institutionalisiert sind, wie in Kap. 6.1 postuliert.

In *nachrichtenwerttheoretischer Hinsicht* wurde angenommen, dass der Nachrichtenwert kognitiv aus der Anzahl und Stärke wahrgenommener Nachrichtenstärken sowie ggf. aus Bewertungen gebildet wird. Der Nachrichtenwert bezieht sich aber nicht auf fertige Beiträge (Staab 1990: 105f.), wie viele inhaltsanalytische Studien implizit unterstellen. Stattdessen kann er sich auf Kernereignisse (primäre Selektionsentscheidungen) oder auf damit verknüpfte Sachverhalte (sekundäre Selektionsentscheidungen) beziehen. Demzufolge besteht der Nachrichtenwert für einen Gesamtbeitrag aus den Nachrichtenwerten für einzelne Ereignisse, Probleme, Akteure und Äußerungen und für ihre Relationen zueinander. Deshalb kann man ihn beitragsunabhängig für einzelne journalistische Sachverhalte erfassen. In diesem Fall ist die kognitive Wahrnehmung des Nachrichtenwerts als unabhängige Variable mit der abhängigen Variable journalistischer Selektionsentscheidungen verknüpft. Diese Sicht geht über bisherige Studien hinaus, die lediglich Gewichtungsentscheidungen in der Berichterstattung als Folge positiver Selektionsentscheidungen untersuchen. Der Selektionsaspekt journalistischer Sachverhalte lässt sich zusätzlich in Routinen und Entscheidungen untergliedern. Beide Aspekte sind am Berichterstattungsergebnis nicht unterscheidbar. Diese Arbeit klärt nicht die Bedingungen für Routine- und Entscheidungshandeln, aber sie kann möglicherweise Hinweise auf den einen oder anderen Handlungstyp identifizieren. Der *Routineaspekt* entspricht dem Auswählen vs. Nicht-Auswählen (vgl. Schütz & Luckmann 2003: 492) *eines einzigen journalistischen Sachverhalts*. In diesem Fall wird ein Sachverhalt ausgewählt, dem ein ausreichend hoher Nachrichtenwert zugeschrieben wird. Dafür wird hier kein theoretischer Schwellenwert postuliert. Stattdessen wird dieses Problem empirisch vergleichend gelöst. Versteht man Nachrichtenfaktoren als Wahrnehmungs- und Zuschreibungsmerkmale, lässt sich die *Selektionshypothese der Nachrichtenwerttheorie handlungstheoretisch* umformulieren:

> *Hypothese AA1a: Je höher der zugeschriebene Nachrichtenwert zu einem Sachverhalt ist, desto wahrscheinlicher wählen ihn Journalisten aus.*

Im *Entscheidungsaspekt* wählen Journalisten zwischen mindestens *zwei inhaltlich verschiedenen Sachverhalten.* Zweifellos ist dies eine starke Vereinfachung journalistischer Entscheidungssituationen, die aber für einen ersten Test der reformulierten Nachrichtenwerttheorie genügen muss. Zudem wird hier nur die Auswahl aus vorgegebenen Optionen untersucht, wenngleich Journalisten selektionswürdige Sachverhalte oft erst suchen (müssen). In diesem Fall findet ein mehr oder weniger bewusster Vergleich zwischen den Nachrichtenfaktorstärken verschiedener Sachverhalte statt, die Journalisten wahrnehmen. Die *Selektionshypothese* der Nachrichtenwerttheorie wird *entscheidungstheoretisch* neu formuliert:

> *Hypothese AA1b: Je höher der zugeschriebene Nachrichtenwert zu einem Sachverhalt im Vergleich zu einem anderen Sachverhalt ist, desto wahrscheinlicher wird er von Journalisten ausgewählt.*

Der Nachrichtenwert resultiert in alltagsrationaler Handlungsperspektive aus der Wahrnehmung und Zuschreibung *einzelner oder mehrerer* Nachrichtenfaktoren. Die Additivitätshypothese der Nachrichtenwerttheorie geht dagegen davon aus, dass mehrere Nachrichtenfaktoren die Auswahl von Informationen leiten. Ergänzt wird sie um die Komplementaritätshypothese. Komplementarität kann sich einerseits darauf beziehen, dass ein Nachrichtenfaktor selektionsleitend ist, ein anderer dagegen nicht. Andererseits kann sie bedeuten, dass einzelne Nachrichtenfaktoren positiv und andere negativ selektionsleitend ist. Sowohl Additivitäts- als auch Komplementaritätshypothese argumentieren ursprünglich aber auf Ereignis- bzw. Beitragsebene, für die mehrere Nachrichtenfaktoren als einflussreich angesehen werden. Beide Hypothesen implizieren die Veröffentlichung eines Beitrags als *einen* Handlungs- bzw. Entscheidungsvorgang, für den sie mehrere Nachrichtenfaktoren als gleichzeitig selektionsleitend unterstellen. Aus der Handlungsperspektive lässt sich aber die Publikation eines Beitrags in viele weitere Handlungs- und Entscheidungseinheiten von subjektiv konstruierten Ereignissen, Quellen, Statements etc. zerlegen. Alltagsrational ist aus dieser Perspektive, dass nur einzelne bzw. sehr wenige Selektionskriterien diese separierten Selektionsentscheidungen leiten. Aus diesem Widerspruch zur nachrichtenwerttheoretischen Additivitäts- und Komplementaritätshypothese leitet sich folgende Forschungsfrage ab:

> *Forschungsfrage AA1c: Durch welche Anzahl selektionsleitender Nachrichtenfaktoren definiert sich der Nachrichtenwert? Lassen sich additive und komplementäre Einflüsse von Nachrichtenfaktoren belegen?*

Aus Sicht des *News Bias* erklären politische Einstellungen von Journalisten die Selektion journalistischer bzw. politisch kontroverser Sachverhalte. Da politische Einstellungen situationsübergreifend existieren, politisch kontroverse Sachverhalte aber immer thematisch bzw. situationsspezifisch konkretisiert sind, ist dieses Problem später methodisch zu lösen (vgl. Kap. 7). Politische Einstellungen lassen sich ebenfalls nicht nur mit Ereignissen und Ereignisaspekten (Kepplinger et al. 1989), sondern auch mit Akteuren und ihren Äußerungen (Hagen 1992) sowie mit Issues (Eilders 2004) verknüpfen. Deshalb eignet sich hierfür die in Kap. 5.2.2 vorgestellte Heuristik von politisch unterschiedlich werthaltigen Objektklassen und -relationen, auf die sich politische Einstellungen beziehen. Auch für den News Bias lässt sich die Selektion in einen Routine- und einen Entscheidungsaspekt unterteilen. Aus *Sicht des Routinehandelns* führen politische Einstellungen von Journalisten dazu, dass sie Sachverhalte favorisieren, die für die eigene favorisierte Meinung instrumentell nützlich oder für die gegnerische Meinung instrumentell schädlich sind bzw. subjektiv so wahrgenommen werden. Methodisch bedeutet dies, dass verschiedene Objektklassen und -relationen zu *einem* thematisch konstanten Konfliktgegenstand betrachtet werden. So kann z. B. ein Journalist zur Arbeitslosigkeit als konstantem Konfliktgegenstand routinemäßig verschiedene Quellen heranziehen, die unbewusst »opportune Zeugen« darstellen. Demzufolge stehen hier sekundäre Selektionsentscheidungen im Mittelpunkt, die mit dem Kernereignis verknüpft sind. Daraus leitet sich folgende Hypothese ab:

> *Hypothese AA2a: Je linker (rechter) die subjektive politische Einstellung von Journalisten, desto wahrscheinlicher wählen sie einen linkstendenziellen (rechtstendenziellen) Sachverhalt*[83] *aus.*

Darüber hinaus lässt sich der Selektionsaspekt im News Bias *entscheidungstheoretisch* fassen. Es lassen sich zwei Arten von Entscheidungsproblemen unterscheiden, die durch die *politische Einstellung* beeinflusst werden. Einerseits treffen Journalisten *sekundäre Selektionsentscheidungen.* In diesem Fall ist der zentrale Konfliktgegenstand konstant gegeben, aber es variieren die mit dem Konflikt verknüpften Sachverhalte nach der Instrumentalität für die jeweilige Konfliktseite. So können Journalisten z. B. für einen Beitrag zum »Gesetzentwurf über die Einführung von

---

[83] Ein linkstendenziell formulierter Sachverhalt kann folgendermaßen definiert sein: als instrumentell nützlicher Sachverhalt für die favorisierte Konfliktseite (z. B. Mindestlöhne bekämpfen Armut), als explizite Bewertung (z. B. die mit der Einführung von Mindestlöhnen verbundene Armutsbekämpfung ist gut für die Gesellschaft), als instrumentell schädlicher Sachverhalt für die gegnerische Konfliktseite (z. B. mangelnde Armutsbekämpfung in der Gesellschaft belastet die Sozialkassen) sowie als Informationsquelle (ein linker Politiker z. B. von der SPD), von der Journalisten vermuten, dass sie wahrscheinlich der favorisierten Konfliktseite nahe steht.

Mindestlöhnen« verschiedene Akteure auswählen, die ein Statement zu diesem Entwurf, zu seinen Ursachen oder Folgen abgeben. Andererseits treffen Journalisten auch *primäre Selektionsentscheidungen*, die nach ihrer politischen Werthaltigkeit variieren. Diesen Aspekt vernachlässigt die Theorie der Instrumentellen Aktualisierung (Kepplinger et al. 1989; Ausnahme: Eilders 2004; Engelmann 2009). In Kap. 5.2.2 wurde herausgearbeitet, dass auch Issues und Kernereignisse politisch kontrovers und werthaltig sein können. Wenn einem Journalist zwei Agenturmeldungen zu einem relevanten Kernereignis vorliegen, so kann z. B. das aktuelle Ereignis »Kriminalitätsstudie« mit der Einführung eines Gesetzes zur Vorratsdatenspeicherung verknüpft sein und unter dem Sicherheitsaspekt gerahmt werden, der sich vorwiegend im rechten Wertespektrum verorten lässt (T. Kunz 2005: 265; Eilders 2004: 135). Demgegenüber könnte z. B. das aktuelle Ereignis »Armutsstudie« mit der Einführung eines Gesetzes zum Mindestlohn verknüpft sein und vorwiegend unter dem Armuts- bzw. Solidaritätsaspekt betrachtet werden. Dieser Wert ist eher im linken Spektrum zu verorten (Fuchs & Klingemann 1989: 489f.). Hier stehen also zwei thematisch unterschiedliche, aber strukturell ähnliche Kernereignisse für ideologische Werte, zwischen denen Selektionsentscheidungen denkbar sind. Möglicherweise werden primäre Selektionsentscheidungen nicht aufgrund politischer Gründe getroffen, weil Journalisten verpflichtet sind, über alle relevanten Ereignisse bzw. Probleme zu berichten. Andererseits lässt für primäre und sekundäre Selektionsentscheidungen folgende *News-Bias-Annahme* formulieren:

> *Hypothese AA2b: Je linker (rechter) die subjektive politische Einstellung von Journalisten, desto wahrscheinlicher wählen sie einen linkstendenziellen (rechtstendenziellen) Sachverhalt im Vergleich zu einem rechtstendenziellen (linkstendenziellen) Sachverhalt*[84] *aus.*

Da *politische Einstellungen* als Selektionskriterien in tatsachenbetonten Darstellungsformen nicht professionell legitimiert sind (Flegel & Chaffee 1971), können sie Nachrichtenfaktoren bzw. Nachrichtenwert zu einem Sachverhalt politisch *»einfärben«*. Analog zur obigen Argumentation wählen Journalisten keine fertigen Ereignisse oder Meldungen aus, sondern einzelne mit den Ereignissen verknüpfte Sachverhalte wie Akteure, Äußerungen etc.. Demzufolge dürften Journalisten, die politisch konforme Einstellungen zu Sachverhalten haben, Nachrichtenfaktoren stärker wahrnehmen als Journalisten, die nicht-konforme politi-

[84] vgl. vorherige Fußnote

sche Einstellungen zu Sachverhalten haben. Die politisch »gefärbt« ausgewählten Sachverhalte können sich in einem Beitrag summieren und zu einer politisch einseitigen »Verzerrung« führen. Für diesen Aspekt wird die ursprüngliche Verzerrungshypothese von Galtung & Ruge (1965) (vgl. Kap. 4.2.2) aus News-Bias-Sicht als Instrumentalisierungs-Verzerrungs-Hypothese präzisiert. Sie ist für die handlungs- und entscheidungstheoretische Perspektive gleichermaßen gültig:

Hypothese AA3: Eine politisch konforme Einstellung zu einem Sachverhalt verstärkt den Zusammenhang zwischen wahrgenommenen Stärken von Nachrichtenfaktoren und diesem Sachverhalt, eine politische nicht konforme Einstellung zu einem Sachverhalt schwächt den Zusammenhang ab.

6.2.2 Auswahlaspekt aus Handlungs- und Organisationssicht

Annahmen zu primären Selektionsentscheidungen

Der nachfolgende Hypothesenkomplex betrifft nur primäre Selektionsentscheidungen, wofür die TPB vollständig mit allen drei Einflussbündeln zugrunde gelegt wird. Denn insbesondere primäre Selektionsentscheidungen werden möglicherweise nicht nur durch Nachrichtenfaktoren, sondern auch durch *Bezugsgruppen* beeinflusst. Einflüsse und Reaktionen von Bezugsgruppen sind unterschiedlich legitim für Selektionsentscheidungen, so dass sich daraus keine differenzierten Annahmen ableiten lassen. Entweder Kollegen handeln Selektionsentscheidungen gleichberechtigt aus (Altmeppen 1999), oder Vorgesetzte sind befugt, Selektionsentscheidungen für Untergebene zu treffen. Beide Einflüsse können zusätzlich publikumsorientiert erfolgen, müssen sie aber nicht. Dabei lässt sich nur feststellen, ob – unabhängig von wahrgenommenen Nachrichtenfaktoren für einzelne Sachverhalte – Bezugsgruppen Selektionsentscheidungen zugunsten des favorisierten Sachverhalts zunehmend wahrscheinlicher oder unwahrscheinlicher beeinflussen. Dies würde bei Kollegen und insbesondere bei Vorgesetzten dafür sprechen, dass redaktionelle Kontrolle vorhanden ist, zumindest in der subjektiven Wahrnehmung der Journalisten. Folgende Forschungsfrage wird abgeleitet:

Forschungsfrage AA4: Erklären die journalistische Bezugsgruppen zusätzlich zu den wahrgenommenen Nachrichtenfaktoren Selektionsentscheidungen? Wenn ja, welche Bezugsgruppen sind es?

Daneben können Einflüsse und Reaktionen von Kollegen und Vorgesetzten auch das bisherige Wissen von Journalisten über relevante Nachrichtenfaktoren unterstützen, anstatt Selektionsentscheidungen direkt zu beeinflussen (vgl. Kap. 3.3.2):

Forschungsfrage AA5: Moderieren redaktionelle Bezugsgruppen den Zusammenhang zwischen Nachrichtenfaktoren und Selektionsentscheidung?

Neben Bezugsgruppen und Nachrichtenfaktoren können auch Ressourcen Selektionsentscheidungen beeinflussen, wenngleich dieser Erklärungsbaustein für Entscheidungen bisher weder allgemein handlungstheoretisch noch speziell in der Journalismusforschung ausreichend berücksichtigt wurde. Nicht vorhandene Ressourcen können zwar direkt die Wahl eines Sachverhalts verhindern, aber sie können deren Auswahl nicht erklären. Deshalb beeinflussen Ressourcen primäre Selektionsentscheidungen nur indirekt (vgl. Kap. 5.2.3). Erstens können Ressourcen vermittelt über Vorgesetzte auf Selektionsentscheidungen wirken, da Vorgesetzte bei der Verteilung von allokativen Ressourcen potenziellen Einfluss haben. Wenn z. B. der Vorgesetzte einem Redakteur keine Zeit gibt, einen Beitrag zu recherchieren und zu schreiben, wird es unwahrscheinlicher, dass dieser Beitrag selektiert bzw. publiziert werden kann. Zweitens können insbesondere Gelegenheiten vermittelt über Nachrichtenfaktoren wirken. Wenn z. B. ein Beitrag über ein Ereignis aufgrund seiner Exklusivität (Gelegenheit: schwache Nachrichtenlage zum Ereignis) veröffentlicht werden soll, könnten Journalisten zugleich bestimmte Nachrichtenfaktoren stärker (z. B. Relevanz) oder schwächer (z. B. Etablierung) wahrnehmen, so dass die Selektion dieses Sachverhalts noch wahrscheinlicher wird. Aber Ressourcen müssen zum Entscheidungsgegenstand und zu den anderen Prädiktoren passen, damit sie entscheidungsrelevant werden. Nur solche Ressourcen können den Einfluss von Bezugsgruppen moderieren, die eine Bezugsgruppe auch kontrolliert. So wird z. B. das Publikum kaum redaktions- bzw. ressortbezogene Ressourcen wie Zeit oder Personal moderieren, dagegen aber möglicherweise medienbezogene Ressourcen wie Glaubwürdigkeit, die langfristig ebenfalls primäre Selektionsentscheidungen beeinflussen können:

Forschungsfrage AA6: Welche Ressourcen moderieren den Zusammenhang zwischen Nachrichtenfaktoren bzw. Bezugsgruppen und journalistischen Selektionsentscheidungen?

Zudem kann die Häufigkeit vergangener Selektionsentscheidungen dazu führen (vgl. Kap. 3.3.3), dass sich Journalisten in einer aktuellen Situation wieder für einen ähnlichen Sachverhalt entscheiden, ungeachtet all ihrer aktivierten Vorstellungen. Nun sind vergangene Beiträge aber bereits vollendete Beiträge, die sich aus primären und sekundären Selektionsentscheidungen zusammensetzen. Zudem ist kein Beitrag über ein Ereignis identisch mit einem nachfolgenden Beitrag. Dennoch werden hier vergangene Selektionsentscheidungen als Drittvariable nur für primäre Selektionsentscheidungen berücksichtigt. Man kann also nur typischerweise davon ausgehen, dass sich vergangene und aktuelle Beiträge entweder strukturell im Ereignisanlass oder thematisch-inhaltlich ähneln:

Forschungsfrage AA7: Beeinflusst die Häufigkeit vergangener primärer Selektionsentscheidungen aktuelle Selektionsentscheidungen von Journalisten?

Annahmen zu primären & sekundären Selektionsentscheidungen

Der nachfolgende zweite Hypothesenkomplex betrifft primäre und sekundäre Selektionsentscheidungen gleichermaßen. Wenn in Ressortstrukturen spezifisch institutionalisierte Selektionsprogramme eingelagert sind, ist auch davon auszugehen, dass Journalisten in unterschiedlichen Ressorts unterschiedliche Selektionsentscheidungen treffen. Da hier nur eine Momentaufnahme prägender Strukturen auf journalistische Entscheidungen untersucht wird, enthält diese Annahme Unschärfen. Denn Journalisten handeln mitunter in wechselnden Ressorts. Außerdem sind Ressortstrukturen nicht in allen Redaktionen identisch, sondern weisen nur mehr oder weniger große Schnittmengen zueinander auf. Einige wenige Redaktionen kommen völlig ohne Ressortstrukturen aus. Darüber müssen Ressortstrukturen Selektionsentscheidungen nicht direkt beeinflussen, sondern können auch indirekt über journalistische Vorstellungen wirken (vgl. Kap. 6.1). Trotz dieser Unschärfe wird gefragt:

Forschungsfrage AA8: Unterscheiden sich Selektionsentscheidungen zwischen Journalisten aus unterschiedlichen Ressorts?

Zweitens sind Journalisten häufig spezialisiert auf Themenbereiche bzw. ressortspezifische Themen. So können z. B. Journalisten aus dem Auslandsressort andere Kriterien an einen innenpolitischen Sachverhalt anlegen als Journalisten aus dem innenpolitischen Ressort, ohne diese Kriterien benennen zu können. Deshalb wird neben dem »objektiven«

Ressortkontext untersucht, ob die Ressortrelevanz eines Sachverhalts im redaktionellen Alltag dazu führt, dass Journalisten Selektionsentscheidungen über resssortspezifische Sachverhalte intuitiv unterschiedlich treffen:

Forschungsfrage AA9: Beeinflusst die Ressortrelevanz journalistische Selektionsentscheidungen?

Teils ressortbezogen und teils redaktionsbezogen existieren publizistische Ziele, die zur Auswahl unterschiedlicher Sachverhalte führen können. So dürften z. B. in regionalen Tageszeitungen andere Quellentypen bevorzugt werden als in überregionalen Tageszeitungen. Die subjektive Wahrnehmung des Zeitungstyps kann sowohl organisationsziel- als auch kontextbezogen interpretiert werden. So ist anzunehmen, dass der Zeitungstyp Selektionsentscheidungen beeinflusst. Es wird folgende Forschungsfrage abgeleitet:

Forschungsfrage AA10: Unterscheiden sich die Selektionsentscheidungen von Journalisten sich je nach Zeitungstyp?

Die Ausführungen zu den Organisationszielen gelten auch für die redaktionelle Linie, die als publizistisches Ziel verstanden wird. Die redaktionelle Linie lässt sich analog zu den politischen Einstellungen von Journalisten (Mikro-Ebene) als wahrgenommenes Merkmal der Meso-Ebene (vgl. Kap. 7.2.2) spezifizieren. Folgende Hypothesen werden abgeleitet:

Hypothese AA11: Je linker (rechter) Journalisten die redaktionelle Linie einer Zeitung wahrnehmen, für die sie hauptsächlich arbeiten, desto wahrscheinlicher wählen sie einen linkstendenziellen (rechtstendenziellen) Sachverhalt aus.

Hypothese AA12: Eine politisch konforme redaktionelle Linie zu einem Sachverhalt verstärkt den Zusammenhang zwischen den Wahrnehmungsstärken von Nachrichtenfaktoren und diesem Sachverhalt, eine politisch nonkonforme redaktionelle Linie zu einem Sachverhalt schwächt diesen Zusammenhang ab.

7 Untersuchungsanlage und Methode

7.1 Gesamtanlage der Untersuchung

Scheufele & Engelmann (2009: 93) nennen eine Reihe von Entscheidungen, die man für Untersuchungsanlagen treffen muss. Daran angelehnt werden zunächst denkbare Erhebungsmethoden für die eigene Fragestellung sowie Probleme und Lösungen für das verwendete Forschungsdesign diskutiert. Anschließend werden die Stichprobenziehung und Durchführung der eigenen Untersuchung beschrieben.

7.1.1 Denkbare Untersuchungsanlagen

Die Hypothesen und Forschungsfragen in Kap. 6 fokussieren auf organisations- und akteursbezogene Entstehungsbedingungen der Nachrichtenauswahl. Ein angemessenes Forschungsdesign muss folglich zwei Bedingungen erfüllen:

- den individuellen Entscheidungsprozess von Journalisten bis hin zur Nachrichtenauswahl erfassen
- organisatorische bzw. institutionelle Rahmenbedingungen des individuellen journalistischen Entscheidungsprozesses erkennbar differenziert erfassen

Zunächst sind denkbare Designs für diese Bedingungen zu diskutieren. *Inhaltsanalysen* der Berichterstattung zeigen zwar die Ergebnisse journalistischer Entscheidungsprozesse und lassen indirekte Inferenzschlüsse auf die Aussagenentstehung zu (Früh 2007: 44), aber sie erlauben keine direkten Erklärungen für journalistische Entscheidungsbedingungen und -prozesse (Scholl & Weischenberg 1998: 60). So kann z. B. Staab (1990) mit seinen inhaltsanalytischen Befunden für das Finalmodell der Nachrichtenwerttheorie letztlich nur auf Plausibilität argumentieren, da er wahrgenommene und zugeschriebene Nachrichtenfaktoren in der Berichterstattung, d. h. dem Ergebnis von Selektionsentscheidungen, nicht unterscheiden kann (Fretwurst 2008: 48ff.; Neuberger 1996: 256; Staab 1990: 187). Nachteilig ist, dass solche Inhaltsanalysen wie die von

Staab (1990) empirisch von vornherein mindestens auf organisatorischer bzw. redaktioneller Ebene argumentieren, während sie theoretisch beim einzelnen Journalisten und seinen subjektiven, z. B. politischen Einstellungen ansetzen, die nicht von organisatorischen Bedingungen getrennt werden können. Damit argumentieren Inhaltsanalysen – zieht man Essers (1999) Modellheuristik heran – bereits in der Logik der Aggregation, ohne die Selektionslogik bzw. Handeln auf Individualebene zu berücksichtigen. Ein solches Vorgehen kann einen ökologischen Fehlschluss verursachen (vgl. Alker 1969), wenn man von bestimmten Organisationsmerkmalen auf bestimmte Berichterstattungsmuster schließen will, ohne das Handeln einzelner Journalisten zu berücksichtigen.

Verschiedene Autoren führten *Beobachtungen* journalistischer Entscheidungsprozesse und ihrer Bedingungen durch (z. B. Altmeppen 1999; Krzeminski 1987; Quandt 2005; Rühl 1979). Beobachtungen journalistischer Handlungs- bzw. Entscheidungsprozesse erfassen vorwiegend Handeln bzw. Verhalten. Die Gründe und Ursachen dafür, um dieses Handeln verstehen zu können (Scholl & Weischenberg 1998: 59), sowie teils auch organisatorische Rahmenbedingungen können wiederum nur erfragt werden (vgl. auch Schütz 1991: 60ff.). Möchte man zudem Selektionsentscheidungen inhaltlich beschreiben und erklären, sind zeitgleiche Beobachtungen in verschiedenen Redaktionen kaum zu bewerkstelligen. Beobachtungen eignen sich primär für explorative Fallstudien. Dies schränkt erstens die Vergleichbarkeit von Ergebnissen für verschiedene Kontexte ein und erlaubt zweitens nicht, die Stärken verschiedener Einflussfaktoren auf die Berichterstattung im Vergleich zueinander zu untersuchen.

Befragungen beruhen zwar auf Selbstauskünften von Journalisten, die mit Problemen behaftet sind (Diskussion z. B. Fengler & Ruß-Mohl 2005: 114ff.; Rühl 1980: 53f.), aber sie sind nicht darauf beschränkt. Sie eröffnen Einsichten über Prozesse, denen sich Journalisten in ihrer routinegeleiteten Handlungspraxis nicht bewusst sind und die sich »hinter ihrem Rücken« vollziehen (Scholl & Weischenberg 1998: 55ff). Weiterhin kann man mit Befragungen die Bedingungen für die Aussagenproduktion und für die Berichterstattung erforschen (z. B. Marr et al. 2001; Raabe 2005), nicht aber deren tatsächlichen Einfluss auf die Berichterstattung (Scholl & Weischenberg 1998: 55ff.). Da die Stärken und Schwächen von Befragung und Inhaltsanalyse offenbar komplementär sind, bieten sich alternativ Mehr-Methoden-Designs an, die Befragungs- und inhaltsanalytische Daten aufeinander beziehen (z. B. Scholl & Weischenberg 1998; Weischenberg et al. 1989). Mehr-Methoden-

Designs argumentieren empirisch ebenfalls von vornherein auf Aggregatebene, indem sie z. B. die Einstellungen von Journalisten eines Ressorts bzw. einer Zeitung mit den Medieninhalten dieses Ressorts bzw. dieser Zeitung in Beziehung setzen. So lassen sich die theoretisch unterschiedenen Einflüsse zwischen subjektiven Wahrnehmungen zu Ereignissen bzw. Akteuren, die subjektiven Werte und Ziele von Journalisten (Mikro-Ebene) sowie institutionelle Einflüsse bzw. organisatorische Zwänge (Meso-Ebene) methodisch nicht trennen. Statt eines Zusammenhangs zwischen Einstellungen und Berichterstattung lässt sich lediglich »Parallelität« (Kepplinger 1989b: 61) zwischen journalistischen Einstellungen und Berichterstattung belegen.

Befragungsexperimente bzw. Quasi-Experimente überprüfen journalistisches Handeln und deren Bedingungen, indem sie Journalisten mit künstlichen Auswahlsituationen konfrontieren. Experimente beruhen auf der Logik, dass Journalisten kurze Nachrichtentexte (Vignetten) auswählen bzw. in eine Rangfolge bringen (z. B. Groß & Börensen 2009). Sie argumentieren in der Logik von Input-Output-Analysen (Überblick z. B. Eilders 1997: 51ff.) und rücken Selektions- gegenüber Gewichtungsentscheidungen in den Fokus. In der Nachrichtenwertforschung wurden solche Vignetten nach Nachrichtenfaktoren, ihren Intensitätsausprägungen (z. B. Dimmick 1974; Emmerich 1984; Peterson 1979) oder Nachrichtenfaktor-Kombinationen (z. B. Buckalew 1969) variiert. Aus der Vignettenauswahl von Journalisten wird auf die variierten Selektionskriterien geschlossen (Überblick z. B. Eilders 1997: 53ff.). Peterson (1979) bestätigte darüber hinaus Einflüsse kultureller und organisatorischer Bedingungen auf die Vignettenauswahl.

Kepplinger et al. (1989; Kepplinger 1989b) ergänzten dieses Verfahren, indem sie die Gründe für Selektionsentscheidungen ermittelten. Diese Variante entspricht methodisch einerseits einem *ex-post-facto-Design*, auch als Survey-Design oder Korrelationsstudie bezeichnet (Raithel 2006: 50; Schnell et al. 1999: 206, 220; Zimmermann 1972: 189), da Selektionskriterien und Auswahlentscheidungen von Journalisten miteinander korreliert werden. Andererseits kann dieses Design zusätzlich quasi-experimentellen Charakter haben, wenn die Zusammenhänge nachträglich getrennt für verschiedene journalistische Vergleichsgruppen wie z. B. Journalisten regionaler und überregionaler Zeitungen betrachtet werden. Quasi-experimentell daran ist, dass die Gruppen nicht ex ante geplant bzw. randomisiert werden, sondern Merkmale von Journalisten oder ihrer Kontexteinbettung nachträglich (ex-post-facto) als explizit gruppenbildend im Sinne der Forschungsfrage verwendet werden[85] (Petersen 2002: 79f.).

Sind bestimmte methodische Standards erfüllt, bietet dieses Design für die Nachrichtenauswahlforschung gewisse Vorteile, die auch die von Schütz eingeführten zwei Beobachtungsebenen widerspiegeln (vgl. Kap. 3.1):

- Aus der subjektiven Eigenperspektive von Journalisten (*»Konstruktionen ersten Grades«*) können Selektionsentscheidungen und Auswahlgründe erfragt und deren Zusammenhang geprüft werden.
- Aus der »objektiven« Fremdperspektive (*»Konstruktionen zweiten Grades«*) lässt sich der Institutionalisierungsgrad von Auswahlgründen für bestimmte Kontexte untersuchen (Meso-Ebene). Zudem können Selektionsentscheidungen für spezifische organisatorische Kontexte erklärt werden. So zeigt sich, ob Selektionsentscheidungen auf implizitem Wissen basieren, das Journalisten zwar nicht benennen können, das aber institutionell in spezifische Kontexte eingelagert ist.

Im Gegensatz zum Experiment erlaubt dieses Vorgehen zu prüfen, durch welche Einflussfaktoren journalistische Entscheidungen im Zusammenspiel (stärker) bestimmt werden. Es lassen sich Einflüsse verschiedener Nachrichtenauswahltheorien separieren und gezielt überprüfen. So kann z. B. untersucht werden, ob Journalisten linker Tageszeitungen andere Nachrichteninhalte auswählen als Journalisten rechter Tageszeitungen, und ob diese Auswahl kontextabhängig auf unterschiedlichen Selektionskriterien beruht.

Gleichwohl gibt es inhaltliche und methodische Kritik an solchen Vignettenstudien. Inhaltlich sind Vignettendesigns *künstlich* simulierte journalistische Auswahlsituationen. Dem kann man begegnen, indem man zumindest den thematischen Kontext solcher Vignetten für Journalisten alltagsnah anlegt. Innerhalb bekannter thematischer Kontexte lassen sich fiktive Ereignisse bzw. Ereignisaspekte mit bestimmten Merkmalen variieren. Schwerwiegender ist die Gefahr methodischer Artefakte, wie sie sich aus *kognitionspsychologischen* Theorien ableiten lassen. Stark variierende Vignettenmerkmale könnten eine höhere Aufmerksamkeit der Befragten auf sich ziehen und daher – inhaltsunabhän-

[85] Manche Forscher zählen Korrelationsstudien ebenfalls zu den experimentellen bzw. quasi-experimentellen Untersuchungsanlagen. Bisherige Studien in der Journalismusforschung, die als »quasi-experimentell« bezeichnet werden (z. B. Kepplinger et al. 1989; Donsbach & Patterson 2003), liegen an der Grenze zwischen ex-post-facto- und quasi-experimentellem Design. Für eine ausführliche Diskussion vgl. Petersen (2002: 76ff.)

gig – stärker in deren Urteil einfließen. Schwach variierende Vignettenmerkmale könnten für Journalisten entweder tatsächlich irrelevant sein oder nicht erkannt werden (Wason et al. 2002). Die Simulation zu vieler Vignettensituationen kann zu Reihenfolge-Effekten, Ermüdungserscheinungen oder zu kognitiver Überforderung führen. Solange einschlägige methodische Studien dazu fehlen, lassen sich solche Interpretationen kaum ausschließen (vgl. Diskussion Nisic & Auspurg 2009: 221). In inhaltlicher und methodischer Hinsicht ist bei einem solchen Design die Frage der journalistischen *Handlungsrelevanz* am wichtigsten, d. h. die Wahrscheinlichkeit der praktischen Umsetzung der geäußerten Auswahlentscheidungen im redaktionellen Alltag (z. B. Scholl & Weischenberg 1998: 162). Sie wird auch unter dem Stichwort »externe Validität« behandelt. Nur wenige Studien haben bisher – vor allem im soziologischen Bereich – hypothetische Entscheidungssituationen extern validiert, indem sie Vignettendaten mit Verhaltensbeobachtungen (Eifler & Bentrup 2004; Groß & Börensen 2009) oder gewöhnlichen Verhaltensabfragen (Nisic & Auspurg 2009) verglichen. Sie gehen davon aus, dass bei validen Messungen ein inhaltlich gleicher Einfluss erklärender Variablen auf die Vignettenurteile und auf tatsächlich beobachtetes Handeln besteht.[86] Sie kommen zwar zu dem Ergebnis, dass die externe Validität von Vignettenmessungen im Vergleich zu Handlungsbeobachtungen begrenzt ist, z. B. aufgrund sozialer Erwünschtheit. Dennoch stellen sie studienübergreifend fest, dass Einflussfaktoren auf die geäußerten Handlungsintentionen bei Beobachtungs- bzw. Befragungsstudien und in Vignettendesigns weitgehend dieselbe Effektrichtung aufweisen (z. B. Groß & Börensen 2009: 172; Nisic & Auspurg 2009: 239f.). Solche Methodenvergleiche stehen allerdings für die Journalismusforschung noch aus. Sie könnten z. B. die Frage klären, ob und inwiefern gefundene Auswahlkriterien in Inhaltsanalysen vergleichbar sind mit intendierten Auswahlkriterien von Journalisten, die mittels Vignettenmessung erfolgt sind. Folglich ist anzunehmen, dass sich mit diesen Design möglicherweise nicht einschätzen lässt, ob bzw. wie relevant die getroffenen Selektionsentscheidungen der Vignettensimulation im redaktionellen Alltag sind. Aber es ist anzunehmen, dass sich die Effekte verschiedener Einflussfaktoren im Hinblick auf die Vignetten-

[86] Methodisch argumentiert die Theorie des geplanten Handelns (TPB) mit dem Korrespondenzprinzip (vgl. z. B. Ajzen 1991, 2005). Danach sollen sich die Messungen von Intentionen und Handeln auf exakt die gleichen Handlungsziele und situativen Rahmenbedingungen beziehen, d. h. sie sollten jeweils gleiche Abstraktionslevels aufweisen. Was das für die eigene Studie bedeutet, wird in Kap. 7.2 konkretisiert.

entscheidungen in Relation zueinander gut schätzen lassen. Demzufolge lassen sich etwaige Zusammenhänge zwischen akteurs-bzw. organisationsbezogenen Bedingungen und Entscheidungsprozessen nur auf vergleichbare Kontexte und auf vergleichbar routinierte Handlungssituationen übertragen. Auch wenn die Befunde extern als valider einzustufen sind als die von rein experimentellen Studien, können dynamische Entscheidungsprozesse aufgrund einer sich ständig verändernden Ereignis- bzw. Nachrichtenlage (vgl. Staab 1990: 113) und damit verbundene ständig wechselnde Alternativen in Entscheidungssituationen nur unzureichend einbezogen werden. Es handelt sich demzufolge um die Querschnittserfassung eines »Struktur-Handlungs-Moments«, das simultane Entscheidungsprozesse abbildet. Da auch kollektive Entscheidungsprozesse in Redaktionen nicht berücksichtigt werden können, eignet sich dieses Design insbesondere für die Analyse sekundärer Selektionsentscheidungen, über die Journalisten unterhalb der Themen- bzw. Ereignisebene selbst entscheiden, wie z. B. über die Auswahl von Quellen und Statements. Unabhängig von der Handlungsrelevanz und dem methodisch zu gestaltenden Zusammenhang zwischen Handlungsbereitschaft und tatsächlichem Handeln, sind für ex-post-facto-Designs drei methodologische Probleme zu lösen bzw. mindestens zu diskutieren. Sie betreffen die Zusammenhänge zwischen Selektionsentscheidungen und deren Bedingungen auf der Mikro- und der Meso-Ebene (Schnell et al. 1999: 220ff.):

- Erstens ist die *Varianz der unabhängigen Variablen* zu berücksichtigen. Unabhängige Variablen sind in dieser Studie sowohl organisatorische Kontextmerkmale als auch subjektive Wahrnehmungs- und Zuschreibungsmerkmale von Journalisten. Was die subjektiven Merkmale betrifft, lassen sich interessierende Selektionskriterien direkt vorgeben, um Nachrichtenauswahltheorien gezielt zu überprüfen (vgl. Kap. 7.2.4). Damit stellt das Verfahren eine maximale Kontrolle über die Varianz interessierender Merkmale her. Was organisatorische Kontextbedingungen angeht, so sollten bei der Klassifizierung von (Quasi-)Experimental- und Kontrollgruppe verschiedene Merkmalsausprägungen ausreichend häufig auftreten. Dies betrifft die Samplebildung (vgl. Kap. 7.1.2).
- Zweitens ist bei ex-post-facto-Designs keine *Kausallogik* gegeben, da alle Merkmale einmalig und gleichzeitig erhoben werden. Dies ist ein grundsätzliches Problem von Querschnittdesigns. Zumindest für organisatorische Kontextbedingungen wird plausibel angenommen, dass sie journalistischen Selektionskriterien und Selektionsentschei-

dungen zeitlich vorausgehen und sie strukturell prägen (wenngleich auch die umgekehrte Wirkrichtung theoretisch denkbar ist).

- Drittens besteht die Gefahr von *Drittvariablen-Einflüssen*. Im Falle organisatorischer Kontextbedingungen sind Journalisten nicht zufällig auf die Gruppen verteilt, so dass nicht nur die eigentlich interessierenden unabhängigen und abhängigen Variablen korrelieren, sondern auch Drittvariablen mit ihnen konfundieren können. In diesem Fall lässt sich die eigentliche Ursache der abhängigen Variable nicht mehr ermitteln (Bortz & Döring 1994: 491). So sollten für die Vignetten zusätzliche Drittvariablen erhoben werden, die aus kognitionspsychologischer Sicht aufmerksamkeitsauslösend sein können (vgl. Schnell et al. 1999: 225f.). Kompensieren lassen sich solche Probleme erst bei der Auswertung durch statistische Kontrollverfahren und multivariate Analysen (Bortz & Döring 1994: 488; Raithel 2006: 51; Zimmermann 1972: 222) (vgl. Kap. 7.3).

7.1.2 Stichprobe und Durchführung

Für die hier verfolgte Fragestellung ist eine repräsentative Stichprobe von Journalisten nicht notwendig. Denn erstens benötigen ex-post-facto-Designs varianzreiche Stichproben (Schnell et al. 1999). Dies ist eng verknüpft mit dem Argument von Maurer & Jandura (2008: 70), dass für Untersuchungen von Variablenzusammenhängen repräsentative Stichproben weniger wichtig sind als für Aussagen über Häufigkeitsverteilungen. Dieses Argument korrespondiert ebenfalls mit der Designauswahl. Für kostengünstige, aber varianzreiche Stichproben eignen sich insbesondere Online-Befragungen (Daschmann & Hartmann 2005: 254). Zudem sind sie für Journalisten zeitfreundlich und könnten die Chancen auf deren Teilnahmebereitschaft erhöhen. Auch in technischer Hinsicht dürfte diese Befragungsart für Journalisten unproblematisch sein, weil sie in der Regel vollständig über Internetzugang und Email-Adresse verfügen. Deshalb wird für diese Studie eine Befragung im Online-Modus umgesetzt. Dies stellt aber besondere Anforderungen an die Stichprobenbildung.

Die *Stichprobenbildung* erfolgte zweistufig – zum einen auf Medienebene und zum anderen auf Ebene der Journalisten. Auf *Medienebene* wurde die Auswahl auf Printmedien beschränkt, weil ein alltagsrationales Modell der Nachrichtenauswahl im Organisationskontext erstmalig geprüft wird. Dafür können Nachrichtenszenarios, die textbasiert simuliert sind, nur ein erster Schritt sein. Die weitergehende Auswahl von Printmedien stellt einen Kompromiss zwischen varianzreicher Stichprobe und den beschränkten Möglichkeiten einer simulierten Nachrichtenauswahl dar. Auf der ersten Stufe wurden alle überregionalen sowie die auflagenstärksten regionalen Tageszeitungen ausgewählt (W. J. Schütz 2007). Für eine ausreichend hohe Fallzahl wurde zweimal nachrekrutiert, sodass es drei Rekrutierungswellen[87] gab:

- *1. Welle am 07. August 2008:* überregionale und regionale Tageszeitungen mit einer verkauften Auflage von über 250.000 Exemplaren
- *2. Welle am 04. September 2008:* regionale Tageszeitungen mit einer verkauften Auflage ab 200.000 Exemplaren
- *3. Welle am 11. Februar 2009:* regionale Tageszeitungen mit einer verkauften Auflage ab 150.000 Exemplaren

Durch diese Auswahl ließen sich redaktionsinterne Merkmale wie z. B. Ressorts, Positionen und redaktionelle Linie hinreichend differenzieren. Gleichzeitig wurde die redaktionsexterne Differenzierung möglichst gering gehalten. So gelangten aufgrund der inhaltlich beschränkten Nachrichtenszenarios regionale und überregionale Tageszeitungen mit Boulevardcharakter nicht in die Stichprobe. Dies waren: BILD HAMBURG, B.Z. BERLIN, BERLINER KURIER, EXPRESS KÖLN, TZ MÜNCHEN und ABENDZEITUNG MÜNCHEN. Auf der *zweiten Stufe der Journalisten* wurde streng genommen in den einzelnen Redaktionen eine Vollerhebung angestrebt (Daschmann & Hartmann 2005: 255).

Im ersten Schritt wurden die Chefredaktionen per Briefpost angeschrieben und um Teilnahme am Forschungsprojekt »Journalistische Arbeitsroutinen« gebeten. Das Forschungsvorhaben wurde erläutert und gefragt, ob der Fragebogen-Link an die Chefredaktion verschickt werden darf. Die Vorabkontaktierung von Personen wird gegenüber anderen Formen für Online-Befragungen als seriöser und für die Teilnahme als motivierender gehalten (Lang 2005: 100f.; Weber & Brake 2005: 69). Es war außerdem nur so möglich, an die Email-Adressen einzelner Journalisten zu gelangen, weil darüber keine Verzeichnisse existieren. Bei Einwilligung erhielten die jeweiligen Kontaktpartner den Link mit der Bitte, ihn an alle »redaktionell tätigen Mitarbeiter« in ihrer Redaktion weiterzuleiten. Dies ist zwar ein recht weiches Kriterium für die Definition von Journalisten, aber es konnte nicht erwartet werden,

[87] Der Online-Fragebogen war vom 15. September 2008 bis 15. April 2009 im Feld. Demzufolge hatten die Teilnehmer der ersten zwei Befragungswellen fast zeitgleichen Zugang zum Fragebogen. Die Teilnehmer der dritten Befragungswelle starteten später. Zu den Problemen dieser zeitlichen Verzögerung vgl. Kap. 8.1.4.

dass Redaktionen ihren Email-Verteiler nach wissenschaftlichen Definitionskriterien ausrichten. Deshalb wurde mit einigen Fragen des Fragebogens die Stichprobenverteilung kontrolliert, um möglicherweise ungeeignete Fälle entfernen zu können. Zudem wurde ein offenes Feld mit der Frage eingefügt, für welche Tageszeitung die Befragten hauptsächlich arbeiten, um einen Überblick über die Ausschöpfung je Redaktion zu erhalten. Das Anschreiben wies auf vollständige Anonymität für die Befragten hin und auf eine kurze Bearbeitungsdauer von zehn Minuten, um den laufenden Redaktionsbetrieb nicht allzu sehr zu unterbrechen und um mehr Redaktionen zur Teilnahme zu motivieren (Baur & Florian 2008: 124; Weber & Brake 2005: 67). Die Kontaktpartner wurden beim Versenden des Links darum gebeten, die ungefähre Anzahl der Link-Empfänger zurückzumelden. Allerdings folgten nur sieben Redaktionen dieser Bitte trotz mehrmaliger Erinnerung. Zudem wurden die teilnahmebereiten Redaktionen nach zwei bis drei Wochen nochmals per Mail bzw. telefonisch gebeten, den Link ggf. ein zweites Mal an ihre Mitarbeiter zu senden (Weber & Brake 2005). Ob die Redaktionen diesem Wunsch tatsächlich nachkamen, war über die Online-Fragebogen-Statistik und über den jederzeit einsehbaren Datensatz überprüfbar, sofern die Befragten dieses Feld (Frage 21; Anhang) ausfüllten.

Die Ausschöpfung betrug auf der Medienebene 48% (22 von 46 Tageszeitungen), d. h. knapp die Hälfte der angeschriebenen Tageszeitungen hat sich grundsätzlich zur Teilnahme bereit erklärt. Tatsächlich beantworteten aber nur Journalisten aus 18 Redaktionen den Fragebogen, soweit dies aus der Kontrollfrage (Frage 24; Anhang) ersichtlich wird. Dies entspricht auf Medienebene einer Ausschöpfung von 39%. Auf der Individualebene können nach Weber & Brake (2005: 71) verschiedene Selektionsraten für webbasierte Befragungen angegeben werden, die auch in diesem Fall mitgeloggt wurden (vgl. Abb. 7.1).

		n	%
1.	Link erhalten	736+x	(100)
2.	Aufruf der Startseite (Bruttobeteiligung)	382	52
3.	Aufruf des Fragebogens (Nettobeteiligung)	310	42
4.	Beendigungsquote	138	19
5.	Bereinigte Beendigungsquote	124	17

Abb. 7.1: Selektionsraten der Online-Befragung

Da nur sieben Tageszeitungen Rückmeldung gaben, an wie viele Personen sie den Link verschickt haben, lässt sich nur für 736 Journalisten sicher feststellen, dass sie den Link erhielten. Diese Zahl dürfte allerdings weit höher liegen. Tatsächlich beendigt haben den Fragebogen 138 Personen (19% von n=736). Von diesen 138 Personen blieben nach der Bereinigung 124 Fälle übrig. Es wurden Fälle ausgeschlossen, die entweder keine der abhängigen Variablen beantworteten oder die sich durch den kompletten Fragebogen klickten, ohne ein einziges Item zu beantworten. Die Gesamtausschöpfung lag also bei höchstens 17%. Von diesen 124 Fällen konnten 101 Fälle eindeutig einer Tageszeitung zugeordnet werden, da sie das Feld »tätig für Medium xy« (Frage 21; Anhang) ausgefüllt hatten. Die Ausschöpfung in den sieben Tageszeitungen, über die Angaben möglich sind, lag zwischen 3 und 18%. Es ist anzunehmen, dass die Rücklaufquoten bei den anderen Tageszeitungen ähnlich sind. Solch niedrige Response-Raten bestätigen auch andere Autoren für Online-Befragungen (z. B. Baur & Florian 2008: 119; Lang 2005: 10; Weber & Brake 2005: 79).

Inwiefern ist nun die per Online-Befragung rekrutierte Stichprobe mit Daten der aktuellsten repräsentativen Journalistenbefragung aus dem Jahre 2005 vergleichbar? (Weischenberg et al. 2006). Damit ließen sich etwaige systematische Verzerrungen auf der Individualebene einzelner Journalisten abschätzen (Baur & Florian 2008: 109) und bei der Interpretation der Ergebnisse später berücksichtigen. »Journalisten« wurden in dieser Studie ähnlich definiert wie in der Studie von Weischenberg et al. (2006: 31). Die Autoren definieren Personen als Journalisten, die erstens für ein journalistisches Medium (d. h. nicht für Unternehmenspublikationen, Rätselhefte etc.) arbeiten. Dies ist in dieser Studie durch die bewusste Auswahl von Tageszeitungen erfüllt. Zweitens müssen sie hauptsächlich journalistischen Tätigkeiten nachgehen und nicht technischen oder organisatorischen Aufgaben. Dieses Kriterium wurde mit der Einschränkung im Anschreiben einzuhalten versucht, den Link nur an »redaktionell tätige Mitarbeiter« zu verschicken. Drittes Kriterium ist die Hauptberuflichkeit im Gegensatz zu nebenberuflichen oder ehrenamtlichen Journalisten. Ein Indiz für die Hauptberuflichkeit ist das *Anstellungsverhältnis*. In dieser Studie sind 88% fest angestellt und zwölf Prozent arbeiten als freie Mitarbeiter (vgl. Abb. 7.2). Da die repräsentative Journalistenstudie für Tageszeitungen hochgerechnet 18% »freie Mitarbeiter« für die Grundgesamtheit angibt (Weischenberg et al. 2006: 258), dürften hier Festangestellte leicht überrepräsentiert sein. Für die *Ressortstruktur* geben in der repräsentativen Journalistenbefragung neun Prozent der Tageszeitungsredakteure an, ohne Ressortstruktur zu arbeiten (Weischenberg et al. 2006: 259). In dieser Befragung arbeiten elf Prozent der Journalisten ausschließlich in Newsdesks. Damit ähnelt die eigene Stichprobe dem Newsdesk-Anteil der repräsentativen Journalistenstudie. Weischenberg et al. (2006) schlüsselten die verbliebenen 91% für Ressortzuordnungen auf.[88] Demzufolge arbeiten laut ihrer Studie acht Prozent der Journalisten in den Bereichen Innenpolitik/Nachrichten bzw. Politik/Aktuelles, 59% im Lokal- bzw. Regionalbereich und 24% in sonstigen Ressorts. Da nach dem *Tätigkeitsfeld* gefragt wurde, wurden auch Journalisten mitberücksichtigt, die ausschließlich in Newsdesks arbeiten. Zwölf Prozent der Journalisten rechneten sich den Bereichen Innenpolitik/Nachrichten bzw. Politik/Aktuelles zu, 42% dem Bereich Lokales/Regionales und 46% sonstigen Bereichen. Aufgrund der unterschiedlichen Zahlenbasis sind hier Unschärfen möglich. Hinsichtlich der *Position in der Hierarchie* haben 24% der Journalisten eine Gesamt- und Teilleitungsposition inne, 67% sind Redakteure und neun Prozent Volontäre. Demzufolge sind Führungskräfte und Volontäre in der eigenen Stichprobe etwas überrepräsentiert. »Normale« Redakteure sind dagegen etwas unterrepräsentiert gegenüber der repräsentativen Journalistenbefragung. Dabei muss unterstellt werden, dass die ausgewiesenen Anteile von Weischenberg et al. (2006) auch für die Tageszeitungssparte gültig sind. Die Überrepräsentation könnte zum einen daran liegen, dass Führungskräfte den Link aufgrund ihrer Funktion als Kontaktperson potenziell häufiger erhielten und somit auch größere Chancen hatten, in die Stichprobe zu gelangen. Der Volontärsüberhang erklärt sich möglicherweise dadurch, dass sie unter geringerem Zeitdruck im redaktionellen Alltag stehen und Journalistenbefragungen aufgeschlossener gegenüber stehen, weil sie an Befragungen noch nicht so häufig teilgenommen haben wie erfahrenere Kollegen. Es ist auch denkbar, dass der Überhang regionaler Tageszeitungen die etwas andere Verteilung der Positionen erklärt.

Zusammenfassend zeigt Abb. 7.2, dass sich die selbstselektiven Tendenzen von Online-Befragungen in dieser Stichprobe nicht so stark widerspiegeln, wie für Online-Studien oft befürchtet wird. Allerdings sind diese Coverage-Fehler nicht weiter problematisch, weil sie sich im

[88] Dabei ist zu beachten, dass hier nach Tätigkeitsfeldern der Journalisten gefragt wurde, so dass auch Newsdesk-Mitarbeiter dazu Angaben machen konnten. Allerdings ist wahrscheinlich, dass viele der Newsdesk-Mitarbeiter aufgrund von Mehrfachantworten keinem Ressort zugeordnet wurden. Weischenberg et al. (2006) haben dagegen nach der Ressortzugehörigkeit gefragt, sodass Newsdesk-Mitarbeiter dort von vornherein in die Ausprägung »kein Ressort« fielen.

Sinne einer disproportional geschichteten Stichprobe interpretieren lassen, wie sie Schnell et al. (1999) für ex-post-facto-Designs fordern, um Stichprobenvarianz zu schaffen.

	Eigene Befragung		**Repräsentative Journalistenstudie**	
	Anteile in %		**Anteile in %**	
Arbeitsverhältnis	(n=122)			
Festangestellte	88		82	
Freie Mitarbeiter	3		18	
Sonstiges/nicht erkennbar	9			
Ressort/Tätigkeitsfeld				
Kein Ressort	11[a] (von 100 %)		9	100 %
Innenpolitik/Nachrichten; Politik/Aktuelles	12	100 %	8	
Lokales/Regionales	42		59	
Sonstiges	46		24	
Position in der Hierarchie				
Gesamt- und Teilleitung	24		17	
Redakteure	67		78	
Volontäre	9		6	

[a)] In der eigenen Befragung wurden Tätigkeitsfeld und Newsdeskzugehörigkeit extra abgefragt. Demzufolge sind die übrigen 89% der Journalisten mit Ressortzugehörigkeit nicht aufgeführt, während der Wert der repräsentativen Journalistenbefragung (9%) als Anteil der kompletten Ressortverteilung ausgewiesen ist.

Abb. 7.2: Abgleich der eigenen Stichprobenzusammensetzung mit der repräsentativen Journalistenstudie von 2005

7.2 Der Fragebogen

7.2.1 Aufbau und Gestaltung des Online-Fragebogens

Der Fragebogen ist grob in zwei Blöcke gegliedert. Im *ersten Block* werden die Indikatoren der Theorie des geplanten Handelns (TPB) erfasst (Abb. 7.3; Fragen 1-19 Fragebogen). Er ist an das Grundmodell der TPB angelehnt und enthält Fragen zu den wahrgenommenen Nachrichtenfaktoren der Nachrichtenszenarios, zu den journalistischen Bezugsgruppen, zu den journalistischen Ressourcen, zu Drittvariablen und zu den simulierten Selektionsentscheidungen selbst. Den ersten Kernbereich dieses Blocks bilden die Issues (Frage 6, 10), die eine Auswahlsituation simulieren. Zu jeder Issue-Option wurden die wahrgenommenen Stärken und Bewertungen der Nachrichtenfaktoren abgefragt (Fragen 7, 8, 11 und 12). Daneben wurden politische Einstellungen zu den Issues erfragt (Frage 5). Darüber hinaus wurden als Drittvariablen die vergangene Selektionshäufigkeit der Issues (Frage 1) und die Qualität der simulierten Issue-Optionen abgefragt (Fragen 9, 13). Dieser Kernbereich schließt mit der simulierten Issue-Entscheidung (Frage 14). Den zweiten Kernbereich in diesem Block bildet die Auswahl von Statements und Quellen, die auf der Issue-Auswahl beruhen. Dieser Übergang wird im Online-Fragebogen als Filterfrage umgesetzt (Scheufele & Engelmann 2009: 135f.). Hat ein befragter Journalist sich für die Veröffentlichung eines Issues entschieden, bezieht sich die weitere Auswahl von Statements und Quellen nur noch auf dieses Issue. Mit diesen Gabelfragen wird die weitere journalistische Bearbeitung des Beitrags simuliert. Journalisten entscheiden sich also für spezifische Quellen (Fragen 15a oder 15b) und Statements (Fragen 16a oder 16b), mit denen sie ihren Beitrag zum Issue bzw. zum Ereignis fortschreiben würden. Für die Quellen- und Statement-Auswahl wurde die Wahrnehmung der Nachrichtenfaktoren global abgefragt (Fragen 17a oder 17b). Am Anfang und am Ende dieses Blocks wurden die Bezugsgruppen und die Ressourcen angeordnet. Bezugsgruppen (Fragen 4 und 18) und Ressourcen (Fragen 3 und 19) bestehen jeweils aus Stärke- und Bewertungsabfragen. Demzufolge unterscheiden sich Fragen zwar in der Formulierung und Skalierung, nicht aber in den Items. Um die Befragten nicht zu langweilen oder zu frustrieren bzw. um von dieser Ähnlichkeit abzulenken, wurden diese Abfragen möglichst weit voneinander entfernt platziert. Die Bezugsgruppen und Ressourcen dienen gleichzeitig als Einstiegs- bzw. Überleitungsfragen zum zweiten Block.

Nr.	Variablen(-bündel)	Fragevariante	Konstrukt in der TPB	Objektklasse
1	Vergangene Selektionshäufigkeit	Geschlossene Frage	Drittvariable	Issue
3	Vorstellungen von Ressourcen	Listen-Frage (6 Items)	Handlungskontrolle	Issue
4	Vorstellungen von Bezugsgruppen	Listen-Frage (4 Items)	Subjektive Norm	Issue
5	Politische Meinung zu beiden Issues	Geschlossene Frage		Issue

(Fortsetzung folgende Seite)

Nr.	Variablen(-bündel)	Fragevariante	Konstrukt in der TPB	Objekt-klasse
	Simulation der Issue-Option 1 »Flugdatenspeicherung«			
6	Rechts gerahmte Issue-Option »Flugdatenspeicherung«	situationsspezifische Simulation	Issue-Option 1	Issue/ Ereignis
7	Wahrgenommene Nachrichtenfaktoren für Option 1	Listen-Frage (5 Items)	Handlungs-vorstellung	Issue/ Ereignis
8	Bewertete Nachrichten-faktoren für Option 1	Ranking-Frage (5 Items)	Handlungs-vorstellung	Issue/ Ereignis
9	Qualität der Vignette »Flugdatenspeicherung«	Semant. Differenzial (7 Items)	Drittvariable	zum Teil Issue
	Simulation der Issue-Option 2 »Mindestlohn«			
10	Links gerahmte Issue-Option »Mindestlohn«	situationsspezifische Simulation	Issue-Option 2	Issue/ Ereignis
11	Wahrgenommene Nachrichtenfaktoren für Option 2	Listen-Frage (5 Items)	Handlungs-vorstellung	Issue/ Ereignis
12	Bewertete Nachrichten-faktoren für Option 2	Ranking-Frage (5 Items)	Handlungs-vorstellung	Issue/ Ereignis
13	Qualität der Vignette »Mindestlohn«	Semant. Differenzial (7 Items)	Drittvariable	zum Teil Issue
14	Issue-Entscheidung Option 1 vs. Option 2	Filterfrage	Entscheidung	Issue/ Ereignis
	Simulation von Quellen- und Statement-Optionen			
15a	Quellen für »Flugdatenspeicherung«	Gabel Teil 1 Situative Fragen	Entscheidung	Quellen
16a	Statements für »Flugdatenspeicherung«	Gabel Teil 1 Situative Fragen	Entscheidung	State-ments
17a	Nachrichtenfaktoren zu Quellen/Statements für »Flugdatenspeicherung«	Gabel Teil 1 Listen-Frage (6 Items)	Handlungs-vorstellung	Quellen/ State-ments
15b	Quellen für »Mindestlohn«	Gabel Teil 2 Situative Fragen	Entscheidung	Quellen
16b	Statements für »Mindestlohn«	Gabel Teil 2 Situative Fragen	Entscheidung	State-ments
17b	Nachrichtenfaktoren zu Quellen/ Statements für »Mindestlohn«	Gabel Teil 2 Listen-Frage (6 Items)	Handlungs-vorstellung	Quellen/ State-ments
18	Bewertung der Bezugsgruppen	Listen-Frage (4 Items)	Subjektive Norm	Issue
19	Bewertung der Ressourcen	Listen-Frage (6 Items)	Handlungskon-trolle	Issue

Abb. 7.3: Aufbau des ersten Blocks im Online-Fragebogen

Der *zweite Block* erhebt Merkmale, die organisationstheoretisch an die TPB anschließen und damit Hintergrundvariablen für die TPB darstellen (Abb. 7.4; Fragen 20-28 Fragebogen).

Nr.	Variablen	Fragevariante	Bemerkungen	Objekt-klasse
20	Ressortrelevanz für innenpolitische Issues	Geschlossene Frage	1. Indikator für Arbeitstätigkeit nach Ressort bzw. Themen-feld	Issue
21	Medium	Offene Frage	Kontrollfrage	
22	Arbeitsverhältnis	Geschlossene Frage		
23	Redaktionelles Umfeld	Geschlossene Frage		
24	Arbeitstätigkeit nach Ressort/ Themenfeld	Offene Frage	2. Indikator für Arbeitstätigkeit nach Ressort bzw. Themen-feld	
25	Berufserfahrung	Offene Frage		
26	Position in der Redaktion	Geschlossene Frage		
27	Organisationsmerkmale	Semantisches Differenzial (4 Items)	Hierarchiegrad Redakt. Linie (2 Items) Zeitungstyp	
28	Grad der Entscheidungs-befugnis in der Redaktion	Dialog Bildblatt zwei Personen		

Abb. 7.4: Aufbau des zweiten Blocks im Online-Fragebogen

Gestaltung des Online-Fragebogens

Bevor der Fragebogen ins Feld ging, wurden ein inhaltlicher Pretest und ein Usability-Pretest für den Online-Fragebogen durchgeführt. Für den inhaltlichen Pretest wurden elf Journalisten aus verschiedenen überregionalen und regionalen Tageszeitungen unterschiedlicher redaktioneller Linien und in verschiedenen Positionen befragt. Aufgrund der Pretest-Ergebnisse wurden der Fragebogen sowie einzelne Items gekürzt bzw. vereinfacht, die Issue-Vignetten strukturell ähnlich formuliert und offene Abfragen noch stärker begrenzt. Insgesamt lobten die Journalisten, dass der Online-Fragebogen sehr realistisch angelegt ist und dass viele Fragen offene Ausprägungen enthalten, die Raum für Anmerkungen der Journalisten ließen.

Für den Usability-Pretest klickten sich acht Personen durch den Fragebogen und kommentierten auf jeder Seite direkt den Inhalt und/oder die Gestaltung des Fragebogens. Daraufhin wurde der Fragebogen gestalterisch überarbeitet. An dieser Stelle ist auf die spezielle Gestaltung von Online-Fragebögen kurz einzugehen, da sie Teilnahmebereitschaft sowie Antwortverhalten und damit die externe Validität der erhobenen Daten beeinflussen können (Maurer & Jandura 2008: 67ff.; Weber & Brake 2005: 65ff.). Um die Teilnahmebereitschaft möglichst hoch zu halten, wurde der Online-Fragebogen so gestaltet, dass die Befragten nicht scrollen müssen. Die Einleitungstexte der Fragen wurden möglichst kurz gehalten. Eine Fortschrittsanzeige im Fragebogen sollte die Befragten motivieren, ihn bis zum Ende auszufüllen. Die Anzahl der Items wurde jeweils klein gehalten. Schließlich wurde darauf geachtet, dass der Fragebogen nicht mehr als 30 Fragen beinhaltete und das Ausfüllen nicht länger als ca. zehn Minuten dauerte. Um das Antwortverhalten der Befragten nicht durch die Fragebogen-Gestaltung zu beeinflussen, wurden die Items rotiert, um Reihenfolgeeffekte zu kontrollieren (Weber & Brake 2005: 76). Weiterhin wurden die Journalisten nicht zum Beantworten der Items und der simulierten Entscheidungen gezwungen, um sie nicht zu frustrieren und zum Abbruch zu treiben (ähnlich Baur & Florian 2008: 125). Zudem bildet erzwungenes Ausfüllen alltagsnahe Entscheidungsprozesse nicht angemessen ab. Weiterhin wurden Textboxen eingesetzt, damit die Befragten zusätzliche Aspekte zum Untersuchungsgegenstand eintragen konnten (Weber & Brake 2005: 68). Alle genannten Maßnahmen sollten die Teilnahmebereitschaft steigern bzw. das Antwortverhalten der Befragten möglichst wenig beeinflussen. Kenntnisse über die Situation beim Ausfüllen des Fragebogens wie z. B. Zeitdruck oder Stress in der Redaktion (Daschmann & Hartmann 2005: 255) sind aber nicht vorhanden.

7.2.2 Organisationsvariablen

Nachfolgend werden die Organisationsvariablen (Block 2 im Fragebogen) operationalisiert, die den Organisationskontext journalistischen Selektionshandelns bilden und es mehr oder weniger stark prägen.

Hierarchien in journalistischen Organisationen

Hierarchien in journalistischen Organisationen konkretisieren sich durch vertikal angeordnete formalisierte Rollen (vgl. Kap. 4.1.2). Sie sind vertraglich festgelegte *Positionen* mit spezifischer Bezahlung und ausgewiesenen *Entscheidungsbefugnissen.* Die Entscheidungsbefugnis hängt mit dem *Hierarchiegrad* zusammen (vgl. Kap. 2.2.2). Demzufolge sind drei Variablen zu operationalisieren, die sich aus formalen Hierarchien in journalistischen Organisationen ableiten.

Formelle Hierarchien lassen sich in Zeitungsredaktionen durch *Positionen* klar beschreiben (vgl. Weischenberg et al. 2006: 75f., 233). An der Spitze steht der Chefredakteur, der die Redaktion leitet. Diese Ausprägung wurde hier ausgespart, weil der Fragebogen von dieser Ebene aus an Redaktionsmitarbeiter weitergeleitet wurde (vgl. Kap. 7.1.2). Innerhalb von Redaktionen sind bestimmte Arbeitsbereiche bzw. Ressorts vorhanden. Leiter der Ressorts erfüllen Teilleitungsfunktionen, da sie die Mitarbeiter des Ressorts führen und kontrollieren sowie die Themen mit anderen Teilbereichen koordinieren. In den Ressorts arbeitet die große Gruppe der Redakteure ohne Leitungsfunktion. Dazu gehören auch freie Mitarbeiter. Am unteren Hierarchieende befinden sich die noch in Ausbildung befindlichen Volontäre (Frage 26; Anhang).

Für die empirische Erfassung von *Entscheidungsbefugnis* und -delegation finden sich in der Literatur verschiedene Verfahren (Überblick: Kubicek & Welter 1985: 252ff.; Kieser & Walgenbach 2007: 194ff.), die entweder direkt bei den Entscheidungen oder bei den Entscheidungsträgern ansetzen. Bei den Entscheidungen anzusetzen, ist hier wenig sinnvoll, da nicht verschiedene Typen von Entscheidungen in journalistischen Organisationen Gegenstand der Analyse ist, sondern lediglich ein Typ – nämlich Selektionsentscheidungen. Deshalb wird bei den Entscheidungsträgern angesetzt, um die individuellen Entscheidungsbefugnisse zu ermitteln. Aufgrund der erfragten Selbsteinschätzung handelt es sich um wahrgenommene Entscheidungskompetenzen (vgl. Kieser & Walgenbach 2007: 195) (Frage 28; Anhang). Entscheidungsdelegation ist als relationales Merkmal gegenüber Entscheidungsbefugnis umso ausgeprägter (Kieser & Walgenbach 2007: 194ff.):

- je mehr Entscheidungen auf unteren Ebenen getroffen werden,
- je weniger Abstimmung mit übergeordneten Stellen gefordert und je niedriger deren hierarchische Position ist.

Der *Hierarchiegrad* wird häufig über die Gliederungstiefe in Organisationen erfasst. Die Gliederungstiefe gibt die vertikale Spanne über die Anzahl der Hierarchieebenen an (Überblick: Kubicek & Welter 1985: 118ff.; Kieser & Walgenbach 2007: 190f.). Aber die Überlegungen in Kap. 2.2.2 und Kap. 4.1.1 haben gezeigt, dass Hierarchien zunehmend verdeckter existieren. Zudem nehmen Journalisten Organigramme und damit verbundene Hierarchieebenen in ihrer Redaktion sehr unterschiedlich wahr (Neverla & Walch 1994), zumal es in einzelnen Ressortbereichen kaum mehr als zwei Hierarchieebenen gibt. Deshalb wird nicht nach der Anzahl der Hierarchieebenen gefragt, sondern Hierarchie als wahrgenommenes Globalurteil abgefragt (Item in Frage 27; Anhang).

Journalistische Arbeitsteilung

Neben vertikalen Abstufungen im Redaktionsgefüge gliedern sich Redaktionen auch horizontal (vgl. Kap. 4.1.1). Die unzähligen Differenzierungen in Ressorts und thematische Sachgebiete (Meier 2002: 280; Weischenberg et al. 2006: 233f.) sind empirisch zu berücksichtigen. Weischenberg et al. (2006: 77) schlagen vor, typische *Ressortzugehörigkeiten* von Journalisten offen zu erfragen (Frage 24; Anhang) und sie nachträglich zu kategorisieren. Die *Ressortrelevanz von Sachverhalten* gibt Auskunft darüber, wie relevant für die befragten Journalisten in ihrem redaktionellen Alltag die Selektion innenpolitischer Issues bzw. Themen ist (Frage 20; Anhang). Da die Issue-Optionen zwar auf innenpolitische Themen beschränkt sind, aber auch Journalisten anderer Ressorts Entscheidungen über innenpolitische Themen treffen, lassen sich etwaige Unterschiede zwischen den Selektionsentscheidungen auf die Ressortrelevanz zurückführen, die hier ein Indikator für implizite bzw. nicht benennbare Selektionskriterien ist.

Neben Ressorts entstehen zunehmend flexiblere und ressortübergreifende Teammodelle in Redaktionen (Meier 2002: 207ff.). Relevant sind hier *Newsdesks* (Meier 2005, 2006), sofern sie formalisiert als ressortübergreifende Struktur bestehen. Da Journalisten nicht immer feste Positionen in Redaktionen einnehmen, ist auch eine Mischform vorgesehen. Um eventuelle weniger übliche Formen der Zusammenarbeit in Redaktionen zumindest zu erfassen, gibt es zusätzlich eine offene Ausprägung (Frage 23; Anhang).

Publizistische Organisationsteilziele

Organisationsziele können auf verschiedene Weise empirisch identifiziert werden (Überblick z. B. Mohr 1973: 478). Organisationsziele sind zwar Merkmale kollektiver Einheiten (z. B. Ressorts), dennoch ist empirisch der individuelle Zugang zu Organisationszielen eine notwendige (aber keine hinreichende) Bedingung, um zu prüfen, ob bzw. inwiefern

Journalisten Organisationsziele kennen, die sich möglicherweise in ihren wahrgenommenen Selektionskriterien und/oder ihren Selektionsentscheidungen widerspiegeln.

Aus dem News-Bias-Ansatz lässt sich die *redaktionelle Linie* als publizistisches Organisationsziel von Redaktionen bzw. spezifischen Ressorts ableiten. Dafür wurden zwei Indikatoren verwendet. In einem 5-stufigen semantischen Differenzial wurde einerseits nach der Links-Rechts-Ausrichtung der Zeitung gefragt und andererseits nach der Vorortung auf dem Kontinuum zwischen liberalem und konservativem Pol (Items in Frage 27; Anhang). Die Erfassung der redaktionellen Linie wird demzufolge durch die subjektive Wahrnehmung der Journalisten gebrochen (auch: Donsbach & Patterson 2003: 288; Reinemann 2003: 136f.). Neben der politischen Ausrichtung wird die *räumliche Ausrichtung* von Tageszeitungen als Organisationsziel operationalisiert. Auch sie wird 5-stufig mit den Polen »regional« vs. »überregional« abgefragt (Item in Frage 27; Anhang). Es ist zu berücksichtigen, dass dieses Organisationsziel empirisch weitreichender sein kann als die redaktionelle Linie, da es sich nicht nur auf einzelne Organisationsbereiche wie z. B. das Politik- oder das Wirtschaftsressort beschränkt, sondern sich u. U. auf alle Themenbereiche erstrecken und redaktionsweit gültig sein kann.

Fragt man publizistische Ziele als subjektiv wahrgenommene Größen ab, kann man prüfen, inwieweit Journalisten aufgrund ihres expliziten Wissens über organisatorische Ziele handeln. In der »objektiven« Rekonstruktion würden Journalisten Organisationsziele möglicherweise nicht explizit kennen, sie aber handelnd anwenden. In diesem Fall ließen sich Organisationsziele möglicherweise indirekt über kontextspezifisch unterschiedliche Selektionsentscheidungen erschließen. Publizistische Ziele für die Nachrichtenauswahl, die sich aus der journalistischen Qualitätsforschung ableiten lassen, bleiben hier ausgeklammert (Überblick z. B. Neuberger 1996: 100ff.; Schatz & Schulz 1992).

Journalistische Bezugsgruppen

Vorstellungen beziehen sich u. a. auf journalistische Bezugsgruppen (vgl. Kap. 5.2.1), die zwar als subjektiv wahrgenommene Merkmale auf der Mikro-Ebene operationalisiert werden, aber sich teilweise auch auf die Meso-Ebene (Leser und Vorgesetzte) beziehen. Wie lassen sich nun die sozial geteilten und handlungsrelevanten Bezugsgruppen ermitteln, die Selektionsentscheidungen beeinflussen oder auf sie reagieren?[89] Vorstellungen von Bezugsgruppen in der TPB sind lediglich inhaltsleere Anfangsbedingungen oder Brückenannahmen (Kelle & Lüdemann 1995: 252), die für journalistisches Selektionshandeln zu spezifizieren sind. Vorstellungen lassen sich entweder *direkt durch Vorbefragungen erheben*, oder man greift auf *empirische Befunde* zurück, um sozial geteilte Vorstellungen zu ermitteln (Opp & Friedrichs 1996: 548). In dieser Variante werden Brückenhypothesen theoriearm generiert (z. B. auch Ajzen & Fishbein 1980; Friedrichs et al. 1993; Kelle & Lüdemann 1995).

Die *direkte empirische Erhebung* zielt auf ein offenes bzw. nicht-standardisiertes Vorgehen ab. Es hat den Vorteil, das Antwortspektrum nicht a priori einzuschränken und die Reaktivität der Befragten zu senken (Krampen 2000: 63). Aber Antworten können unvollständig sein. Sie sind nicht standardisiert und unterschiedlich abstrakt (Friedrichs et al. 1993: 8). Erhebt man Vorstellungen in der eigentlichen Erhebung offen, ist die zusätzliche Abfrage dazugehöriger Vorstellungsstärken und Bewertungen innerhalb der gleichen Erhebung kaum handhabbar (vgl. Stolle 2000). Offene Abfragen in explorativen Vorstudien durchzuführen (Ajzen & Fishbein 1980: 63), eignet sich dagegen forschungspraktisch nicht, weil die Grundgesamtheit in Frage kommender und teilnahmewilliger Journalisten schon für die Haupterhebung eher überschaubar ist (vgl. Engelmann 2011).

Deshalb wurden handlungsrelevante journalistische Bezugsgruppen aus *empirischen Befunden* abgeleitet (vgl. Kap. 4.1.3) und standardisiert vorgegeben. Dies ist notwendig, um nicht idiosynkratische Bezugsgruppenvorstellungen zu erheben, sondern potenziell kollektiv zugängliche (vgl. Kap. 3.3.1) (Fishbein & Ajzen 1975; Ajzen 2005). Hierfür ist zu klären, wie viele Bezugspersonen bzw. -gruppen vorzugeben sind. Erstens müssen sie als forschungsleitende Hypothesen in der Untersuchung situative Handlungsrelevanz besitzen. Zweitens sind aufgrund der begrenzten menschlichen Informationsverarbeitung nur wenige Bezugsgruppen handlungsrelevant (Friedrichs et al. 1993: 9). In der Literatur werden zwischen drei und neun Vorstellungen genannt (Ajzen & Fishbein 1980: 63f., 70; Pligt & Eiser 1984; Simon 1974). Hier wurden fünf Bezugsgruppen-Items gebildet. Vier Items betreffen antizipierte *Reaktionen von Bezugsgruppen*, die in den bisherigen Befunden einen Anteilswert von über 80% in der Zeitungssparte hatten (vgl. Kap. 4.1.3) – Vorgesetzte, Leser, Kollegen und Freunde/Bekannte (Frage 4 und 18;

[89] Die Ausführungen zu dieser Frage gelten analog für Nachrichtenfaktoren (vgl. Kap. 7.2.4) und für Ressourcen.

Anhang). Das fünfte Item zum *Einfluss von Vorgesetzten* wurde aufgrund der besseren Skalenpassung den Fragen 3 und 19 (Anhang) zugeordnet. Jedes der fünf Items steht so für eine Annahme darüber, dass diese Bezugsgruppe die primäre Selektionsentscheidung vorab oder nachträglich beeinflusst. Vorgesetzte bilden zudem einen Link zu den Indikatoren, die für Hierarchien in journalistischen Organisationen vorgeschlagen wurden. Zusätzlich war eine offene Antwortkategorie vorhanden, um weitere subjektiv kognitiv zugängliche Bezugsgruppen-Reaktionen und -Einflüsse angemessen zu erfassen, die möglicherweise kollektiven Status erreichen.

Grundsätzlich problematisch an vorgegebenen Items ist, dass sie Zugänglichkeit von Wissen unterstellen[90] und im zweiten Schritt zusätzlich die Stärke dieser Zugänglichkeit per Befragung ermittelt wird. Vertreter von Ansätzen zur Ökologischen Rationalität (z. B. Gigerenzer & Goldstein 1996; Gigerenzer & Selten 2001) vermeiden sowohl die Vorgabe von Entscheidungsgründen als auch Abfragen, die die Stärke dieser Gründe betreffen. Stattdessen schließen sie aus der Reihenfolge genannter Gründe oder Vorstellungen für eine Entscheidung auf die Stärke der Zugänglichkeit. Indem hier die vorgegebenen Vorstellungen als empirisch prüfbare Hypothesen darüber formuliert werden, welche Bezugsgruppen für Journalisten in bestimmten Kontexten handlungsrelevant sind, lässt sich das Vorgehen rechtfertigen.

Journalistische Ressourcen und Restriktionen

Anders als zu journalistischen Bezugsgruppen gibt es zu journalistischen Ressourcen bisher kaum systematische empirische Untersuchungen, so dass auf wenige, aber dafür fundamental relevante allokative Ressourcen für Selektionshandlungen zurückgegriffen wird. Frage 3 im Anhang zeigt die Items, die aus den Überlegungen in Kap. 4.1.4 abgeleitet wurden: Zeit, Platz und Personal sowie die Medienorientierung, die mit den Items zur Exklusivität und Koorientierung operationalisiert werden. Auch für die Ressourcen wurde die 5-stufige Wahrscheinlichkeitsskala von »trifft überhaupt nicht zu« bis »trifft voll und ganz zu« verwendet, um die wahrgenommenen Stärken für vorhandene Ressourcen bei Themenvorschlägen anzugeben. Die Bewertungen journalistischer Ressourcen erfassen, inwieweit einzelne Ressourcen journalistische Selektionsentscheidungen erleichtern oder erschweren: Die Abfrage erfolgte

90 Stattdessen können vorgegebene Items die Vorstellungen von Befragten erst zugänglich machen (Fishbein & Ajzen 1975: 218f., FN 1).

5-stufig von »sehr schwer« bis »sehr leicht« (Frage 19; Anhang). Die Ressourcen wurden ebenso wie die Bezugsgruppen über alle Handlungsoptionen hinweg erhoben, weil sie nicht mit jeder Selektionsoption variieren dürften wie z. B. Nachrichtenfaktoren.

7.2.3 Journalistische Auswahloptionen

Auf der Basis von Auswahloptionen werden Selektionsentscheidungen getroffen. Sie sind die abhängigen Variablen in dieser Studie. Journalistische Selektionsoptionen lassen sich offen oder geschlossen abfragen (Jungermann et al. 2005: 27), je nachdem, ob Entscheidungen aufgrund sequenziell generierter oder simultan zu vergleichender Optionen erhoben werden. Mit vorgegebenen Optionen lassen sich sowohl das politische Relevanzmodell der Nachrichtenauswahl als auch ressort- und organisationszielspezifische Einflüsse auf Selektionsentscheidungen unter vergleichbaren Bedingungen testen. Deshalb werden sie geschlossen abgefragt. Zuerst wird die Operationalisierung simulierter Auswahloptionen und -entscheidungen diskutiert, anschließend allgemein methodische Aspekte für Handlungsoptionen.

Die Entscheidungssituation wird für drei Objektklassen – Issues bzw. Ereignisse, Quellen und Statements – operationalisiert, und zwar analog zum idealtypischen redaktionellen Arbeitsprozess (Kap. 5.2.1). Danach folgen sekundäre Selektionsentscheidungen wie Quellen und Statements auf primäre Selektionsentscheidungen wie z. B. Issues bzw. Ereignisse.

Simulation von Issue- bzw. Ereignisoptionen

Eine Issue-Option betrifft die »Einführung eines Gesetzes zur Vorratsdatenspeicherung«, die andere Option die »Einführung von Mindestlöhnen«. Beide Issues sind miteinander vergleichbar, weil sie bereits seit mindestens Anfang 2008 innenpolitisch etabliert sind. Sie verweisen auf routinierte Selektionsentscheidungen, die redaktionell wesentlich häufiger vorkommen als Entscheidungen zu überraschenden Ereignissen. Bei der Entwicklung des Issues »Mindestlohn« fällt eine Berichterstattungsspitze im Januar in die ersten zwei Befragungswellen, so dass die Selektionsentscheidungen im Vergleich zur dritten Befragungswelle beeinflusst sein könnten. Für das Issue »Vorratsdatenspeicherung« verlief die Berichterstattung weniger stetig. Die Ereignisentwicklung zum Datenschutz bzw. zur Vorratsdatenspeicherung wies insbesondere im September 2008 und im Februar 2009 Spitzen auf, so dass bei diesem Issue für alle Befragungswellen ähnliche Bedingungen herrschten.[91] Insgesamt wurden zwar reale (Positions-)Issues verwendet, die in der aktuellen öffentlichen Debatte in Deutschland etabliert waren, aber die jeweils mit den Issues verknüpften Kernereignisse wurden fingiert.

Die Kernereignisse beider *Issues* wurden nach linken und rechten Frame-Positionen variiert (Eilders 2004). Um die Links-Rechts-Variation der Auswahloptionen für Issues bzw. Ereignisse und später für Statements zu verstehen, wird die Frame-Typologie mit linken und rechten Frames (Eilders 2004: 135f.) für die Issues »Vorratsdatenspeicherung« und »Mindestlohn« vorab kurz dargestellt. Abb. 7.5 zeigt, dass das Issue »Vorratsdatenspeicherung« in das Issue-Feld »Innere Sicherheit« gehört. In diesem Issue-Feld dominierte in Eilders' Inhaltsanalyse der Frame »Law and Order« und zwar vorwiegend mit der rechten Frame-Position »Sanktion«. Eilders spricht folglich von »rechten Issues«. Das Issue »Mindestlöhne« fällt unter das Issue-Feld »Löhne«. In der Inhaltsanalyse dominierte der Frame »Konjunkturpolitik«, wobei in den untersuchten Kommentaren der linke Pol der »Nachfrageförderung« überwog. Mit den zwei dominanten Frame-Aspekten »Sanktion« und »Nachfrageförderung« werden nachfolgend die Issue-Optionen variiert. Mit den übrigen Frame-Positionen werden später die Statement-Optionen zu den Issues variiert.

Beide Issue-Vignetten wurden jeweils analog mit einem aktuellen Ereignisaufhänger sowie mit je einem Pro- und Contra-Statement formuliert (Frage 14; Anhang). Die Mindestlohn-Meldung wurde links mit »Nachfrageförderung« gerahmt (Frage 10; Anhang), die Meldung zur Datenspeicherung rechts mit »Sanktion« (Frage 6; Anhang). Die Urheber der jeweils gerahmten Positionen waren in allen vier Fällen Bundesminister und gehörten je einer der großen Volksparteien an, die auch in der Realität für die jeweilige Position eintraten. Um nicht nur die eigentliche Selektion der Issues bzw. Ereignisse zu erfragen, sondern auch deren Selektionswahrscheinlichkeit, wurde die Issue-Auswahl 6-stufig von »sehr sicher das Thema ›Flugdatenspeicherung‹« bis »sehr sicher das Thema ›Mindestlohn‹« erfasst (Frage 14; Anhang). Die drei Abstufungen je Option sind hinreichend differenziert, verlangen aber auch eine eindeutige Entscheidung. Den Entscheidungszwang konnten Journalisten umgehen, indem sie nichts ankreuzen. Problematisch ist

---

91 Weitere Informationen zur Entwicklung des Issues »Vorratsdatenspeicherung«: http://www.focus.de/digital/handy/mobilfunk_aid_120258.html [download: 23.09.2009] und des Issues »Mindestlöhne«: http://www.initiative-mindestlohn.de/uebersicht/ [download: 23.09.2009]

dennoch, dass die Vignetten sowohl nach Issue als auch nach Kernereignis variieren. Deshalb könnten Issue- und Ereignisebene miteinander konfundieren. Andererseits ließ sich der Ereignisanlass für beide Issues strukturell nicht ähnlich halten. Dieses Problem wird durch die Abfrage von Drittvariablen – in diesem Fall Vignettenmerkmale – und deren statistische Kontrolle bei der Auswertung abgeschwächt.

	Rechtes Issue-Feld: Innere Sicherheit	**Linkes Issue-Feld: Löhne**
Positions-Issues	Einführung eines dt. Gesetzes zur Vorratsdatenspeicherung	Einführung eines Mindestlohn-Gesetzes in Deutschland
Dominanter Frame im Issue-Feld	1. Frame: Law and Order	1. Frame: Konjunkturpolitik
	Rechte Position: Sanktion	Rechte Position: Angebotsförderung
	Linke Position: Prävention	Linke Position: Nachfrageförderung
Untergeordneter Frame im Issue-Feld	2. Frame: Liberalismus	2. Frame: Förderalismus
	Rechte Position: Bindung	Rechte Position: Selbststeuerung
	Linke Position: Freiheit	Linke Position: Zentralismus

Abb. 7.5: Frames und Positionen für beide Issue-Optionen (angelehnt an Eilders 2004: 151)

Simulation von Statement-Optionen

Nach der Issue- bzw. Ereignisentscheidung wurde das Verfassen eines Beitrags, also deren weitere journalistische Verarbeitung, mit sekundären Selektionsentscheidungen simuliert. Die Journalisten wählten aus, welche drei der vorgegebenen Statements zum Issue sie unabhängig von den zitierten Akteuren in ihren simulierten Beitrag aufnehmen würden. Ein Fragebogen-Filter sorgte dafür (Frage 14; Anhang), dass die Statements auf das zuvor gewählte Issue aufbauten (Frage 16a,b; Anhang). Die Statements wurden nach drei Aspekten variiert:

- nach Framezugehörigkeit,
- nach Links-Rechts-Positionen entsprechend dem News-Bias-Ansatz (vgl. Abb. 7.5; Eilders 2004) sowie
- nachrichtenwerttheoretisch nach Erfolg bzw. Misserfolg.

Geeignete Statements wurden vorab aus den medialen Diskursen der Leitmedien inhaltsanalytisch ermittelt. Abb. 7.6 zeigt die variierten

Statements für die »Vorratsdatenspeicherung«, hier konkretisiert für die Flugdatenspeicherung.

Frame	Frame-Position	Erfolgsformulierung	Misserfolgsformulierung
Liberalismus	Freiheit	Die Grund- und Bürgerrechte werden gestärkt, wenn Flugdaten nicht gespeichert werden. (LINKS)	Die vorrätige Speicherung von Flugpassagierdaten macht jeden unschuldigen Bürger verdächtig. (LINKS)
	Bindung	Flugdatenspeicherung erfüllt die Sicherheit aller, indem sie die Bürger vor Verbrechen schützt. (RECHTS)	Die gesetzliche Flugdatenspeicherung gibt Staat und Sicherheitsapparat zu viele Machtbefugnisse. (LINKS)
Law and Order	Prävention	Kriminalität und Terror können nur durch mehr staatliche Interventionen bekämpft werden. (RECHTS)	Ohne Speicherung der Flugdaten können terroristische Anschläge nicht effektiv bekämpft werden. (RECHTS)
	Sanktion	Das Gesetz zur Flugdatenspeicherung ist notwendig, um Kriminalität und Terror einzudämmen.[a] (RECHTS)	Es gibt bereits genug Gesetze zur Kriminalitäts- und Terrorbekämpfung, sie müssten nur angewendet werden.[a] (LINKS)

[a)] Diese Statements sind bereits in der Issue-Vignette enthalten.

Abb. 7.6: Variation der Statements für das Issue »Vorratsdatenspeicherung«

Abb. 7.7 zeigt die variierten Statements analog für das Issue »Mindestlohn«. In diesem Fall war der dominante Frame »Konjunkturpolitik« bereits in der Issue-Option enthalten. Im Unterschied zur anderen Issue-Vignette konnten die Frame-Positionen zur »Nachfrageförderung« nicht links und rechts variiert werden, weil die zitierten Informationsquellen in den Vignetten nicht mehr vergleichbar gewesen wären. Stattdessen wurden die jeweils positiv formulierten Folgen des Frames »Konjunkturpolitik« verwendet. Für den Föderalismus-Frame ließen sich keine eindeutig positiven und negativen Folgen formulieren, weil die Folgenvalenz von der Perspektive »Staat« oder »Markt« und damit von der politischen Richtung abhängig ist. Deshalb sind für diesen Frame positive und negative Formulierungen grammatik- und nicht inhaltsbezogen (Frage 16b; Anhang).

Frame	Frame-Position	Erfolgsformulierung	Misserfolgsformulierung
Föderalismus	Zentralismus	Um Armut zu bekämpfen, sollte der Staat in das Lohnniveau regulierend eingreifen. (LINKS)	Der Staat sollte ein existenzsicherndes Mindestlohnniveau nicht regeln. (RECHTS)
	Selbststeuerung	Der Lohn von Arbeitnehmern muss sich nach der Produktivität von Unternehmen richten. (RECHTS)	Die Festlegung des Lohnniveaus darf nicht der Wirtschaft überlassen werden. (LINKS)
Konjunkturpolitik	Nachfrageförderung	Mindestlöhne steigern die Kaufkraft und erhöhen die Sozialeinnahmen.[a] (LINKS)	Ohne Mindestlohnniveau werden die Sozialkassen stärker belastet. (LINKS)
	Angebotsförderung	Ohne festgelegtes Lohnniveau können Unternehmen sich am Markt besser behaupten. (RECHTS)	Mindestlöhne erhöhen die Arbeitskosten, die die Wettbewerbsfähigkeit deutscher Unternehmen gefährden.[a] (RECHTS)

[a)] Diese Statements sind bereits in der Issue-Vignette enthalten.

Abb. 7.7: Variation der Statements für das Issue »Mindestlohn«

Simulation von Quellen-Optionen

Schließlich wurde die Quellen-Auswahl simuliert. Die Journalisten konnten erneut bis zu drei Informationsquellen für das vorab gewählte Issue wählen (Frage 15a,b; Anhang). Die Journalisten wählten aus, welche der vorgegebenen Quellen zum Issue sie unabhängig von Statements in ihren simulierten Beitrag aufnehmen würden. Die Quellen variierten entsprechend dem News-Bias-Ansatz nach Links-Rechts-Positionen (vgl. Hagen 1992) sowie nachrichtenwerttheoretisch nach Einfluss, Prominenz und Personalisierung. So ist z. B. Wolfgang Schäuble (CDU) eine einflussreiche und prominente Politikerquelle, die pro Vorratsdatenspeicherung argumentiert und damit eher rechts ist. Geeignete Quellen wurden vorab aus den aktuellen Wahlprogrammen der fünf deutschen Parteien sowie aus den medialen Diskursen der Leitmedien ermittelt (vgl. Abb. 7.8 und Abb. 7.9).

Die Variation der Informationsquellen ist nicht vollständig für alle Zellen, aber sie ist hinreichend differenziert, um Rechercheentscheidungen alltagsnah abzubilden und sie nach den Nachrichtenauswahltheorien untersuchen zu können. Für die Selektion der Statements und der Quellen war zusätzlich jeweils eine offene Ausprägung vorgesehen, so dass erneut kein Entscheidungszwang bestand. Die nominal skalierten

Statement- und Quellen-Entscheidungen lassen sich nachträglich zu Typen nach der Links-Rechts-Variation und nach Nachrichtenfaktoren zusammenfassen, so dass sie durch die entstehenden Häufigkeiten intervallskaliert sind.

Quellentyp	**Politische Issue-Orientierung**		
	Pro (rechte Quellen)	**Contra (linke Quellen)**	**neutral**
Verbände		• Verband Europäischer Fluggesellschaften • (Bundes-) Beauftragte/r für Datenschutz	
Politiker	• Bundesinnenminister Wolfgang Schäuble (CDU)[a] • EU-Justizkommissar Franco Frattini • Vertreter des Bundeskriminalamts	• Parteipolitiker/in der Grünen • Parteipolitiker der FDP • Bundesjustizministerin Brigitte Zypries (SPD)[a]	
Bürger & Betroffene			• betroffene Fluggäste

a) Diese Quellen sind bereits in der simulierten Issue-Vignette enthalten. Wolfgang Schäuble ist aus Versehen nicht nur in der Issue-Vignette enthalten, sondern auch in der Quellenliste für mögliche weitere Recherchen.

Abb. 7.8: Variation der Quellen für das Issue »Vorratsdatenspeicherung«

Quellentyp	**Politische Issue-Orientierung**		
	Pro (linke Quellen)	**Contra (rechte Quellen)**	**neutral**
Verbände	• Vertreter des Deutschen Gewerkschaftsbundes	• Vertreter des Deutschen Industrie- und Handelskammertages	• Wirtschaftswissenschaftler
Politiker	• Bundesarbeitsminister Olaf Scholz (SPD)[a] • Parteipolitiker der Grünen	• Parteipolitiker der FDP • Bundeswirtschaftsminister Michael Glos (CSU)[a]	
Bürger & Betroffene	• Betroffene Geringverdiener	• Betroffene Unternehmer	

a) Diese Quellen sind bereits in der simulierten Issue-Vignette enthalten.

Abb. 7.9: Variation der Quellen für das Issue »Mindestlohn«

Über Issues, Statements und Quellen hinweg wurden die journalistischen Optionen für Selektionsentscheidungen aktuell simuliert, obwohl man sie auch vergangenheitsbezogen als Selbstberichte abfragen könnte (Ajzen & Fishbein 1980: 37). Aber bei Selbstberichten bleibt offen, welche Entscheidungssituationen erinnert werden – »die am häufigsten vorkommenden, die kürzlichsten, die angenehmsten, die beeindruckendsten, die lebhaftesten?« (Bilandzic 2006: 208). Zudem sind sie nicht vergleichbar. *Simulierte, aber aktuelle Auswahlsituationen* stellen dagegen sicher, dass sich selektionsleitende Nachrichtenfaktoren und Handlungsoptionen in simulierten Situationen aufeinander beziehen, was die Erklärungskraft von Entscheidungen erhöht (Ajzen & Fishbein 1980: 34ff.). Das Problem externer Validität ist dabei weniger zu ändern als zu reflektieren (zur Diskussion Kap. 7.1.1).

Was die *Anzahl vorgegebener Selektionsoptionen* angeht, sind weder TPB noch SEU-Theorie auf eine bestimmte Anzahl begrenzt. Allerdings ist die Abfrage von Vorstellungen und Bewertungen für mehrere Optionen recht umfangreich, so dass es notwendig war, sich auf zwei Issue-Optionen zu beschränken. Problematisch bleibt in entscheidungstheoretischer Hinsicht dabei, dass sich Entscheidungen mit dem Hinzukommen jeder neuen Option verändern (Jungermann et al. 2005: 281) und dass zwei vorgegebene Optionen an sich natürlich nicht erschöpfend sind (Friedrichs et al. 1993: 7). Dieses Problem löst sich, indem man die Befragten nicht zu einer Entscheidung zwingt, sondern auch Nicht-Entscheiden zulässt oder indem man zusätzlich eine offene Ausprägung vorgibt. Beide Varianten wurden in unterschiedlichen Abfragen simulierter Selektionsentscheidungen eingesetzt.

In nachrichtenwerttheoretischer Sicht sind die thematischen Anwendungsbezüge eingeschränkt und somit die Vorgabe von Nachrichtenfaktoren beschränkt. Zudem kann nicht ausgeschlossen werden, dass issue- oder ereignisrelevante Aspekte die Vignettenwahl unabhängig von Nachrichtenfaktoren mit beeinflussen. Durch die Erhebung von Drittvariablen lassen sich solche Einflüsse zumindest teilweise kontrollieren.

7.2.4 Nachrichtenauswahltheoretische Variablen

Nachrichtenfaktoren

Analog zu den journalistischen Bezugsgruppen und Ressourcen (vgl. Kap. 7.2.2) werden nachfolgend Handlungsvorstellungen aus bisherigen empirischen Befunden zur Nachrichtenwerttheorie abgeleitet. Da in Kap. 5.2.1 verschiedene Objektklassen als Nachrichtenwertträger unterschieden wurden, sind die Nachrichtenfaktoren für Issues bzw. Ereignisse, für Statements und Quellen separat darzustellen.

Um Items über kollektiv zugängliche Nachrichtenfaktoren von Journalisten für Selektionsentscheidungen zu generieren, wurden die Nachrichtenfaktor-Synopsen aus Kap. 4.2.2 für die *Issue-Simulation* herangezogen. So ließ sich berücksichtigen, dass sich die Items inhaltlich nicht überschneiden, dass sie auf beide Issue-Optionen anwendbar sind und dass sie sozialisationstheoretisch begründet sind. Ausgehend von diesen Anforderungen wurden passend zu beiden Issue-Optionen fünf Items für Nachrichtenfaktoren vorgegeben, die die Dimensionen Status (NF: Prominenz), Konsonanz (NF: Etablierung), Valenz (NF: Kontroverse), Relevanz (NF: Bedeutsamkeit) sowie Nähe (NF: räumliche Nähe) abbilden. In gewisser Hinsicht liegt das Item mit räumlicher Nähe quer zu den anderen Items, weil es von anderen Nachrichtenfaktoren bestimmt ist, z. B. durch besondere Relevanz oder Kontroversen in bestimmten Regionen. Diese fünf Items wurden für jede Issue-Option einzeln abgefragt (Frage 7 und 11; Anhang), um später entscheidungstheoretisch Differenzwerte für beide Optionen abbilden zu können. Zusätzlich zu den vorgegebenen Items erlaubt die offene Antwortmöglichkeit, weitere subjektiv wahrgenommene Nachrichtenfaktoren einzelner Journalisten zu erheben. Alle Items wurden als wahrgenommene Attribute der Selektionsentscheidung formuliert und nicht als Handlungskonsequenzen im Sinne der SEU-Theorie:[92] Im ersten Fall hieße ein Item sinngemäß: Ich halte das Ereignis X für selektionswürdig, weil es kontrovers diskutiert wird. In zweiten Fall hieße es in etwa: Ich halte Ereignis X für selektionswürdig, um mit kontroversen Standpunkten Aufmerksamkeit bei unseren Lesern zu erzeugen. Eigentlich müsste man beide Formulierungsvarianten testen, um sowohl das nutzenrationale als auch das alltagsrationale Handlungsmodell vergleichend zu untersuchen. Da zwei Erhebungsvarianten aber zu umfangreich wären, werden Attribute formuliert, die dem alltagsrationalen Handeln Rechnung tragen. Die *Vorstellungsstärken* wurden 5-stufig abgefragt.

Neben den Stärken von Nachrichtenfaktoren (Erwartungskomponente) wurden auch deren *Bewertungen* (Bewertungskomponente) opera-

[92] Auch im Rahmen der *Nutzungsforschung* unterscheiden sich die Ergebnisse verschiedener Formulierungen. Bei Palmgreen et al. (1981) und Rayburn et al. (1984) führten die Sendungsattribute zu besseren Vorhersagen des Nutzungsverhaltens als die Sendungsgratifikationen. Schenk et al. (1986) zeigten dagegen, dass sich die Vielseher zweier Krimiserien in ihren Gratifikationen, aber nicht in ihren Wahrnehmungen zu den beiden Sendungen unterschieden. Möglicherweise sind diese Ergebnisse aber nicht 1:1 auf journalistische Selektionsentscheidungen übertragbar.

tionalisiert. Bewertungen kann man als Wichtigkeiten interpretieren. So lässt sich sowohl das Hochspielen als auch das Herunterspielen von Nachrichtenfaktoren abbilden. Dafür wurde ein Rangskala verwendet (Jungermann et al. 2005: 416). Sie bildet erstens alltagsrationale Bewertungen angemessener ab als eine Intervallskala (vgl. Kap. 3.3.1). Zudem birgt eine Intervallskala die Gefahr eines Deckeneffekts, wenn die befragten Journalisten alle Nachrichtenfaktoren für gleichermaßen wichtig halten. Die Bewertungen werden für jede Issue-Option extra erhoben (Frage 8 und 12; Anhang), so dass sich validieren lässt, ob Journalisten sie vignettenabhängig einschätzen oder ob sie sie davon unabhängig, d. h. vignettenübergreifend stabil ansehen. Gleichzeitig ermöglicht diese Abfrage explizit, persönlich für irrelevant gehaltene Nachrichtenfaktoren nicht in der Rangskala zu berücksichtigen.

Für *Quellen* und *Statements* (Frage 17a,b; Anhang) wurden wahrgenommene Nachrichtenfaktoren global über alle Optionen abgefragt. Diese Beschränkung war nötig, um den Fragebogen kurz zu halten. Die Nachrichtenfaktoren Nutzen/Erfolg und Schaden/Misserfolg rekurrieren auf die Statements, die teils positiv erfolgsorientiert und teils negativ misserfolgsorientiert formuliert waren (vgl. Kap. 7.2.3). Positive Folge von Mindestlöhnen kann z. B. die Armutsbekämpfung sein, positive Folge der Vorratsdatenspeicherung die leichtere Bekämpfung von Kriminalität. Negative Folge von Mindestlöhnen ist z. B. das Statement zur »Belastung der Sozialkassen«, negative Folge der Vorratsdatenspeicherung die »Einschränkung der Freiheitsrechte«. Der Nachrichtenfaktor Kontroverse kann sowohl die Statement- als auch die Quellen-Auswahl begründen. Allerdings ist Kontroverse in diesem Fall ein relationaler Nachrichtenfaktor, da er sich auf die Relation zwischen zwei Objektklassen bezieht. Das heißt, Kontroverse verlangt mindestens eine Pro- und Contra-Quelle bzw. ein Pro- und Contra-Statement. Die Nachrichtenfaktoren Prominenz, Einfluss und Personalisierung beziehen sich ausschließlich auf die Auswahl von Informationsquellen. Für Quellen und Statements wurden aus forschungspragmatischen Gründen nur die Stärken von Nachrichtenfaktoren erhoben (Erwartungskomponente), nicht aber die Bewertungskomponente. Um trotz globaler Abfrage über alle Optionen hinweg kognitive Entscheidungsprozesse für die Quellen- und Statement-Auswahl abzubilden, werden für die abhängigen Variablen Differenzwerte gebildet, also z. B. die Differenz aus der Anzahl links gewählter Quellen im Vergleich zu rechts gewählten Quellen (vgl. Kap. 7.2.3).

Insgesamt ist dieser empirische Zugang, den organisationsspezifischen Grad der Institutionalisierung von Nachrichtenfaktoren zu erfassen, bisher kaum gewählt worden. Bisherige Zugänge setzten am Berichterstattungsgegenstand, also am Selektionsergebnis, an. Selbst bei simulierten Selektionsentscheidungen, die auf Akteursebene argumentieren, wurde bisher von der individuellen Vignettenauswahl auf den Einfluss von Nachrichtenfaktoren geschlossen. Solche Designs setzten bisher Wahrnehmung und Bewertung von Nachrichtenfaktoren sowie das Selektionshandeln medialer Inhalte mit entsprechenden Nachrichtenfaktoren gleich. Denkbar ist aber, dass Journalisten die Vignetten aus ganz anderen Gründen auswählen, z. B. aus thematischen Gründen, so dass Nachrichtenfaktoren nur zufällige Nebenfolge dieser Auswahl wären. Das simulierte Thema lässt sich in der Regel kaum kontrollieren, ohne dass die externe Validität leidet. Die Ergebnisse von Dimmick (1974) lassen einen solchen Schluss zu, wenngleich die Studie[93] einige Schwächen aufweist. Auch gegen den hier verwendeten empirischen Zugang mag man einwenden, dass Nachrichtenfaktoren per se nur als *explizite* Wahrnehmungs- bzw. Zuschreibungsmerkmale verstanden werden. In diesem Punkt ist die Studie sicher eingeschränkt, aber die hier vorgegebenen Items sind lediglich als empirisch prüfbare Hypothesen darüber zu verstehen, ob und inwiefern Journalisten Nachrichtenfaktoren wahrnehmen und inwiefern sie selektionsrelevant sind.

Politische Meinungen und Einstellungen

Politische Einstellungen können generell bzw. situationsübergreifend abgefragt werden oder situationsspezifisch als Meinungen (Überblick: Kepplinger & Ehmig 1997). Generelle politische Einstellungen sind langfristig stabiler, aber sie müssen situationsspezifisch nicht zwingend zur Geltung kommen (z. B. Donsbach & Patterson 2003). Umgekehrt sind situationsspezifische Abfragen kurzfristiger und zeitlich weniger stabil, aber situativ eher gültig (z. B. Kepplinger et al. 1989). Da die Auswahlentscheidungen situationsspezifisch abgefragt werden (vgl. Kap. 7.2.3), werden darauf abgestimmt auch politische Meinungen situationsspezifisch erhoben. Dies lässt sich mit dem Korrespondenzprinzip

[93] Dimmick (1974: 35, FN 78) variierte die Vignetten nicht systematisch nach Nachrichtenfaktoren. So bleibt unklar, was genau die Befragten an den Vignetten wahrnahmen. Der Themeneinfluss der Vignetten blieb unberücksichtigt. Zudem bildet der paarweise Vergleich von 45 Vignettenkombinationen einen sehr komplexen Entscheidungsprozess ab, der extern wenig valide ist. Außerdem wurden Studenten statt Journalisten für die Studie herangezogen.

nach Ajzen & Fishbein (1980: 64, 84) begründen, wonach die Messung von unabhängigen und abhängigen Variablen auf jeweils gleicher Abstraktionsebene die Erklärungskraft von Entscheidungen erhöht (Frage 5; Anhang). Diese Operationalisierung kann zwar dazu führen, dass die moderierenden Effekte auf die Nachrichtenfaktoren weniger stark sind, weil kurzfristige Journalistenmeinungen möglicherweise weniger stabil sind, aber dies wäre nur ein umso strengerer Test für das politische Relevanzmodell der Nachrichtenauswahl. Darüber hinaus sind die Zusammenhänge für generelle politische Einstellungen und themenspezifische Meinungen empirisch gut belegt (Kim & Hunter 1993; Kepplinger & Ehmig 1997: 287ff.).

Aus den situationsspezifisch abgefragten politischen Meinungen zu den Issues »Mindestlohn« und »Vorratsdatenspeicherung« lässt sich auf eine weniger situationsspezifische politische Einstellung schließen, indem man eine künstliche Variable bildet: je größer die Differenz zwischen den politischen Meinungen der beiden Issues, desto eindeutiger lässt sich eine Person auf Basis dieser zwei Issues als links oder rechts einstufen. Wer entschieden für Mindestlöhne (Skalenpunkt: »+2«) und gleichzeitig entschieden gegen Vorratsdatenspeicherung (Skalenpunkt »–2«) ist, erreicht nach der Gleichpolung der Items einem Differenzwert beider Skalenwerte von »–4« und ist sehr links einzuordnen. Wer dagegen entschieden gegen Mindestlöhne ist, aber entschieden für Vorratsdatenspeicherung, erreicht einen gegenläufigen Differenzwert von »+4« und kann als sehr rechts eingeschätzt werden. Diese künstlich gebildete Variable wird als erklärende politische Einstellung der Issue-Auswahl verwendet.

Drittvariablen

Relevante Drittvariablen, die den Zusammenhang zwischen Nachrichtenfaktoren und Issue-Auswahl bedingen, sind:

- theoretisch: die vergangene Selektionshäufigkeit (vgl. Kap. 3.3.3)
- methodisch: die Qualität der Formulierungen bzw. wahrgenommene Issue-, Ereignis- bzw. Darstellungsmerkmale für die zwei Issue-Optionen

Die vergangene Selektionshäufigkeit bedeutet für den hier untersuchten Gegenstand, wie häufig die Befragten persönlich im letzten Jahr über die Issues »Vorratsdatenspeicherung« und »Mindestlohn« berichtet haben (Frage 1; Anhang).

Ein weiteres Bündel von Drittvariablen betrifft andere mögliche Selektionskriterien für die Vignettenauswahl, die auf Darstellungsmerkmale abzielen (Neuberger 1996: 101ff.). Die Journalisten sollten für jede der zwei Issue-Optionen angeben, wie sie die Darstellung der Vignetten wahrnehmen (Frage 9 und 13; Anhang). Die Items sind grob an die Qualitätsforschung angelehnt (z. B. Neuberger 1996: 101ff.; Schatz & Schulz 1992). Die Differenzwerte zwischen beiden Vignetten ermöglichen relationale Aussagen über Darstellungsmerkmale. So lässt sich kontrollieren, ob die Journalisten ein Issue nur deshalb für selektionswürdiger hielten, weil eine der Vignetten stärkere Hinweisreize enthielt als die andere.

7.3 Auswertungsverfahren

7.3.1 Denkbare statistische Auswertungsverfahren

Die Forschungsfragen und Hypothesen in Kap. 6 fokussierten auf organisations- und akteursbezogene Entstehungsbedingungen für journalistische Selektionsentscheidungen. Ein angemessenes Auswertungsverfahren muss folglich die Zusammenhänge zwischen organisatorischen Kontextmerkmalen und Individualmerkmalen auf Wahrnehmungs- bzw. Zuschreibungs- und Handlungsebene angemessen abbilden. Dabei können die Beziehungen zwischen den Merkmalsbündeln auch aufgrund der theoretisch angenommenen kognitiven Netzwerkstruktur vielfältig sein. Demzufolge muss das Verfahren nicht nur einfache Wirkbeziehungen zwischen Variablen abbilden können (statistisch gesprochen: Haupteffekte), sondern auch das wechselseitig Zusammenspiel von Variablen auf Selektionsentscheidungen (statistisch gesprochen: Interaktions- bzw. Moderatoreffekte). Dies ist z. B. der Fall, wenn subjektiv wahrgenommene Nachrichtenfaktoren von Journalisten und ihre politischen Meinungen zu einem Sachverhalt in ihrer Wechselwirkung die Auswahl von Sachverhalten beeinflussen. Zweitens muss das statistische Verfahren Kontexteffekte abbilden. Dies ist der Fall, wenn Zusammenhänge zwischen Nachrichtenfaktoren und Selektionsentscheidungen in ihren jeweiligen Kontexten wie z. B. Ressorts betrachtet werden sollen.

Ein erstes denkbares Auswertungsverfahren sind Korrelationen (Überblick z. B. Bühner & Ziegler 2009: 582ff.). *Produkt-Moment-Korrelationen* bilden Zusammenhänge zwischen intervallskalierten Variablen ab und verzichten auf Annahmen über Einflussrichtungen von Variablen. Dies ist für ein Querschnittdesign vorteilhaft. Problematisch ist aber der Umgang mit Interaktionstermen (Diskussion z. B. V. Kunz 1997: 121ff.). Während Korrelationskoeffizienten mit einfachen Variablen unter allen linearen Skalentransformationen skaleninvariant sind, sind sie es nicht mehr bei Interaktionsvariablen (vgl. Orth 1985: 283). So können Produkt-Moment-Korrelationen mit Interaktionstermen zu völlig unterschiedlichen Korrelationskoeffizienten führen, wenn bei den Ausgangsvariablen verschiedene Skalen verwendet werden. Deshalb sind Korrelationen nur eingeschränkt nützlich. Die Analyse von Kontexteffekten wäre dagegen möglich, da Korrelationen je Gruppe separat durchgeführt werden könnten (Langer 2004: 39).

Weiterhin bietet sich die *Mehrebenenanalyse* für die Auswertung an (Überblick z. B. Ditton 1998; Hummell 1972; Langer 2004), die in geschachtelten Regressionen Individual-, Ressort- und Redaktionsmerkmale sowohl als getrennte als auch als Interaktionseffekte berücksichtigen kann. Vorteilhaft ist daran, dass sie vor Fehlschlüssen zwischen den Analyseebenen bewahren kann (Alker 1969: 79). Auch wenn die Minimalanforderungen für Mehrebenenanalysen noch weitgehend unklar sind, wird für ein Zwei-Ebenen-Modell die »30/30-Faustregel« angegeben, d. h. die Stichprobe sollte mind. 30 Kontexte und mind. 30 Personen pro Kontext beinhalten. Für die Genauigkeit der Schätzung ist aber eine große Anzahl von Kontexteinheiten wichtiger als viele Individualeinheiten pro Kontexteinheit (z. B. Hox 2002: 158ff.). Diese Voraussetzungen erfüllt die vorliegende Stichprobe nicht.

Als Mittelweg zwischen Korrelations- und Mehrebenenanalyse bietet sich die *Regressionsanalyse* an (Überblick z. B. Bühner & Ziegler 2009: 634ff.; Urban & Mayerl 2006). Sie erlaubt im Gegensatz zu Korrelationen, Interaktionsbeziehungen in empirische Messmodelle aufzunehmen und zusätzlich Kontexteinflüsse zu berücksichtigen. Gleichzeitig ist dieses Verfahren nicht so voraussetzungsreich (Backhaus et al. 2006: 78ff.) wie Mehrebenenanalysen. Die dennoch vorhandenen Probleme und mögliche Lösungen bei der Verwendung von Regressionsanalysen werden nachfolgend diskutiert.

7.3.2 Probleme der Regressionsanalyse

Nachfolgend werden zunächst die Probleme von Regressionsanalysen speziell mit Moderatoreffekten diskutiert und anschließend die Probleme von Regressionsanalysen mit Kontexteffekten.

Ein-Ebenen-Moderatoreffekte und Regressionsanalysen

Moderatoreffekte bezeichnen den Einfluss einer Variablen *Z* (die so genannte »Moderatorvariable«) auf den Zusammenhang zwischen einer oder mehrerer *X*-Variablen und einer abhängigen Variablen Y. Der Einfluss auf den Zusammenhang kann sich auf die Effektstärke, die Signifikanz und/oder die Einflussrichtung auswirken (Urban & Mayer 2006: 293). Es gibt zwei Modellierungsvarianten der moderierenden Regressionsanalyse, die verschiedene Vor- und Nachteile haben (z. B. Jaccard et al. 2003; Urban & Mayerl 2006: 295ff.). In der ersten Variante sind *Regressionsanalysen mit Interaktionstermen* verknüpft, wie sie für die Prüfung des politischen Relevanzmodells der Nachrichtenauswahl benötigt werden. Sie werden hier nur angewendet, wenn beide Ursprungsvariablen eines Interaktionsterms auf der Mikro-Ebene angesiedelt sind bzw. es sich um absolute Individualmerkmale handelt (Lazarsfeld & Menzel 1961: 431ff.). Andernfalls kann es zu ökologischen oder individualistischen Fehlschlüssen kommen (Alker 1969; Langer 2004: 21f.). Die zweite Variante – *Moderatoreffekte in Form einer Multigruppenanalyse* – rekurriert auf Kontextvariablen wie z. B. Ressorts.

Regressionsanalysen mit Interaktionstermen enthalten zusätzlich zu den unabhängigen Ursprungsvariablen einen eigenständigen Term, der aus dem Produkt zweier (oder auch mehrerer) unabhängiger Variablen gebildet wird. Diese Modellierung hat den Vorteil, dass die Effektstärke, die Einflussrichtung und die Signifikanz der Moderatoreffekte leicht zu ermitteln sind. So wirken zwei Prädiktoren nicht mehr nur unabhängig voneinander und eigenständig auf die abhängige Variable, sondern zusätzlich aufgrund ihres wechselseitigen Zusammenspiels. So könnte z. B. gemäß dem theoretischen Modell die politische Meinung Z eines Journalisten den Zusammenhang zwischen der wahrgenommenen Stärke eines Nachrichtenfaktors X zu einem journalistischen Sachverhalt und der Selektionsentscheidung Y moderieren. Die Regressionsgleichung sieht formal so aus:

Formel 5: $$Y = a + b_1 X + b_2 Z + b_3 X \times Z$$

Es eignen sich sowohl kontinuierliche Variablen als auch Dummy-Variablen als Moderatorvariablen (Urban & Mayerl 2006: 295ff.). Kontinuierliche Moderatorvariablen sind zwar inhaltlich informativer, haben sie haben folgende Nachteile:

- die variablenbedingte Multikollinearität bei simultaner Schätzung von Haupt- und Interaktionseffekten (Urban & Mayerl 2006: 236f.)

- die Nicht-Linearität von Interaktionstermen und damit verbundene Interpretationsschwierigkeiten von signifikanten Interaktionseffekten

Multikollinearität ist zwangsläufig gegeben, wenn sowohl der Interaktionsterm als auch die ursprünglichen Einzelprädiktoren gleichzeitig in ein Regressionsmodell eingehen. Dies führt zu ungenauen Schätzungen der Beta-Gewichte und zu Verzerrungen der Teststatistiken (Bühner & Ziegler 2009: 677ff.). Um die variablenbedingte Multikollinearität bei simultaner Schätzung von Haupt- und Interaktionseffekten zu vermeiden, sind die Variablen X und Z vor der Bildung des Produktterms XZ zu zentrieren (Bühner & Ziegler 2009: 696ff.; Urban & Mayerl 2006: 238ff.). Dies bedeutet, dass von jedem individuell ermittelten X- und Z-Wert der Gesamtmittelwert abgezogen wird. Schließlich sind die zentrierten Werte zu multiplizieren, so dass ein Produktterm entsteht. Sowohl Einzelprädiktoren als auch Interaktionsterme gehen gemeinsam in eine hierarchische multivariate Regression ein. Das gemeinsame Aufnehmen von Einzelprädiktoren und Interaktionstermen in die Regression ist notwendig, da Interaktionsterme skalenvariant sind. Sie bedürfen des Vergleichsmaßstabes der Haupteffekte, um inhaltlich bedeutsam interpretiert zu werden (Diskussion: V. Kunz 1997: 118ff.). Über den signifikanten Zuwachs im R^2 wird geprüft, ob der Interaktionseffekt z. B. aus der wahrgenommenen Stärke eines Nachrichtenfaktors und der politischen Einstellung einen signifikanten Erklärungsbeitrag zur Selektionsentscheidung leistet, unabhängig von den Ursprungsvariablen. Liegt trotz Zentrierung Multikollinearität vor, sind die Prädiktoren X und Z nicht normalverteilt (Bühner & Ziegler 2009: 697).

Das *Interpretationsproblem von Interaktionstermen* betrifft das Vorzeichen des Regressionsgewichts für den Interaktionsterm und für die Interpretation der Haupteffekte. Das Vorzeichen des Regressionsgewichts für den Interaktionsterm zeigt an, in welche Richtung sich der Zusammenhang zwischen den beiden Ursprungsvariablen ändert, wenn die Werte des Moderators steigen. Ein positives Vorzeichen des Moderators erlaubt keine Aussagen über den Zusammenhang zwischen den beiden Ursprungsvariablen, denn der Zusammenhang der Ursprungsvariablen kann negativer Art sein, aber je nach Moderatorwert zunehmend Richtung Null gehen, so dass deren Zusammenhang zunehmend positiver wird und damit auch sein Vorzeichen.

Auch die *Interpretation der Haupteffekte* wird komplizierter, wenn ein Interaktionseffekt auftritt. Baltes-Götz (2009: 23) unterscheidet zwei Haupteffekt-Definitionen:

- *Haupteffekt als identischer Effekt* (auf allen Ausprägungskombinationen anderer Prädiktoren): Ein Haupteffekt ist in diesem Sinne nur dann definiert, wenn keine Interaktionseffekte vorliegen. Der Effekt eines Prädiktors *X* ist dann für alle Ausprägungskombinationen anderer Prädiktoren identisch.
- *Haupteffekt als mittlerer bedingter Effekt (MBE-Haupteffekt)*: Dieser Haupteffekt erlaubt Interaktionen. Dies führt dazu, dass sich die bedingten Effekte eines Regressors unter verschiedenen Ausprägungskombinationen anderer Prädiktoren unterscheiden. Dies veranschaulicht folgendes Beispiel. Es soll der Einfluss der Haupteffekte »politische Meinung zum Issue Mindestlohn-Einführung« und der »Wahrnehmung von Erfolg/Nutzen« zu (linken) Mindestlohn-Sachverhalten sowie deren Zusammenspiel auf die gewählte Häufigkeit erfolgsorientierter Sachverhalte zum Mindestlohn-Issue untersucht werden. Die »politische Meinung« ist der Moderator *Z*. Der Einzelprädiktor b_1 gibt den bedingten einfachen Effekt der »Erfolgswahrnehmung« auf die Häufigkeit von Statement-Entscheidungen mit Erfolg/Nutzen an der festen Stelle für den Moderator b_2 »Politische Meinung«=0 an. Folglich ist b_1 nicht der Haupteffekt der »Erfolgswahrnehmung«, sondern ein spezieller bedingter Effekt an einer Stelle, die vom willkürlichen Nullpunkt der intervallskalierten Variable »politische Meinung« abhängt. Die Erfolgswahrnehmung b_1 für den linken Mindestlohn-Sachverhalt ist also nur interessant, wenn die politische Meinung b_2 einen Nullpunkt hat. Um dennoch Haupteffekte interpretieren zu können, definiert man sie als Mittelwert der bedingten Steigungskoeffizienten.

Abhilfe für das Interpretationsproblem schafft ein Extremgruppenvergleich zwischen Fällen, die eine Standardabweichung über dem Mittelwert ($\bar{z} + \sigma_z$) liegen und Fällen, die eine Standardabweichung darunter liegen ($\bar{z} - \sigma_z$).[94] Für beide Gruppen von Fällen werden separate Regressionsgeraden zwischen Prädiktor und abhängiger Variable gerechnet, so dass die Entwicklung des Moderators sehr gut ersichtlich wird (vgl. Baltes-Götz 2009: 12f., 23; Bühner & Ziegler 2009: 727). Diese grafische und rechnerische Veranschaulichung des Zusammenhangs von *X* und *Y* für einige repräsentative Werte des Moderators *Z* wird bei auftre-

[94] Die benötigten Größen für die Berechnung der drei Graphen – Standardabweichungen, Konstante des Regressionsmodells und Steigungskoeffizienten der Prädiktoren – können dem SPSS-Output entnommen und in die Regressionsgleichung eingesetzt werden.

tenden Interaktionseffekten im Ergebnisteil berücksichtigt (vgl. Kap. 8.3).

Zwei-Ebenen-Kontexteffekte und Regressionsanalysen

Für die Berücksichtigung von Kontexteffekten benötigt man mindestens zwei Analyseebenen. Hier werden zwei Verfahren diskutiert (Überblick Langer 2004: 25ff.), die auf diesem Prinzip beruhen:

- Multigruppenanalyse mit Binnen-Regressionen
- Kovarianzmodell mit Gruppendummies

Bei der *Multigruppenanalyse* (Urban & Mayerl 2006: 300ff; Langer 2004: 37ff.) entspricht die Anzahl der Kontexte der Anzahl der nominal skalierten Ausprägungen einer Moderatorvariablen *Z*. So lässt sich z. B. die Ressortzugehörigkeit als Kontextvariable *Z* verstehen. Abb. 7.10 zeigt die Logik der Multigruppenanalyse. Die Ausprägungen von *Z* entsprechen dann erstens der Zugehörigkeit zum Ressort »Politik« *(Z=1)*, zweitens die Zugehörigkeit zum Ressort »Wirtschaft« *(Z=2)* und drittens die Zugehörigkeit zum Lokalressort *(Z=3)*. Um von einem Moderatoreffekt zu sprechen, müssten sich die Kontexte darin unterschieden, welchen Einfluss *X* auf *Y* hat. Dies kann sich in der (unstandardisierten!) Einflussstärke, Einflussrichtung oder Signifikanz der Regressionskoeffizienten b_1, b_2 und b_3 zeigen. So könnten z. B. im politischen Ressort andere Selektionskriterien *(X)* für Selektionsentscheidungen *(Y)* gelten als im Wirtschaftsressort.

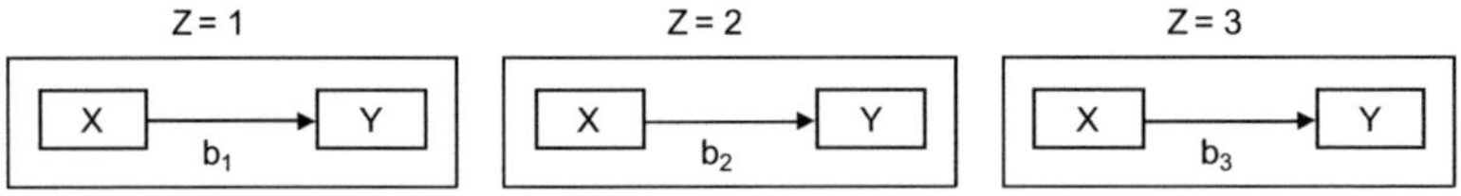

Abb. 7.10: Logik der Multigruppenanalyse für drei separate Kontexte

Die Multigruppenanalyse hat hier den Nachteil, dass die Stichprobengröße von 124 Journalisten schon bei zwei Gruppen nur Größen von höchstens n=62 erreicht, sofern die untersuchten Variablen gleich verteilt sind. Bei geringerem Stichprobenumfang werden Regressionsmodelle aber instabiler (Urban & Mayerl 2006: 139; zusammenfassend Gross & Kriwy 2009). Geeigneter scheint deshalb ein *Kovarianzmodell mit Gruppendummies* zu sein, in das die kontextspezifischen Dummy-Variablen zusätzlich zu den akteursbezogenen unabhängigen Variablen einbezogen werden (Langer 2004: 40ff.). So könnte z. B. der akteursbezogene Einfluss wahrgenommener Nachrichtenfaktoren *(X)* auf Selektionsentscheidungen *(Y)* für jedes Ressort oder jede Redaktion (z_1 bis z_n) einzeln betrachtet werden, wenn man einzelne Ressorts als Dummy-Variablen[95] einbezieht. Formal lässt sich dies so ausdrücken:

Formel 6: $$Y = a + b_1 X + b_2 z_1 + \ldots + b_n z_n$$

Auch dieses Modell lässt sich um Interaktionseffekte ($b_n X z_1$ … $b_n X z_n$) erweitern (vgl. Langer 2004: 43ff.), die zwischen den Merkmalen einzelner Journalisten und den Ressorts bestehen können, in denen Journalisten arbeiten. Dies soll hier unterbleiben, da die Stichprobengröße insgesamt zu gering ist, um den Einfluss von Selektionskriterien auf Selektionsentscheidungen in jedem Ressort innerhalb jeder Redaktion zu prüfen. Stattdessen lassen sich aufgrund der Fallzahlen redaktionsspezifische Einflüsse hier gar nicht prüfen. Ressortbezogene Einflüsse lassen sich nur thematisch aggregiert betrachten. Das bedeutet, dass die postulierten Zusammenhänge z. B. nur über alle Politikressorts hinweg im Vergleich zu den Einflüssen über alle Lokalressorts hinweg betrachtet werden können, während die spezifischen Prägungen des Politikressorts auf journalistische Entscheidungen in der Tageszeitung A im Vergleich zu Tageszeitung B nicht berücksichtigt werden können (vgl. ähnlich Scheufele 2008, 2011). Deshalb scheint auch die Aufnahme kontextspezifischer Interaktionseffekte in das Modell nicht angemessen. Es kann so nicht erfasst werden, ob z. B. der Selektionsdruck in Politikressorts größer sein könnte als in Lokalressorts. Statt der Interaktions- bzw. Moderatoreffekte werden aber journalistische Vorstellungen und Einstellungen als eine Art *Mediator* zwischen journalistischen Kontextvariablen und Selektionsentscheidungen berücksichtigt (vgl. Kap. 6.1).

7.4 Zusammenfassung

In diesem Kapitel wurde ein Untersuchungsdesign zur Erklärung der simulierten Nachrichtenauswahl vorgeschlagen, das bisherige Designs verknüpft und erweitert. Dafür wurden ein ex-post-facto- und ein quasi-experimentelles Design kombiniert (vgl. Abb. 7.11). Designs, die Auswahlentscheidungen simulieren, wurden bisher nur selten angewendet, um Annahmen für die Nachrichtenauswahl empirisch zu prüfen. In der *News-Bias-Forschung* verknüpften bisher nur Kepplinger et al. (1989)

[95] Zu beachten ist, dass Kontextvariablen in (K-1)-Dummy-Variablen zerlegt werden müssen.

sowie Donsbach & Patterson (2003: 28ff.) politisch motivierte Selektionskriterien mit politisch kontrovers manipulierten Selektionsentscheidungen von Journalisten. Damit erfassten sie sowohl Wahrnehmungen, Bewertungen als auch journalistische Handlungsintentionen empirisch. Aber sie bezogen Kontexte (z. B. organisatorische) nur unzureichend mit ein. Kepplinger et al. (1989) beschränkten sich auf Medientypen und Donsbach & Patterson (2003) auf Länderunterschiede. Ein Manko dieser Studien ist, dass die Zusammenhänge zwischen Kontext-, Wahrnehmungs-, Bewertungs- und Handlungsvariablen teils methodisch nicht nachvollziehbar dargestellt sind und teils nicht empirisch geprüft wurden.

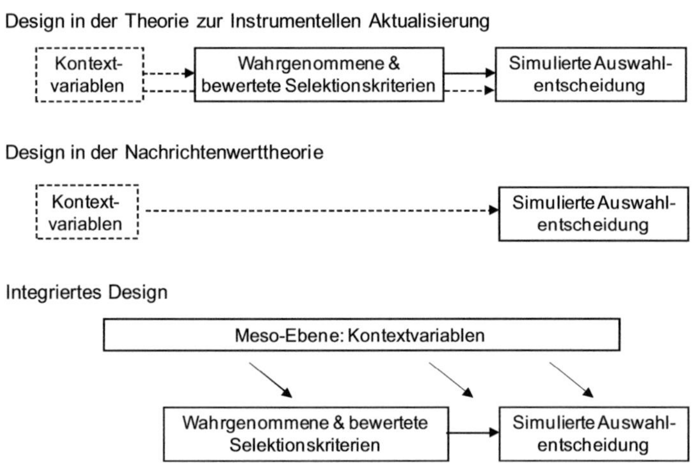

Abb. 7.11: Vergleichende Logik der Beweisführung in simulierten Nachrichtenauswahlstudien

Die wenigen (quasi-)experimentellen Studien, die *nachrichtenwerttheoretisch* fundiert sind, manipulierten Nachrichtenvignetten nach Anzahl, Intensität und Kombinationen von Nachrichtenfaktoren. Daraus lassen sie Journalisten Meldungen auswählen (z. B. Buckalew 1969; Peterson 1979). Demzufolge wird direkt von den manipulierten Ereignis- bzw. Vignettenmerkmalen auf das Handeln der Journalisten geschlossen (Ausnahme: Emmerich 1984; teils Kepplinger & Ehmig 2006), ohne zusätzlich die journalistisch wahrgenommenen bzw. zugeschriebenen Selektionskriterien mit zu erfassen. Auch kontextspezifische Einflüsse auf Auswahlentscheidungen wurden bisher kaum empirisch mit einbezogen (z. B. Peterson 1979). Beide Mängel sind darauf zurückzuführen, dass erstens die Trennung von wahrgenommenen Selektionskriterien (in dem Fall Nachrichtenfaktoren) und dem Handeln aufgrund entsprechender Selektionskriterien sowie zweitens kontextspezifische Differenzierungen in der ursprünglichen Nachrichtenwerttheorie von Galtung & Ruge (1965) nicht vorgesehen sind. Betrachtet man die Vignettenauswahl, ohne Wahrnehmungen mit zu berücksichtigen, darf nicht geschlussfolgert werden, dass tatsächlich die manipulierten Vignettenmerkmale für die Auswahl der Vignetten verantwortlich waren (vgl. auch Dimmick 1974).

Die *»Gatekeeper«-Forschung* besteht aus einer Vielzahl sehr heterogener Ansätze, unter die sich auch die ursprüngliche Nachrichtenwerttheorie subsumieren lässt (z. B. Neuberger 1996: 253, FN 71; Kritik: Emmerich 1984: 23, 28), wenn man Gatekeeping als Denkperspektive versteht (vgl. Kap. 1.1). Ungeachtet nachrichtenwerttheoretischer Perspektiven gibt es in der Gatekeeper-Perspektive keine quasi-experimentellen Designs, die den Auswahlaspekt einbeziehen. Dies liegt auch daran, dass die Gatekeeper-Forschung häufig nur den Einflussaspekt untersucht (Ausnahme: White 1950). Allerdings lassen sich z. B. redaktionsbezogene Kontextvariablen durchaus an die vorher dargestellten Mikro-Ebenen-Modelle anbinden. Denn mit verschiedenen redaktionellen Variablen lassen sich nachträglich Gruppenvariablen bilden, die den quasi-experimentellen Charakter von Simulationsstudien von der Mikro- auf weitere Ebenen wie z. B. die ressort- oder redaktionsbezogene Meso-Ebene ausdehnen.

Jede der Nachrichtenauswahltheorien fokussiert empirisch auf bestimmte Variablenbündel und Zusammenhänge, während andere unberücksichtigt bleiben. Integriert man die einzelnen Aspekte in ein Design, lassen sich sowohl direkte als auch indirekt vermittelte Kontext-, Wissens- und Einstellungseinflüsse von Journalisten auf ihre Selektionsentscheidungen berücksichtigen.

Das hier verwendete Design besteht aus folgenden Elementen und Zusammenhängen:

- *Unabhängige Variablen als Kontextvariablen:* Hier lassen sich die Ressortzugehörigkeit und wahrgenommene Organisationsziele von Journalisten einordnen. Sie sind von vornherein Merkmale der Meso-Ebene.
- *Unabhängige Variablen als relationale Variablen:* Journalistische Bezugsgruppen sind auf der Mikro-Ebene relational erhobene Merkmale

von Journalisten zu ihren redaktionellen und außerredaktionellen Bezugsgruppen. Diese Variablen schlagen die Brücke zwischen organisatorischem Kontext (bzw. seinem spezifischen Publikum) und einzelnen Journalisten. Auf der Meso-Ebene lassen sie sich zu strukturellen Merkmalen aggregieren.

- *Unabhängige Variablen als absolute Merkmale:* Die meisten Variablen des Modells sind auf der Mikro-Ebene von Journalisten absolute Merkmale, z. B. Nachrichtenfaktoren oder politische Einstellungen. Auf der Meso-Ebene fungieren sie als analytisch-aggregierte strukturprägende Merkmale journalistischen Handelns. Aggregierte Vorstellungsvariablen lassen sich nach ihrem Grad der institutionellen Regelgeltung untersuchen.
- *Abhängige Variablen auf der Mikro-Ebene:* Journalistische Selektionsentscheidungen sind abhängige Variablen, die auf der Mikro-Ebene für einzelne Journalisten erhoben werden. Sie beziehen sich auf die Objektklassen Issues bzw. Ereignisse, Quellen und Statements.
- *Ex-post-facto-Charakter:* Der korrelative Charakter des Designs fokussiert auf die Zusammenhangsprüfungen zwischen journalistischen Selektionskriterien – wahrgenommen Nachrichtenfaktoren, Bewertungen und politische Meinungen – und journalistischen Selektionsentscheidungen sowie auf Einflüsse journalistischer Bezugsgruppen und Ressourcen. Dafür sind Regressionsanalysen mit Haupt- und Interaktionseffekten auf einer Ebene zu untersuchen.
- *Quasi-experimenteller Charakter:* Quasi-experimentell ist das Design, weil sowohl die Abfragen zum journalistischen Wissen als auch die journalistischen Selektionsentscheidungen sowie ihre Zusammenhänge ressortspezifisch und organisationszielspezifisch untersucht werden können. Dafür wird der Kontext als zweite Ebene regressionsanalytisch berücksichtigt.
- *Mögliche Zusammenhänge zwischen den Variablenbündeln:* Kontextfaktoren können erstens direkt journalistische Selektionsentscheidungen beeinflussen. Wahrscheinlicher ist aber zweitens, dass sie Selektionsentscheidungen indirekt vermittelt über journalistisches Wissen beeinflussen.

8 Darstellung der Ergebnisse

Dieses Kapitel prüft die Hypothesen und Forschungsfragen aus Kap. 6. Zunächst wird die Datengrundlage dargestellt (vgl. Kap. 8.1). Die Auswertung selbst erfolgt in zwei Schritten. Kap. 8.2 untersucht den *Meso-Mikro-Link*, d. h. den Einfluss von Organisationsmerkmalen auf journalistische Vorstellungen und Einstellungen. In Kap. 8.3 werden Organisations- und Journalistenmerkmale in einem gemeinsamen Modell auf ihren relativen Einfluss auf journalistische Selektionsentscheidungen untersucht.

8.1 Datengrundlage

8.1.1 Organisationstheoretische Variablen

Nachfolgend werden die Anteile und Mittelwerte aller *Organisationsmerkmale* beschrieben, sofern sie nicht schon als stichprobenrelevant in Kap. 7.1.2 diskutiert wurden.

Organisationsmerkmale	**n**	**MW[a]**
Redaktionelle Linie I: links – rechts	123	3,0
Redaktionelle Linie II: liberal – konservativ	122	2,7
Zeitungstyp: regional – überregional	123	2,0
Hierarchiegrad: hierarchisch flach – hierarchisch stark	122	3,4

[a)] jeweils 5-stufige Skala

Abb. 8.1: Mittelwerte wahrgenommener Organisationsmerkmale

Publizistische Organisationsziele und *hierarchische Strukturen* sind in Abb. 8.1 abgebildet. Der erste Indikator für die redaktionelle Linie ist normal verteilt, der zweite Indikator leicht linksschief zugunsten der liberalen Wahrnehmung von Tageszeitungen. Beide Indikatoren korrelieren miteinander ($r=.43$; $p<0.01$), so dass später die Multikollinearität beider Prädiktoren zu beachten ist. Insgesamt entspricht es bisherigen Befunden, dass Journalisten die Zeitungen, für die sie arbeiten, politisch mittig einordnen (z. B. Reinemann 2003: 137). Zudem überwiegen in der Stichprobe regionale Zeitungen gegenüber überregionalen sowie stärkere gegenüber flacheren Redaktionshierarchien in der Wahrnehmung der Journalisten.

Die Reaktionsstärken *journalistischer Bezugsgruppen* wurde in bisherigen Studien nicht abgefragt, sondern lediglich Reaktionshäufigkeiten (Weischenberg et al. 2006: 146, 291). Leser-Reaktionen werden durchschnittlich am stärksten wahrgenommen (MW=4,5) (vgl. Abb. 8.2). Dafür bewerten Journalisten die Reaktionen von Vorgesetzten als durchschnittlich wichtiger als Leser-Reaktionen (MW=4,6).

	Wahrnehmung		Bewertung	
Bezugsgruppen	**n**	**MW**[a]	**n**	**MW**
Vorgesetzten-Reaktion	122	3,0	119	4,6[b]
Leser-Reaktion	123	4,5	123	3,3[b]
Kollegen-Reaktion	122	2,7	115	3,1[b]
Reaktion von Freunden & Bekannten	118	2,3	115	2,4[b]
Vorgesetzten-Einfluss	123	3,3	121	4,2[c]

a) 5-stufig: trifft überhaupt nicht zu – trifft voll und ganz zu
b) 5-stufig: sehr unwichtig – sehr wichtig
c) 5-stufig: sehr schwer – sehr leicht

Abb. 8.2: Mittelwerte wahrgenommener und bewerteter Bezugsgruppen

Abb. 8.3 listet erstens die Wahrnehmung vorhandener *Ressourcen* in Redaktionen auf und zweitens, wie sehr diese Ressourcen das Durchsetzen eigener Themenvorschläge erschweren oder erleichtern. Alle aufgeführten Ressourcen sind normalverteilt. Überdurchschnittlich handlungserleichternd wirken für Journalisten insbesondere Zeit, Platz in der Zeitung und Exklusivität, um Themenvorschläge durchzusetzen. Zeit wird als fundamentale Ressource erkennbar.

Schließlich spricht der durchschnittliche Wert für die wahrgenommene *Entscheidungsbefugnis* (Frage 28 im Anhang) dafür, dass Journalisten tendenziell eher eigenverantwortlich in Redaktionen agieren (MW=2,2; SD=1,1). Dies entspricht bisherigen Studien (z. B. F. Esser 1998; Donsbach 1993a; Donsbach & Wolling 1995).

Die *Zugehörigkeit zum Ressort* wurde offen erfragt. Sie wurden aufgrund der Fragestellung und der geringen Fallzahlen zu drei Ressort-Kontexten zusammengefasst: (1) Innenpolitik, Politik & Nachrichten (kurz: Politikressort); (2) Lokales, Regionales & Kommunalpolitik (kurz:

Lokalressort) und (3) Sonstige Ressorts. Zweitens wurde die *Ressortrelevanz*, im redaktionellen Alltag über innenpolitische Issues zu berichten, erfragt. Von den 119 Journalisten, die sich dazu äußerten, berichtet etwa die Hälfte wenig oder gar nicht über Innenpolitik, die andere Hälfte berichtet darüber (MW=2,9), sodass die Variable in der Stichprobe normalverteilt ist.

	Wahrnehmung		Bewertung	
Ressourcen und Gelegenheiten	**n**	**MW[a]**	**n**	**MW[b]**
Personal	122	2,9	118	2,5
Zeit	124	3,3	122	4,1
Platz	124	3,4	122	3,9
Exklusivität	123	3,5	120	3,9
Orientierung an anderen Medien	124	3,0	123	3,1

a) 5-stufig: trifft überhaupt nicht zu – trifft voll und ganz zu
b) 5-stufig: sehr schwer – sehr leicht

Abb. 8.3: Mittelwerte wahrgenommener und bewerteter Ressourcen

8.1.2 Journalistische Auswahloptionen

Die *journalistischen Selektionsentscheidungen* wurden nach primärer Issue- bzw. Ereignisentscheidung sowie nach sekundären Quellen- und Statement-Entscheidungen differenziert. Bei den *Issues* entschieden sich 33% der Journalisten für die Vignette zur Flugdatenspeicherung und die anderen zwei Drittel für die Mindestlohn-Vignette (n=124). Die Issue-Entscheidung fiel auf einer 6-stufigen Skala etwas wahrscheinlicher für das Mindestlohn-Issue aus (MW=4,1) (vgl. Frage 14 im Anhang).

Für die Quellen-Auswahl sind die Häufigkeiten und Mittelwerte in Abb. 8.4 abgebildet. Journalisten konnten bis zu drei Quellen für die Vignette wählen, die sie zuvor für selektionswürdiger gehalten hatten. Die Mittelwerte für jede Quelle geben an, wie viele Journalisten die Quellen wählten, um ihren Vignettenbeitrag zu erweitern. So wählten z. B. 38 Journalisten den »Beauftragten für Datenschutz« von den 41, die sich zuvor für die Issue-Vignette »Flugdatenspeicherung« entschieden hatten. Demzufolge entschieden sich 93% für diese Quelle. Dies entspricht einem gerundet-standardisierten Mittelwert von 0,9. Insgesamt wurden kaum Politiker als Recherchequellen gewählt. Dies kann daran liegen, dass die zwei Issues in der öffentlichen Debatte bereits etabliert waren, und Journalisten eher andere Quellen mit neuen Aspekten in die Diskussion einbringen wollten. Denkbar ist auch, dass Bundespolitiker für regionale bzw. lokale Journalisten nicht sehr relevant sind.

Flugdatenspeicherung (n=41)			Mindestlohn (n=83)		
Informationsquellen	**n[a]**	**MW**	**Informationsquellen**	**n[a]**	**MW**
Beauftragter für Datenschutz	38	0,9	Parteipolitiker der FDP	1	0,0
Parteipolitiker der Grünen	6	0,2	Wirtschaftswissenschaftler	53	0,6
Verb. europ. Fluggesellschaften	16	0,4	Vertr. Gewerkschaftsbund	45	0,5
Betroffene Fluggäste	28	0,7	Betroffene Geringverdiener	70	0,8
Bundeskriminalamt	22	0,5	Vertr. DIHK	20	0,2
Bundesinnenminister Schäuble	10	0,2	Parteipolitiker der Grünen	1	0,0
EU-Justizkommissar Frattini	1	0,0	Betroffene Unternehmer	67	0,8
Parteipolitiker der FDP	4	0,1			

a) Es sind Nennungen von bis zu drei Quellen je Issue möglich gewesen.

Abb. 8.4: Häufigkeiten und Mittelwerte gewählter Informationsquellen je Issue

Analog zur Quellen-Auswahl sind in Abb. 8.5 die gewählten *Statements* der Journalisten aufgeführt. Insbesondere beim Issue zur »Flugdatenspeicherung« entschieden sich Journalisten sehr selten für die Statements mit Verbrechen und Terror. In den späteren Auswertungen werden die einzelnen Statements aber zu bestimmten Merkmalstypen gebündelt, so dass dieses Problem nicht so stark ins Gewicht fällt.

Flugdatenspeicherung (n=41)			Mindestlohn (n=83)		
Statements	**n[a]**	**MW**	**Statements**	**n[a]**	**MW**
Die vorrätige Speicherung von Flugpassagierdaten macht jeden unschuldigen Bürger verdächtig.	20	0,5	Der Staat sollte ein existenzsicherndes Mindestlohnniveau nicht regeln.	5	0,1
Flugdatenspeicherung erhöht die Sicherheit aller, indem sie die Bürger vor Verbrechen schützt.	5	0,1	Der Lohn von Arbeitnehmern muss sich nach der Produktivität von Unternehmen richten.	18	0,2
Die gesetzliche Flugdatenspeicherung gibt Staat und Sicherheitsapparat zu viele Machtbefugnisse.	23	0,6	Ohne Mindestlohnniveau werden die Sozialkassen stärker belastet.	34	0,4
Ohne Speicherung der Flugdaten können terroristische Anschläge nicht effektiv bekämpft werden.	3	0,1	Ohne festgelegtes Lohnniveau können Unternehmen sich am Markt besser behaupten.	24	0,3

(Fortsetzung folgende Seite)

Flugdatenspeicherung (n=41)			Mindestlohn (n=83)		
Statements	**n[a]**	**MW**	**Statements**	**n[a]**	**MW**
Die Grund- und Bürgerrechte werden gestärkt, wenn Flugdaten nicht gespeichert werden.	13	0,3	Um Armut zu bekämpfen, sollte der Staat in das Lohnniveau regulierend eingreifen.	43	0,5
Kriminalität und Terror können nur durch mehr staatliche Interventionen bekämpft werden.	3	0,1	Die Festlegung des Lohnniveaus darf nicht der Wirtschaft überlassen werden.	32	0,4

a) Es sind Nennungen von bis zu drei Statements je Issue möglich gewesen.

Abb. 8.5: Häufigkeiten und Mittelwerte gewählter Statements je Issue

8.1.3 Nachrichtenauswahltheoretische Variablen

Unabhängig von den journalistischen Selektionsentscheidungen wurden Nachrichtenfaktoren und politische Meinungen als mögliche Selektionskriterien zu den Issue-Optionen abgefragt. Abb. 8.6 zeigt die Mittelwerte für die *wahrgenommenen Stärken von Nachrichtenfaktoren* zu den zwei Issue-Vignetten. Sie unterscheiden sich insbesondere für Regionale Nähe (MW_{DS}=2,5 vs. MW_{ML}=4,5).

Issue-Vignette: Flugdatenspeicherung (DS)			Issue-Vignette: Mindestlohn (ML)		
Stärken der Nachrichtenfaktoren	**n**	**MW[a]**	**Stärken der Nachrichtenfaktoren**	**n**	**MW[a]**
Prominenz	124	4,4	Prominenz	123	4,2
Etablierung	124	3,4	Etablierung	124	4,3
Kontroverse	120	3,9	Kontroverse	122	4,1
Reichweite	124	3,9	Reichweite	124	4,5
Regionale Nähe	124	2,5	Regionale Nähe	124	4,2

a) 5-stufig: trifft überhaupt nicht zu – trifft voll und ganz zu

Abb. 8.6: Mittelwerte wahrgenommener Nachrichtenfaktoren je Issue

Die *Bewertungen der Nachrichtenfaktoren* wurden mittels Rangskala abgefragt (vgl. Abb. 8.7). Die Journalisten sollten nur die Nachrichtenfaktoren berücksichtigen, die sie für die Vignetten als wichtig einstuften. Deshalb sind die Fallzahlen für die Bewertungen teilweise so gering, dass sie sich für multivariate Regressionsanalysen nicht eignen. Der ausgewiesene Mittelwert ist eher als durchschnittlicher Rangwert zu interpretieren. Die Rangwerte scheinen die These zu stützen, dass

Nachrichtenfaktoren – thematisch übergreifend betrachtet – unterschiedlich wichtig bewertet werden.[96] So wird Reichweite issue-übergreifend am wichtigsten eingeschätzt und Prominenz am unwichtigsten.

Issue-Vignette: Flugdatenspeicherung (DS)			Issue-Vignette: Mindestlohn (ML)		
Bewertung der Nachrichtenfaktoren	**n**	**MW[a]**	**Bewertung der Nachrichtenfaktoren**	**n**	**MW[a]**
Prominenz	31	3,3	Prominenz	26	3,9
Etablierung	74	2,2	Etablierung	78	2,3
Kontroverse	92	2,0	Kontroverse	81	2,2
Reichweite	98	1,6	Reichweite	105	1,6
Regionale Nähe	33	3,2	Regionale Nähe	80	2,8

a) 5-stufig: Rang 1 »höchste Wichtigkeit« – Rang 5 »geringste Wichtigkeit« (Wahl-Items)

Abb. 8.7: Mittelwerte bewerteter Nachrichtenfaktoren je Issue

Für Quellen und Statements wurden nur die Stärken der Nachrichtenfaktoren abgefragt und zwar global über alle vorgegebenen Quellen und Statements hinweg. Abb. 8.8 zeigt teilweise deutliche issue-spezifische Unterschiede in den Wahrnehmungsstärken.

Issue-Vignette: Flugdatenspeicherung (DS)			Issue-Vignette: Mindestlohn (ML)		
Stärken der Nachrichtenfaktoren	**n**	**MW[a]**	**Stärken der Nachrichtenfaktoren**	**n**	**MW[a]**
Kontroverse	38	4,2	Kontroverse	82	4,4
Erfolg/Nutzen	31	2,1	Erfolg/Nutzen	70	2,7
Prominenz	32	2,3	Prominenz	68	2,3
Personalisierung	35	3,5	Personalisierung	78	4,1
Misserfolg/Schaden	32	3,0	Misserfolg/Schaden	69	2,7
Einfluss	29	2,0	Einfluss	70	2,6

a) 5-stufig: trifft überhaupt nicht zu – trifft voll und ganz zu

Abb. 8.8: Mittelwerte der wahrgenommenen Nachrichtenfaktoren global für alle Quellen und Statements je Issue

96 Ähnliches nimmt Fretwurst (2008) an, wenn er von *Nachrichtenfaktor-Gewichten* spricht. Er vermutet aber, dass Nachrichtenfaktoren unterschiedlich bedeutsame *Wahrnehmungskonstanten* sind, während es hier um *Bewertungen* geht.

Erfolg, Personalisierung und Einfluss wurden für Sachverhalte zum Mindestlohn-Issue sehr viel stärker wahrgenommen als für das Issue »Flugdatenspeicherung«. Thematische Unterschiede belegen auch Ergebnisse von Inhaltsanalysen (z. B. Staab 1990, Eilders 1997), während dies quasi-experimentell bisher zumindest in den Auswertungen unberücksichtigt blieb (z. B. Dimmick 1974; Kepplinger & Ehmig 2006). Aufgrund der Fallzahlen werden die thematischen Anwendungsbezüge hier nicht differenziert untersucht.

Neben Nachrichtenfaktoren wurden auch die *politischen Meinungen* der Journalisten zu beiden Issues abgefragt. Es zeigte sich in beiden Fällen, dass die befragten Journalisten eher links von der Mitte zu verorten sind. So sind die 124 Journalisten durchschnittlich eher gegen Vorratsdatenspeicherung (MW_{DS}=1,8) und für Mindestlöhne (MW_{ML}=4,1). Die Positionen zu beiden Issues lassen sich also politisch eher links einordnen. Berechnet man aus beiden Einzelabfragen die issue-übergreifende politische Einstellung, zeigt sich ein durchschnittlicher Überhang zugunsten der linken Position von MW=–2,2. Auf einer Skala von –4 bis +4 würde ein durchschnittlicher Wert von 0 für politische Neutralität stehen. Die Varianz beider Meinungsabfragen ist zudem recht gering und sehr schief verteilt (SD_{ML}=1,1 und SD_{DS}=1,0). Dies könnte sich später problematisch auf die Ergebnisse auswirken. Im Vergleich zur redaktionellen Linie nehmen sich Journalisten durchschnittlich links von der politischen Mitte wahr. Die Zeitung, für die sie arbeiten, ordnen sie dagegen der politischen Mitte zu (vgl. Kap. 8.1.1). Den Linksüberhang von Journalistenmeinungen und -einstellungen als auch die politisch eher mittige Einordnung ihrer Zeitungen bestätigen auch andere Studien (z. B. Reinemann 2003: 136f.; Weischenberg et al. 2006: 70f.).

Drittvariablen

37% der Journalisten haben bisher über Mindestlöhne berichtet, 28% über die Vorratsdatenspeicherung (vgl. Abb. 8.9).

Issue: Flugdatenspeicherung (n=119)			Issue: Mindestlohn (n=119)		
Vergangene Selektionshäufigkeit	n	%	Vergangene Selektionshäufigkeit	n	%
Überhaupt nicht	86	72	Überhaupt nicht	75	63
Ein- bis zweimal	13	11	Ein- bis zweimal	24	20
Öfter als zweimal	20	17	Öfter als zweimal	20	17

Abb. 8.9: Anteile der vergangenen Selektionshäufigkeit je Issue

Vignetten- und Issue-Merkmale wurden abgefragt, um unterschiedliche Formulierungseinflüsse auf Selektionsentscheidungen kontrollieren zu können. Die Ergebnisse in Abb. 8.10 zeigen, dass beide Vignetten weitgehend gleich beurteilt wurden. So stuften die Journalisten auch beide Vignetten gleichermaßen als politisch neutral ein. Das heißt, dass in den Vignetten lediglich Frame-Positionen variiert wurden, die zwar parteipolitische Positionen nahe legen, die aber dennoch ausgewogen formuliert sind.

Flugdatenspeicherung			**Mindestlohn**		
Vignetten- und Issue-Merkmale	**n**	**MW[a]**	**Vignetten- und Issue-Merkmale**	**n**	**MW[a]**
uninteressant – interessant	122	3,7	uninteressant – interessant	123	3,9
inaktuell – aktuell	120	3,7	inaktuell – aktuell	122	3,8
unausgewogen – ausgewogen	122	3,7	unausgewogen – ausgewogen	123	3,6
rechtstendenziös – linkstendenziös	121	3,0	rechtstendenziös – linkstendenziös	121	3,0
irrelevant – relevant	123	4,0	irrelevant – relevant	122	4,1
unkritisch – kritisch	124	2,8	unkritisch – kritisch	123	2,9
unglaubwürdig – glaubwürdig	122	4,1	unglaubwürdig – glaubwürdig	123	4,1

[a)] jeweils 5-stufige Skala

Abb. 8.10: Mittelwerte von Vignetten- und Issue-Merkmalen im Vergleich

8.1.4 Störgröße: Erhebungszeitraum

Der Erhebungszeitraum des Fragebogens erstreckte sich über ein halbes Jahr (vgl. Kap. 7.1.2), so dass Journalisten der ersten zwei Erhebungswellen ihn ab September 2008 ausfüllten, während er den Journalisten der dritten Welle erst ab Februar 2009 zugänglich war. Demzufolge könnte sich das Antwortverhalten der Befragten zwischen beiden Erhebungszeiträumen unterscheiden, weil die simulierten Issues nicht fingiert waren, sondern lediglich die Ereignisanlässe der Vignetten. Unterschiede im Antwortverhalten der Journalisten verweisen entweder auf eine veränderte wahrgenommene Ereignislage, auf eine veränderte wahrgenommene Nachrichtenlage der zwei Issues zueinander bzw. der einzelnen Issues in Relation zur Gesamtnachrichtenlage hin oder auf eine veränderte Issue-Bewertung durch die Journalisten (vgl. Kap. 5). Im Einzelnen wurden folgende unabhängige Variablen auf Unterschiede zwischen beiden Befragungswellen getestet: alle Variablen zu Nachrichtenfaktoren, alle Variablen zu den Vignettenqualitäten, die Variablen zu vergangenen Selektionsentscheidungen beider Issues sowie die politischen Meinungen der Journalisten zu beiden Issues.[97]

	Frühausfüller Sept. 2008		Spätausfüller Februar 2009		Mann-Whitney-U-Test:
	n	MW[a]	n	MW[a]	Signifikanzniveau
Vignettenqualität »Flugdatenspeicherung«					
uninteressant – interessant	56	3,8	44	3,4	p<0.01
irrelevant – relevant	57	4,2	44	3,8	p<0.05
Politische Meinung					
zum »Mindestlohn«	57	4,3	44	3,8	p<0.05
Wahrnehmungsdifferenzen der Nachrichtenfaktoren					
Kontroverse	55	0,0	43	–0,4	p<0.05
Reichweite	57	–0,5	44	–0,9	p=0.05
Issue-Wahl					
Flugdatenspeicherung vs. Mindestlohn	57	3,7	44	4,5	p<0.05

[a)] Zu den Ausprägungen der einzelnen Skalen vgl. Fragebogen im Anhang

Abb. 8.11: Mittelwerte von Vignetten- und Issue-Merkmalen im Vergleich

Abb. 8.11 zeigt die signifikanten Rangunterschiede, wobei zur besseren Veranschaulichung Mittel- statt Rangwerte ausgewiesen werden. Auffällig ist, dass die Journalisten die Vignette zur »Flugdatenspeicherung« im Februar 2009 uninteressanter und irrelevanter beurteilten als im September 2008. Zudem haben sich zwei Nachrichtenfaktoren zugunsten der Mindestlohn-Vignette verändert. Gleichzeitig entschieden sich die Spätausfüller signifikant wahrscheinlicher für die Mindestlohn-Vignette. Testet man nur die Issue-Auswahl nach ihrer Selektionswahrscheinlichkeit, zeigen sich die Unterschiede in der Selektionsentscheidung für die Issues noch stärker. Im September 2008 wählten 46% die Vignette zur »Flugdatenspeicherung« (Ausprägungen 1 bis 3) und 54% die Mindestlohn-Vignette (Ausprägungen 4 bis 6). Im Februar des darauffolgenden

[97] Es konnten nur 101 von 124 Journalisten einbezogen werden, da nur sie angegeben hatten, für welche Zeitung sie arbeiten. Daraus ließ sich im Abgleich mit den Anschreiben an die Redaktionen schlussfolgern, ob sie zu den Früh- oder Spätausfüllern gehörten. Der Einwand, dass Befragte möglicherweise nicht sofort den Fragebogen ausfüllen, sondern erst sehr viel später, lässt sich entkräften. Spätestens zwei Wochen nach den versendeten Anschreiben zeigen sich keine Zuwächse mehr in der Online-Übersicht für den Fragebogen.

Jahres entschieden sich nur noch 16% der Befragten für Flugdatenspeicherung, dagegen 84% für das Mindestlohn-Issue. Dieser Unterschied ist signifikant ($p<0.01$).

Dieser Befund spiegelt die thematische Entwicklung beider Issues im Erhebungszeitraum wider (vgl. Kap. 7.2.3). Während zum ersten Erhebungszeitpunkt im September über beide Issues ähnlich stark berichtet wurde, verlor das Issue »Flugdatenspeicherung« im Februar zwar nicht unbedingt an Bedeutung, aber es gab keine neuen Kernereignisse. Dieser Fakt lässt sich nutzen, um die Befunde in einem Zwei-Wellen-Trenddesign zu kontrollieren. Früh- und Spätausfüller werden als Gruppendummies in Regressionen berücksichtigt, sofern dies erforderlich ist.

Zudem ist bei der Ergebnisinterpretation zu berücksichtigen, dass der Ereignisanlass »Aktuelle Studie eines Wirtschaftsinstituts zur Einführung von Mindestlöhnen« hinreichend allgemein formuliert war, um auch im Februar noch selektionswürdig zu sein, während der Ereignisanlass »neuer Gesetzesvorschlag über Flugdatenspeicherung« sehr viel spezifischer war und nur einen Aspekt des allgemeinen Issues »Vorratsdatenspeicherung« abdeckte.

8.2 Einflussaspekt aus Organisationsperspektive

Nachfolgend wird der Einfluss von organisationsbezogenen Merkmalen auf journalistische Vorstellungen und Einstellungen untersucht. Gemäß den Forschungsfragen und Hypothesen in Kap. 6.1 werden die Einflüsse auf Nachrichtenfaktoren, redaktionelle Bezugsgruppen, Ressourcen und auf die politischen Meinungen von Journalisten separat geprüft.

8.2.1 Organisationsstrukturen und Nachrichtenfaktoren

Zunächst wird untersucht, ob publizistische Organisationsziele und die Zugehörigkeit von Journalisten zu einzelnen Ressorts ihre Wahrnehmung von Nachrichtenfaktoren beeinflusst (vgl. auch Engelmann 2012). In Forschungsfrage EA1 wurde gefragt, ob sich Nachrichtenfaktoren zu Sachverhalten nach *publizistischen Organisationszielen* und nach *Ressortzugehörigkeit* unterscheiden.

AV: wahrgen. Stärken der NF	zum Issue »Flugdatenspeicherung«											
	AV: Kontroverse (n=107)			**AV: Prominenz** (n=110)			**AV: Reichweite** (n=110)			**AV: Regionale Nähe** (n=110)		
Prädiktoren: Kontextmerkmale	R^2	Beta	Teststärke	R^2	Beta	Teststärke	R^2	Beta	Teststärke	R^2	Beta	Teststärke
Zeitungstyp				$.03^{\#}$	.17	.45	$.03^{\#}$	.19	.47			
Redakt. Linie	$.03^{\#}$	–.19	.49	.04*	–.21	.61						
Lokalressort										.04*	–.21	.53
Politikressort												
Gesamtmodelle	n.s.			Korrig. R^2: $.04^{\#}$, F=2,1 Teststärke: .35			n.s.			n.s.		

AV: wahrgen. Stärken der NF	zu Quellen			zu Statements		
	AV: Personalisierung (n=100)			**AV: Schaden/Misserfolg** (n=90)		
Prädiktoren: Kontextmerkmale	R^2	Beta	Teststärke	R^2	Beta	Teststärke
Zeitungstyp	.05*	–.24	.63			
Redakt. Linie						
Lokalressort				.06*	–.26	.64
Politikressort						
Gesamtmodelle	Korrig. R^2: .07*, F=2,7, Teststärke: .51			Korrig. R^2: $.05^{\#}$, F=2,2, Teststärke: .36		

Hierarchische Regressionsanalysen (Methode TEST für den Zuwachs des R^2 einzelner Prädiktoren und Methode ENTER für Gesamtmodell; Toleranzwerte der Prädiktoren: >0,8)

$^{\#}$ p<0.10; * p<0.05; ** p<0.01; *** p<0.001

Abb. 8.12: Organisatorische Einflüsse auf wahrgenommene Stärken von Nachrichtenfaktoren

Einflüsse des *Zeitungstyps* als erstes Organisationsziel stützen diese Annahme für einige wenige Nachrichtenfaktoren. Je überregionaler Journalisten die Zeitungen beurteilen, für die sie arbeiten, desto stärker nehmen sie Prominenz und Reichweite für die Vignette zur »Flugdatenspeicherung« wahr und desto weniger spielt Personalisierung für die Quellen-Auswahl eine Rolle. Personalisierung nehmen Journalisten insbesondere für solche Informationsquellen wahr, die selbst von einem Sachverhalt betroffen sind. Diese Wahrnehmung teilen insbesondere Regionaljournalisten. Dies bestätigen auch andere Studien (z. B. Frädrich 2006: 234ff.; Meyen & Riesmeyer 2009: 177). Insgesamt ist der

Einfluss des Zeitungstyps gering und statistisch nicht sehr sicher. Kepplinger & Ehmig (2006: 32) bestätigten in ihrem Experiment, dass signifikant unterschiedliche Nachrichtenfaktoren aufgrund des Zeitungstyps nur bei sehr starken Nachrichtenfaktoren auftreten. Allerdings führten sie ihr Experiment mit Studenten durch, so dass dieser Befund nur eingeschränkt aussagekräftig ist.
Die *redaktionelle Linie* als zweites Organisationsziel beeinflusst lediglich mit dem Indikator zwischen liberalem und konservativem Pol die Wahrnehmungsstärken der Nachrichtenfaktoren. Der Einfluss beschränkt sich auf wahrgenommene Nachrichtenfaktoren in der Vignette zur Flugdatenspeicherung. Je konservativer Journalisten ihre Zeitung einordnen, desto geringer nehmen sie die Prominenz und Kontroverse in dieser Vignette wahr. Erklären lässt sich dieser Befund möglicherweise durch die jeweiligen Anwendungsbezüge auf die genannten Politiker in den Vignetten. In der Vignette „Flugdatenspeicherung" bezieht sich Kontroverse auf Wolfgang Schäuble (CDU) und Brigitte Zypries (SPD). Möglicherweise wurde die Distanz zwischen den beiden Bundesministern in jener Zeit weniger stark wahrgenommen als die zwischen Olaf Scholz (SPD) und Michael Glos (CSU) in der anderen Vignette. Dies lässt sich entweder durch die redaktionellen Diskurse oder die wahrgenommene Nachrichtenlage in dieser Zeit begründen. Insgesamt scheinen unterschiedlich stark wahrgenommene Nachrichtenfaktoren, die durch die redaktionelle Linie bedingt sind, eher inhaltlich an bestimmte Sachverhalte gebunden zu sein. Alles andere wäre auch wenig realistisch, denn wie sollte man begründen, dass konservative Zeitungen z. B. den Nachrichtenfaktor Einfluss über alle Quellen hinweg höher wahrnehmen als liberale Zeitungen.

Zudem wurde gefragt, ob sich Nachrichtenfaktoren zu Sachverhalten je nach *Ressortzugehörigkeit* unterscheiden, für die Journalisten erkennbar längerfristig tätig sind (d. h. keine Volontäre). Es wurden nur Journalisten des Politik- und des Lokalressorts einbezogen, da sie zu den inhaltlich simulierten Selektionsentscheidungen passfähig sind.[98] Abb. 8.12 zeigt, dass Lokalredakteure die Vignette zur Flugdatenspeicherung für weniger geeignet halten, um sie regional bzw. lokal »herunter zu brechen« als die Mindestlohn-Vignette. Möglicherweise würde dieser Unterschied verschwinden, wenn sich die simulierte Issue-Vignette allgemeiner auf Vorratsdatenspeicherung bezogen hätte oder stattdessen die Mindestlohn-Vignette konkreter auf eine bestimmte Branche. In diesem

[98] Alle Journalisten anderer Ressorts bzw. ohne feste Ressortbindung wurden zu einer dritten Gruppe zusammengefasst, die als nicht aufgenommene Dummy-Vergleichsgruppe diente.

Fall scheint der thematische Bezug ausschlaggebend zu sein für die Wahrnehmungsdifferenzen. Interessanter ist das zweite Ergebnis, dass Lokaljournalisten »Schaden/Misserfolg« als weniger stark wahrnehmen als Journalisten anderer Ressorts. Ähnlich bestätigte Staab (1990: 153f., 165f.) den Einfluss von Schaden auf den Umfang der Berichterstattung nur für Qualitätszeitungen, aber nicht für Regionalzeitungen. Einflüsse von Nutzen auf die Platzierung belegte er dagegen in Regionalzeitungen, aber nicht in Qualitätszeitungen. Eilders (1997: 193) bestätigte weder für überregionale noch für regionale Zeitungen Einflüsse von Schaden und Nutzen auf den Beachtungsgrad. Aber sie bestätigte wie Staab, dass sich Prominenz, Kontroverse, Etablierung und Reichweite nicht zwischen überregionalen und regionalen Zeitungen unterscheiden. Zu diesem Ergebnis kommt auch diese Studie. Regionale Nähe wird dagegen von lokal tätigen Journalisten für die Vignette zur Flugdatenspeicherung sehr viel geringer wahrgenommen als von Journalisten anderer Ressorts. Die Befunde deuten zumindest für den hier untersuchten Ausschnitt darauf hin, dass Nachrichtenfaktoren für Selektionsentscheidungen unabhängig vom konkret-thematischen Anwendungsbezug ähnlich bedeutsam sind.

Die Forschungsfrage EA1 kann für den *Einfluss von Organisationszielen* – also den Zeitungstyp und die redaktionelle Linie – auf wahrgenommene Nachrichtenfaktoren nicht eindeutig beantwortet werden, da die Teststärken zu gering sind. Zudem scheinen Nachrichtenfaktoren zumindest teilweise *ressortspezifisch* institutionalisiert zu sein, da subjektives journalistisches Wissen über Nachrichtenfaktoren durch den Ressortkontext geprägt ist. Dennoch sind die Effekte zu schwach, um daraus endgültige Schlussfolgerungen zu ziehen. Inwiefern ressortspezifisch institutionalisiertes Wissen auch selektionsrelevant ist, wird in Kap. 8.3 geprüft.

Insgesamt zeigt sich, dass wahrgenommene Nachrichtenfaktoren vorrangig organisationsübergreifend gültig sind, aber aufgrund inhaltlicher Sachverhalte spezifisch ausgelegt werden. Dies kann entweder auf die thematischen Anwendungsbezüge zurückzuführen sein oder auf organisatorische Bedingungen wie Organisationsziele und ressortspezifische Selektionskriterien. Für die Bewertungen von Nachrichtenfaktoren zeigten sich keine Einflüsse durch Organisationsziele oder Ressortzugehörigkeit. Dass Bewertungen nicht institutionell vermittelt sind, deckt sich mit Simons (1981: 281) organisationstheoretischen Annahmen (vgl. Kap. 2), dass die Wissensvermittlung in Organisationen ein rein kognitives Problem ist.

Zudem bestätigt sich nicht, dass Organisationsziele in ressortspezifische Selektionsprogramme eingelagert sind. Dafür hätte sich zeigen müssen, dass Nachrichtenfaktoren sowohl durch Organisationsziele als auch durch die Ressortzugehörigkeit von Journalisten erklärt werden. Organisationstheoretisch lässt sich dies möglicherweise damit begründen, dass publizistische Organisationsziele eher zum impliziten Wissen gehören, das Journalisten nicht benennen können. Denkbar ist auch eine begrenzte Aufmerksamkeitsfokussierung von Journalisten, so dass die publizistischen Ziele nicht entscheidend sind für ihre Wahrnehmung von Nachrichtenfaktoren in den journalistischen Sachverhalten. Zudem handelt es sich um eine einmalige, sehr spezifische Selektionsentscheidung. Aus methodischer Sicht ist einschränkend anzumerken, dass sich keine Interaktionseffekte zwischen Organisationszielen und Ressortzugehörigkeit prüfen ließen. Möglicherweise hätten sie die Wahrnehmung von Nachrichtenfaktoren beeinflusst.

8.2.2 Organisationsstrukturen und Vorgesetzte

Zunächst werden die akteurs- und organisationsbezogene Bedingungen sowie die Entscheidungsbefugnis auf antizipierte Weisungen von Vorgesetzten geprüft (Forschungsfrage EA2). Als unabhängige Variablen gehen der Grad der Entscheidungsbefugnis, die Position in der Redaktion, die Berufserfahrung von Journalisten und der Hierarchiegrad in die hierarchischen Regressionsmodelle ein. Abhängige Variablen sind im ersten Modell antizipierte Reaktionen (vgl. Kap. 8.13) und im zweiten Modell antizipierte Einflüsse von Vorgesetzten (vgl. Kap. 8.14). Beide abhängigen Variablen korrelieren miteinander ($r=.52$; $p<0.01$), d. h. es bestehen Schnittmengen zwischen ihnen.

Abb. 8.13 zeigt die Organisationsmerkmale, die *erwartete Reaktionen von Vorgesetzten* erklären. Allein die Position von Journalisten in der formalen Redaktionshierarchie beeinflusst die antizipierten Reaktionen von Vorgesetzten schwach. Dieser Befund geht mit den Annahmen der TPB konform (vgl. Kap. 3.3.2), dass Positionen in der Hierarchie keine direkten Prädiktoren von Entscheidungen sind, sondern Hintergrundvariablen für Vorstellungen. Dass Berufserfahrung keinen Einfluss hat, entspricht Donsbach & Wollings (1995: 428) Ergebnissen, wonach auch erfahrene Journalisten nicht mehr oder weniger Spielraum in ihren Entscheidungen haben als unerfahrene. In der Studie von Scholl & Weischenberg (1998: 115) korrelierten dagegen zunehmende Berufserfahrung mit abnehmenden Reaktionen von Vorgesetzten (ähnlich Weischenberg et al. 2006: 292). Die hier erhobene Entscheidungsbefugnis hat offensichtlich nichts damit zu tun, welches Feedback Vorgesetzte nachträglich zu den veröffentlichten Beiträgen geben. Möglicherweise haben die Journalisten die Entscheidungsbefugnis auf das Vorschlagen und eigenverantwortliche Schreiben von Beiträgen bezogen. Auch der wahrgenommene Hierarchiegrad als ein eher strukturelles Prinzip von Redaktionen beeinflusst nicht, wie sehr Journalisten Reaktionen von Reaktionen für Selektionsentscheidungen antizipieren. Dies kann bedeuten, dass die Hierarchien in Redaktionen relativ flach sind, dass redaktionelle Kontrolle in Redaktionen nicht formalisiert ist oder dass Journalisten die Reaktionen von Vorgesetzten auf ihre Beiträge nicht als hierarchisches Kontrollinstrument wahrnehmen. In methodischer Hinsicht könnte auch die künstliche Situation ausschlaggebend dafür sein, dass die Organisationsstrukturen keinen Einfluss haben.

Prädiktoren	**Änderung in R^2**	**F**	**df**	**b**	**Signifikanz von R^2**	**Teststärke**
Entscheidungsbefugnis						
Position in der Hierarchie	.05	6,5	1	.26*	p<0.05	.71
Berufserfahrung						
Hierarchiegrad						
	Korrig. R^2	F	df		Signifikanz	Teststärke
Gesamtmodell	**.06**	**2,9**	**4**		**p<0.05**	**.55**

Hierarchische Regression (Methode TEST für den Zuwachs des R^2 einzelner Prädiktoren und Methode ENTER für Gesamtmodell; Toleranzwerte der Prädiktoren: >0,7)

Basis: n=114
# p<0.10; * p<0.05; ** p<0.01; *** p<0.001

Abb. 8.13: Bedingungen antizipierter Reaktionen von Vorgesetzten

Erwartete *Einflüsse von Vorgesetzten* werden im Gegensatz zu erwarteten Reaktionen nicht durch die formale Position von Journalisten in der Organisationshierarchie erklärt. Abb. 8.14 zeigt, dass in diesem Fall die Entscheidungsbefugnis erklärend ist. Je fremdverantwortlicher Journalisten arbeiten, desto mehr beeinflussen Vorgesetzte ihre Themenvorschläge bzw. Selektionsentscheidungen. Dass Position und Berufserfahrung keinen Einfluss auf erwartete Einflüsse von Vorgesetzten haben, widerspricht den Befunden von Scholl & Weischenberg (1998: 119). Sie belegen für die Position (r=–.16) und die Berufserfahrung (r=–.10) geringe Korrelationen mit dem Vorgesetzten-Einfluss. Möglicherweise basieren deren Befunde auf einer ungenauen Spezifikation ihres Modells. Denn auch im eigenen Modell würden die Position in der formalen Hierarchie und die Berufserfahrung zu signifikanten Effekten von je drei Prozent Varianzausschöpfung führen[99], wenn man die Entscheidungsbefugnis aus dem Modell entfernt. Die Bewertungen für wahrgenommene Reaktionen und Einflüsse von Vorgesetzten lassen sich erneut nicht durch Organisationsmerkmale erklären.

Prädiktoren	**Änderung in R^2**	**F**	**df**	**b**	**Signifikanz von R^2**	**Teststärke**
Entscheidungsbefugnis	.08	10,6	1	.31**	p=0.001	.88
Position in der Hierarchie						
Berufserfahrung						
Hierarchiegrad						
	Korrig. R^2	F	df		Signifikanz	Teststärke
Gesamtmodell	**.14**	**5,5**	**4**		**p<0.001**	**.93**

Hierarchische Regression (Methode TEST für den Zuwachs des R^2 einzelner Prädiktoren und Methode ENTER für Gesamtmodell; Toleranzwerte der Prädiktoren: >0,7)

Basis: n=115
$^{\#}$ p<0.10; * p<0.05; ** p<0.01; *** p<0.001

Abb. 8.14: Bedingungen antizipierter Einflüsse von Vorgesetzten

Darüber hinaus interessiert, ob sich die Entscheidungsbefugnis von Journalisten eher journalisten- oder redaktionsbezogen erklären lässt. Dafür wurden die drei unabhängigen Variablen Berufserfahrung, Position und der wahrgenommene Hierarchiegrad in der Redaktion in ein Regressionsmodell aufgenommen. Abb. 8.15 zeigt, dass die Entscheidungsbefugnis von Journalisten wesentlich stärker organisations- als akteursbezogen erklärt wird. Je stärker Journalisten Hierarchien in der Redaktion wahrnehmen, desto fremdbestimmter arbeiten sie. Insgesamt bedeutet dies, dass starke Hierarchien in Redaktionen möglicherweise eher Entscheidungsbefugnisse dahingehend einschränken, eigene Themenvorschläge einzubringen oder ein Thema aus einer bestimmten Perspektive zu bearbeiten. Starke Hierarchien wirken sich dagegen nicht

[99] Die drei Prozent Varianzausschöpfung entsprechen in etwa den Korrelationsstärken für den Zusammenhang von Position bzw. Berufserfahrung mit dem Vorgesetzten-Einfluss im Modell von Scholl & Weischenberg (1998: 119).

auf nachträgliche Reaktionen zu Selektionsentscheidungen aus. Wenn Kontrolle schon vor der Veröffentlichung von Beiträgen stattfindet, kann sie möglicherweise nachträglich geringer ausfallen oder wegfallen. Auch Donsbach & Wolling (1995: 429) bestätigen, dass in Regionalzeitungen redaktionelle Kontrolle bzw. starke Entscheidungszentralisation vorhanden ist. Da in dieser Stichprobe Journalisten von Regionalzeitungen überwiegen, kann der Befund nicht mit überregionalen Zeitungen verglichen werden. Aus diesem Grund lässt sich auch nicht prüfen, ob und inwieweit sich Journalisten in ihrer Wahrnehmung von Hierarchiegrad und Entscheidungsbefugnis unterscheiden, wenn sie in Newsdesks statt in Ressorts arbeiten.

Prädiktoren	**Änderung in R^2**	**F**	**df**	**b**	**Signifikanz von R^2**	**Teststärke**
Berufserfahrung						
Position in der Hierarchie	.03	4,0	1	.19*	p<0.05	.48
Hierarchiegrad	.08	11,1	1	.30**	p=0.001	.89
	Korrig. R^2	F	df		Signifikanz	Teststärke
Gesamtmodell	**.14**	**7,1**	**3**		**p<0.001**	**.96**

Hierarchische Regression (Methode TEST für den Zuwachs des R^2 einzelner Prädiktoren und Methode ENTER für Gesamtmodell; Toleranzwerte der Prädiktoren: >0,7)

Basis: n=116
$^{\#}$ p<0.10; * p<0.05; ** p<0.01; *** p<0.001

Abb. 8.15: Bedingungen der Entscheidungsbefugnis

Für die Forschungsfrage EA2 lässt sich feststellen, dass *antizipierte Reaktionen von Vorgesetzten* mit der formalen Position von Journalisten zusammenhängen, *antizipierte Einflüsse von Vorgesetzten* dagegen mit der wahrgenommenen Entscheidungsbefugnis von Journalisten. Betrachtet man die Entscheidungsbefugnis als alleinigen Prädiktor antizipierter Weisungen von Vorgesetzten, wird die Entscheidungsbefugnis wesentlich stärker organisations- als akteursbezogen erklärt. Insgesamt hängen Einflüsse und Reaktionen von Vorgesetzten, Entscheidungsbefugnis und formale Positionen in journalistischen Redaktionen miteinander zusammen. Ursache und Wirkung dieser Beziehungen wurden zwar theoretisch postuliert, können aber mit dem vorliegenden Design nicht eindeutig kausal bestätigt werden.

8.2.3 Organisationsstrukturen und Ressourcen

Unterscheiden sich wahrgenommene und bewertete Ressourcen bzw. Gelegenheiten nach Ressorts und Zeitungstypen, für die Journalisten arbeiten, sowie nach dem individuellen Einflusspotenzial in der formalen Redaktionshierarchie? Dies wurde in den Forschungsfragen EA3 und EA4 gefragt. Abb. 8.16 zeigt die Ergebnisse im Überblick. Die Effekte in den ersten drei Zeilen der Abbildung verweisen auf Einflüsse vom Zeitungstyp und vom Lokalressort auf Ressourcen (Forschungsfrage EA3). Im Einzelnen zeigt sich tendenziell, dass im *überregionalen Zeitungstyp* Themenvorschläge weniger davon abhängen, wie viel Zeit für die Recherche verfügbar ist, als in regionalen Zeitungen. Dies gilt analog auch für den Umfang des Personals. Beide Effekte sind sehr vorsichtig zu interpretieren. Aber es erscheint plausibel anzunehmen, dass durch einen höheren Anspruch an qualitativ hochwertige Berichterstattung in überregionalen Zeitungen auch mehr Geld für Personal vorhanden ist. Daraus resultiert im zweiten Schritt, dass mehr Journalisten auch mehr Zeit für Eigenrecherchen aufbringen können als in Regionalzeitungen. Dies entspricht Ergebnissen, wonach für Journalisten aus überregionalen Zeitungen direkte Gespräche mit Akteuren die wichtigste Recherchequelle sind (z. B. Reinemann 2003: 218ff.). Regionale Tageszeitungen greifen dagegen häufiger auf Nachrichtenagenturen oder PR-Material zurück (Donsbach & Patterson 2003: 295; Reinemann 2003: 52), was nicht nur Kosten, sondern auch Zeit spart.

Im Lokalressort hängen Themenvorschläge dagegen viel weniger als in anderen Ressorts vom Platz ab, der für die Selektion von Sachverhalten in der nächsten Ausgabe verfügbar ist. Dieser mittelgroße Effekt ist statistisch durchaus als stabil zu betrachten. Er stimmt mit Befunden von Scholl & Weischenberg (1998: 93) überein, dass in Lokalressorts signifikant weniger selektiert als in allen anderen Ressorts ($r=-.15$; $p<0.05$). Auch Hoffjann (2007: 49f.) stellt fest, dass Lokaljournalisten eher Druck haben, Themen zu finden, als aus einer Vielzahl von vorhandenen Themen die relevanten auszuwählen. In diesem Fall wäre der empirische Ansatz, die Prüfung gegebener Selektionsoptionen zu untersuchen, weniger geeignet als der Ansatz, die Suche noch nicht gegebener Selektionsoptionen zu untersuchen. »Platz« ist demzufolge im Selektionsprogramm von Lokalressorts eher als Ressource denn als Restriktion eingelagert. Dass sich keine gegenläufigen Effekte für das Politikressort zeigen, liegt möglicherweise an der geringen Fallzahl.

Prädiktoren: Kontext & Einflusspotenzial in der Redaktion	AV: Zeit für Recherche (n=107)			AV: Personal (n=106)			AV: Platz (n=107)		
	R^2	Beta	Teststärke	R^2	Beta	Teststärke	R^2	Beta	Teststärke
Zeitungstyp	.03	–.19#	.48	.06	–.25*	.72			
Lokalressort							.12	–.38***	.97
Politikressort									
Position in der Hierarchie									
Entscheidungsbefugnis									
Erw. Reaktion von Vorgesetzten									
Gesamtmodelle	n. s.			n. s.			Korrig. R^2: .13**, F=3,5, Teststärke: .82		

	AV: Medienorientierung (n=107)			AV: Exklusivität (n=106)		
	R^2	Beta	Teststärke	R^2	Beta	Teststärke
Zeitungstyp						
Lokalressort						
Politikressort						
Position in der Hierarchie						
Entscheidungsbefugnis				.05	–.24*	.67
Erw. Reaktion von Vorgesetzten	.10	.34**	.93			
Gesamtmodelle	Korrig. R^2: .09*, F=2,8, Teststärke: .67			Korrig. R^2: .07*, F=2,2, Teststärke: .46		

Hierarchische Regressionen (Methode TEST für den Zuwachs des R^2 einzelner Prädiktoren und Methode ENTER für Gesamtmodell; Toleranzwerte der Prädiktoren: >0,7)

# $p<0.10$; * $p<0.05$; ** $p<0.01$; *** $p<0.001$

Abb. 8.16: Organisatorische Bedingungen einzelner Ressourcen

Bei den jeweils unteren drei Prädiktoren der Abb. 8.16 – Position in der Hierarchie, Entscheidungsbefugnis und erwartete Reaktionen von Vorgesetzten – zeigen sich Effekte auf Ressourcen, die auf das Einflusspotenzial von Journalisten in der Redaktion zurückgehen (Forschungsfrage EA4), d. h. auf autoritative Ressourcen. Persönlicher Einfluss kann als autoritative Ressource mit allokativen Ressourcen verknüpft sein. Mangelnder Einfluss drückt sich in niedrigen Positionen, in geringer

Entscheidungsbefugnis und in wahrscheinlicheren Vorgesetzten-Reaktionen auf eigene Selektionsentscheidungen aus. Die Ergebnisse zeigen folgende Tendenzen:

- Exklusivität ist eindeutig mit hohem potenziellen Einfluss in der Redaktion und möglicherweise darüber hinaus verbunden. Je fremdbestimmter Journalisten in Redaktionen arbeiten, desto weniger sind ihre Themenvorschläge durch Exklusivitätsansprüche bestimmt.
- Umgekehrt korrelieren Reaktionen von Vorgesetzten stark mit dem Merkmal, sich bei Themenvorschlägen an anderen Medien zu orientieren. Wer wenig Eigenverantwortung in der Redaktion übernimmt bzw. übernehmen darf, ist möglicherweise noch nicht vollständig redaktionell sozialisiert. Demzufolge ist er auch unsicher, wodurch sich selektionswürdige Sachverhalte auszeichnen. Die Koorientierung an anderen Medien erlaubt, diese Unsicherheit zu reduzieren und zu ermitteln, was für Leser relevant sein könnte und was nicht.

Dies bestätigen auch die in Kap. 4.1.3 dargestellten Befunde. Interessant ist dabei, dass Reaktionen von Vorgesetzten zehn Prozent der Varianz für die Orientierung gegenüber anderen Medien ausschöpfen, Einflüsse von Vorgesetzten dagegen nur fünf Prozent ($p<0.05$). Themenvorschläge, die sich mit Koorientierung begründen lassen, werden offensichtlich nicht immer von vornherein durch Vorgesetzte beeinflusst – sei es ablehnend oder befürwortend. Stattdessen sind nachträgliche Reaktionen von Vorgesetzten weitaus häufiger, wobei sie sich dann nicht mehr auf die primäre Selektionsentscheidung des Themas beziehen dürften, sondern auf die Umsetzung des Themas zu einem Beitrag, d. h. auf sekundäre Selektionsentscheidungen. Dies wird zusammenfassend in Kap. 8.2.5 diskutiert.

8.2.4 Organisationsstrukturen und politische Einstellungen

In den Hypothesen EA5a und EA5b werden zwei mögliche Zusammenhänge zwischen der redaktionellen Linie von Tageszeitungen und den politischen Einstellungen von Journalisten postuliert. Dafür werden die zwei unabhängigen Variablen für die redaktionelle Linie – die Links-Rechts-Ausrichtung und die Liberal-Konservativ-Ausrichtung – ins Regressionsmodell aufgenommen. Abhängige Variablen sind im ersten Modell die politische Meinung der Journalisten zur Vorratsdatenspeicherung, im zweiten Modell deren politische Meinung zur Einführung von Mindestlöhnen und im dritten Modell die künstlich gebildete Variable zur politischen Einstellung. In allen drei Modellen zeigt sich kein signifikanter Zusammenhang zwischen der redaktionellen Linie und der politischen Meinung bzw. Einstellung von Journalisten. Möglicherweise besteht die Stichprobe vorrangig aus Journalisten, die in Regionalzeitungen arbeiten. In Regionalzeitungen ist die redaktionelle Linie nicht so eindeutig festgelegt wie in überregionalen Tageszeitungen (Maurer & Reinemann 2006: 129ff.). Sofern es doch eine redaktionelle Linie gibt, sind die politischen Einstellungen von Journalisten nicht so konform mit der redaktionellen Linie wie in überregionalen Tageszeitungen. Dies bestätigen auch Ergebnisse von Donsbach & Patterson (2003: 288) im Vergleich von Journalisten regionaler und überregionaler Tageszeitungen (vgl. Kap. 4.2.1). Damit wird die Hypothese EA5a verworfen und die Nullhypothese EA5b angenommen, dass kein Zusammenhang zwischen redaktioneller Linie der Tageszeitung und den politischen Meinungen bzw. Einstellungen von Journalisten besteht.

8.2.5 Zusammenfassung

In diesem Kapitel wurde untersucht, ob und inwieweit journalistische Vorstellungen – journalistische Nachrichtenfaktoren, Reaktionen und Einflüsse von Vorgesetzten und Ressourcen – sowie politische Einstellungen durch organisatorische Strukturen geprägt sind. Nur wenn sich Journalisten am institutionalisierten Wissen journalistischer Organisationen orientieren, können Selektionsentscheidungen von Journalisten potenziell koordiniert erfolgen. Abb. 8.17 fasst die Ergebnisse zusammen. Im ersten Schritt wurden organisationsbedingte Einflüsse auf Nachrichtenfaktoren untersucht. *Nachrichtenfaktoren* galten bislang als primär allgemeingültige Auswahlkriterien im Journalismus, die seit Schulz (1976) zumindest theoretisch als journalistische Wahrnehmungsmerkmale und seit Staab (1990) als Zuschreibungsmerkmale verstanden werden. In dieser Studie wurde auch empirisch geprüft, ob Journalisten Nachrichtenfaktoren zu journalistischen Sachverhalten ressort- und organisationszielspezifisch wahrnehmen bzw. zuschreiben.

Prädiktoren \ Abhängige Variablen	Nachrichtenfaktoren	Vorgesetzte: Reaktion	Vorgesetzte: Einfluss	Ressourcen
Kontextmerkmale des Ressorts und der Organisationsziele				
Zeitungstyp	+ Personalisierung + Prominenz + Reichweite	Nicht geprüft		+ Zeit + Personal
Redaktionelle Linie	+	Nicht geprüft		
Lokalressort	+ Regionale Nähe + Misserfolg/ Schaden	Nicht geprüft		+++ Platz
Politikressort	–	Nicht geprüft		–
Merkmale redaktioneller Hierarchie				
Position	Nicht geprüft	+	–	–
Entscheidungsbefugnis	Nicht geprüft	–	++	++ Medienorientierung
Hierarchiegrad	Nicht geprüft	++ Nur indirekt über Entscheidungsbefugnis		Nicht geprüft
Vorgesetzten-Reaktion	Nicht geprüft	Nicht geprüft		+ Exklusivität
Individuelles Sozialisationsmerkmal				
Berufserfahrung	Nicht geprüft	–	–	Nicht geprüft

+++ Starker Effekt: Teststärke>0.80 und $R^2>0.10$, mind. $p<0.05$
++ Mittlerer Effekt: Teststärke>0.80 und $R^2\leq0.10$, mind. $p<0.05$
+ Schwacher Effekt: Teststärke<0.80 und/ oder $R^2\leq0.05$, mind. $p<0.10$
– kein Effekt

Abb. 8.17: Überblick über organisationsbezogene Einflussfaktoren auf Nachrichtenfaktoren, Vorgesetzte und Ressourcen

Die Ergebnisse zeigen, dass sich die Wahrnehmung einiger weniger *Nachrichtenfaktoren* zwischen regionalen und überregionalen Zeitungen unterscheidet. Die unterschiedlichen Wahrnehmungen sind zusätzlich themenspezifisch bedingt, da sie sich nur für das Issue »Flugdatenspeicherung« zeigen. Journalisten, die in Lokalressorts arbeiten, nehmen Schaden/Misserfolg schwächer wahr als Journalisten anderer Ressorts. Demzufolge kann man tendenziell von einem ressortspezifischen Selektionsprogramm ausgehen. Interessant daran ist, dass Staab (1990) genau für diesen Nachrichtenfaktor auch schon inhaltsanalytisch Differenzen zwischen überregionalen und regionalen Tageszeitungen bestätigte. Hier ist aber anzumerken, dass die Unterscheidung zwischen überregionalen und regionalen Zeitungen nicht deckungsgleich mit der Differenzierung zwischen Lokal- und sonstigen Ressorts ist. Für alle anderen Nachrichtenfaktoren wurden sowohl in Inhaltsanalysen als auch in dieser Befragung keine organisationsspezifischen Differenzen bestätigt. Deshalb werden Nachrichtenfaktoren nur teilweise organisationsspezifisch wahrgenommen, teilweise aber auch organisationsübergreifend. Offen bleibt dabei erstens, inwiefern dieser Effekt auf thematische Anwendungsbezüge zurückzuführen ist. Zweitens kann erst im folgenden Kapitel geklärt werden, ob die organisationsspezifisch wahrgenommenen Nachrichtenfaktoren auch tatsächlich Selektionsentscheidungen beeinflussen. Insgesamt kann für die Forschungsfrage EA1 festgestellt werden, dass organisationsspezifisch wahrgenommene Nachrichtenfaktoren kaum auftreten bzw. statistisch nicht stabil sind, um daraus gesicherte Erkenntnisse abzuleiten. In theoretischer Hinsicht lässt sich dies damit erklären, dass Nachrichtenfaktoren vorrangig organisationsübergreifend gültige Selektionskriterien sind. Diese Annahme wird in Kap. 8.3 weiter verfolgt. Darüber hinaus gehende theoretisch unterschiedliche themenspezifische, redaktions- und ressortspezifische Einflüsse ließen sich in dieser Befragung empirisch nicht weitergehend separieren.

Im zweiten Schritt wurde untersucht, welche organisationsbezogenen Variablen die *Einflüsse und Reaktionen von Vorgesetzten* bedingen, die Journalisten bei ihren Selektionsentscheidungen erwarten. In Abb. 8.17 zeigt sich erstens sehr schwach, dass eine niedrige Position in der formalen Redaktionshierarchie erklärt, warum Journalisten von Vorgesetzten wahrscheinlicher Reaktionen auf ihre Selektionsentscheidungen erwarten. Sehr viel deutlicher zeigt sich zweitens, dass entscheidungsbefugte Journalisten in Redaktionen Einflüsse ihrer Vorgesetzten für weniger wahrscheinlich halten als Nicht-Entscheidungsbefugte. Insgesamt zeigt sich vergleichend für Vorgesetzten-Einflüsse und Vorgesetzten-Reaktionen, dass redaktionelle Kontrolle vorwiegend als Vorabkontrolle stattfindet. Entscheidungsbefugnis hängt deshalb nur mit Einflüssen von Vorgesetzten zusammen, nicht aber mit deren Reaktionen. Wenn die Kontrolle schon vor der Veröffentlichung von Beiträgen groß ist, dann sind nachträgliche Reaktionen auf Beiträge, z. B. in Form einer Blattkritik in Redaktionskonferenzen weniger zwingend. Darüber hinaus ist methodisch offen, ob Journalisten bei einer rein kognitiven Abfrage Reaktionen und Einflüsse von Vorgesetzten wirklich trennen können. Da sich die Abfrage von Einflüssen und Reaktionen im Fragebogen auf Themenvorschläge bezog, lassen sich beide Items als Vorabkoordinierung journalistischen Handelns interpretieren. Dazu später mehr. Ob die redaktionelle Kontrolle aber deshalb besonders hoch ist, lässt sich daraus für die Beantwortung der Forschungsfrage EA2 nicht ableiten. Deshalb wurde zusätzlich geprüft, ob sich *Entscheidungsbefugnis* durch individuelle Merkmale von Journalisten oder durch organisationsbezogene Merkmale wie den Hierarchiegrad erklären lässt. Die Ergebnisse bestätigen einen sehr viel deutlicheren Einfluss des Hierarchiegrades als der journalistenbezogenen Merkmale Position und Berufserfahrung. Dies spricht eher für eine dauerhaft strukturell verfestigte Entscheidungszentralisation in den untersuchten Tageszeitungen. Deshalb ist redaktionelle Kontrolle in Redaktionen durchaus vorhanden. Einschränkend sei aber erwähnt, dass in dieser Studie vorwiegend Regionalzeitungen untersucht wurden und diese Schlussfolgerungen deshalb primär für diesen Zeitungstyp gelten.

Im dritten Schritt wurde geprüft, welche organisatorischen Bedingungen journalistische *Ressourcen* prägen (vgl. Abb. 8.17). Die Ergebnisse zeigen, dass die Wahrnehmungen vorhandener Ressourcen wie Zeit, Personal und Platz teils redaktions- und teils ressortspezifisch geprägt sind. Recherchezeit und Personal spielen in Regionalzeitungen eine größere Rolle für Themenvorschläge als in überregionalen Zeitungen. Platz ist in Lokalressort-Ausgaben weniger wichtig als in anderen Ressorts. Dies stützt die Annahme, dass Ressourcen zumindest in formale Organisationsstrukturen eingebettet sind, wenngleich sie situativ unterschiedlich interpretiert und angewendet werden. Diese Annahme wird in Kap. 8.3 weitergehend geprüft. Darüber hinaus wurde untersucht, welche Organisationsstrukturen Exklusivitätsansprüche und die Orientierung an anderen Medien für eigene Themenvorschläge fördern oder hindern. Hierfür erwiesen sich formale Hierarchien in Redaktionen und damit verbundene individuelle Einflusspotenziale als erklärungsrelevant. Exklusivität beanspruchen Journalisten, die über viel Entscheidungsfreiheit verfügen und entsprechend einflussreich in ihren Redaktionen sind. Themenvorschläge, die auf Koorientierung basieren, korrelieren relativ deutlich mit wahrscheinlicheren Reaktionen von Vorgesetzten (ähnlich auch Fengler & Ruß-Mohl 2005; Meyen & Riesmeyer 2009). Nicht klar ist dabei, ob diese Reaktionen positiver oder negativer Art sind. Da es sich aber um Reaktionen und nicht um Einflüsse handelt, ist anzunehmen, dass auf Koorientierung basierende Themenvorschläge erst einmal redaktionell gebilligt werden, und sich die Reaktionen lediglich auf die Umsetzung des Themas im Beitrag beziehen. Für die Forschungsfragen EA3 und EA4 zeigt sich tendenziell, dass organisationsbezogene Merkmale die Wahrnehmung vorhandener Ressourcen beeinflussen. Dennoch sind diese Befunde sehr unsystematisch. Es bleibt unklar, welche Ressourcen in welche Institutionen oder Organisationsstrukturen wie stark eingelagert sind.

Im letzten Schritt wurde zudem geprüft, inwiefern die redaktionelle Linie einer Tageszeitung die *politischen Einstellungen* von Journalisten beeinflusst. In den hier primär untersuchten Regionalzeitungen gab es keinen Zusammenhang zwischen beiden Größen. Dies resultiert erstens daraus, dass Regionalzeitungen selten eine erkennbare redaktionelle Linie haben. Zweitens werden Journalisten für Regionalzeitungen nicht vorrangig aufgrund ihrer politischen Einstellung rekrutiert, bzw. sie suchen sich ihren Arbeitsplatz selbst nicht aufgrund der redaktionellen Linie einer Zeitung aus, sodass derartige Zusammenhänge nicht existieren (vgl. Donsbach & Wolling 1995; Schönbach 1976). Die Hypothese EA5a wird deshalb verworfen und die Nullhypothese EA5b angenommen.

Aus *organisationstheoretischer Perspektive* ist insgesamt zu fragen, ob sich Journalisten eher an redaktions- bzw. ressortspezifisch vermittelten Selektionskriterien und an redaktionellen Bezugsgruppen koorientieren. Diese Frage lässt sich nicht mit letzter Gewissheit beantworten, zumal bisher noch nicht geklärt ist, inwiefern Nachrichtenfaktoren oder Erwartungen an Vorgesetzten Selektionsentscheidungen beeinflussen. Dennoch lässt sich aus den bisherigen Ergebnissen die Tendenz ableiten, dass Redaktionen stärker auf formale Weisung bzw. informelle Abstimmung setzen (sozialer Koordinationsmechanismus) anstatt Journalisten im Sinne gültiger professioneller Selektionskriterien zu beeinflussen. Dies liegt möglicherweise daran, dass journalistische Entscheidungssituationen situativ zu unterschiedlich sind, um Journalisten professionelle Selektionskriterien für jede Art von Selektionsentscheidungen beibringen zu können (z. B. auch Donsbach & Wolling 1995).

Organisationsbezogene Einflüsse auf Bewertungen von Nachrichtenfaktoren, Reaktionen und Einflüsse von Vorgesetzten sowie Ressourcen wurden nicht bestätigt. Dies geht einher mit Simon (1981: 281), dass Organisationen rein kognitiv Informationen bzw. Wissen z. B. zu journalistischen Sachverhalten vermitteln, aber keine dazugehörigen Bewertungen (vgl. Kap. 2). Die erhobenen Bewertungen scheinen demzufolge rein subjektiver Natur zu sein.

8.3 Einfluss- und Auswahlaspekt aus Organisations- und Nachrichtenauswahlperspektive

Nachfolgend werden die nachrichtenauswahltheoretischen[100] und organisationstheoretischen Einflussfaktoren vergleichend auf Selektionsentscheidungen untersucht und zwar separat für die Issue-, Quellen- und Statement-Wahl.

8.3.1 Gesamtmodell zur Erklärung der Issue-Auswahl

Bevor die Issue-Wahl in einem Gesamtmodell geprüft werden kann, wurden folgende postulierte Zusammenhänge in separaten Regressionsmodellen untersucht[101]:

- Direkte Einflüsse der Differenzstärken aus den wahrgenommenen Nachrichtenfaktoren beider Vignetten[102], d. h. die entscheidungstheoretisch reformulierte Selektionshypothese AA1b
- Direkte und indirekte Einflüsse politischer Einstellungen (Hypothesen AA2b, AA3)
- Direkte und indirekte Einflüsse journalistischer Bezugsgruppen auf die Issue-Auswahl (Forschungsfragen AA4, AA5)
- Indirekte Einflüsse von journalistischen Ressourcen, die den Zusammenhang zwischen Nachrichtenfaktoren bzw. Bezugsgruppen und Issue-Auswahl moderieren (Forschungsfrage AA6)
- Die vergangene Selektionshäufigkeit als Drittvariable (Forschungsfrage AA7)
- Direkte Einflüsse der Ressortzugehörigkeit und der Ressortrelevanz eines Sachverhalts (Forschungsfragen AA8, AA9)
- Direkte Einflüsse des Zeitungstyps (Forschungsfrage AA10)
- Direkte und indirekte Einflüsse der redaktionellen Linie (Hypothesen AA11 und AA12)

[100] Zur nachrichtenauswahltheoretischen Perspektive vgl. auch Engelmann 2010.

[101] Der Befragungszeitpunkt beeinflusst weder als Haupteffekt noch in Interaktion mit den wahrgenommenen Nachrichtenfaktoren die Issue-Auswahl (vgl. Kap. 8.1.4).

[102] Es wurden nur die Differenzstärken der Nachrichtenfaktoren aus beiden Issues in die Regression aufgenommen, da aufgrund der Erhebungstechnik für die Stärke-mal-Bewertungsprodukte von Nachrichtenfaktoren die Fallzahl zu gering war (vgl. Kap. 8.1.3).

	Prädiktoren	MW	Änderung in R^2	F	df	b	Signifikanz von R^2	Test-stärke
NF	Etablierung[a]	–0,9	.02	3,3	1	–.16[#]	p<0.10	.33
	Reichweite[a]	–0,6	.02	3,6	1	–.17[#]	p<0.10	.36
	Regionale Nähe[a]	–1,7	.06	9,6	1	–.25**	p<0.01	.76
NF*Ressourcen	Reichweite * Medienorientie-rung		.06	10,4	1	–.27**	p<0.01	.79
	Etablierung * Medienorientie-rung		.05	8,9	1	.25**	p<0.01	.73
Bezugsgruppen	Leser-Reaktion	4,5						
	Vorgesetzten-Einfluss	3,3	.02	3,2	1	.15[#]	p<0.10	.32
	Leser-Reaktion * Vorgesetzten-Einfluss		.05	7,8	1	.23**	p<0.01	.66
Sonstige	Ressortrelevanz	2,9	.03	5,6	1	.20*	p<0.05	.52
	Medien-orientierung	3,1						
			Korrig. R^2	F	df		Signifikanz	Test-stärke
Gesamtmodell			**.30**	**6,0**	**10**		**p<0.001**	**1.0**

Hierarchische Regression (Methode TEST für den Zuwachs des R^2 einzelner Prädiktoren und Methode ENTER für Gesamtmodell; Toleranzwerte der Prädiktoren: >0,7)

Basis: n=117
[#] p<0.10; * p<0.05; ** p<0.01; *** p<0.001

a) 9-stufig: Die Mittelwerte sind Differenzstärken der Nachrichtenfaktoren für die Mindestlohn- und die Datenspeicherungsvignette. Sie können Werte zwischen –4 und +4 annehmen, wobei negative Werte zugunsten der Mindestlohn-Vignette ausfallen.

Abb. 8.18: Einflussfaktoren der Issue-Auswahl

Alle Prädiktoren der Issue-Auswahl, die sich in einzelnen Regressionsmodellen als signifikant erwiesen hatten, werden in einer hierarchischen Regression gemeinsam geschätzt. Abb. 8.18 zeigt die Ergebnisse für die im Gesamtmodell verbliebenen Prädiktoren, die gemäß der TPB nach Nachrichtenfaktoren, dem Zusammenspiel von Nachrichtenfaktoren und Ressourcen, Bezugsgruppen sowie sonstigen Einflüssen gebündelt wurden.

Die Nachrichtenfaktoren Etablierung, Reichweite und regionale Nähe schöpfen als professionelle journalistische Selektionskriterien einen Varianzanteil von zehn Prozent an der Issue-Auswahl aus. Den stärksten Einfluss hat in der journalistischen Wahrnehmung Regionale Nähe. Das heißt: je besser ein Issue im Vergleich zum anderen Issue regional »herunter gebrochen« werden kann, desto wahrscheinlicher ist seine Selektion. Die negativen Differenzmittelwerte der Nachrichtenfaktoren aus beiden Vignetten zeigen, dass in diesem Fall eher das Mindestlohn-Issue regional anknüpfbar ist. Es wird die entscheidungstheoretisch reformulierte Hypothese AA1b der Nachrichtenwerttheorie gestützt, dass die wahrgenommenen Differenzstärken der Nachrichtenfaktoren einen Teil der Issue-Auswahl erklären. Im Gesamtmodell zeigt sich zudem ein statistisch additiver Effekt wahrgenommener Nachrichtenfaktoren (Forschungsfrage AA1c).[103] Die Ursachen für die Wahrnehmungsunterschiede der Nachrichtenfaktoren zwischen beiden Vignetten wurden bereits in Kap. 8.2.1 erklärt. So präferierten Journalisten aus Regionalzeitungen und aus dem Lokalressort die Mindestlohn-Vignette. Demzufolge ist der hohe Anteil lokal bzw. regional orientierter Journalisten in der Stichprobe ausschlaggebend für die Präferenz der Mindestlohn-Vignette.

Überraschend ist, dass das *Zusammenspiel aus den zwei Nachrichtenfaktoren Reichweite sowie aus Etablierung mit der Medienorientierung* die Issue-Auswahl ähnlich stark beeinflussen wie die Nachrichtenfaktoren als Haupteffekt. Während die wahrgenommene Reichweite in Interaktion mit der Medienorientierung die Wahl des Mindestlohn-Issues begünstigt, wirkt die Medienorientierung für den Zusammenhang von Etablierung und Issue-Auswahl eher zugunsten der Flugdatenspeicherung. Um diesen Effekt zu erklären, ist ein methodisches Problem vorauszuschicken. Die wahrgenommenen Nachrichtenfaktoren wurden für jedes Issue bzw. Kernereignis separat abgefragt. Das Item »Orientierung an anderen Medien« wurde dagegen für journalistische Themenvorschläge allgemein ermittelt. Während dies für redaktionell bedingte Ressourcen wie Zeit, Platz und Personal ausreicht, weil sie für verschiedene Themen und Issues gleichermaßen gelten, kann sich die Berichterstattung in

[103] Engelmann (2010: 534) prüfte nicht den Einfluss einzelner Differenzstärken von Nachrichtenfaktoren auf die Issue-Auswahl, sondern die Gesamtdifferenzen beider Issues, die sich aus den summierten Stärken aller Nachrichtenfaktoren für ein Issue ergaben. Das dort zugrunde gelegte Produktsummenmodell der SEU-Theorie schöpfte aber nicht mehr Varianz aus als das hier verwendete alltagsrationale Entscheidungsmodell. Demzufolge ist es plausibel anzunehmen, dass Journalisten Sachverhalte anhand einzelner weniger Kriterien auswählen.

anderen Medien aber grundlegend für beide Issues unterscheiden. Demzufolge kann auch die Orientierung an anderen Medien für verschiedene Issues variieren. Geht man von dieser Prämisse aus, lässt sich die Interaktion von Medienorientierung und wahrgenommenen Nachrichtenfaktoren so erklären: Sofern Journalisten bei ihren Themenvorschlägen in der Redaktion darauf bedacht sind, dass über dieses Thema bereits in anderen Medien berichtet wurde, sind sie möglicherweise unsicher über angemessene Selektionskriterien für die Themenauswahl. Die Orientierung an anderen Medien bietet dann entweder einen Anlass oder sie wirkt verstärkend bzw. abschwächend, um Themen bzw. Ereignisse als selektionswürdiger im Vergleich zu Themen einzuschätzen, über die andere Medien noch nicht berichtet haben. Dies unterstützt die These, dass Nachrichtenfaktoren nicht nur allgemein-menschliche Selektionskriterien sind. Die Relevanz für Themen bzw. Ereignissen kann sich in diesem Fall verstärken oder abschwächen, wenn bereits verschiedene andere Medien über ein Thema berichtet haben. Die Bezugsgröße für Relevanz ist in diesem Fall nicht redaktions- oder ressortspezifisch, worauf diese Studie primär fokussiert, sondern der Journalismus als redaktionsübergeordnetes System.

Darüber hinaus ist zu fragen, wann die Orientierung an anderen Medien und wann Exklusivität die Auswahl von Issues bzw. Kernereignissen stärker beeinflusst. Es zeigt sich in dieser Studie, dass Medienorientierung die Issue-Auswahl stärker beeinflusst als Exklusivität, wenngleich über die Richtung dieses Zusammenhangs nur spekuliert werden kann. Möglicherweise dominieren Exklusivitätsansprüche in überregionalen Tageszeitungen (Meyen & Riesmeyer 2009: 103f.), da dort eher Ressourcen vorhanden sind, um sie zu erfüllen. Da hier vorrangig Journalisten aus Regionalzeitungen untersucht wurden, gehören sie möglicherweise zu den Journalisten, die sich eher an überregionalen Tageszeitungen als Leitmedien orientieren (vgl. auch Reinemann 2003). Dies würde erklären, warum hier die Medienorientierung mehr Einfluss auf die Issue-Auswahl hat als Exklusivität. Für das Zusammenspiel zwischen wahrgenommenen Nachrichtenfaktoren und der Berichterstattung in anderen Medien als Gelegenheitsstruktur kann die Forschungsfrage AA6 positiv beantwortet werden. Darüber hinaus moderierten die hier spezifizierten Ressourcen die Zusammenhänge zwischen Nachrichtenfaktoren bzw. Bezugsgruppen und Issue-Wahl nicht weitergehend.

Journalistische Bezugsgruppen erklären im Gegensatz zu den Nachrichtenfaktoren weniger Varianz an der Issue-Auswahl (vgl. Abb. 8.18). Es zeigt sich ein Interaktionseffekt zwischen erwarteten Vorgesetzten-

Einflüssen und Leser-Reaktionen (vgl. Forschungsfrage AA4). Dieses Zusammenspiel begünstigt die Wahl der Mindestlohn-Vignette. Auch wenn dieser Effekt für die simulierte Issue-Auswahl sehr gering ist und nicht überinterpretiert werden darf, zeigt sich doch tendenziell, dass sich Journalisten bei ihren Entscheidungen nicht ausschließlich an redaktionellen Bezugsgruppen orientieren, sondern auch den Leser im Blick haben. Dies stützt die These, dass Kollegen- und Publikumsorientierung nicht zwingend Gegensätze bilden, sondern einander bedingen (vgl. Kap. 4.1.3). Der Beleg für diese Annahme wurde hier lediglich als Moderatoreffekt erbracht. Denkbar wäre auch eine Mediatorwirkung, wonach der Vorgesetzten-Einfluss zwischen der Publikumsorientierung und Selektionsentscheidung vermittelt. Dieser Effekt sollte aber für eine thematisch größere Vielfalt und einen größeren Umfang an Issue- bzw. Ereignisentscheidungen weitergehend geprüft werden als es hier der Fall ist. Im Vergleich der Bezugsgruppen mit den anderen Prädiktoren scheint aber Medienorientierung für die Wahrnehmung von Nachrichtenfaktoren und Selektionsentscheidungen für Journalisten wichtiger zu sein als redaktionelle Kontrolle in der Redaktion. Oder anders formuliert: Der Verweis auf die Berichterstattung in anderen Medien zu einem Thema kann die redaktionelle Kontrolle in diese Richtung unterminieren, um primäre Selektionsentscheidungen vor Vorgesetzten legitimieren zu können.

Die *Ressortrelevanz* beeinflusst die Issue-Auswahl schließlich schwach. Je relevanter für Journalisten in ihrem redaktionellen Alltag die Auswahl innenpolitischer Themen ist, desto sicherer entscheiden sie sich für die Vignette zum Mindestlohn-Issue (Forschungsfrage AA9).

Betrachtet man die Einflussfaktoren auf die Issue-Auswahl vergleichend[104], zeigen sich die stärksten Einflüsse für Nachrichtenfaktoren als Haupteffekte (Hypothese AA1b) sowie in Interaktion mit der Orientierung an anderen Medien (Forschungsfrage AA6). Weniger einflussreich für die Issue-Auswahl ist das Zusammenspiel redaktioneller und außerredaktioneller Bezugsgruppen (Forschungsfrage AA4) sowie die Ressortrelevanz für Sachverhalte (Forschungsfrage AA9).

Schließlich bleibt noch zu klären, welche Faktoren aus welchem Grund die Issue-Auswahl nicht erklären. Als erstens beeinflussen *politi-*

[104] Neben der linearen Regression wurde auch eine logistische Regression gerechnet mit den Issue-Vignetten als dichotomer abhängiger Variable. Im Vergleich zeigte sich, dass die Bezugsgruppen-Einflüsse verloren gehen. Die Einflussrichtungen aller Nachrichtenfaktoren bleiben gleich, aber der Einfluss von Reichweite auf die Issue-Wahl wird sehr viel stärker als der von Regionaler Nähe.

sche Einstellungen von Journalisten weder direkt als Haupteffekt noch indirekt über Nachrichtenfaktoren die Issue-Auswahl (Hypothesen AA2b, AA3). Für diesen Befund gibt es zwei theoretische und eine methodische Erklärung. Nach der Theorie der Instrumentellen Aktualisierung sind Positions-Issues in sich werthaltige zentrale Konfliktgegenstände, über die in jedem Fall berichtet wird bzw. zu berichten ist, da Journalisten für gesellschaftliche Problemlagen der Gesellschaft Öffentlichkeit herzustellen haben. Erst im zweiten Schritt werden mit dem Konfliktgegenstand instrumentelle Gegebenheiten verknüpft, die für die eine oder andere Konfliktseite mehr oder weniger nützlich bzw. schädlich sein können. In diesem Sinne entscheiden sich Journalisten für das Issue, das für ihr spezifisches Zielpublikum geeigneter erscheint. Das Haupt-Selektionskriterium für Journalisten aus Regionalzeitungen ist hier, dass sich das Issue bzw. dessen Kernereignis regional »herunter brechen« lässt. Ein zweiter theoretischer Grund betrifft die Werthaltigkeit von Positions-Issues. So sind z. B. konservative Parteien stärker mit dem Wert der innenpolitischen »Sicherheit« verknüpft als linke Parteien, und linke Parteien sind stärker mit dem Wert der »Solidarität« verknüpft als rechte Parteien. Aber diese Art politischer Werthaltigkeit führt nicht zwingend zu unterschiedlicher Berichterstattung in Zeitungen mit unterschiedlicher redaktioneller Linie, da die Wertlagen nur an Parteien geknüpft sind, über die aber ansonsten ähnlich berichtet wird (vgl. auch Scheufele & Engelmann 2012). So ist auch erklärbar, warum Journalisten keine Links- oder Rechtstendenziosität der Vignetten wahrgenommen haben. Entscheidend ist für die Journalisten, dass die Vignetten ausgewogen formuliert sind. Unabhängig davon ist methodisch problematisch, dass sowohl in den politischen Einstellungen der Journalisten als auch in der Issue-Auswahl ein deutlicher Links-Überhang besteht (vgl. Kap. 8.1). Demzufolge könnten die Ergebnisse auch auf die geringe Stichprobenvarianz zurückzuführen sein.

Weiterhin zeigt sich kein Beleg für den Interaktionseffekt zwischen Nachrichtenfaktoren und Bezugsgruppen auf die Selektionsentscheidung (Forschungsfrage AA5). Auch eine bivariate Regression zwischen *vergangenem Selektionshandeln* zu den Issues und aktueller Issue-Auswahl belegt keinen Zusammenhang (Forschungsfrage AA7). Dies kann einerseits bedeuten, dass unser theoretisches Modell alle wesentlichen Entscheidungsgründe beinhaltet. Wahrscheinlicher sind aber methodische Gründe. So haben drei Viertel der Journalisten im vergangenen Jahr nicht über Mindestlöhne oder Vorratsdatenspeicherung berichtet, und umgekehrt berichteten Journalisten gleichermaßen selten oder oft über beide Issues. Dies ist verständlich vor dem Hintergrund, dass Journalisten relativ beständig in bestimmten Ressorts angesiedelt sind und deshalb mit solchen innenpolitischen Themen entweder gleichermaßen häufig oder gleichermaßen selten zu tun haben. Möglicherweise ist die Abfrage auch nicht differenziert genug, denn sie kann einerseits die Selektion thematisch ähnlicher Issues bzw. Kernereignisse zu den Issues betreffen und andererseits die abgefragte Häufigkeit strukturell ähnlicher Issues bzw. Ereignisse.

Schließlich lässt sich der Einfluss der *Ressortzugehörigkeit* für die Issue-Auswahl nicht bestätigen (Forschungsfrage AA8). Auch die Organisationsziele – hier operationalisiert als redaktionelle Linie und als Zeitungstyp – erklären die Issue-Auswahl nicht. Die redaktionelle Linie wirkt sich weder als Haupteffekt noch als moderierender Effekt über journalistische Selektionskriterien auf die Issue-Auswahl aus. Deshalb werden die Hypothesen AA11 und AA12 vorerst für die Auswahl von Issues abgelehnt. Auch der Einfluss des Zeitungstyps bestätigt sich weder als Haupteffekt noch als moderierender Einflussfaktor von Nachrichtenfaktoren auf die Issue-Auswahl. Demzufolge kann auch Forschungsfrage AA10 für die Issue-Auswahl nicht bestätigt werden. Die Ergebnisse organisationsbezogener Prädiktoren werden für Issues, Quellen und Statements zusammenfassend in Kap. 8.3.4 diskutiert.

8.3.2 Gesamtmodell zur Erklärung der Quellen-Auswahl

Erstes Gesamtmodell: Erklärung der Auswahl verschiedener Akteurstypen als Quellen

Für die Prüfung der Zusammenhänge wurden die Quellen als abhängige Variablen zu drei issue-übergreifenden Typen gebündelt (vgl. Kap. 7.2.3): Interessenverbände bzw. gesellschaftliche Gruppen, Regierungs- & Parteienvertreter sowie Bürger & Betroffene. 53% der Journalisten haben mindestens eine Verbandsquelle für ihre Recherche gewählt (n=181). Politiker wurden nur von zehn Prozent der Journalisten gewählt (n=42), Bürger & Betroffene dagegen von 78% (n=165). Die drei Quellentypen bilden drei abhängige Variablen, um zu erklären, warum Journalisten welche Quellentypen wie häufig wählten. Für die drei Quellentypen wurden folgende Zusammenhänge zunächst in separaten Regressionen untersucht[105]:

- Einflüsse wahrgenommener Nachrichtenfaktor-Stärken (Hypothese AA1a)
- Einfluss der Ressortzugehörigkeit (Forschungsfrage AA8)
- Einfluss der Ressortrelevanz eines Sachverhalts (Forschungsfrage AA9)
- Einfluss des Zeitungstyps (Forschungsfrage AA10)

	AV: Akteurstyp als Quelle								
	Verbände (n=85)			Politiker (n=84)			Bürger & Betroffene (n=85)		
Prädiktor(-blöcke):	R^2	Beta	Teststärke	R^2	Beta	Teststärke	R^2	Beta	Teststärke
Block 1: Nachrichtenfaktoren	**.24*** **		**1.0**	**.10#**		**.92**	**.34*** **		**1.0**
Personalisierung	.12***	–.36	.95	.06**	–.26	.70	.22***	.49	1.0
Prominenz	.06*	.26	.67				.03**	–.20	.44
Einfluss							.02#	–.17	.33
Kontroverse	.04*	.21	.53						
Block 2: Organisationseinflüsse	–			–			–		
Zeitungstyp									
Politikressort							.03*	–.23	.49
Lokalressort									
Ressortrelevanz				.05*	–.26	.64			
Gesamtmodelle	Korrig. R^2: .16**, F=3,1, Teststärke: .79			Korrig. R^2: .09*, F=2,0, Teststärke: .49			Korrig. R^2: .36***, F=6,8, Teststärke: 1.0		

Hierarchische Regressionen (Methode TEST für den Zuwachs des R^2 einzelner Prädiktoren und Methode ENTER für Gesamtmodell; Toleranzwerte der Prädiktoren: >0,6)

# p<0.10; * p<0.05; ** p<0.01; *** p<0.001

Abb. 8.19: Einflussfaktoren auf die Wahl von Akteurstypen als Quellen

Im Gesamtmodell werden *Nachrichtenfaktoren* und *organisationsbezogene Einflüsse* auf ihren relativen Einfluss zueinander für jeden der drei Quellentypen Verbände, Politiker sowie Bürger & Betroffene separat unter-

105 Für die Beantwortung der Hypothesen AA2a,b, AA3, AA11 und AA12 zu Einflüssen *politischer Einstellungen* und zur *redaktionellen Linie* mussten die drei Quellentypen weitergehend nach linken und rechten Quellen unterschieden werden. Diese Einflüsse werden in einem separaten Gesamtmodell geprüft.

sucht (vgl. Abb. 8.19). In der Abbildung sind die Varianzanteile für die beiden Prädiktorblöcke ausgewiesen. Für eine bessere Anschaulichkeit sind zusätzlich die Varianzanteile der Einzelprädiktoren (z. B. Personalisierung, Prominenz, Einfluss, Kontroverse) je Prädiktorblock (z. B. Nachrichtenfaktoren) aufgeführt, die vorab in den separaten Modellen und mit höheren Fallzahlen geschätzt wurden.

Im *Block »Nachrichtenfaktoren«* zeigt Abb. 8.19 für zwei von drei Quellentypen mittlere bis starke Einflüsse wahrgenommener Nachrichtenfaktoren. Journalisten wählen umso häufiger Verbände, je personalisierter, je bekannter und je kontroverser sie Informationsquellen wahrnehmen. Der geringe Erklärungswert für Politiker ist möglicherweise methodisch bedingt (vgl. Kap. 8.1.2). Bei der Auswahl von *Bürgern & Betroffenen* sind drei von vier Nachrichtenfaktoren erklärend. Der stärkste Effekt geht von der Personalisierung aus. Je eher die Journalisten »einfache Leute« zu Wort kommen lassen wollten, desto häufiger wählten sie auch Bürger & Betroffene als Recherchequellen. Dies lässt sich erneut durch den Kontext regionaler Zeitungen erklären (vgl. Kap. 8.2.1). Insgesamt bestätigt sich die Hypothese AA1a, dass stärker wahrgenommene Nachrichtenfaktoren zu einem Quellentyp auch zu einer wahrscheinlicheren Auswahl dieses Quellentyps führen.

Für zwei der drei Quellentypen zeigen sich zudem *additive bzw. kompensatorische Einflüsse* der Nachrichtenfaktoren. Dieser Effekt ist aber zu relativieren, wenn man das Item für Personalisierung »einfache Leute zu Wort kommen lassen«. betrachtet Dieses Item lässt sich zwar als Personalisierung interpretieren, denn insbesondere Regionalzeitungen führen oftmals Umfragen mit Bürgern durch, um so Sachverhalte an konkreten Betroffenen zu veranschaulichen. Aber das Item kann auch als Gegenteil von Einfluss oder Prominenz interpretiert werden (vgl. Staab 1990: 220). In diesem Fall hätte man es nicht mit additiven bzw. kompensatorischen Nachrichtenfaktoren zu tun, sondern lediglich mit entgegengesetzten gepolten Items der Nachrichtenfaktoren Prominenz und Einfluss (Forschungsfrage AA1c). Diese Interpretation würde zu den jeweils gegensätzlichen Effekten passen, die die Quellen-Auswahl erklären. Prominenz beeinflusst Umfangsentscheidungen in Qualitäts- und regionalen Zeitungen positiv (Staab 1990: 153), bei Eilders (1997: 189) nur in Regionalzeitungen. Entgegen hiesiger Befunde erklärte der Nachrichtenfaktor Einfluss in der Inhaltsanalyse von Staab (1990: 153) den Umfang in Regionalzeitungen. Eilders (1997: 189) konnte dies nicht bestätigen. Möglicherweise mangelte es an einflussreichen Personen als Quellenvorgaben. Dagegen beeinflusste Personalisierung bei Staab

(1990: 153; auch Eilders 1997: 189) weder Umfang noch Platzierung in Qualitäts- und Regionalzeitungen, so dass man davon ausgehen kann, dass hier nicht Personalisierung erhoben wurde, sondern das Gegenteil von Prominenz und/oder Einfluss.

Im *Block »Organisationseinflüsse«* in Abb. 8.19 wurde der Einfluss der Ressortzugehörigkeit, der Ressortrelevanz und des Zeitungstyps auf die Quellen-Auswahl geprüft (Forschungsfragen AA8, AA9 und AA10). Die organisationsbezogenen Einflüsse auf die Quellen-Auswahl sind sehr schwach bzw. nicht vorhanden. Ein schwacher Einfluss zeigt sich für die Zugehörigkeit zum *Politikressort.* Journalisten, die für dieses Ressort arbeiten, wählen seltener den Quellentyp »Bürger & Betroffene« als Journalisten, die nicht für dieses Ressort arbeiten (Forschungsfrage AA8). Weiterhin zeigt sich, dass Journalisten mit steigender *Ressortrelevanz* für innenpolitische Themen seltener Politiker wählen. Dieses Ergebnis scheint konträr zu der Annahme zu sein, dass Journalisten, die sich mit innenpolitischen Themen beschäftigen, eher bei Politikerquellen recherchieren als Journalisten, die andere Themenbereiche bearbeiten. Möglicherweise suchen sie aber auch bewusst alternative Quellen, die kontrastreich zu politischen Quellen sind (Forschungsfrage AA9). Methodisch ist einschränkend anzumerken, dass der Quellentyp »Politiker« selten ausgewählt wurde, so dass der Befund nicht sehr stabil ist. Forschungsfragen AA8 und AA9 können deshalb nicht abschließend beurteilt werden. Der *Zeitungstyp* beeinflusst die Quellen-Auswahl überhaupt nicht (Forschungsfrage AA10).

Zweites Gesamtmodell: Erklärung der Auswahl linker und rechter Akteurstypen als Quellen

Zunächst werden die drei bisher gebildeten Quellentypen zusätzlich nach ihrer Links-Rechts-Ausrichtung klassifiziert (vgl. Kap. 7.2.3). Abb. 8.20 zeigt die issue-übergreifenden und die issue-spezifischen standardisierten Mittelwerte für Verbände, Politiker sowie für Bürger & Betroffene mit jeweils linker oder rechter Orientierung. Bei Politikern unterscheiden sich die Mittelwerte zwischen beiden Issues signifikant. Dies kann auf Merkmale der Journalisten zurückzuführen sein, die die Flugdatenspeicherung bevorzugten, oder auf die Art und Anzahl gegebener Quellenalternativen. Auf eine issue-spezifische Betrachtung wird aber verzichtet, um die Ergebnisse verallgemeinern zu können.

Im diesem Modell wurden fünf Blöcke auf ihren relativen Einfluss zueinander jeweils separat für die drei linken und rechten Quellentypen Verbände, Politiker sowie Bürger & Betroffene getestet (vgl. Abb. 8.21).

Es wird geprüft, ob und inwieweit Nachrichtenfaktoren im Vergleich zu politischen Meinungen (Mikro-Ebene) und zur wahrgenommenen redaktionellen Linie[106] (Meso-Ebene) die Quellen-Auswahl erklären. Möglicherweise ist die Anzahl der Prädiktoren in den einzelnen Modellen zu hoch für die Fallzahlbasis. Es werden aber nur die erklärten Varianzen je Block betrachtet, die vergleichend zueinander getestet wurden. Deshalb muss auch kein Prädiktor wegen Kollinearität entfernt werden (Bühner & Ziegler 2009: 679). Für eine weitergehende inhaltliche Interpretation einzelner Prädiktoren werden Befunde der vorab separat geschätzten Regressionsmodelle herangezogen.

Informationsquellen nach politischer Ausrichtung und Akteurstyp		**MW^a_{Insg}**	**MW^a_{ML}**	**MW^a_{DS}**	**Mann-Whitney-U-Test: MW_{ML} - MW_{DS}**
Linke	Verbände	0,6	0,5	0,7	n. s.
	Politiker	0,5	0,0	0,1	$p<0.001$
	Bürger & Betroffene	0,8	0,8	–	–
Rechte	Verbände	0,2	0,2	–	–
	Politiker	0,1	0,0	0,3	$p<0.001$
	Bürger & Betroffene	0,8	0,8	–	–
Neutral	Verbände	0,6	0,6		–
	Betroffene Fluggäste	0,7	–	0,7	–

Basis: n=124 (davon: Mindestlohn (ML): n=83; Datenspeicherung (DS): n=41)
[a)] Für die Vergleichbarkeit der Mittelwerte wurde für jede der sechs Gruppen die Anzahl der Quellen-Entscheidungen auf einen Wertebereich zwischen 0 und 1 standardisiert.

Abb. 8.20: Übersicht über Mittelwerte von Quellen-Entscheidungen

Der *Block »Politische Meinung«* erklärt nur den Politiker-Quellentyp direkt (vgl. Abb. 8.21). Da Journalisten diesen Quellentyp nur selten wählten, ist sowohl der Effekt als auch die Teststärke sehr gering. Die Hypothese AA2a wird deshalb weder abgelehnt noch angenommen. Weiterhin zeigen sich vier Interaktionseffekte zwischen politischer Meinung und einzelnen wahrgenommenen Nachrichtenfaktoren (Block 4):

- Rechte Verbände: Personalisierung * politische Meinung
- Rechte Politiker: Personalisierung * politische Meinung[107]

[106] Da die Ergebnisse für den zweiten Indikator der redaktionellen Linie mit der Liberal-Konservativ-Ausrichtung weitgehend ähnlich ausfielen, wurde hier auf deren Darstellung verzichtet.

[107] In diesem Fall ist nur der einzelne Prädiktor statistisch bedeutsam, aber nicht der ganze Prädiktorblock.

- Linke Bürger & Betroffene: Personalisierung * politische Meinung sowie Prominenz * politische Meinung

	AV: Akteurstyp als Quelle											
	Verbände				Politiker				Bürger/Betroffene			
	Rechts (n=66)		Links (n=95)		Rechts (n=95)		Links (n=95)		Rechts (n=66)		Links (n=66)	
Prädiktor (-blöcke)	R^2	Teststärke	R^2	Teststärke	R^2	Teststärke	R^2	Teststärke	R^2	Teststärke	R^2	Teststärke
Block 1: Nachrichtenfaktoren			.08#	.87	.08*	.89					.19**	.97
Block 2: Politische Meinung					.03#	.52						
Block 3: Redaktionelle Linie												
Block 4: NF * pol. Meinung	.12*	.91									.08#	.64
Block 5: NF * redakt. Linie					.09*	.86						

Hierarchische Regressionen (Methode TEST für den Zuwachs des R^2 einzelner Prädiktoren und Methode ENTER für Gesamtmodell;
Toleranzwerte der Prädiktoren: >0,5)

# p<0.10; * p<0.05; ** p<0.01; *** p<0.001

Abb. 8.21: Einflussfaktoren auf die Wahl linker und rechter Akteurstypen als Quellen

Hypothese AA3 postuliert, dass eine politisch konforme Einstellung zu einem Sachverhalt den Zusammenhang zwischen wahrgenommenen Stärken von Nachrichtenfaktoren und diesem Sachverhalt verstärkt. Zwei der vier Interaktionseffekte sind konform zur Hypothese AA3: Für *rechte Politiker* zeigt sich ein *Interaktionseffekt der politischen Meinung mit Personalisierung*. Bei stärker wahrgenommener Personalisierung und zunehmend linker politischer Meinung entscheiden sich Journalisten weniger häufig für rechte Politiker (linke Grafik in Abb. 8.22). Für die Auswahl linker Bürger & Betroffener gibt es zwei schwache Interaktionseffekte (jeweils ca. R^2=.04), wobei das Zusammenspiel aus Prominenz und politischer Meinung hypothesenkonform ist. Die rechte Grafik in Abb. 8.22 zeigt, dass eine unentschiedene politische Meinung kaum den Zusammenhang zwischen wahrgenommener Prominenz-Stärke und gewähltem Quellentyp beeinflusst. Wird aber zunehmende Prominenz durch eine zunehmend linke Meinung verstärkt, wird dieser linke Quellentyp häufiger gewählt. Dieser Befund ist konform zum Konzept der »Opportunen Zeugen«, so dass es schwache Belege für Hypothese AA3 gibt.

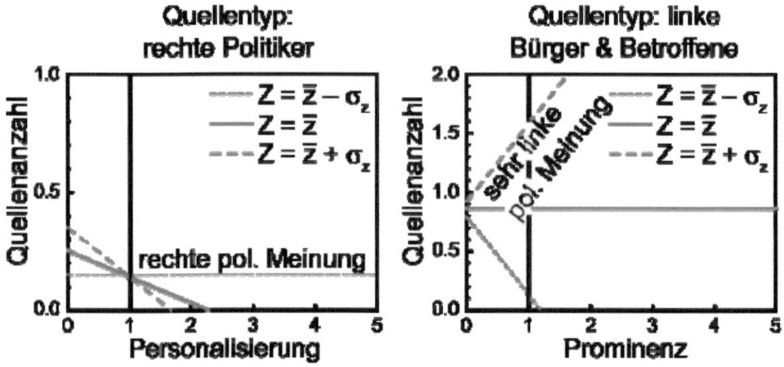

Abb. 8.22: Hypothesenkonforme Interaktionen von Nachrichtenfaktoren und politischer Meinung auf die Quellen-Auswahl

Die zwei anderen Interaktionseffekte zwischen wahrgenommenen Nachrichtenfaktoren und politischer Meinung auf die Anzahl linker und rechter Quellen sind gegenläufig zur Hypothese AA3. Für die Auswahl des einzigen *rechten Verbandes* – den Deutschen Industrie- und Handelskammertag (DIHK) – zeigt sich (linke Grafik in Abb. 8.23), dass Journalisten diese rechte Quelle umso häufiger wählen, je mehr Personalisierung sie wahrnehmen und je positiver sie gleichzeitig der Einführung von Mindestlöhnen gegenüberstehen. Bei der *Interaktion zwischen Personalisierung und politischer Meinung* steigt unabhängig von der politischen Meinung der Journalisten bei stärker wahrgenommener Personalisierung auch die Auswahl linker Bürger & Betroffener (rechte Grafik in Abb. 8.23). Demzufolge ist der Einfluss der politischen Meinung zu Mindestlöhnen für alle drei Moderatorwerte schwächer als die wahrgenommene Personalisierung. Es zeigt sich, dass Journalisten mit niedriger Zustimmung zu Mindestlöhnen – also mit eher rechter Meinung – häufiger linke Bürger & Betroffene für Recherchen nutzen als Journalisten, die für Mindestlöhne sind. Beide Befunde passen nicht zum Konzept der »Opportunen Zeugen«.

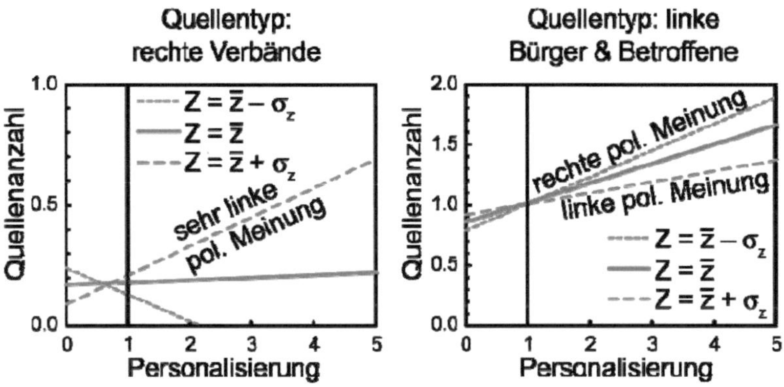

Abb. 8.23: Hypothesen-gegenläufige Interaktionen von Nachrichtenfaktoren und politischer Meinung auf die Quellen-Auswahl

Insgesamt wurden zwei konforme und zwei nicht-konforme Interaktionseffekte zur Hypothese AA3 belegt. Da alle vier Interaktionseffekte unter einer Teststärke von .70 liegen, kann die Hypothese AA3 für die Quellen-Auswahl weder angenommen noch abgelehnt werden. Die Ergebnisse sind für ein politisches Relevanzmodell der Quellen-Auswahl zu bescheiden. Dies kann verschiedene theoretische und methodische Ursachen haben. Theoretisch lassen sich politische Informationsquellen eindeutiger einer Konfliktseite zuordnen als nicht-politische Quellen. In dieser Studie wurden aber Politikerquellen eher selten ausgewählt, was möglicherweise auf die regional bedingte Stichprobe zurückzuführen ist. Zwei der vier Interaktionseffekte sind für den Quellentyp »linke Bürger & Betroffene« aufgetreten, wohinter sich die Quellenvorgabe »betroffene Geringverdiener« verbirgt. Diese Quellenvorgabe impliziert eine Umfrage unter Bürgern mit verschiedenen Meinungen, wie sie in regionalen Zeitungen durchaus üblich sind. Demzufolge wurde hier zwar pauschal angenommen, dass sich Geringverdiener mehrheitlich für Mindestlöhne aussprechen, aber dies muss im Einzelfall nicht zwangsläufig so sein. Eine andere Erklärung für diesen Befund ist, dass Journalisten selbst (noch) nicht von der Notwendigkeit von Mindestlöhnen überzeugt sind. Sie interviewen möglicherweise deshalb häufiger Betroffene, um deren Ansichten kennen und verstehen zu lernen bzw. um verschiedene Positionen im Beitrag zu Wort kommen zu lassen. In diesem Fall sind die Meinungen der Journalisten noch nicht stabil genug, um Quellen als »opportune Zeugen« auszuwählen. Die Opportunität bezieht sich in diesem Fall auch nur auf die Mikro-

Ebene von Journalisten. Möglicherweise haben regional tätige Journalisten auch andere Prioritäten, was die Quellen-Auswahl angeht. So könnte der lokale Bezug für sie wichtiger sein als die Links-Rechts-Ausrichtung. Dies würde auch erklären, warum die wahrgenommenen Nachrichtenfaktoren der Journalisten die Quellen-Auswahl wesentlich besser erklären als deren politische Meinung.

Unabhängig von dieser Erklärung sind die zur Hypothese gegenläufigen Effekte nicht zwingend theoriediskrepant, da Journalisten nicht nur aufgrund politischer Wahrnehmungen agieren, sondern auch mit anderen Relevanzkriterien wie z. B. dem Ausgewogenheitspostulat konfrontiert sind (Neuberger 1996: 107). Ausgewogenheit können Journalisten in vorauseilendem Gehorsam durchaus überkompensieren (Shoemaker & Reese 1996). Darüber hinaus könnten nicht-meinungskonforme Quellen auch eingesetzt werden, um die gegnerische Seite in einem Konflikt zu diskreditieren. Dies würde mit einer defensiven Quellen-Auswahlstrategie im Sinne der Instrumentellen Aktualisierung von Kepplinger et al. (1989) einhergehen. Für eine unbewusste Instrumentalisierung von Nachrichtenfaktoren spricht aber das Ergebnis, dass politische Meinungen vorwiegend mit solchen Nachrichtenfaktoren interagieren, die auch schon als Haupteffekt die Häufigkeit gewählter Quellentypen erklären. Aufgrund der geringen Fallzahlen können die moderierenden Effekte aber auch stichprobenbedingte Zufallsergebnisse sein. Zusammenfassend sind die Ergebnisse zu heterogen, um eindeutig zu schlussfolgern, welche Rolle politische Meinungen (oder auch Einstellungen) bei der Quellen-Auswahl spielen. Hypothesen AA2a und AA3 müssen deshalb in weiteren Studien an anderen Stichproben und für andere thematische Bezüge weitergehend untersucht werden.

Block 3 in Abb. 8.21 zeigt zudem die Ergebnisse für die redaktionelle Linie.[108] Insgesamt beeinflusst die redaktionelle Linie die Auswahl linker und rechter Quellentypen kaum. Für den *Links-Rechts-Indikator* zeigt sich zwar eine Interaktion mit den Nachrichtenfaktoren Einfluss und Kontroverse für die Auswahl rechter Politiker (Block 5 in Abb. 8.21). Allerdings sind diese Effekte äußerst gering und zudem gegenläufig zum vermuteten Zusammenhang in Hypothese AA12. Möglicherweise sind die Ergebnisse zufällig entstanden. Die Hypothesen AA11 und AA12 sind für die Quellen-Auswahl nicht zu bestätigen. Die Befunde werden

[108] In einem anderen Modell, wo als abhängige Variable nur der Links-Rechts-Überhang der Quellen untersucht wurde (ungeachtet der Akteurstypen), zeigten keine direkten oder indirekten Einflüsse der redaktionellen Linie.

in Kap. 8.3.4 für alle Arten von Selektionsentscheidungen zusammenfassend diskutiert.

8.3.3 Gesamtmodell zur Erklärung der Statement-Auswahl

Erstes Gesamtmodell: Erklärung der Auswahl nützlicher und schädlicher Statements für eine Konfliktseite

Im ersten Gesamtmodell zur Erklärung nützlicher bzw. schädlicher Statements zu einem zentralen Konflikt wurden analog zur Quellen-Auswahl folgende Zusammenhänge zunächst in separaten Regressionen untersucht[109]:

- Einflüsse wahrgenommener Differenzstärken von Nachrichtenfaktoren (Hypothese AA1b)
- Einfluss der Ressortzugehörigkeit (Forschungsfrage AA8)
- Einfluss der Ressortrelevanz eines Sachverhalts (Forschungsfrage AA9)
- Einfluss des Zeitungstyps (Forschungsfrage AA10)

Im *Block »Nachrichtenfaktoren«* wurde aufgrund der Differenzbildung bei den Statements die entscheidungstheoretische Selektionshypothese AA1b geprüft. Abb. 8.24 zeigt, dass sowohl Nutzen/Erfolg als auch Schaden/Misserfolg die Wahl nützlicher und schädlicher Statements ähnlich stark beeinflussen: je eher Journalisten Nutzen bzw. Erfolg wahrnehmen, desto häufiger wählen sie positiv formulierte Statements aus und je eher sie Schaden bzw. Misserfolg wahrnehmen, desto häufiger wählen sie negativ formulierte Statements aus. Demzufolge bestätigt sich die Hypothese AA1b zumindest für zwei der drei Nachrichtenfaktoren. Ob beide Nachrichtenfaktoren kompensatorisch zusammenspielen, ist allerdings fragwürdig (Forschungsfrage AA1c). Schließlich bringt es die Valenz beider Nachrichtenfaktoren mit sich, dass sie sich gegenseitig ergänzen (ähnlich Bergsma 1978: 211). Insgesamt zeigt sich hier nicht wie in vielen anderen, vor allem inhaltsanalytischen Studien (z. B. Kepplinger & Weißbecker 1991; Meta-Analyse von Niven 2001), dass Journalisten vorrangig über negative Sachverhalte berichten. So ist der

[109] Die abhängige Statement-Variable wurde gebildet, indem issue-übergreifend alle ausgewählten nützlichen und schädlichen Statements der Journalisten addiert (vgl. Abb. 7.6 und 7.7; Kap. 7.2.3) und als Überhang dargestellt wurden. Die Variable nimmt demzufolge Werte zwischen +3 und –3 an. Ein negatives Vorzeichen steht für den Überhang schädlicher Statements.

Mittelwert für wahrgenommenen Schaden bzw. Misserfolg ähnlich hoch wie für Erfolg. Zum anderen ist der Überhangs-Mittelwert (MW=0,0) ausgeglichen. Beide Ergebnisse sprechen nicht für eine vorrangig negative Berichterstattung. Dies erklärt sich möglicherweise damit, dass in der Lokal- und Regionalberichterstattung anders als in der überregionalen Berichterstattung auch Erfolg ein bedeutender Nachrichtenfaktor ist. Zumindest bestätigt Staab (1990: 153) auch inhaltsanalytisch einen Einfluss des Nachrichtenfaktors »Möglicher Nutzen« auf Umfangs- und Platzierungsentscheidungen in Regionalzeitungen. Während der Erklärungswert für möglichen Nutzen in Regionalzeitungen ähnlich hoch ist wie für möglichen Schaden, erklärt in Qualitätszeitungen möglicher Schaden den Umfang besser als möglicher Nutzen. Im Gegensatz dazu belegt Eilders (1997: 189) einen negativen Einfluss von Nutzen auf den Beachtungsgrad für Regionalzeitungen. Staabs Ergebnisse stützen die Ergebnisse hier eher als die von Eilders.

Prädiktoren		**MW**	**Änderung in R^2**	**F**	**df**	**b**	**Signifikanz von R^2**	**Teststärke**
NF	Kontroverse	4,4						
	Erfolg	2,9	.10	10,0	1	.43**	p<0.01	.87
	Misserfolg	2,8	.09	9,1	1	–.43**	p<0.01	.84
Organisationseinflüsse	Zeitungstyp	2,0						
	Politikressort	0,1						
	Lokalressort	0,4						
	Ressortrelevanz	2,9	.03	3,3	1	.23#	p<0.10	.40
			Korrig. R^2	F	df		Signifikanz	Teststärke
Gesamtmodell			**.12**	**2,7**	**7**		**p<0.05**	**.67**

Hierarchische Regression (Methode TEST für den Zuwachs des R^2 einzelner Prädiktoren und Methode ENTER für Gesamtmodell; Toleranzwerte der Prädiktoren: >0,7)

Basis: n=86
# p<0.10; * p<0.05; ** p<0.01; *** p<0.001

a) Differenzvariable aus allen positiv und negativ formulierten Statements zu einem Issue mit dem Wertebereich +3 bis –3.

Abb. 8.24: Einflussfaktoren auf die Auswahl nützlicher und schädlicher Statements

Im *Block »Organisationseinflüsse«* ist nur die Ressortrelevanz einflussreich: Je relevanter es für Journalisten ist, sich mit innenpolitischen Themen zu befassen, desto positivere Statements wählen sie aus. Wenn man die Beschäftigung mit innenpolitischen Themen so versteht, dass diese Journalisten in überregionalen Zeitungen arbeiten und/oder im Politikressort, widerspricht dieser Befund der Annahme, dass bei steigender Ressortrelevanz für innenpolitische Themen auch die Auswahl negativ formulierter Statements steigen müsste. *Ressort* und *Zeitungstyp* beeinflussen die Statement-Wahl nicht (Forschungsfragen AA8 und AA10). Forschungsfrage AA9 zum Einfluss der Ressortrelevanz ist nicht eindeutig zu beantworten, da der Befund nur schwach signifikant ist. Insgesamt zeigt das Modell erneut sehr eindeutig, dass primär Nachrichtenfaktoren die Statement-Wahl der Journalisten erklären, während der organisatorische Kontext keine nennenswerte Rolle spielt.

Zweites Gesamtmodell: Erklärung der Auswahl linker und rechter Statements

Das zweite Gesamtmodell erklärt die Auswahl linker und rechter Statements zunächst anhand einer Überhangsvariable, wobei ein negativer Wert für einen Überhang links gewählter Statements steht (MW=–0,9).

Prädiktoren	**MW**	**Änderung in R^2**	**F**	**df**	**b**	**Signifikanz von R^2**	**Test-stärke**
Politische Meinung[a]	4,1	.17	25,7	1	–.42***	p<0.001	1.0
Redaktionelle Linie: links-rechts	3,0						
Redaktionelle Linie: liberal-konservativ	2,7	.03	4,5	1	.19*	p<0.05	.49
		Korrig. R^2	F	df		Signifikanz	Test-stärke
Gesamtmodell		**.19**	**10,5**	**3**		**p<0.001**	**1.0**

Hierarchische Regression (Methode TEST für den Zuwachs des R^2 einzelner Prädiktoren und Methode ENTER für Gesamtmodell; Toleranzwerte der Prädiktoren: >0,8)

Basis: n=122
[#] p<0.10; * p<0.05; ** p<0.01; *** p<0.001

[a)] Kombinationsvariable aus den politischen Meinungen beider Issues: sehr rechts (entschieden gegen Mindestlohn bzw. entschieden für Datenspeicherung) – sehr links (entschieden für Mindestlohn bzw. entschieden gegen Datenspeicherung)

Abb. 8.25: Einfluss von politischer Meinung und redaktioneller Linie auf die Statement-Auswahl

Dafür wird der direkte Einfluss von politischen Meinungen der Journalisten (Mikro-Ebene) und der wahrgenommenen redaktionellen Linie (Meso-Ebene) vergleichend getestet. In dem hoch signifikanten Modell dominiert Einfluss der politischen Meinung gegenüber der redaktionellen Linie stark (vgl. Abb. 8.25). Je linker die Position von Journalisten zu einem Issue ist, desto häufiger wählen sie auch linke Statements zu einem zentralen Konfliktgegenstand aus (Hypothese AA2b). Dies steht im starken Widerspruch zur Quellen-Auswahl (vgl. Kap. 8.3.2), wo Journalisten Quellen als Konfliktbefürworter und -gegner fast ausgeglichen auswählten. Die Unterschiede zwischen Quellen- und Statement-Auswahl werden in Kap. 8.3.4 zusammenfassend diskutiert. Umgekehrt führt eine konservativere redaktionelle Linie dazu, dass sich Journalisten etwas häufiger für rechte Statements entscheiden (Hypothese AA11).

Statements nach politischer Ausrichtung und Nachrichtenfaktor		**MW^a_{Insg}**	**MW^a_{ML}**	**MW^a_{DS}**	**Mann-Whitney-U-Test: MW_{ML} - MW_{DS}**
Linke	Statements mit Nutzen	0,5	0,5	0,3	p<0.05
	Statements mit Schaden	0,4	0,4	0,5	n. s.
Rechte	Statements mit Nutzen	0,2	0,3	0,1	p<0.01
	Statements mit Schaden	0,1	0,1	0,1	n. s.

Basis: n=124 (davon: Mindestlohn (ML): n=83; Datenspeicherung (DS): n=41)
[a)] Für die Vergleichbarkeit der Mittelwerte wurde für jede der sechs Gruppen die Anzahl gewählter Statements auf einen Wertebereich zwischen 0 und 1 standardisiert.

Abb. 8.26: Übersicht über Mittelwerte der Statement-Auswahl

Um den indirekt vermittelten Einfluss politischer Meinungen und der redaktionellen Linie auf die Statement-Wahl zu untersuchen (Hypothese AA3 und AA12), werden vier Regressionen separat geschätzt – für die Auswahl nützlicher rechter Statements, nützlicher linker Statements sowie schädlicher rechter und linker Statements. Diese Trennung ist notwendig, da sich valente Nachrichtenfaktoren wie Erfolg und Misserfolg auch nur mit entsprechend valent formulierten Statements korrelieren lassen.[110] In Abb. 8.26 sind die vier Statement-Typen mit ihren jeweiligen Mittelwerten sowohl issue-übergreifend als auch issue-spezifisch aufgeführt. Demzufolge würden Journalisten linke Statements im eigenen Beitrag häufiger weiterverarbeiten als rechte Statements

[110] Da die Ergebnisse für den Links-Rechts-Indikator der redaktionellen Linie nur marginal schlechter ausfielen, werden hier nur die Ergebnisse für den Liberal-Konservativ-Indikator dargestellt.

unabhängig davon, ob sie positiv oder negativ formuliert sind. Der Rangvergleich zeigt, dass sich die nützlichen (linken und rechten) Statements signifikant zwischen den Issues unterscheiden. Dies ist damit erklärbar, dass Journalisten mit Mindestlohn-Präferenz eher im regionalen bzw. lokalen Kontext arbeiten und deshalb auch stärker erfolgsorientierte Statements präferieren. Journalisten, die vorab die Flugdatenspeicherung für selektionswürdiger gehalten hatten, arbeiten eher für überregionale Zeitungen und wählten häufiger negativ formulierte Statements aus als positive.

Abb. 8.27 zeigt das zweite Gesamtmodell. Der *Block »politische Meinung«* erklärt die Statement-Auswahl durchgehend gut. Damit lässt nicht nur die entscheidungstheoretisch formulierte Hypothese AA2b, sondern auch die Hypothese AA2a für die Statement-Auswahl bestätigen: je linker die politische Meinung zu einem Issue, desto häufiger wählen Journalisten linke Statements aus. Entsprechendes gilt umgekehrt für rechte Statements. Insgesamt erklärt die politische Meinung Statement-Entscheidungen besser als Nachrichtenfaktoren (vgl. Block 1). Der Befund ist entgegengesetzt zur Quellen-Auswahl. Dies kann daran liegen, dass Statements explizitere Wertungen über Konfliktgegenstände beinhalten als Quellen, wo Journalisten erst einmal nur vermuten können, welche Informationsquelle welche Konfliktseite favorisieren könnte bzw. welche Meinung die Quelle zum Konflikt äußern wird.

	AV: Statement-Typ							
	nützlich				**schädlich**			
	Rechts (n=101)		Links (n=101)		Rechts (n=100)		Links (n=100)	
Prädiktor(-blöcke)	R^2	Teststärke	R^2	Teststärke	R^2	Teststärke	R^2	Teststärke
Block 1: NF							.12**	.96
Block 2: Pol. Meinung	.09**	.89	.07**	.77	.04*	.48	.07**	.79
Block 3: Redakt. Linie								
Block 4: NF * pol. Meinung			.05#	.59	.08*	.82		
Block 5: NF * redakt. Linie							.05#	.61

Hierarchische Regressionen (Methode TEST für den Zuwachs des R^2 einzelner Prädiktoren und Methode ENTER für Gesamtmodell; Toleranzwerte der Prädiktoren: >0,9)

# p<0.10; * p<0.05; ** p<0.01; *** p<0.001

Abb. 8.27: Einflussfaktoren auf die Wahl der Statement-Typen

Im *Block 4 »Nachrichtenfaktoren * politische Meinung«* verbergen sich zwei signifikante Interaktionseffekte. Im Einzelnen erklärt das *Zusammenspiel aus politischer Meinung und Erfolgswahrnehmung die Auswahl linker nützlicher Statements*, wobei eine zunehmend linke Meinung den Zusammenhang zwischen wahrgenommenem Nutzen und der Auswahl linker nützlicher Quellen verstärkt (linke Grafik in Abb. 8.28). Dies spricht für die politisch »gefärbte« Wahrnehmung des Nachrichtenfaktors Erfolg. Auch für die Auswahl negativer rechter Statements zeigt sich eine *Interaktion aus Kontroverse und politischer Meinung*: je linker die politische Meinung von Journalisten ist, desto negativer ist der Zusammenhang zwischen wahrgenommener Kontroverse und der Auswahl rechter negativ formulierter Statements. Demzufolge wählten Journalisten diesen Statement-Typ nur selten (vgl. Kap. 8.1.2). Auch in diesem Fall ist die Wahrnehmung von Kontroverse unbewusst politisch »eingefärbt«, um die Ablehnung rechter negativer Statements zu rechtfertigen.[111]

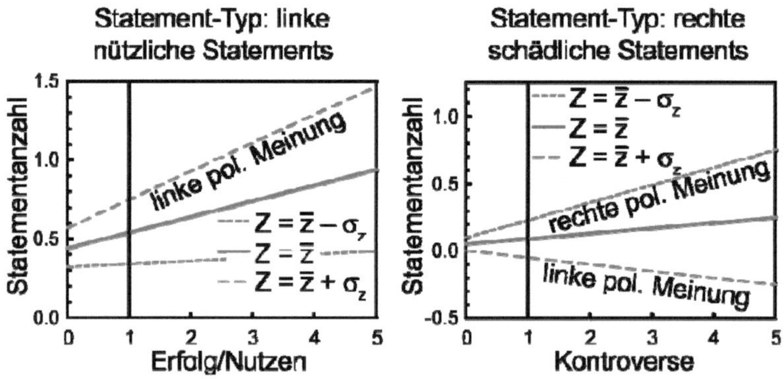

Abb. 8.28: Hypothesenkonforme Interaktionen von Nachrichtenfaktoren und politischer Meinung auf die Statement-Auswahl

Insgesamt wird die Hypothese AA3, dass politische Meinungen den Zusammenhang zwischen Nachrichtenfaktoren und gewählten Häufigkeiten von linken und rechten Statements moderieren, teilweise bestätigt. Das bedeutet, die unbewusste Instrumentalisierung wird für be-

[111] Zu diesem Typ gehörte u. a. das Statement »Ohne Speicherung der Flugdaten können terroristische Anschläge nicht effektiv bekämpft werden«. Diese Statements polarisierten möglicherweise entweder sehr viel stärker als die anderen Statements, so dass dies den Interaktionseffekt hervorgerufen haben könnte. Möglicherweise war dieser Statement-Typ aus linker Perspektive auch nicht kontrovers im Sinne des Nachrichtenfaktors, sondern unstrittig.

stimmte Statement-Typen und für einzelne Nachrichtenfaktoren bestätigt. Dass der Interaktionseffekt nur für zwei Statement-Typen belegt wurde, liegt möglicherweise an der geringen Stichprobenvarianz für politische Meinungen von Journalisten. Da kaum Journalisten mit rechten Meinungen vorkamen, können rechte positive sowie linke negative Statement-Typen auch nicht adäquat erklärt werden.

In den Prädiktorblöcken 3 und 5 zeigt sich für alle vier Statement-Typen, dass die redaktionelle Linie weder direkt noch indirekt einen Teil der Statement-Auswahl aufklärt (vgl. Abb. 8.27). Lediglich für das Zusammenspiel aus wahrgenommener Kontroverse und redaktioneller Linie zeigt sich ein sehr schwacher Interaktionseffekt. Insgesamt kann die Hypothese AA11 teilweise bestätigt werden, da sich ein marginaler direkter Einfluss der redaktionellen Linie auf die Auswahl linker und rechter Statements zeigt (vgl. Abb. 8.25). Die Hypothese AA12 wird dagegen abgelehnt, da sich nur ein schwacher hypothesen-gegenläufiger moderierender Einfluss der redaktionellen Linie auf den Zusammenhang zwischen Nachrichtenfaktoren und Statement-Auswahl zeigte. Die Ergebnisse diskutiert Kap. 8.3.4 zusammenfassend.

8.3.4 Zusammenfassung

Dieses Kapitel untersuchte den vergleichenden Einfluss von organisations- und akteursbezogenen Merkmalen auf Selektionsentscheidungen. Abb. 8.29 zeigt alle direkten und indirekt vermittelten Einflussfaktoren im Überblick. Nachfolgend werden zunächst die Einflussfaktoren aus organisationstheoretischer Sicht auf journalistische Selektionsentscheidungen zusammengefasst und diskutiert.

Abhängige Variablen Prädiktoren	Issue-Entscheidungen	Quellen-Entscheidungen	Statement-Entscheidungen
Kontextmerkmale			
Lokalressort	–	–	–
Politikressort	–	–	–
Ressortrelevanz	+	+	+
Zeitungstyp	–	–	–

(Fortsetzung folgende Seite)

Abhängige Variablen Prädiktoren	Issue-Entscheidungen	Quellen-Entscheidungen	Statement-Entscheidungen
Journalistische Bezugsgruppen			
Vorgesetzten-Einfluss * Leser-Reaktion	+	Nicht geprüft	Nicht geprüft
Vorgesetzten-Reaktion * Leser-Reaktion	+	Nicht geprüft	Nicht geprüft
Nachrichtenwerttheorie			
Nachrichtenfaktoren	++	+ bis +++	++
Nachrichtenwerttheorie & Medienorientierung			
Meso-Ebene II: indirekter Einfluss der Berichterstattung in anderen Medien	++	Nicht geprüft	Nicht geprüft
News-Bias-Ansatz			
Mikro-Ebene: politische Einstellung bzw. Meinung	(+)	–	+++
Meso-Ebene: Redaktionelle Linie	–	–	+
Nachrichtenwerttheorie & News Bias			
Mikro-Ebene: indirekter Einfluss der politischen Einstellung bzw. Meinung	–	– bis ++	+ bis ++
Meso-Ebene I: indirekter Einfluss der redaktionellen Linie	–	– bis +	+

+++ Starker Effekt: Teststärke>0.80 und R^2>0.10, mind. p<0.05
++ Mittlerer Effekt: Teststärke>0.80 und R^2≤0.10, mind. p<0.05
+ Schwacher Effekt: Teststärke<0.80 und/ oder R^2≤0.05, mind. p<0.10
(+) deskriptiver Befund
– kein Effekt

Abb. 8.29: Überblick über organisations- und akteursbezogene Einflussfaktoren und -stärken auf Selektionsentscheidungen nach Theorieperspektive

Organisatorische Perspektive

Aus *organisationstheoretischer Perspektive* wurde gefragt, ob organisatorische Strukturen journalistische Selektionsentscheidungen direkt erklären. Für den ressortspezifischen Kontext zeigen sich über alle Arten von Selektionsentscheidungen nur vereinzelte und sehr schwache Einflüsse (Hypothese AA8 und AA9). Die *Ressortrelevanz* erklärt Selektionsentscheidungen besser als die Zugehörigkeit zum Lokal- bzw. Politikressort, da sie themenspezifisch auf die Selektion innenpolitischer vs. nicht-innenpolitischer Themen ausgerichtet ist. *Ressortzuschnitte* in Redaktionen sind dagegen unterschiedlich eng oder breit angelegt, so dass sie mehr als nur innenpolitische Themen bzw. Ereignisse umfassen können (vgl. Kap. 4.1.1). Zum anderen sind Ressorts Spezialisierungen bzw. Ausdifferenzierungen der Meso-Ebene, die nicht mit spezialisierten Stellen einzelner Journalisten einhergehen müssen. So können Journalisten zwar auf bestimmte Themenbereiche spezialisiert sein. Sie können aber auch Generalisten sein, die über Expertise in mehr als einem Themenbereich verfügen (müssen) (Dernbach 2009: 43f.). Dies gilt insbesondere für Journalisten regionaler und lokaler Tageszeitungen (Meier 2002: 284f., 293; Wyss 2002), weil dort die Personalressourcen geringer sind als in überregionalen Zeitungen, und Redakteure mehrere Themenbereiche abdecken müssen. Möglicherweise erklärt sich so der stärkere Einfluss der Ressortrelevanz. Daran anknüpfend könnte die *Ressortzugehörigkeit* auch ein zu hoch aggregierter Kontext sein, um Selektionsentscheidungen zu erklären. Es zeigte sich nämlich durchaus ein vereinzelter ressortbezogener Einfluss auf die Wahrnehmung der regionalen Nähe (vgl. Kap. 8.2.1), der dann im zweiten Schritt – quasi als Mediator – die Issue-Auswahl beeinflusste (vgl. Kap. 8.3.1). Andererseits sind die Ergebnisse zur *Ressortrelevanz* inkonsistent, wenn man diese Variable als spezifischeren Indikator als die Ressortzugehörigkeit versteht. Sie spricht dafür, dass Journalisten über institutionalisierte Selektionskriterien verfügen, die für spezifische Themenbereiche gültig sind. Journalisten scheinen also implizites Wissen bei ihren Selektionsentscheidungen anzuwenden, ohne es genauer spezifizieren zu können. Insgesamt ist die Forschungsfrage AA8 zum Einfluss der Ressortzugehörigkeit nicht eindeutig zu beantworten, weil die Effekte sehr schwach sind. Die Forschungsfrage AA9 zur Ressortrelevanz kann positiv beantwortet werden, wenngleich deren theoretischer Gehalt inhaltlich uneindeutig bleibt.

Die Forschungsfrage AA10 betraf den direkten *Einfluss des Zeitungstyps*, der sich für keine der Arten von Selektionsentscheidungen zeigte. Hier trifft das Argument, dass der Kontext für die konkreten Selektionsentscheidungen zu hoch aggregiert ist, möglicherweise noch stärker zu als für die Ressortzugehörigkeit. Journalisten, die in einer eher überregional orientierten Zeitung arbeiten, können auf einer niedrigeren

Bezugsebene selbst im Lokalressort arbeiten, so dass sie die Ressortstruktur stärker prägen dürfte. Hinzu kommt methodisch, dass zwei simulierte Issues zu situationsspezifisch und zu einmalig konkret sind, um Einflüsse von organisatorischen Strukturen auf die Issue-Auswahl zu belegen. Dafür sind möglicherweise kumulativ aggregierte Selektionsentscheidungen zu untersuchen. Deshalb wird Forschungsfrage AA10 zum direkten Einfluss des Zeitungstyps auf Selektionsentscheidungen negativ beantwortet. Demgegenüber zeigten sich Kap. 8.2.1 durchaus vereinzelte Einflüsse des Zeitungstyps auf Selektionsentscheidungen, die indirekt durch wahrgenommene Nachrichtenfaktoren vermittelt sind.

Teilweise organisationstheoretisch bedingt wurde nach dem Einfluss journalistischer Bezugsgruppen auf Selektionsentscheidungen gefragt. Antizipierte Erwartungen einzelner Bezugsgruppen beeinflussen primäre Selektionsentscheidungen, aber nur im Zusammenspiel zwischen Lesern und Vorgesetzten (Forschungsfrage AA4). Dieser Interaktionseffekt ist nicht direkt mit den Befunden von Weischenberg et al. (2006: 291f.) sowie Scholl & Weischenberg (1998: 198) vergleichbar. Die Befunde sprechen dafür, dass sich Journalisten in der Ereignisauswahl sicherer fühlen, wenn sie sich an ihren Lesern orientieren und diese Leserorientierung durch redaktionelle Kontrolle abgesichert ist.

Nachrichtenwertperspektive

Aus *nachrichtenwerttheoretischer Sicht* wurde hauptsächlich die handlungs- bzw. entscheidungstheoretisch reformulierte Selektionshypothese untersucht. Sie bezog sich auf Selektionsentscheidungen und nicht auf darauffolgende Umfangs-, Aufmachungs- oder Platzierungsentscheidungen. Für alle drei Arten von Selektionsentscheidungen zeigte sich, dass sie durch wahrgenommene Stärken von Nachrichtenfaktoren moderat bis gut erklärt werden (vgl. Abb. 8.29). Nur sehr wenige Nachrichtenfaktoren erklärten jeweils die Auswahl journalistischer Sachverhalte, und zwar unabhängig davon, wie viele Nachrichtenfaktoren vorgegeben waren. Zieht man organisationsbezogene Einflüsse mit ein, erklärt sich teilweise, warum bestimmte Nachrichtenfaktoren journalistische Selektionsentscheidungen bedingen und andere nicht: Dies betrifft Regionale Nähe und Reichweite für die Issue-Auswahl, Personalisierung für die Quellen-Auswahl sowie Schaden/Misserfolg für die Statement-Auswahl. Für jede Art von Selektionsentscheidungen gibt es mindestens einen organisationsspezifisch institutionalisierten und selektionsrelevanten Nachrichtenfaktor. Die Ergebnisse zeigen, dass die wenigen selektionsrelevanten Nachrichtenfaktoren mit der alltagsrationalen Sicht journalistischen Entscheidens vereinbar sind. Journalisten lenken wie andere Akteure auch ihre Aufmerksamkeit zumeist nur auf wenige Kriterien, die ihre Entscheidungen leiten. Dies zeigt sich auch, wenn man die additiv-komplementären Einflüsse wahrgenommener Nachrichtenfaktoren betrachtet. Über alle drei Arten journalistischer Selektionsentscheidungen zeigen sich nur äußerst schwache und wenige statistisch additive und komplementäre Einflüsse. *Additive Einflüsse* sind aus alltagsrationaler Handlungsperspektive auch wenig plausibel. Dies spricht offensichtlich gegen die Additivitätshypothese der Nachrichtenwerttheorie. Dass sie dennoch in Inhaltsanalysen häufig belegt wird, liegt daran, dass journalistische Beiträge häufig als ein bereits abgeschlossener Handlungs- bzw. Entscheidungsvorgang betrachtet werden, obwohl sie sich aus vielen Einzelhandlungen und -entscheidungen zusammensetzen. Während inhaltsanalytisch jeder Nachrichtenfaktor separat erfasst wird und mit der Gewichtungsentscheidung für den Beitrag verknüpft wird, konnte diese Studie für jede Selektionsentscheidung separat prüfen, welcher der Nachrichtenfaktoren handlungs- bzw. entscheidungsleitend ist und welcher nicht. Es ist deshalb anzunehmen, dass Nachrichtenfaktoren für Selektionsentscheidungen teilweise eine andere Bedeutung haben als für Gewichtungsentscheidungen. *Komplementäre Einflüsse* von Nachrichtenfaktoren lassen sich auf zweierlei Art interpretieren. Entweder erklärt nur ein Nachrichtenfaktor die Selektionsentscheidungen und kompensiert die Nicht-Erklärbarkeit anderer Nachrichtenfaktoren, oder die Wahrnehmung eines Nachrichtenfaktors erhöht die Selektionswahrscheinlichkeit eines Sachverhalts, während gleichzeitig die Wahrnehmung eines anderen Faktors deren Wahrscheinlichkeit senkt. Diese zweite Variante tritt insbesondere bei gegenteilig-valenten Nachrichtenfaktoren wie Erfolg/Nutzen vs. Misserfolg/Schaden auf, die aber auch nur gegenteilig gepolten Items *eines* Nachrichtenfaktors entsprechen können. Dies zeigte sich in der vorliegenden Studie z. B. für Prominenz, wo ein Pol des Nachrichtenfaktors für »einfache Leute« stand und der andere Pol für »bekannte Leute«. Allerdings scheint die zweite Interpretationsvariante von Komplementarität den methodischen Zugang bzw. die methodische Umsetzung zu betreffen. Insgesamt können die Hypothesen AA1a und AA1b zum nachrichtenwerttheoretisch fundierten Selektionsaspekt für Issues, Quellen und Statements bestätigt werden. Die Forschungsfrage AA1c zur Additivität und Komplementarität von Nachrichtenfaktoren kann nicht eindeutig beantwortet werden. Sowohl theoretisch als auch methodisch lassen sich Einwände finden, die gegen

Additivität und Komplementarität von Nachrichtenfaktoren für alltagsrationale Selektionsentscheidungen von Journalisten sprechen.

Zudem orientieren sich Journalisten an der Berichterstattung anderer Medien und nehmen so auch Nachrichtenfaktoren bei eigenen Sachverhalten als verstärkt oder abgeschwächt relevant wahr. Demzufolge spielt die wahrgenommene Ereignis- bzw. Nachrichtenlage in anderen Medien mit der Wahrnehmung von Nachrichtenfaktoren für aktuell berichtenswerte Sachverhalten zusammen. Weitergehende Einflüsse von Ressourcen und Gelegenheiten wurden aber nicht bestätigt (Forschungsfrage AA6).

News-Bias-Perspektive

Aus Sicht des *News-Bias-Ansatzes* zeigt sich, dass subjektive politische Meinungen von Journalisten durchaus Selektionsentscheidungen beeinflussen können, aber nicht alle Arten von journalistischen Sachverhalten gleichermaßen (vgl. Abb. 8.29). Für *Issues bzw. Kernereignisse* wurde ein solcher Einfluss höchstens deskriptiv bestätigt. Journalisten bevorzugten mehrheitlich die links gerahmte Mindestlohn-Vignette und verorteten sich zugleich mehrheitlich links im politischen Spektrum. Es wurden aber auch alternative Erklärungen genannt, wonach Einflüsse politischer Meinungen auf Positions-Issues bzw. Kernereignisse eher unwahrscheinlich sind. Für *Statements* wurden starke Einflüsse politischer Meinungen gefunden, für *Quellen* dagegen nur sehr schwache. Dieser Befund widerspricht auf den ersten Blick dem Konzept der opportunen Zeugen, wonach politisch einseitige Argumente aus einer politisch »gefärbten« Quellen-Auswahl resultieren (Hagen 1992: 454f.). Zu berücksichtigen ist aber, dass Hagen auf der Meso-Ebene von Medien argumentiert und nicht auf der individuellen Ebene von Journalisten. Ergebnisse auf der Meso-Ebene enthalten aber möglicherweise organisatorische Einflüsse und Beschränkungen, die Selektionsentscheidungen zusätzlich und unabhängig von politischen Meinungen bzw. Einstellungen der Journalisten erklären. Argumentiert man nun auf der Mikro-Ebene von Journalisten, ist das Konzept der »opportunen Zeugen« möglicherweise auszudifferenzieren. Dass in dieser Studie politische Einflüsse auf Statements einflussreicher waren als auf Quellen, könnte darauf zurückzuführen sein, dass bereits alle Entscheidungsoptionen vorlagen. In Redaktionen wäre dieser Fall z. B. bei journalistischen Fertigprodukten wie den Informationen aus Nachrichtenagenturen gegeben. Statements könnte man in diesem Fall als »opportune Zeugnisse« bezeichnen. Im anderen Fall, in dem Journalisten eigenständig nach Informationen recherchieren müssen, sind Statements nicht vorgegeben, sondern müssen erst durch Informationsquellen gesucht werden. Dieser Suchprozess ist z. B. durch Zeitdruck begrenzt, so dass Journalisten möglicherweise bei solchen Akteuren zu recherchieren beginnen, bei denen sie sich schnell individuell bzw. redaktionell »zufriedenstellende« Informationen versprechen. In diesen Fällen könnten »opportune Zeugen« das bedeutsamere Auswahlkriterium sein (vgl. auch Engelmann 2010: 540). Zusätzlich sind aber auch einige methodische Kritikpunkte zu benennen. So sind die Entscheidungssituationen für Statements und Quellen unterschiedlich komplex variiert worden: Erstens waren mehr Quellen- als Statement-Optionen vorgegeben, obwohl die Journalisten jeweils nur bis zu drei Sachverhalte auswählen konnten. Zweitens waren für Quellen zusätzlich politisch neutrale Optionen vorgegeben, nicht aber für Statements. Auch dies kann zu unterschiedlichen Effektstärken beitragen. Demzufolge können die Hypothesen AA2a und AA2b teilweise, d. h. für Statements, bestätigt werden. Für die Auswahl von Issues und Quellen sind die zwei Hypothesen weder anzunehmen noch abzulehnen. Stattdessen müssen sie für weitere thematische Kontexte und andere bzw. größere journalistische Stichproben erneut untersucht werden.

Die Hypothese AA11 vermutete einen direkten *Einfluss der redaktionellen Linie* der Tageszeitungen auf journalistische Selektionsentscheidungen. Lediglich für Statement-Entscheidungen zeigten sich schwache Einflüsse. Dies kann folgende Gründe haben: Theoretisch muss die redaktionelle Linie einer Tageszeitung erst einmal vorhanden sein. Zudem muss sie Journalisten, die für diese Zeitung arbeiten, bekannt sein. Drittens müssen Journalisten bereit sein, gemäß der redaktionellen Linie zu handeln. Dies sind drei Unterstellungen, die für die Journalisten der vorliegenden Stichprobe mit primär regionalem Bezug nicht zwingend gegeben sind. Bei Regionalzeitungen sind redaktionelle Linien in der Regel weniger stark ausgeprägt als bei überregionalen Qualitätszeitungen, sofern sie keine Monopolstellung in ihrer Region inne haben (Maurer & Reinemann 2006: 130). Zudem werden Journalisten von Regionalzeitungen nicht nach der redaktionellen Linie rekrutiert wie bei überregionalen Zeitungen (Donsbach & Wolling 1995). Entsprechend ist nur bei vorhandener redaktioneller Kontrolle sicher gewährleistet, dass Journalisten gemäß der redaktionellen Linie handeln. Ansonsten kann dies zufällig geschehen. Darüber hinaus muss die politische Werthaltigkeit in konkreten journalistischen Sachverhalten erkennbar sein, was für Statements eindeutiger zutrifft als für Issues und Quellen. Methodisch ist die Abfrage der redaktionellen Linie möglicherweise viel zu allgemein, um sich direkt im journalistischen Auswahlhandeln für konkrete Themen niederzuschlagen. Dieses Problem tangiert das geforderte Korrespondenzprinzip von Ajzen & Fishbein (1980). Die Hypothese AA11 wird weder abgelehnt noch bestätigt, sondern ist in anderen Stichproben und an umfangreicheren Selektionsentscheidungen weiter zu untersuchen. Sinnvoll erwies sich aber die Unterscheidung in zwei Indikatoren für die redaktionelle Linie, um ideologische Einflüsse differenzierter untersuchen zu können.

Politisches Relevanzmodell der Nachrichtenauswahl

Die Hypothese AA3 postulierte den Zusammenhang zwischen politisch »gefärbten« Nachrichtenfaktoren und journalistischen Selektionsentscheidungen, die aus der Verknüpfung von Nachrichtenwerttheorie und News-Bias-Ansatz resultieren. Schwache bis mittlere Zusammenhänge politisch »gefärbter« Nachrichtenfaktoren zeigen sich für die Statement-Auswahl, äußerst schwache Effekte für die Quellen-Auswahl (vgl. Abb. 8.29), keine Effekte für die Issue- bzw. Ereignis-Auswahl. Dass politische Einflüsse für die Auswahl von Statements stärker sind als für Quellen-Auswahl, ist möglicherweise auf deren potenziell politische Werthaltigkeit zurückzuführen. Während Statements zumindest implizit nützliche oder schädliche Folgen zum zentralen Konfliktgegenstand »Einführung von Mindestlöhnen« bzw. »Einführung eines Gesetzes zur Vorratsdatenspeicherung« enthielten, sind zwar auch Informationsquellen als potenzielle Konfliktgegner oder -befürworter denkbar. Der Auswahlprozess von Quellen ist aber für Journalisten politisch wesentlich voraussetzungsreicher als der von Statements. Erstens müssen sie wissen, welche Quellentypen welche Konfliktseite favorisieren. Zweitens müssen sie vermuten, wie sich die Quellen zu Konfliktgegenständen äußern. Beide Aspekte beruhen lediglich auf journalistischen Erwartungen, die erfüllt, aber auch enttäuscht werden können. Darüber hinaus sind die indirekten politischen Einflüsse für Statements und für Quellen mit verschiedenen Nachrichtenfaktoren verknüpft. Es zeigt sich aber, dass Journalisten nur solche Nachrichtenfaktoren politisch »einfärben«, die bereits direkt Selektionsentscheidungen beeinflussten. Dieser Befund lässt sich aus alltagsrationaler Sicht so interpretieren: Bereits als selektionsrelevant wahrgenommene Nachrichtenfaktoren werden durch eine politisch »gefärbte« Brille weiter verstärkt oder abgeschwächt. Aufgrund dieser kognitiven Selektions- und Verarbeitungsprozesse lässt sich begründen, warum Journalisten Nachrichtenfaktoren unbewusst instrumentalisieren. Die Hypothese AA3 lässt sich nur teilweise bestätigen und zwar wieder für Statements. Für Quellen ist die Hypothese in weiteren Studien zu prüfen. Für die Hypothese AA12, d. h. für den indirekt vermittelten Einfluss der redaktionellen Linie auf den Zusammenhang zwischen Nachrichtenfaktoren und Selektionsentscheidungen gibt es keinen Beleg.

Betrachtet man den Einfluss der Selektionskriterien aus den nachrichtenauswahltheoretischen Perspektiven vergleichend, zeigt sich, dass Nachrichtenfaktoren Selektionsentscheidungen am stärksten beeinflussen. Aus normativer Sicht ist es auch wünschenswert und notwendig, d. h. Journalisten die Auswahl von Informationen an professionellen Selektionskriterien orientieren, um für gesellschaftlich relevante Sachverhalte Öffentlichkeit herzustellen. So zeigen sich politische Einflüsse insbesondere dort, wo sie journalistisch legitimiert sind, nämlich bei den Äußerungen zitierter Quellen. So lassen sich entsprechend der Theorie der Instrumentellen Aktualisierung Akteure, von denen man nützliche Positionen für einen Konfliktgegenstand erwartet, besonders hochspielen (Kepplinger et al. 1989). Dies ist mit der journalistischen Trennungsnorm vereinbar und akzeptabel, solange Ausgewogenheit und Vielfalt nicht verletzt werden. Vor diesem Hintergrund ist verständlich, dass direkte politische Einflüsse auf journalistische Selektionsentscheidungen stärker auftreten als indirekt vermittelte politische Einflüsse. Wenn Journalisten Selektionsentscheidungen offen durch Quellenzitate legitimieren können, gehören politisch »eingefärbte« Nachrichtenfaktoren zur Ausnahme. Darüber hinaus ist auch denkbar, dass politische Wahrnehmungsverzerrungen nicht über Nachrichtenfaktoren erfolgen, sondern eher implizit über konkrete Inhalte zu einem zentralen Konfliktgegenstand. Insgesamt wurde hier lediglich der Einfluss politischer und professioneller journalistische Selektionskriterien untersucht. Andere Selektionskriterien, die für journalistische Selektionsentscheidungen mehr oder weniger legitim sein können – seien sie ökonomisch, technisch oder wie auch immer geartet – sind damit nicht ausgeschlossen. Theoretische und methodisch-operationale Einschränkungen der Untersuchung werden zusammenfassend für die Mikro- und die Meso-Ebene in Kap. 9 diskutiert.

9 Zusammenfassung und Schlussfolgerungen

Zunächst werden die Ergebnisse aus Kap. 8 aus den verschiedenen Theorieperspektiven diskutiert sowie methodisch-operational eingeordnet. Anschließend werden theoretische und methodische Schlussfolgerungen für zukünftige Untersuchungen gezogen.

Aus *organisationstheoretischer Perspektive* wurde gefragt, ob organisatorische Strukturen wie Redaktionen und Ressorts sowie damit verknüpfte Organisationsziele journalistische Vorstellungen prägen (vgl. Kap. 8.2.5), die sich im zweiten Schritt *indirekt* auf journalistische Selektionsentscheidungen auswirken, oder ob sie *direkt* journalistische Selektionshandlungen bzw. -entscheidungen erklären (vgl. Kap. 8.3.4). Der erste Aspekt zielt auf die Koordination von *Wissen* in journalistischen Organisationen wie Redaktionen und Ressorts ab (Einflussaspekt), der zweite auf die Koordination journalistischer *Handlungen* (Auswahlaspekt). Vergleicht man die Befunde nach Einfluss- und Auswahlaspekt miteinander, zeigt sich, dass organisatorische Strukturen und Institutionen dazu dienen, dass sich Journalisten daran koorientieren können. Demzufolge prägen Strukturen eher das Wissen bzw. die Vorstellungen über Selektionskriterien der Journalisten statt der Selektionsentscheidungen. Dieses institutionalisierte Wissen über Selektionskriterien führt anschließend zu koordinierten Entscheidungen. Dies bedeutet für die Nachrichtenwerttheorie, dass eine organisationstheoretische Anbindung klären kann, warum welche Nachrichtenfaktoren wie hoch oder niedrig für welchen Sachverhalt wahrgenommen werden, welche Nachrichtenfaktoren zentral für die Auswahl von Selektionsentscheidungen sind und welche nicht. Entscheidungen werden durch subjektive Vorstellungen erklärt, während die »objektiv« manifestierten Organisationsstrukturen, in denen Journalisten handeln bzw. entscheiden, journalistische Vorstellungen erklären. Damit fungieren journalistische Vorstellungen als Mediatoren zwischen organisatorischen Strukturen und Selektionsentscheidungen, wie es die TPB postuliert. Dies bestätigt auch teilweise, dass Nachrichtenfaktoren als organisationsspezifische Selektionskriterien fungieren. Genau jene Nachrichtenfaktoren, die zumindest ansatzweise durch Redaktions- und Ressortmerkmale geprägt wurden, erwiesen sich als die selektionsrelevantesten. Im Gegensatz zu den »quasi-objektiven« Organisationsstrukturen sind institutionalisierte Selektionsprogramme nur indirekt über die Mikro-Ebene einzelner Journalisten zu erschließen. Insgesamt sind die strukturprägenden Einflüsse von Zeitungstyp, Ressort und die darin eingelagerten Institutionen aber nur wenig einflussreich für die subjektive Wahrnehmung von Nachrichtenfaktoren. Darüber hinaus zeigte sich in Ansätzen, dass journalistische Ressourcen in Organisationsstrukturen eingelagert sind.

Aus *handlungstheoretischer Perspektive* wurde der vergleichende Einfluss von Nachrichtenfaktoren, Bezugsgruppen und Ressourcen auf primäre Selektionsentscheidungen untersucht. *Nachrichtenfaktoren als professionelle Selektionskriterien* sind weitaus einflussreicher für die Issue-Auswahl als Bezugsgruppen und Ressourcen. Aus alltagsrationaler Handlungsperspektive entscheiden sich Journalisten aber nur aufgrund weniger, dominierender Selektionskriterien für die Auswahl journalistischer Sachverhalte. Das heißt umgekehrt, Journalisten machen Nachrichtenwerte nicht an möglichst vielen Nachrichtenfaktoren fest, aus denen sie journalistische Sachverhalte mit dem höchsten maximierten Nachrichtenwert(-Nutzen) auswählen. Stattdessen lassen sich Nachrichtenfaktoren als institutionalisierte Selektionskriterien verstehen. Sie sind zwar weniger organisationsspezifisch als viel mehr organisationsübergreifend institutionalisiert, aber die organisationsspezifisch institutionalisierten Nachrichtenfaktoren sind primär selektionsrelevant. Streng genommen wurde aber kein alltagsrationales gegen ein nutzenrationales Entscheidungsmodell getestet, so dass sich nur Hinweise auf eine alltagsrationale Nachrichtenauswahl zeigen. Für die *Bezugsgruppen* zeigte sich ein schwacher Interaktionseffekt aus Leser- und Vorgesetzten-Orientierung. Dies spricht einerseits für eine schwach wahrgenommene redaktionelle Kontrolle, vor allem von Journalisten, die selbst wenig Entscheidungsbefugnis haben. Die gering vorhandene redaktionelle Kontrolle ist aber auch teilweise durch das Leserinteresse legitimiert. Dies spricht andererseits auch für den Befund von Meyen & Riesmeyer (2009: 256), dass das Publikum in gesellschaftlich relevanten Bereichen wie Politik & Nachrichten, der hier primär untersucht wurde, nicht die Berichterstattung diktiert. Spezifische *Ressourcen* wie Platz, Zeit und Personal unterscheiden sich zwar teilweise zwischen Organisationsstrukturen wie Zeitungstyp oder Ressort, primäre Selektionsentscheidungen wurden letztlich nur durch das Zusammenspiel aus Nachrichtenfaktoren und der Berichterstattung in anderen Medien (bzw. den dort wahrgenommenen Nachrichtenfaktoren) erklärt. Organisationsspezifische Faktoren sind demzufolge weniger einflussreich für primäre Selektionsentscheidungen als organisationsübergreifende Faktoren wie die Orientierung an anderen Medien. Dass Bezugsgruppen und Ressourcen nur schwache Effekte auf primäre Selektionsentscheidungen haben, kann verschiedene Gründe haben. In theoretischer Hinsicht ist die redaktionelle Kontrolle im deutschen Journalismus vergleichsweise schwach ausgeprägt, was die Befunde für redaktionelle Bezugsgruppen möglicherweise widerspiegeln. Ressourcen und Gelegenheiten werden dagegen häufig nichtsinnhaft im Handeln angewendet bzw. genutzt, so dass in methodischer Hinsicht Journalisten entsprechende Einflüsse möglicherweise nicht vollständig reflektieren und sie deshalb bei simulierten Einzelentscheidungen nicht sichtbar bzw. beobachtbar werden. Dass die jeweiligen Bewertungskomponenten von Nachrichtenfaktoren, Bezugsgruppen und Ressourcen die Issue-Auswahl überhaupt nicht beeinflussten, kann daran liegen, dass Journalisten zwar kollektiv geteiltes Wissen erwerben und internalisieren, aber die Bewertungen dafür nur rein subjektiv verknüpfen (vgl. Kap. 2.1.2). Denkbar ist aus alltagsrationaler Sicht auch, dass Wissen und Bewertungen von Journalisten konfundiert sind, so dass sich z. B. wahrgenommene Vorstellungen und zugeschriebene Bewertungen bereits in der abgefragten Wahrnehmungsstärke vermischen, was durch die netzwerkartige Wissensvernetzung begünstigt sein könnte (vgl. Kap. 3.2).

Aus *entscheidungstheoretischer Sicht* wurde in dieser Studie empirisch geprüft, wie Journalisten aus einer Menge vorgegebener Sachverhalte Issues, Statements und Quellen auswählen. Im redaktionellen Alltag sind jedoch Alternativen nur unter bestimmten Umständen vorgegeben, während sie in anderen Situationen erst gesucht werden müssen. Dies hat auch Konsequenzen für mögliche organisations- und akteursbezogene Einflüsse von Entscheidungsprozessen. Dies konnte für die Differenzierung in die Konzepte »Opportuner Zeugen« und »Opportuner Zeugnisse« angedeutet werden. Zudem können Entscheidungsprozesse individuell auf Akteure oder kollektiv auf Organisationen bezogen werden. Studien, die individuelle Entscheidungsprozesse untersuchen und z. B. experimentelle Befragungsdesigns zugrunde legen wie diese Studie, sollten auf sekundäre Selektionsentscheidungen beschränkt bleiben. Für primäre Selektionsentscheidungen scheint es weniger realistisch anzunehmen, dass sie von einzelnen Redakteuren in niedrigen Positionen getroffen werden.

Aus *nachrichtenwerttheoretischer Perspektive* wurde gefragt, ob der Nachrichtenwert empirisch durch die Wahrnehmungsstärken von Nachrichtenfaktoren (Erwartungskomponente) oder evaluativ gewichtete Wichtigkeiten der wahrgenommenen Stärken von Nachrichtenfaktoren (Wert-mal-Erwartungskomponente) bestimmt ist. Die Ergebnisse sprechen dafür, dass nur die Wahrnehmungsstärken Selektionsentscheidungen beeinflussen, nicht aber die Bewertungen. Möglicherweise weisen Journalisten Nachrichtenfaktoren per se hohe Relevanz (Bewertung) zu. Die Bewertungen der Nachrichtenfaktoren sind dann möglicherweise schon »konstant« hoch. Ähnlich argumentiert Staab (1990), dass Zuschreibungen von Nachrichtenfaktoren voraussetzen, dass dies bereits gültige Selektionskriterien von Ereignissen sind. Wenn diese Annahme zutrifft, wäre die Anwendung eines Wert-Erwartungsmodells für die Nachrichtenwerttheorie nur begrenzt sinnvoll. Einschränkend sei aber angemerkt, dass hier theoretisch primär der Einfluss der *Stärken von Nachrichtenfaktoren* auf Selektionsentscheidungen untersucht wurde und nicht der Einfluss der *Anzahl von Nachrichtenfaktoren.* Zudem sind die Einflüsse der Nachrichtenfaktor-Bewertungen in dieser Studie methodisch bzw. statistisch nicht so weit abgesichert, dass sich diese Vermutung verallgemeinern lässt.

Weiterhin ist nachrichtenwerttheoretisch zu fragen, wie die hier gefundenen Einflüsse von Nachrichtenfaktoren für untersuchte Selektionsentscheidungen mit den Ergebnissen inhaltsanalytischer Gewichtungsentscheidungen zusammenhängen (vgl. Abb. 8.30). In dieser Studie, die vorwiegend Journalisten aus Regionalzeitungen untersuchte, zeigten sich Etablierung, Reichweite und Regionale Nähe (Issue-Wahl), Erfolg/Nutzen und Misserfolg/Schaden (Statement-Wahl) sowie Personalisierung und Prominenz (Quellen-Wahl) als *selektionsrelevante* Nachrichtenfaktoren. Staab (1990: 153) bestätigte davon folgende Nachrichtenfaktoren für Gewichtungsentscheidungen in Regionalzeitungen als einflussreich: Prominenz (Umfang), Nutzen (Umfang, Platzierung) und Schaden (Umfang). Eilders (1997: 193) konnte nur Prominenz bestätigen. Nicht selektionsrelevant waren in dieser Studie folgende Nachrichtenfaktoren: Einfluss (Quellen), Prominenz (Issue) sowie Kontroverse (Quellen, Statements, Issue). Für diese Nachrichtenfaktoren wiesen aber sowohl Staab (1990: 153) als auch Eilders (1997: 193) größtenteils Einflüsse nach.

	Selektionsentscheidungen	Gewichtungsentscheidungen[a]			
		Überregionale Abozeitungen		Regionale Abozeitungen	
Nachrichtenfaktoren		Staab (1990)	Eilders (1997)	Staab (1990)	Eilders (1997)
Etablierung	+ Issues	–	+	–	+
Reichweite	+ Issues	–	+	+	+
Kontroverse	– Quellen/ Statement/ Issues	+	+	+	+
Prominenz	+ Quellen – Issues	+	+	+	+
Einfluss	– Quellen	+	–	–	–
Personalisierung	+ Quellen	–	–	–	–
Schaden	+ Statements	+	–	+	–
Nutzen	+ Statements	+	–	+	–
Regionale Nähe	+ Issues	Nicht untersucht			

+ Einfluss bestätigt (bei Gewichtungsentscheidungen für Platzierung und/oder Umfang bzw. Beachtungsgrad allgemein)
– kein Einfluss bestätigt

[a)] Ergebnisse sind nur für die nationale Politikberichterstattung gültig

Abb. 8.30: Einfluss von Nachrichtenfaktoren auf Selektions- und Gewichtungsentscheidungen im Vergleich

Zusammenfassend sind Nachrichtenfaktoren für Selektions- und Gewichtungsentscheidungen teils ähnlich bedeutsam, teils auch unterschiedlich. Dies liegt möglicherweise an einigen Unschärfen, denn die Ergebnisse konnten nicht für regionale und überregionale Zeitungen differenziert werden. Dass die Nachrichtenfaktoren Kontroverse und Prominenz die Issue-Entscheidung nicht erklärten, liegt daran, dass Journalisten diese Nachrichtenfaktoren für beide Issue-Vignetten ähnlich stark wahrnahmen. Dies ist auch darauf zurückzuführen, dass die Vignetten strukturell gleich formuliert wurden. Daraus folgt, dass Wahrnehmungsunterschiede von Nachrichtenfaktoren nicht nur auf Journalisten und ihre Sozialisation in bestimmten Ressorts oder Redaktionen zurückzuführen sind. Sie hängen immer auch von Ereignismerkmalen ab, die aber hier kaum berücksichtigt bzw. »konstant« gehalten wurden. Demzufolge sind Nachrichtenfaktor-Einflüsse auf Selektions- (und auch auf Gewichtungsentscheidungen) nicht unabhängig von Themen- und Ereigniseinflüssen.

Aus *News-Bias-Sicht* wurden direkte und indirekte Einflüsse politischer Meinungen auf journalistische Selektionsentscheidungen im Vergleich zu professionellen Selektionskriterien wie Nachrichtenfaktoren untersucht. Damit wurden Nachrichtenwerttheorie und News-Bias-Ansatz einstellungs- bzw. handlungstheoretisch fundiert und miteinander verbunden. Auch wenn dieses Modell hier als politisches Relevanzmodell konzipiert wurde, lässt es sich auch mit nichtpolitischen Arten von News Bias verknüpfen. Damit ließe sich eine umfassendere Selektionstheorie entwickeln, als sie Nachrichtenwerttheorie und News-Bias-Ansatz für sich beanspruchen.

Insgesamt haben wahrgenommene Nachrichtenfaktoren stärkeren Einfluss auf journalistische Selektionsentscheidungen als politische Meinungen bzw. Einstellungen. Dies ist aufgrund der journalistischen Trennungsnorm und dem Ausgewogenheitspostulat auch normativ wünschenswert. Aber insbesondere bei journalistischen Sachverhalten, die potenziell politisch werthaltig sind, sind die politischen Meinungen von Journalisten ähnlich einflussreich wie professionelle Selektionskriterien. Für den stärkeren Einfluss politischer Meinungen von Journalisten gegenüber der redaktionellen Linie wurden in Kap. 8.3.4 mögliche Erklärungen gefunden. Dies zeigt auch, dass in der deutschen Qualitäts- und Regionalpresse möglicherweise inzwischen weniger ideologisch »gefärbt« berichtet wird, z. B. aufgrund sich ausdifferenzierender gesellschaftlicher Konfliktlinien (Diskussion: Kepplinger & Ehmig 1997: 272; auch Klein 2005; Pappi & Shikano 2004) und aufgrund zunehmender Ökonomisierung, Digitalisierung sowie eines damit einhergehenden veränderten Selbstverständnisses von Journalisten (Meyen & Riesmeyer 2009: 212, 220, 249). Dennoch sind ideologische Einflüsse in der Berichterstattung noch immer anzutreffen (z. B. Dybski et al. 2010; Eilders 2004; Engelmann 2009; Kemner et al. 2008) und zwar nicht nur im kommentierenden Teil der Berichterstattung. Solche Einflüsse werden auch teilweise von Journalisten nicht negiert (z. B. Meyen & Riesmeyer 2009: 219f., 229f.). Sie sind aber abhängig vom Alter bzw. der Berufserfahrung von Journalisten (Meyen & Riesmeyer 2009: 219) und ihrer damit verbundenen Entscheidungsbefugnis in Redaktionen (Meyen & Riesmeyer 2009: 198).

Methodisch-operational basierte die Analyse auf dem Methodologischen Individualismus. Es wurde versucht zu erklären, ob journalistische Selektionsentscheidungen durch »kognitiv gebrochene« Organisationsstrukturen geprägt sind. Dies ist die Vorfrage, um in einem nächsten Schritt aus dem individuell handelnden Zusammenwirken von Journalisten z. B. ressort-, medientypspezifische Berichterstattungsstrukturen erklären zu können. Dafür wurde eine Untersuchungsanlage verwendet, die sich von bisherigen Designs unterscheidet. Auf Basis der organisationstheoretischen Anbindung wurden Kontextmerkmale wie Zeitungstyp und Ressortzugehörigkeit erhoben, in denen Journalisten arbeiten. Aus soziologischer und sozialpsychologischer Handlungs- bzw. Einstellungsperspektive wurde zwischen Wahrnehmungs-, Einstellungs- und Handlungsvariablen von Journalisten unterschieden, die nachrichtenauswahltheoretisch »gefüllt« wurden. Mittels kombiniertem quasiexperimentellen und ex-post-facto-Design konnten Zusammenhänge zwischen Wahrnehmungs- und Handlungsvariablen (Mikro-Ebene) sowie zwischen Kontext- und Wahrnehmungsebene bzw. Kontext- und Handlungsebene (Meso-Mikro-Link) untersucht werden. Die Wahrnehmungsstrukturen wurden als Anfangsbedingungen konkret für journalistische Selektionsentscheidungen spezifiziert, indem bisherige Befunde verschiedener theoretischer Perspektiven zur Nachrichtenwert-, Bezugsgruppen- und allgemein zur Journalismusforschung synthetisiert wurden. Um der Vernetzung von journalistischen Wahrnehmungs- und Bewertungsstrukturen in der Auswertung zu berücksichtigen, wurden hierarchische Regressionsanalysen mit Interaktionseffekten angewendet. Zusätzlich wurden Kontexteffekte als Dummies mit berücksichtigt.

Dennoch hat die hier vorgestellte Untersuchungsanlage Grenzen. Sie werden anhand der Dimensionen Standardisierungsgrad, Zeitdimension, Kontrolldimension (Scheufele & Engelmann 2009: 93) sowie anhand der gewählten Forschungsperspektive (Schütz 1971a: 3ff.; 44ff.) diskutiert. Der hohe *Standardisierungsgrad* dieser Untersuchung ist eng mit der verwendeten Wert-Erwartungstheorie und seinen Elementen verknüpft. Die Anfangsbedingungen, um journalistische Selektionsentscheidungen zu erklären, wurden aus bisherigen empirischen Befunden der Journalismusforschung – insbesondere der Nachrichtenwerttheorie und der Bezugsgruppentheorie – ermittelt. Bei der Generierung der Ressourcen stieß dieses Vorgehen aber an seine Grenzen. Dies liegt nicht zuletzt daran, dass der Journalismus bisher nicht oder kaum ressourcentheoretisch betrachtet wurde und schon begrifflich nicht eindeutig geklärt ist, wie Ressourcen zu bestimmen sind. Aus Sicht der TPB können qualitative Vorstudien Ressourcen ermitteln. Andererseits werden aus der subjektiven Perspektive der Journalisten gerade Ressourcen nicht immer bewusst bzw. sinnhaft erkannt. Dazu später mehr. Mit dem hier gewählten Vorgehen konnte nur geprüft werden, inwieweit die standardisiert vorgegebenen Items Selektionsentscheidungen beeinflussen.

Welche Ressourcen darüber hinaus selektionsleitend sind, muss theoretisch präziser bestimmt werden, um dies empirisch weiter zu untersuchen. Die Selektionsoptionen als abhängige Variablen wurden standardisiert vorgegeben. Dies führt zwangsläufig zu eingeschränkt gültigen Ergebnissen. Sie betreffen u. a. die Komplexität der Entscheidungssituation (z. B. Anzahl der Optionen, Suche oder Vorgabe von Optionen), die Bandbreite konkreter Themen bzw. Themenstrukturen und drittens den Abstraktionsgrad der Selektionsentscheidungen selbst.

Auf der *Zeitdimension* wurde ein Querschnittdesign verwendet, d. h. es wurde auf strukturelle anstatt auf dynamische Aspekte journalistischer Entscheidungsprozesse fokussiert. In der gewählten Theorieperspektive wurden Selektionskriterien als ex-ante-Wahrnehmungen bzw. ex-ante-Zuschreibungen von Selektionsentscheidungen konzipiert. Denkbar sind aber ebenso ex-post-Rationalisierungen sowie Vorstellungs- und Einstellungsbildungen bzw. verstärkende oder abschwächende Effekte nach getroffenen Entscheidungen. Demzufolge wurden keine Kausalitäten zwischen den einzelnen Variablen behauptet, sondern lediglich Zusammenhänge. Durch die lange Feldphase des Fragebogens wurde ersichtlich, dass sich zwar Wahrnehmungen von Nachrichtenfaktoren und Selektionsentscheidungen im Zeitverlauf verändern, aber die gefundenen Zusammenhänge stabil bleiben. Unklar bleibt dabei aber, in welcher Beziehung diese Veränderungen zur wahrgenommenen Ereignis- bzw. Nachrichtenlage stehen und inwiefern z. B. politische und/oder redaktionelle Diskurse dies mit bedingen.

Auf der *Kontrolldimension* wurden ein quasi-experimentelles und ein ex-post-facto-Design kombiniert. Diese künstliche Entscheidungssituation hat den Nachteil, dass sie extern wenig valide ist, was die Vielfalt journalistischer Entscheidungen und externer Einflussfaktoren wie z. B. die Nachrichtenlage angeht. Künstliche Situationen können zu Fehlurteilen führen (Friedrichs et al. 1993: 6). Um sie zu minimieren und die Erklärungskraft zu erhöhen, wurden alle postulierten Zusammenhänge situationsspezifisch untersucht. Dies gewährleistet interne Validität. Was die externe Validität betrifft, beschränkt sich das Vignettendesign zwar auf längerfristig etablierte innenpolitische Positions-Issues, aber insbesondere für sekundäre Selektionsentscheidungen sind die gefundenen Richtungen der Zusammenhänge und der Einflussfaktoren im Vergleich zueinander ein Ausgangspunkt für weitere Untersuchungen, die über die hier untersuchte regionale Tagespresse hinaus gehen. Es bleibt aber festzuhalten, dass die bisherige Journalismusforschung solche Untersuchungsanlagen eher selten angewendet hat (z. B. Kepplinger et al. 1989), so dass hier in gewisser Hinsicht Neuland betreten wurde.

Schließlich hängen Ergebnisse auch von der *gewählten Forschungsperspektive* ab. Die Befunde dieser Studie basieren auf der Befragung von Journalisten, so dass die subjektive Eigenperspektive der Journalisten dominiert. Diese Sicht ist zu rechtfertigen, da organisatorische Kontextmerkmale selbst keine Selektionsentscheidungen erklärt haben. Stattdessen bilden sie nur den Rahmen, in dem die institutionalisierten bzw. kognitiv internalisierten Vorstellungen von Journalisten Entscheidungen erklären. Dieser Befund mag damit zusammenhängen, dass die Kontextmerkmale per Befragung erstens nur indirekt erfasst wurden und dass sie bei konkret simulierten Selektionsentscheidungen auch weniger einflussreich sein dürften als bei kumulativ-aggregierten Entscheidungen. Nichtsdestotrotz kann kollektiv institutionalisiertes Wissen die Entscheidungen einzelner Journalisten eben nur beeinflussen, wenn es bekannt ist (und ggf. akzeptiert wird) und wenn es sich auf entsprechende Sachverhalte anwenden lässt. Daneben gibt es andere Einflüsse wie z. B. Ressourcen, die »hinter dem Rücken« der Journalisten Entscheidungen beeinflussen. Solche »quasi-objektiv« strukturellen Merkmale journalistischer Redaktionen und Ressorts berücksichtigte diese Studie nicht schwerpunktmäßig.

In diesem Zusammenhang ist abschließend ein generelles Problem der Journalismusforschung zu diskutieren: *Journalisten bzw. Redaktionen als empirisches Forschungsobjekt*. Die Untersuchungsanlage war darauf ausgerichtet, ein Einflussmodell auf journalistische Selektionsentscheidungen exemplarisch an Journalisten überregionaler und regionaler Tageszeitungen zu prüfen. Die geringe Teilnahmebereitschaft der angeschriebenen Redaktionen und der geringe Rücklauf der vorwiegend regional bzw. lokal tätigen Journalisten verdeutlicht, dass Journalisten zu einer stark beforschten gesellschaftlichen Gruppe gehören (z. B. Meyen & Riesmeyer 2009: 48f.). Die Gründe für die Teilnahmeverweigerung mögen vielfältig sein: Zeitmangel, mangelndes Interesse für den Forschungsgegenstand oder Vorbehalte gegenüber wissenschaftlicher Forschung. Dies bleibt aber nicht ohne Auswirkungen auf die Ergebnisse. Während bei gering standardisierten Untersuchungsanlagen die Gefahr besteht, dass die verweigerte Teilnahme von bestimmten Journalistengruppen Erkenntnisse theoretisch nicht sättigt, sind mit voll standardisierten Untersuchungslagen wie dieser andere Probleme verbunden. Mit einer solchen Untersuchungsanlage lassen sich Effektstärken und -richtungen bereits bekannter Einflüsse auf Selektionsentscheidungen für größere Stichproben untersuchen. Damit stößt man aber bei Journalisten schnell an Grenzen. Als erstes sind geringe Stichprobenumfänge zu nennen, womit sich Ergebnisse entweder gar nicht oder nicht differenziert genug statistisch auswerten lassen. Zweitens sind Auswertungen mit geringen Stichprobenumfängen anfälliger für verzerrte Schätzungen, so dass nur noch Einflussrichtungen von Zusammenhängen und Effektstärken im relativen Vergleich zueinander geschätzt werden können. Weiterhin ist durch die verweigerte Teilnahme bestimmter Typen von Journalisten nicht ausgeschlossen, dass Effektstärken über- oder unterschätzt werden. Dies betraf in dieser Studie vor allem die Gruppe von Journalisten, die in überregionalen Tageszeitungen in Politikressorts überregionaler Zeitungen tätig sind. Für diese Gruppe lassen sich kaum Erkenntnisse zum politischen Relevanzmodell der Nachrichtenauswahl im Vergleich zu jenen Journalisten ableiten, die in Regionalzeitungen arbeiten.

9.1 Schlussfolgerungen für die Theoriebildung

In dieser Arbeit wurden zwei integrative Perspektiven eingenommen, um journalistisches Selektionshandeln zu erklären. Erstens wurden Akteurs- bzw. Handlungstheorien mit Organisationstheorien verknüpft, um journalistisches Entscheidungshandeln auf Basis des Methodologischen Individualismus als Mehr-Ebenen-Phänomen zu erklären. Zweitens wurde nach einer geeigneten Handlungstheorie gesucht, um journalistische Selektionsentscheidungen realistisch zu erklären. Dafür wurde die Nachrichtenwerttheorie in die Handlungs- bzw. Entscheidungstheorie integriert und mit dem News-Bias-Ansatz verknüpft. Alle genannten Perspektiven werden nachfolgend separat diskutiert.

Organisations- bzw. Mehr-Ebenen-Perspektive

Ein Großteil der Studien, die bisher journalistische Selektion- bzw. Gewichtungsentscheidungen untersuchten, argumentierten entweder nur auf der Mikro-Ebene von Journalisten oder nur auf der Meso-Ebene von Redaktionen (vgl. Kap. 1.1). Dies ist u. a. den jeweiligen theoretischen Perspektiven zuzuschreiben, die verwendet werden. Ein Forschungszweig argumentiert lediglich auf der Mikro-Ebene, ohne die prägenden Einflüsse journalistischer Handlungskontexte zu berücksichtigen (z. B. Donsbach & Patterson 2003; Kepplinger et al. 1989; zusammenfassend Raabe 2005: 22ff.). Ein anderer Teil argumentiert systemtheoretisch und untersucht die kollektiven Entscheidungsprozesse in Redaktionen (z. B. Rühl 1979; Neverla & Walch 1994; zusammenfassend Raabe 2005: 50ff.), ohne den mehr oder minder starken Einfluss einzelner Journalisten anzuerkennen bzw. genügend zu würdigen. Beide Perspektiven greifen für sich genommen aber zu kurz, um journalistisches Selektionshandeln zu betrachten, das in soziale Kontexte eingebettet ist. Neuere Studien in der Journalismusforschung berücksichtigen zwar mehr oder weniger explizit Mehr-Ebenen-Links (z. B. Quandt 2005; Raabe 2005), indem sie journalistisches Handeln mit journalistischen Strukturen in einem rekursiven dynamischen Prozess verknüpfen. Aber sie fokussieren primär auf den strukturbildenden Mikro-Meso-Link, d. h. auf die rechte Hälfte der Colemanschen Badewanne (vgl. Kap. 1.1). Demzufolge vernachlässigen sie die strukturprägenden Aspekte journalistischen Handelns. Entsprechend beanspruchen sie auch nicht, journalistisches Selektionshandeln und -entscheiden zu erklären. Stattdessen beschreiben sie Typen journalistischen Handelns, z. B. im Hörfunk- oder im Online-Journalismus und ihre strukturellen Verfestigungen (z. B. Quandt 2005).

An den genannten Forschungslücken bzw. Defiziten setzte die vorliegende Arbeit an. Die Mehr-Ebenen-Perspektive wurde in dieser Arbeit auf die linke Hälfte der Colemanschen Badewanne bezogen, also auf die Logik der Situation und der Selektion. Konkret wurde danach gefragt, durch welche journalistischen Wissensstrukturen und durch welche Organisationsstrukturen individuelles journalistisches Selektionshandeln erklärt werden kann. Damit fokussierte diese Arbeit auf die »Vorfrage« (Schimank 2005b: 24) des handelnden Zusammenwirkens von Journalisten.

Der Link zwischen Meso- und Mikro-Ebene wurde über Brückenhypothesen zwischen redaktionellen bzw. ressortspezifischen Institutionen und dem selektionsrelevanten Wissen bzw. Handeln einzelner Journalisten hergestellt. Die »Brücke« zwischen beiden Ebenen wurde in dieser Arbeit als Koorientierungsproblem einzelner Journalisten aufgefasst, das eher alltagsrational auf Aufmerksamkeitsfokussierung und Unsicherheitsreduktion als auf Nutzenmaximierung abhob. Dafür wurde unterstellt, dass Journalisten in ihren jeweiligen Handlungskontexten miteinander interagieren und kommunizieren, um so selektionsrelevantes Wissen zu erwerben. Existiert dieses Wissen in bestimmten Handlungskontexten kollektiv, kann sich der einzelne Journalist daran koorientieren. Auf diese Weise wird journalistisches Wissen und Handeln koordiniert und stabilisiert. *Koorientierung* bezeichnete die gedankliche Verschränkung von Perspektiven. Sie wurde in verschiedenen Facetten theoretisch identifiziert und empirisch belegt:

- Journalisten koorientierten sich erstens auf gemeinsame gedankliche Bezugspunkte hin, d. h. auf organisationsübergreifend oder organisationsspezifisch gültige *institutionalisierte Selektionsprogramme*. Von diesen Selektionsprogrammen haben die Journalisten mehr oder weniger ähnliche Vorstellungen, die hier journalistische Selektionskriterien betrafen und sich in ihren Selektionsentscheidungen widerspiegelten. Sowohl für organisationsübergreifende als auch für organisationsspezifische Selektionsprogramme gab es empirische Belege.
- Journalisten koorientierten sich zweitens wechselseitig an *redaktionellen Bezugsgruppen*, die horizontal und vertikal aufgefächert wurden. Horizontale Koorientierung betraf Akteure, die auf der gleichen Hierarchieebene kommunizieren wie z. B. Kollegen. Dafür zeigte sich kein empirischer Beleg. Dagegen bestätigte sich empirisch die vertikale Koorientierung von Journalisten an Vorgesetzten. Sie basiert auf (antizipierter) Weisung und dem damit verbundenen prägenden Einfluss formaler Hierarchien in Organisationen.
- Journalisten koorientierten sich drittens *außerredaktionell*, einerseits an berichteten Inhalten anderer Medien und andererseits an ihrem Publikum. Für den Einfluss auf Selektionsentscheidungen bestätigte sich im empirischen Vergleich primär die außerredaktionelle Koorientierung an anderen Medien, weniger die am Publikum.

Insgesamt zeigte sich Koorientierung von Journalisten für verschiedene Strukturebenen als wechselseitige Verschränkung zwischen Journalisten und ihren Bezugsgruppen oder als gedanklich parallelisierte Selektionskriterien auf journalistische Sachverhalte hin in bestimmten Handlungskontexten. Ob die Koorientierung auf Einwilligung in die Vorgaben von Bezugsgruppen, auf Identifikation und oder auf vollständiger Internalisierung von Werten, Zielen etc. basiert (Kelman 1958), konnte dabei nicht geklärt werden.

Die Zwei-Ebenen-Konzeption dieser Arbeit weist einige theoretische Beschränkungen auf:

- Die Brückenhypothese wurde *subjektiv* über die Koorientierung von Journalisten an Institutionen konzipiert. Variablen, die die *»objektiv«* beobachtbare horizontale und vertikale Interaktion und Kommunikation zwischen Journalisten innerhalb ihrer Ressorts bzw. Redaktionen bzw. zwischen Redaktionen näher spezifizieren, wurden nicht berücksichtigt.

- Die Logik der Situation hat das Potenzial, den »objektiven« Handlungskontext von Journalisten stärker zu betonen, z. B. durch die Monopolstellung von Regionalzeitungen in einer Region, die weniger stark ausgeprägte redaktionellen Linien haben als Regionalzeitungen, die sich im Wettbewerb vor Ort positionieren müssen (z. B. Maurer & Reinemann 2006: 130). Darüber hinaus ließen sich »objektiv« vorhandene technische und materielle Ressourcen bzw. Restriktionen sowie ökonomische Ziele von Ressorts, Redaktionen bzw. Medienunternehmen stärker berücksichtigen als hier geschehen. Dem steht aber entgegen, dass nicht der soziale Kontext an sich auf das Handeln und Entscheiden von Journalisten wirkt, sondern erst die Wahrnehmungen von Journalisten im Lichte des Kontextes Handeln und Entscheiden beeinflussen (ähnlich auch Scheufele 2011). Andererseits wirken Organisationsstrukturen auch hinter dem Rücken der Journalisten, wie die Variable der Ressortrelevanz zeigte.
- Die Logik der Situation ermöglicht zudem, Gruppen- und Kontexteinflüsse separat zu berücksichtigen. Insbesondere bei Gruppen stünden die kommunikativen Beziehungen von Journalisten mit Kollegen und Vorgesetzten im Mittelpunkt. Denn nur Wissen, das z. B. in Redaktionen, Ressorts oder Newsdesks vermittelt wird oder das bei anderen Akteuren beobachtet werden kann, können Journalisten für ihre eigene Arbeit erlernen, interpretieren, rekonstruieren und anwenden.
- In vertikaler Hinsicht ließen sich die Kontextebenen weiterausdifferenzieren in journalistische Teams statt in Ressorts, in Mediengattungen, in nationale Journalismussysteme oder Journalismuskulturen. Dies tangiert teils die Meso-Ebene und teils die Makro-Ebene. Diese Ebenen wurden in dieser Arbeit nur top-down über Brückenhypothesen miteinander verbunden, aber sie sollten zukünftig auch bottom-up z. B. über Aggregations- oder Transformationsregeln miteinander verbunden werden. Solch höhere Analyseebenen können sich sowohl auf Berichterstattungsmuster als auch auf Organisationsstrukturen und auf Wissensstrukturen von Journalisten beziehen, ohne dass einzelne Phänomene einfach zu komplexen Strukturen aggregiert werden können.[112] Zudem sind Interaktionseffekte zwischen den Ebenen denkbar, wenn z. B. der Selektionsdruck und die damit verbundene Orientierung an Nachrichtenfaktoren in Politikressorts

[112] Mitunter wird von simulierten Selektionsentscheidungen einzelner Journalisten unzulässig auf Berichterstattungsmuster von Ländern auf der Makro-Ebene geschlossen (z. B. Donsbach & Patterson 2003).

stärker sind als in Lokalressorts oder im Offline- stärker als im Online-Printbereich.

- Die Koorientierungs»brücke« von Journalisten zwischen Meso- und Mikro-Ebene wurde hier nur statisch betrachtet, so dass ein Kausalitätsnachweis streng genommen nicht möglich ist. Koorientierungsprozesse von Journalisten sind stets (sowohl kurz- als auch langfristig) dynamisch zu denken, insbesondere dann, wenn sie die Selektion von Sachverhalten betreffen. Denn sie dürften sich schneller ändern als journalistische Wissens- oder Organisationsstrukturen.

Handlungs- bzw. Entscheidungsperspektive

Aus der Handlungsperspektive ist an der bisherigen Journalismusforschung zu monieren, dass sie bisher kaum explizite Handlungsvorstellungen entwickelt hat. Dies liegt nicht zuletzt an der systemtheoretischen Dominanz im Luhmannschen (1997) Sinne, die das Handeln von Journalisten ausklammert. Die meisten Studien, die sich in der wirkungsorientierten Journalismusforschung bzw. dem Personen-Paradigma verorten lassen (vgl. Kap. 1.1), argumentieren höchstens implizit akteurs- bzw. handlungstheoretisch (z. B. Donsbach & Patterson 2003; Kepplinger et al. 1989; zusammenfassend Raabe 2005: 126ff.). Wenige Autoren haben bisher explizite Vorstellungen für journalistisches Handeln entwickelt. Sie werden teilweise nutzenrational (z. B. Fengler & Ruß-Mohl 2005, 2007; Neuberger 1996, 2000) begründet und teilweise interpretativ (z. B. Altmeppen 1999; Quandt 2005), ohne dann allerdings Entscheiden explizit mit einzubeziehen. Dabei scheinen die implizit handlungstheoretisch argumentierenden Forscher eher individuell-soziales Handeln im Sinn zu haben, während die Forscher, die explizit damit argumentieren, kollektiv-soziales Handeln beschreiben bzw. erklären (z. B. Altmeppen 1999; Fengler & Ruß-Mohl 2005). Daraus wurden folgende Forschungsdesiderata abgeleitet: Eine Vielzahl der Studien, vor allem der wirkungsorientierten Journalismusforschung, beansprucht zwar individuelles journalistisches Selektions- bzw. Publikationshandeln zu erklären, hat aber bisher keine explizite Handlungsvorstellung entwickelt. Es bleibt unklar, ob Journalisten primär normenorientiert, nutzenrational oder alltagsrational handeln oder ob alle Handlungsantriebe in unterschiedlichen Situationen unterschiedlich stark auftreten. Darüber hinaus wurde bisher nicht geklärt, in welcher Beziehung journalistisches Selektions- bzw. Publikationshandeln und -entscheiden zueinander stehen.

In dieser Arbeit wurde gezeigt, dass alltagsrationales gegenüber nutzenrationalem Handeln realistischer und deshalb geeigneter ist, um die journalistische Nachrichtenauswahl theoretisch fundiert zu erklären. Alltagsrationale Handlungsvorstellungen kennt die Rezeptions- und Wirkungsforschung bereits seit längeren (z. B. Brosius 1995; Jäckel 1996; Scherer 1997), sie spielten aber in der Journalismusforschung bisher kaum eine Rolle. Alltagsrationales Handeln ist dadurch gekennzeichnet, dass Journalisten Informationen z. B. von Informationsquellen oder aus Nachrichtenagenturen heuristisch und schematisch verarbeiten, indem sie Verbindungen zu Informationen aus ihrem Gedächtnis ziehen, indem sie bestimmten Informationen selektiv Aufmerksamkeit zuwenden, indem sie aus unterschiedlichen Quellen Informationen verknüpfen und neu interpretieren. Wie sie die Informationen wahrnehmen und interpretieren, hängt u. a. von ihrem beruflichen, redaktionellen und außerberuflichen Wissen ab, das sie erworben haben. Auf dieses Wissen greifen Journalisten situativ und selektiv zurück, um Selektionsentscheidungen zu treffen. Diese Entscheidungen sind demzufolge nicht durch aufwendiges bewusstes Abwägen vielfältiger Kriterien gekennzeichnet (z. B. Fengler & Ruß-Mohl 2005), die für oder gegen die Selektion eines Sachverhalts sprechen. Stattdessen wählen Journalisten Sachverhalte auf Basis sehr weniger Kriterien aus, die zu einem Zeitpunkt mehr oder weniger bewusst in ihren Aufmerksamkeitsfokus rücken. Eine solche Konzeption journalistischen Handelns wurde deshalb gewählt, weil die kognitive Informationsverarbeitung von Journalisten wie bei anderen Akteuren auch begrenzt ist und individuelles journalistisches Selektionshandeln bzw. -entscheiden häufig routiniert erfolgt (Shoemaker et al. 2001: 240; Wyss 2004: 306). Diese Handlungskonzeption umfasst journalistische *Entscheidungen*, aufgrund situativ zugänglicher Selektionskriterien mehr oder weniger bewusst zwischen Sachverhalten abzuwägen. Der abwägende Charakter zwischen Sachverhalten basiert aber auf einem Aufmerksamkeits- bzw. Assoziationsproblem, nicht auf einem Nutzenmaximierungsproblem. Empirisch zeigten sich Belege dafür, dass die Auswahl von Sachverhalten auf kognitiv sehr eingeschränkten Abwägungsprozessen beruht.

Auch aus dieser Perspektive ergeben sich weitergehende Fragen für zukünftige Untersuchungen:

- Erstens wurde individuelles Selektionshandeln in »Niedrigkosten-Situationen« (Quandt & Ohr 2004) untersucht. Demzufolge wurde alltagsrationales Handeln unterstellt, ohne zu spezifizieren, unter welchen Bedingungen Selektionsentscheidungen nach Schütz' Handlungstypen alltagsrational oder darüber hinaus nutzenrational sein können. Denn es ist durchaus denkbar, dass bestimmte Journalisten(-gruppen) in bestimmten Situationen oder bei bestimmten Sachverhalten nicht mit niedrigem zeitlichen und kognitiven Aufwand Sachverhalte für einen Beitrag auswählen, sondern mögliche negative Folgen (z. B. bei einem politischen Skandal die Folgen für einzelne Politiker, für die Bundesregierung oder für das politische System) bewusst nutzenrational gegeneinander abwägen, bevor sie sich für oder gegen die Veröffentlichung eines Sachverhalts entscheiden (ähnlich Neuberger 1996: 283). In dieser Arbeit wurden lediglich der alltags- und der nutzenrationale Handlungstyp als empirische Alternativen beschrieben und geprüft. Es zeigte sich, dass einzelne Selektionskriterien journalistische Selektionsentscheidungen genauso gut erklärten wie die alternativ zugrunde gelegte nutzenrationale SEU-Regel (vgl. Engelmann 2010), so dass die alltagsrationale Konzeption zumindest für die hier untersuchten Entscheidungssituationen plausibler erschien.

- Weiterhin betonte diese Arbeit das *Selektionshandeln* einzelner Journalisten. Das hier vorgeschlagene Modell eignet sich primär für die Erklärung sekundärer Selektionsentscheidungen wie z. B. die Auswahl von Informationsquellen oder Statements. Zukünftige Studien sollten auch kollektive Entscheidungsprozesse von Journalisten berücksichtigen, wie sie bei primären Selektionsentscheidungen über Ereignisse, Themen etc. überwiegen dürften. Sie würden von vornherein auf einer höheren theoretischen Ebene argumentieren, die gruppendynamische Prozesse zu berücksichtigen hat. Altmeppen (1999) hat dafür bereits journalistisches Handeln als koordinierendes Handeln vorgeschlagen. Er betont aber die Abstimmung journalistischer Selektionsentscheidungen in Situationen, die nicht vorab definiert sind. Diese Sicht lässt sich dem interpretativen Handlungsparadigma zuordnen. Gegensätzliche Interessen bei redaktionellen Abstimmungsprozessen und daraus resultierende Konflikte sind in Altmeppens Konzeption nicht angedacht, sie könnten aber die Analyse primärer Selektionsentscheidungen in nutzenrationaler Sicht sinnvoll ergänzen.
- Zudem wurde die *Suche* von Journalisten nach selektionswürdigen Alternativen weder als individuelles noch als kollektives Phänomen berücksichtigt. Auch Entscheidungsprozesse, die sich mit der Generierung von selektionswürdigen Sachverhalten bei Journalisten bzw.

journalistischen Organisationen befassen, sind aus dieser Perspektive weiter zu untersuchen.[113]

Nachrichtenauswahlperspektive

Den kommunikationswissenschaftlichen Nachrichtenauswahltheorien, insbesondere dem News-Bias-Ansatz, wurde eine mangelnde handlungstheoretische Fundierung attestiert (Raabe 2005: 126). Die Nachrichtenwerttheorie wurde dagegen zumindest in der Rezeptionsforschung sowohl handlungstheoretisch an Schütz als auch kognitionspsychologisch an die Schematheorie angebunden (z. B. Eilders 1997). In der Journalismusforschung wurde diese theoretische Sicht bisher nur angedacht (z. B. Wyss 2004: 310). Auch nutzenrationale Interpretationen der Nachrichtenwerttheorie wurden teilweise benannt (z. B. Bergsma 1978; Fengler & Ruß-Mohl 2005), aber nicht theoretisch ausgearbeitet. Darüber hinaus gab es Vorschläge, den News-Bias-Ansatz mit der Nachrichtenwerttheorie zu verknüpfen (z. B. Kepplinger 1989a, 1998; Staab 1990). Aber die Verbindung zwischen politischen Einstellungen und Nachrichtenfaktoren wurde bisher nicht theoretisch fundiert (z. B. Kritik: Fretwurst 2008: 46).

Bei diesen Forschungsdefiziten setzte die Arbeit an. Erstens wurden Nachrichtenfaktoren als Wahrnehmungs- und Zuschreibungsmerkmale von Journalisten verstanden, wobei unterstellt werden musste, dass Nachrichtenfaktoren auch Ereignismerkmale sind. Als Wahrnehmungs- und Zuschreibungsmerkmale wurden die Nachrichtenfaktoren als Handlungsvorstellungen in die inhaltlich »leere« sozialpsychologische Theorie des geplanten Handelns (TPB) integriert. Damit wurden wahrgenommene und zugeschriebene Nachrichtenfaktoren und der daraus resultierende Gesamtnachrichtenwert als unabhängige Variablen verstanden, während Selektionsentscheidungen die abhängigen Variablen bildeten. Empirisch bestätigte sich nur der Einfluss von Nachrichtenfaktoren als Wahrnehmungsmerkmalen, nicht deren Einfluss als Zuschreibungsmerkmale. Es erwiesen sich nur wenige Nachrichtenfaktoren als relevant für Selektionsentscheidungen. Dies spricht für eine alltagsrationale Nachrichtenauswahl. Darüber hinaus wurde empirisch bestätigt, dass Nachrichtenfaktoren zumindest teilweise durch den jeweiligen Handlungskontext geprägt sind, in dem Journalisten arbeiten. Zudem wurden Nachrichtenfaktoren und politische Einstellungen theo-

[113] Möglicherweise sollte dann eher von Nachrichtensuche als von Nachrichtenauswahl gesprochen werden.

retisch verknüpft. Danach fungieren politische Einstellungen von Journalisten als Wahrnehmungsfilter, d. h. politische Einstellungen aktivieren simultan konsistente Vorstellungen von Nachrichtenfaktoren zu einem Sachverhalt und »färben« sie entsprechend politisch ein. Dafür zeigten sich vereinzelt empirische Belege.

Folgende Einschränkungen bzw. Forschungsfragen, die aus dieser Sicht resultieren, sollten weitergehend betrachtet werden:

- In dieser Arbeit wurden wahrgenommene Nachrichtenfaktoren als graduelles Merkmal verstanden. Denkbar ist aber auch, dass Nachrichtenfaktoren als dichotome Merkmale Selektionsentscheidungen beeinflussen. So wären Anzahl und Stärke wahrgenommener Nachrichtenfaktoren methodisch zu unterscheiden und ihr jeweiliger Einfluss auf Selektionsentscheidungen im Vergleich zueinander zu untersuchen. Dabei ist auch nicht zwingend von linearen Einflussbeziehungen auszugehen.
- Hier wurde der Einfluss von Nachrichtenfaktoren auf Selektionsentscheidungen untersucht, aber nicht auf Gewichtungsentscheidungen (z. B. Umfangs-, Aufmachungs- oder Platzierungsentscheidungen). Denkbar ist, dass Nachrichtenfaktoren bei Selektions- und Gewichtungsentscheidungen entweder die gleiche oder jeweils unterschiedliche Bedeutung zukommt. Empirische Evidenz gab es in dieser Arbeit für beide Arten von Beziehungen. Zu klären wäre dann, unter welchen Bedingungen Nachrichtenfaktoren für Selektions- und Gewichtungsentscheidungen ähnlich bzw. unterschiedlich bedeutsam sind.
- Zudem berücksichtigte diese Arbeit die Ereignis- bzw. Nachrichtenseite nicht angemessen. Denn nur, wenn Nachrichtenfaktoren tatsächlich Ereignismerkmale sind, können sie potenzielle Wahrnehmungs-, Zuschreibungs- und Handlungsmerkmale für die Nachrichtenauswahl sein. Hierbei sind durchaus auch ereignis- bzw. themenspezifische Unterschiede denkbar, da Journalisten Nachrichtenfaktoren nicht nur explizit wahrnehmen dürften wie hier betrachtet, sondern auch implizit.
- Weiterhin ist denkbar, dass Journalisten zusätzliche Nachrichtenfaktoren an Sachverhalten wahrnehmen bzw. zuschreiben als die tatsächlich vorhanden, um Selektionsentscheidungen zu legitimieren. Um diesen Aspekt, der sich psychologisch mit Inferenzbildungsprozessen erklären lässt, sollte das theoretische Modell zukünftig erweitert werden.

- *Mehr-Ebenen-Link:* Die Wahrnehmung von Nachrichtenfaktoren verweist auf Journalisten, die in unterschiedliche Handlungskontexte wie Redaktionen oder Ressorts eingebettet handeln. Dafür zeigten sich erste empirische Belege in dieser Arbeit. Darüber hinaus wurde aber auch empirisch bestätigt, dass sich Journalisten an der Berichterstattung anderer Medien orientierten. Dahingehend ist die Mehr-Ebenen-Logik in zukünftigen Studien explizit theoretisch zu erweitern. Auch außerredaktionelle situative Einflüsse prägen die subjektive Logik der Situation einzelner Journalisten, die sich entsprechend auf Selektionsentscheidungen auswirken kann. Nehmen diese Einflüsse genügend Journalisten wahr, wirken individuelle Selektionsentscheidungen von Journalisten wiederum auf die Meso-Ebene der Berichterstattung in einzelnen Medien oder gar auf eine medienübergreifende Berichterstattung zurück. Nur in diesem Fall kann konsonante und kumulative Berichterstattung entstehen (Noelle-Neumann 1973), wie sie für die öffentliche Meinungsbildung notwendig ist.
- *Dynamische Prozesse:* Die Wahrnehmung von Nachrichtenfaktoren kann sich im Zeitverlauf verändern. Ähnliches zeigten Scheufele & Brosius (1999) für die Berichterstattung über einen Sechs-Jahres-Zeitraum in zwei Qualitätszeitungen. Dennoch ist die Analyse von Berichterstattung nur teilweise geeignet, um die Wahrnehmungen von Journalisten zu untersuchen, weil sie auch Einflüssen unterliegt, die jenseits einzelner Journalisten mehr oder weniger intendiert stattfinden. Zudem argumentierte deren Studie *implizit* mit Nachrichtenfaktoren als Selektionskriterien.
- *News Bias:* Bezüglich des politischen Relevanzmodells der Nachrichtenauswahl wurden in dieser Arbeit politische Meinungen und wahrgenommene Nachrichtenfaktoren als *simultan* wirkende unabhängige Variablen auf Selektionsentscheidungen verstanden (vgl. Kap. 5.2.2). Dies entspricht – statistisch gesprochen – Interaktionseffekten. Alternativ sollten politische Einstellungen und wahrgenommene Nachrichtenfaktoren theoretisch auch *sequenziell* verknüpft und empirisch untersucht werden, wie von einigen Autoren angedacht (vgl. Kap. 3.3.3). Statistisch betrachtet würden dann Nachrichtenfaktoren als *Mediatoren* zwischen politischen Einstellungen von Journalisten und ihren Selektionsentscheidungen fungieren, die sich mit der Konzept politischer Einstellungen als *Moderator* von Nachrichtenfaktoren vergleichen ließe. Der News-Bias-Ansatz hätte zudem das Potenzial, mit nutzenrationalen Überlegungen verknüpft zu werden.

- Weiterführend sollte untersucht werden, inwiefern sich die Effektstärken unterscheiden, wenn politische *Einstellungen* statt politischer *Meinungen* im Modell berücksichtigt werden.

Weitere theoretische Perspektiven

Neben den hier eingenommenen theoretischen Perspektiven zur Erklärung journalistischer Selektionsentscheidungen ließen sich weitere Perspektiven berücksichtigen. So könnte das Modell, deren Kern die TPB bildet, weitere Aspekte integrieren:

- Neben Nachrichtenfaktoren und politischen Einstellungen von Journalisten sind weitere Selektionskriterien denkbar, die journalistische Selektionsentscheidungen erklären. Hier sind z. B. Qualitätskriterien (Neuberger 1996), das Publikumsbild von Journalisten und/oder das umstrittene Selbstverständnis von der eigenen (Berufs-)Rolle als Journalist (vgl. Kap. 4.1.2) zu nennen, wenngleich diese Einflüsse auf die Berichterstattung bislang nur einseitig die Medien- bzw. Journalismusseite betonen, nicht aber die Publikumsseite. Der Verweis auf Qualitätskriterien tangiert journalistische Normen nicht nur über Bezugsgruppen, sondern auch über deren inhaltliches Selektionshandeln. Handlungstheoretisch erwähnt wurde dies in Kap. 3.3.2, aber nicht journalismustheoretisch ausdifferenziert.
- Der ressourcentheoretische Aspekt blieb sowohl in soziologischer als auch in journalismustheoretischer Sicht unterbelichtet. In soziologischer Hinsicht müsste das Verständnis von Ressourcen und Restriktionen in seinen Facetten definiert werden. In journalismustheoretischer Hinsicht sind Ressourcen sowohl für unterschiedliche Handlungsebenen wie Journalisten, Ressorts, Redaktionen etc. zu bestimmen als auch für unterschiedliche Objektklassen bzw. Berichterstattungsebenen wie z. B. Ereignisse oder Informationsquellen.

9.2 Schlussfolgerungen für die Methodenentwicklung

Analog zur theoretischen Sicht wird hier diskutiert, welchen methodischen Stellenwert diese Arbeit im Vergleich zu bisherigen Studien hat und welchen Beschränkungen sie unterlag. Die methodische Diskussion orientiert sich erneut an den zugrunde gelegten theoretischen Perspektiven. Wo es sinnvoll erscheint, werden bisherige, hier verwendete und zukünftig zu verwendende Erhebungs- und Auswertungsverfahren separat diskutiert.

Organisations- bzw. Mehr-Ebenen-Perspektive

Interpretiert man bisherige Studien aus der Mehr-Ebenen-Perspektive, so wurden teilweise »quasi-objektive« Indikatoren verwendet, um journalistische Organisationsstrukturen zu beschreiben. So unterschied Altmeppen (1999) zwischen kleinen und großen Hörfunksendern anhand objektiv messbarer Kriterien, Quandt (2005: 262) unterschied zwischen Online-Redaktionen, während Weischenberg & Scholl (1998: 115) zwischen Mediengattungen unterscheiden. Andere organisatorische Kontextvariablen wurden als »subjektiv wahrgenommene« Faktoren erhoben (z. B. Neverla & Walch 1994; Weischenberg et al. 1989; Scholl & Weischenberg 1998). Diese Kontextmerkmale dienten zum Teil als Trennungsvariable, um Handlungsanteile zwischen den Kontexten vergleichend zu beschreiben (z. B. Altmeppen 1999: 116; Quandt 2005: 262ff.). Dabei wird unterstellt, dass für alle Journalisten eines Kontexts ähnlich hohe Handlungsanteile für das Selektieren, Recherchieren etc. gelten. Scholl & Weischenberg (1998: 115) korrelierten dagegen Merkmale organisatorischer Strukturen (z. B. die Ressortzugehörigkeit) mit subjektiven Vorstellungen von Journalisten (z. B. innerredaktionelle Reaktionen auf die eigene Arbeit). Auch ein solches Vorgehen unterstellt, dass z. B. alle Journalisten aus Politikressorts weniger innerredaktionelle Reaktionen bekommen als Journalisten aus Lokalressorts.

In dieser Arbeit wurden organisatorische Strukturvariablen als subjektiv wahrgenommene Merkmale erhoben. Dies wurde damit begründet, dass Journalisten zuerst ihren Handlungskontext wahrnehmen müssen, um darin angemessen handeln zu können. In der Auswertung wurde der Einfluss organisatorischer Strukturen einerseits auf die subjektiven Vor- und Einstellungen von Journalisten geprüft (vgl. Kap. 8.2) und andererseits auf journalistische Selektionsentscheidungen (vgl. Kap. 8.3). Auch dieses Vorgehen unterlag Beschränkungen:

- Grundsätzlich hätte eine Mehrebenenanalyse das Zusammenspiel organisatorischer und individueller Faktoren auf Selektionsentscheidungen angemessener modellieren können (z. B. Hanitzsch 2011 für die Journalismusforschung). Dies war aufgrund der geringen Fallzahlen für beide Ebenen nicht zu leisten (vgl. Kap. 7.3.1). Zukünftige Studien müssen deshalb die hier gefundenen Einflüsse an größeren Stichprobenumfängen weitergehend prüfen.
- Organisationsstrukturen erklärten in dieser Studie kein journalistisches Selektionshandeln, sondern journalistische Vorstellungen. Um dieses Ergebnis empirisch abzusichern, sollten zukünftig Methoden und Designs angewandt werden, die robuster gegenüber situativen

Gegebenheiten und Themenspezifika sind als Simulationsstudien und die möglicherweise auch kumulative und konsonante Berichterstattungsmerkmale angemessener berücksichtigen können. Hierfür sind zusätzlich Beobachtungen einzusetzen.

- Durch die separate Analyse von Kontext- und Individualeinflüssen per Regression und den Verzicht auf Interaktionseffekte zwischen den Ebenen (vgl. Kap. 7.3.2) bestand auch in dieser Arbeit das Problem, dass für alle Ressort- und Redaktionskontexte ein gleich starker Einfluss auf Journalisten unterstellt wurde.
- Zudem wurden hier Ressort- und Redaktionsebene als Meso-Ebene theoretisch fixiert, obwohl sie empirisch zwei Ebenen darstellen, die das Selektionshandeln einzelner Journalisten unterschiedlich stark prägen können.
- Durch die theoretische Perspektive von der Meso- zur Mikro-Ebene war auch für die Auswertung die Kausalrichtung vorgegeben, obwohl hier streng genommen nur Zusammenhänge geprüft wurden. Denn mit Giddens (1997), Esser (1999) oder Schimank (2005b) ließe sich argumentieren, dass durch das Selektionshandeln von Journalisten die organisatorischen Strukturen wie z. B. Ressortdifferenzierungen erst geschaffen bzw. mehr oder weniger ähnlich reproduziert werden. Methodisch-statistische Vorgehensweisen, die den Link von der Mikro-Ebene zu höheren Ebenen mittels Aggregations- oder Transformationsregeln modellieren, sind bisher nicht nur in der Medienwirkungsforschung rar (z. B. Scheufele 2008, 2011), sondern auch in der Journalismusforschung.

Handlungs- bzw. Entscheidungsperspektive

Bisher gab es kaum Studien, die journalistisches Selektionshandeln explizit als individuelles Handeln von Journalisten begriffen haben. Demzufolge wurde auch journalistisches Entscheiden kaum methodisch modelliert. Der *Handlungscharakter* wurde in dieser Arbeit methodisch umgesetzt, in dem die Stärke wahrgenommener Selektionskriterien mit der Auswahl bzw. Auswahlhäufigkeit korreliert wurde (ähnlich Donsbach & Patterson 2003; Kepplinger et al. 1989). Der journalistische *Entscheidungscharakter* wurde simuliert, indem teilweise Differenzwerte aus den wahrgenommenen Nachrichtenfaktoren verschiedener Issues gebildet wurden *(unabhängige Variable)*, um anschließend deren Einfluss auf die Issue-Auswahl zu prüfen. Teilweise wurden auch Differenzwerte aus gewählten Quellen- und Statement-Häufigkeiten mit

bestimmten Merkmalen gebildet *(abhängige Variable)*. Welche der Varianten letztlich die validere ist, muss zukünftig geklärt werden.
Zudem ergeben sich weitere Fragen:

- Die Frage der Differenzwertmodellierung für unabhängige und/oder abhängige Variablen sollte eingehender untersucht werden. Finden überhaupt Abwägungsprozesse statt oder werden sie durch vorgegebene Selektionskriterien nur geprimet? Demzufolge sollten andere Erhebungsverfahren vergleichend herangezogen werden, wie sie z. B. Vertreter der Ökologischen Rationalität anwenden (vgl. Kap. 3.3.3). Sie geben keine Attribute (hier z. B. Nachrichtenfaktoren) vor, um ihren Einfluss auf Entscheidungs- und Urteilsprozesse zu untersuchen. Stattdessen lassen sie die Attribute frei benennen und schließen von der Rangfolge der genannten Attribute auf deren Bedeutung für den Entscheidungsprozess. Dieses Problem betrifft generell die Explizierbarkeit von Wissen, das auch Journalisten bei ihren Entscheidungen anwenden.
- Die hier verwendeten Indikatoren für Selektionsentscheidungen bezogen sich einerseits auf eine einmalige Entscheidung (Issue-Auswahl), andererseits auf Häufigkeiten von Sachverhalten mit bestimmten Merkmalen (Statements und Quellen). Diese zweite Variante simuliert in geringem Maß kumulative Berichterstattung und dürfte extern valider sein als die erste Variante. Für die systematische Variation der Selektionsoptionen als abhängigen Variablen erlaubt das hier vorgeschlagene Design noch viel Spielraum. Auch Platzierungs-, Umfangs- und Präsentationsentscheidungen ließen sich einbeziehen.
- Darüber hinaus sollte die Anzahl vorgegebener Selektionsoptionen systematischer berücksichtigt werden als hier geschehen. Dann lassen sich möglicherweise auch die unterschiedlichen Einflussstärken von Selektionskriterien auf Quellen und Statements erklären (vgl. Kap. 8.3).

Nachrichtenauswahlperspektive

Untersuchungsdesigns für die Prüfung der Nachrichtenwerttheorie basierten häufig auf Inhaltsanalysen (vgl. Kap. 4.2.2), die lediglich Gewichtungsentscheidungen bzw. die Strukturen der Medienrealität untersuchten, aber keine Selektionsentscheidungen. Die wenigen (quasi-)experimentellen Designs, die die Auswahl von Sachverhalten mittels Vignetten simulierten, schlossen von der Vignettenauswahl der Journalisten auf den Einfluss von Nachrichtenfaktoren (z. B. Emmerich 1984; Peterson 1979), ohne die Wahrnehmung von Nachrichtenfaktoren in den simulierten Vignetten zu berücksichtigen. Die inhaltsanalytische Prüfung des Finalmodells der Nachrichtenwerttheorie kann dagegen nur auf Plausibilität argumentieren.

In dieser Arbeit wurde nicht nur theoretisch, sondern auch methodisch zwischen Nachrichtenfaktoren als Wahrnehmungs- und Zuschreibungsmerkmalen und deren Einfluss auf Selektionsentscheidungen unterschieden. Die Verknüpfung zeigte, in welchem Maße Nachrichtenfaktoren und Selektionsentscheidungen zusammenhängen. Darüber hinaus wurden politische Einstellungen von Journalisten erhoben. Mittels hierarchischer Regressionsanalysen mit Interaktionstermen wurden wechselseitige Einflüsse von Selektionskriterien auf Selektionsentscheidungen angemessen geprüft (auch Engelmann 2010, 2011) und die Einflussstärken einzelner Nachrichtenauswahltheorien vergleichend untersucht.

Sofern nicht schon aus der Handlungs- und Entscheidungsperspektive diskutiert, werden hier weiterführende Aspekte genannt, die diese Arbeit nur ungenügend berücksichtigte:

- Die Effektstärken der hier durchgeführten Simulationsstudie können aufgrund der Situationsspezifik und der künstlichen Situation nicht abschließend beurteilt werden (vgl. Kap. 7.1.1). Dafür dürften Input-Output-Analysen besser geeignet sein, da sie entweder situations- und themenübergreifend betrachtet werden können, andererseits aber auch Themeneinflüsse kontrolliert oder separat geprüft werden können.
- In dieser Arbeit wurden nur Interaktionsterme aus zwei Variablen, je einem Nachrichtenfaktor und der politischen Einstellung, in die Regressionen aufgenommen. Denkbar sind aber auch Interaktionsterme aus mehr als zwei Variablen, z. B. zwischen mehreren Nachrichtenfaktoren und politischen Einstellungen.
- Regressionsanalysen legen eine Kausalrichtung zugrunde, die hier nur aufgrund der theoretischen Perspektive unterstellt wird. Da Journalisten ihre Entscheidungen auch ex post rationalisieren können, ist nicht ausgeschlossen, dass sich Vorstellungen über Selektionskriterien erst nach den Selektionsentscheidungen herausbilden. Solche Fragen können nur Längsschnittanalysen klären.

Anhang

Fragebogen

Friedrich-Schiller-Universität Jena

seit 1558

Herzlich Willkommen zu unserer Befragung

»Journalistische Arbeitsroutinen«,

die wir in den größten und wichtigsten deutschen Tageszeitungen durchführen. Alle Ihre Antworten sind *freiwillig*, werden *absolut vertraulich* behandelt und *anonym* ausgewertet. Das Ausfüllen des Fragebogens wird etwa 10 Minuten dauern.

Bitte denken Sie daran, dass uns Ihre persönliche Meinung interessiert. Es gibt keine richtigen oder falschen Antworten.

Bitte klicken Sie nicht zurück!

Vielen Dank für Ihre Mitarbeit!

1. Wie oft haben Sie persönlich in den vergangenen 12 Monaten über folgende Themen berichtet?

	Überhaupt nicht	*Ein- bis zweimal*	*Öfter als zweimal*
Über die Diskussion zu gesetzlichen Mindestlöhnen in Deutschland	☐	☐	☐
Über die Diskussion zur Vorratsdatenspeicherung in Deutschland	☐	☐	☐

2. Wenn Sie an Ihren Alltag als Journalist denken, wie wichtig sind Ihnen persönlich folgende Informationsquellen bei ihrer täglichen Arbeit?

Für meine tägliche Arbeit sind folgende Quellen …	*Sehr unwichtig* … *Sehr wichtig*
Verwaltung/Behörden	☐---☐---☐---☐---☐
Pressemitteilungen/Pressekonferenzen	☐---☐---☐---☐---☐
Augenzeugen/Bürger	☐---☐---☐---☐---☐
persönliche Kontakte	☐---☐---☐---☐---☐
Politiker/Parteienvertreter	☐---☐---☐---☐---☐
Nachrichtenagenturen (z. B. ddp, afp, ap)	☐---☐---☐---☐---☐
andere Medien (z. B. Print, Internet, TV)	☐---☐---☐---☐---☐
andere: ____________________________	☐---☐---☐---☐---☐

3. Wieder bezogen auf Ihren journalistischen Alltag: Welche Sachverhalte beeinflussen Ihre Themenvorschläge in der Redaktion?

Die Durchsetzung meiner Themenvorschläge hängt im allgemeinen davon ab, …	*Trifft überhaupt nicht zu* … *Trifft voll und ganz zu*
wie viel Zeit für die Recherche vorhanden ist	☐---☐---☐---☐---☐
inwieweit andere Medien darüber schon berichtet haben	☐---☐---☐---☐---☐
wie viel Platz in der nächsten Ausgabe ist	☐---☐---☐---☐---☐
inwieweit meine Vorgesetzten das Thema befürworten	☐---☐---☐---☐---☐
inwieweit meine Zeitung exklusiv darüber berichten wird	☐---☐---☐---☐---☐
ob genug Kollegen zur Themenbearbeitung vorhanden sind	☐---☐---☐---☐---☐
weiterer Grund: ______________________	☐---☐---☐---☐---☐

4. Inwieweit denken Sie bei Themenvorschlägen in Ihrer Redaktion an die Reaktionen anderer?

Bei meinen Themenvorschlägen denke ich an mögliche Reaktionen …	*Trifft überhaupt nicht zu* … *Trifft voll und ganz zu*
meiner Freunde und Bekannten	☐---☐---☐---☐---☐
meiner Kollegen	☐---☐---☐---☐---☐
der Leser unserer Zeitung	☐---☐---☐---☐---☐
meiner Vorgesetzten, z. B. Ressortleiter, Chef vom Dienst, Newsdesk-Leiter etc.	☐---☐---☐---☐---☐
anderer: ____________________	☐---☐---☐---☐---☐

5. Die Themen »Vorratsdatenspeicherung« und »Mindestlohn« werden zurzeit öffentlich diskutiert:

Sind Sie persönlich dafür, dass personenbezogene Daten vorrätig gespeichert werden, oder sind Sie dagegen?

Entschieden dagegen ☐---☐---☐---☐---☐ *Entschieden dafür*

Sind Sie persönlich dafür, dass Mindestlöhne eingeführt werden, oder sind Sie dagegen?

Entschieden dagegen ☐---☐---☐---☐---☐ *Entschieden dafür*

6. Hier sehen Sie Informationen, die so oder so ähnlich in einer Kurzmeldung stehen könnten. Bitte lesen Sie den Text durch!

Gegen gläsernen Fluggast

Nachdem bereits ein Abkommen über die Weitergabe von europäischen Flugpassagierdaten mit den USA existiert, möchte nun auch Deutschland personenbezogene Flugdaten gesetzlich aufzeichnen. Wie bereits bei der kürzlich erlassenen Telefondatenspeicherung gehen die Meinungen über diesen Vorschlag auseinander. Bundesinnenminister Wolfgang Schäuble (CDU) ist davon überzeugt, dass das Gesetz zur Flugdatenspeicherung notwendig ist, um Kriminalität und Terror einzudämmen. Bundesjustizministerin Brigitte Zypries (SPD) hält nichts von der Idee, immer neue Gesetze zur Kriminalitäts- und Terrorbekämpfung zu erlassen. Es gebe genügend Gesetze, sie müssten nur angewendet werden.

7. Hier sind einige Aussagen zu dieser Meldung aufgelistet. Was denken Sie, wie sehr treffen folgende Aussagen auf die Meldung zu?

Folgende Aussagen treffen auf die Meldungen zu …	*Trifft überhaupt nicht zu* … *Trifft voll und ganz zu*
Es kommen bekannte Politiker zu Wort	☐---☐---☐---☐---☐
Das Thema hat sich in der öffentlichen Debatte etabliert	☐---☐---☐---☐---☐
Es werden kontroverse Aspekte betont	☐---☐---☐---☐---☐
Das Thema ist für viele bedeutsam	☐---☐---☐---☐---☐
Das Thema bietet regionale Anknüpfungspunkte	☐---☐---☐---☐---☐
Andere: ________________________	☐---☐---☐---☐---☐

8. Was sind für Sie die zentralen Gründe, die Meldung zur »Flugdatenspeicherung« zu veröffentlichen?

Ziehen Sie *nur* die für Sie zentralen Gründe in das farbige Feld. Beginnen Sie mit dem wichtigsten! Ignorieren Sie die Gründe, die Sie für unwichtig halten. (Beim Hinüberziehen einfach Maustaste festhalten!)

kontrovers diskutiert	1.
für viele bedeutsam	2.
regional verknüpfbar	3.
bekannte Politiker	4.
längerfristig relevant	5.

9. Wie beurteilen Sie die Meldung zur »Flugdatenspeicherung« im Hinblick auf folgende Eigenschaften?

Ich finde die Meldung zur »Flugdatenspeicherung« …

uninteressant	☐---☐---☐---☐---☐	interessant
inaktuell	☐---☐---☐---☐---☐	aktuell
unausgewogen	☐---☐---☐---☐---☐	ausgewogen
rechts»tendenziös«	☐---☐---☐---☐---☐	links»tendenziös«
irrelevant	☐---☐---☐---☐---☐	relevant
unkritisch	☐---☐---☐---☐---☐	kritisch
unglaubwürdig	☐---☐---☐---☐---☐	glaubwürdig

10. Hier sehen Sie Informationen, die so oder so ähnlich in einer Kurzmeldung stehen könnten. Bitte lesen Sie den Text durch!

Mindestlohn verteuert Arbeit

In zahlreichen deutschen Wirtschaftsbranchen ist ein Stundenlohn von 3 bis 5 Euro üblich. Dies geht aus einer neuen Studie des Wirtschaftsinstituts Halle hervor. Bundesarbeitsminister Olaf Scholz (SPD) fordert deshalb die Einführung eines Mindestlohns: »Die Leute müssen von ihrer Arbeit leben können, ohne dass der Staat ihnen unter die Arme greift.« Zudem steigere ein Mindestlohn die Kaufkraft und erhöhe die Sozialeinnahmen, so Scholz. Bundeswirtschaftsminister Michael Glos (CSU) glaubt daran nicht: »Mindestlöhne erhöhen die Arbeitskosten«, die die Wettbewerbsfähigkeit deutscher Unternehmen gefährden.

11. Hier sind einige Aussagen zu dieser Meldung aufgelistet. Was denken Sie, wie sehr treffen folgende Aussagen auf die Meldung zu?

Folgende Aussagen treffen auf die Meldungen zu ...	*Trifft überhaupt nicht zu* … *Trifft voll und ganz zu*
Es kommen bekannte Politiker zu Wort	☐---☐---☐---☐---☐
Das Thema hat sich in der öffentlichen Debatte etabliert	☐---☐---☐---☐---☐
Es werden kontroverse Aspekte betont	☐---☐---☐---☐---☐
Das Thema ist für viele bedeutsam	☐---☐---☐---☐---☐
Das Thema bietet regionale Anknüpfungspunkte	☐---☐---☐---☐---☐
Andere: ________________	☐---☐---☐---☐---☐

12. Was sind für Sie die zentralen Gründe, die Meldung zum »Mindestlohn« zu veröffentlichen?

Ziehen Sie *nur* die für Sie zentralen Gründe in das farbige Feld. Beginnen Sie mit dem wichtigsten! Ignorieren Sie die Gründe, die Sie für unwichtig halten. (Beim Hinüberziehen einfach Maustaste festhalten!)

kontrovers diskutiert	1.
für viele bedeutsam	2.
regional verknüpfbar	3.
bekannte Politiker	4.
längerfristig relevant	5.

13. Wie beurteilen Sie die Meldung zum »Mindestlohn« im Hinblick auf folgende Eigenschaften?

Ich finde die Meldung zum »Mindestlohn« ...

uninteressant	☐---☐---☐---☐---☐	interessant
inaktuell	☐---☐---☐---☐---☐	aktuell
unausgewogen	☐---☐---☐---☐---☐	ausgewogen
rechts»tendenziös«	☐---☐---☐---☐---☐	links»tendenziös«
irrelevant	☐---☐---☐---☐---☐	relevant
unkritisch	☐---☐---☐---☐---☐	kritisch
unglaubwürdig	☐---☐---☐---☐---☐	glaubwürdig

14. Hier sehen Sie noch einmal die Meldungen zu den Themen »Flugdatenspeicherung« und »Mindestlohn«. Stellen Sie sich vor, in der Ausgabe für den kommenden Tag ist noch Platz für einen Beitrag: Welches der beiden nachfolgenden Themen hat in ihrer Redaktion mehr Chancen, veröffentlicht zu werden?

Gegen gläsernen Fluggast

Nachdem bereits ein Abkommen über die Weitergabe von europäischen Flugpassagierdaten mit den USA existiert, möchte nun auch Deutschland personenbezogene Flugdaten gesetzlich aufzeichnen. Wie bereits bei der kürzlich erlassenen Telefondatenspeicherung gehen die Meinungen über diesen Vorschlag auseinander. Bundesinnenminister Wolfgang Schäuble (CDU) ist davon überzeugt, dass das Gesetz zur Flugdatenspeicherung notwendig ist, um Kriminalität und Terror einzudämmen. Bundesjustizministerin Brigitte Zypries (SPD) hält nichts von der Idee, immer neue Gesetze zur Kriminalitäts- und Terrorbekämpfung zu erlassen. Es gebe genügend Gesetze, sie müssten nur angewendet werden.

Mindestlohn verteuert Arbeit

In zahlreichen deutschen Wirtschaftsbranchen ist ein Stundenlohn von 3 bis 5 Euro üblich. Dies geht aus einer neuen Studie des Wirtschaftsinstituts Halle hervor. Bundesarbeitsminister Olaf Scholz (SPD) fordert deshalb die Einführung eines Mindestlohns: »Die Leute müssen von ihrer Arbeit leben können, ohne dass der Staat ihnen unter die Arme greift.« Zudem steigere ein Mindestlohn die Kaufkraft und erhöhe die Sozialeinnahmen, so Scholz. Bundeswirtschaftsminister Michael Glos (CSU) glaubt daran nicht: »Mindestlöhne erhöhen die Arbeitskosten«, die die Wettbewerbsfähigkeit deutscher Unternehmen gefährden.

Sehr sicher das Thema »Flugdatenspeicherung« ☐---☐---☐---☐---☐---☐ *Sehr sicher das Thema »Mindestlohn«*

Gabelung: *Weiter mit Frage 15a-17a* *Weiter mit Frage 15b-17b*

15a. Angenommen, Sie bekommen den Auftrag, die Meldung zur »Flugdatenspeicherung« zu einem größeren Artikel auszubauen. Auf welche Quellen würden Sie für die weitere Recherche vorrangig zurückgreifen? (Bitte maximal drei Quellen angeben!)

- ☐ Beauftragte/r für Datenschutz
- ☐ Parteipolitiker/in der Grünen
- ☐ Verband europäischer Fluggesellschaften
- ☐ Betroffene Fluggäste
- ☐ Bundeskriminalamt
- ☐ Bundesinnenminister Wolfgang Schäuble
- ☐ EU-Justizkommissar Franco Frattini
- ☐ Parteipolitiker/in der FDP
- ☐ Andere: ______________________

16a. Unabhängig von den Quellen: Welche der folgenden Statements sollten unbedingt im Beitrag zur »Flugdatenspeicherung« enthalten sein. (Bitte maximal drei Informationen angeben!)

- ☐ Die vorrätige Speicherung von Flugpassagierdaten macht jeden unschuldigen Bürger verdächtig.
- ☐ Flugdatenspeicherung erfüllt die Sicherheit aller, indem sie die Bürger vor Verbrechen schützt.
- ☐ Die gesetzliche Flugdatenspeicherung gibt Staat und Sicherheitsapparat zu viele Machtbefugnisse.
- ☐ Ohne Speicherung der Flugdaten können terroristische Anschläge nicht effektiv bekämpft werden.
- ☐ Die Grund- und Bürgerrechte werden gestärkt, wenn Flugdaten nicht gespeichert werden.
- ☐ Kriminalität und Terror können nur durch mehr staatliche Interventionen bekämpft werden.
- ☐ Andere: ______________________________

17a. Sie haben nun Quellen und Informationen genannt, mit denen Sie einen größeren Artikel zur »Flugdatenspeicherung« schreiben würden. Welche Gründe waren dafür entscheidend?

Für die Auswahl von Quellen und Informationen war für mich entscheidend …	*Trifft überhaupt nicht zu*				*Trifft voll und ganz zu*
kontroverse Aspekte des Themas zu betonen	☐	☐	☐	☐	☐
positive Aspekte des Themas zu betonen	☐	☐	☐	☐	☐
bekannte Leute zu Wort kommen zu lassen	☐	☐	☐	☐	☐
einfache Leute zu Wort kommen zu lassen	☐	☐	☐	☐	☐
negative Aspekte des Themas zu betonen	☐	☐	☐	☐	☐
einflussreiche Leute zu Wort kommen zu lassen	☐	☐	☐	☐	☐
Andere: ______________________					

15b. Angenommen, Sie bekommen den Auftrag, die Meldung zum »Mindestlohn« zu einem größeren Artikel auszubauen. Auf welche Quellen würden Sie für die weitere Recherche vorrangig zurückgreifen? (Bitte maximal drei Quellen angeben!)

☐ Parteipolitiker/in der FDP
☐ Wirtschaftswissenschaftler
☐ Vertreter des deutschen Gewerkschaftsbundes
☐ Betroffene Geringverdiener
☐ Vertreter des Deutschen Industrie- und Handelskammertages
☐ Parteipolitiker/in der Grünen
☐ Betroffene Unternehmer
☐ Andere: ____________________

16b. Unabhängig von den Quellen: Welche der folgenden Statements sollten unbedingt im Beitrag zum »Mindestlohn« enthalten sein. (Bitte maximal drei Informationen angeben!)

☐ Der Staat sollte ein existenzsicherndes Mindestlohnniveau nicht regeln.
☐ Der Lohn von Arbeitnehmern muss sich nach der Produktivität von Unternehmen richten.
☐ Ohne Mindestlohnniveau werden die Sozialkassen stärker belastet.
☐ Ohne festgelegtes Lohnniveau können Unternehmen sich am Markt besser behaupten.
☐ Um Armut zu bekämpfen, sollte der Staat in das Lohnniveau regulierend eingreifen.
☐ Die Festlegung des Lohnniveaus darf nicht der Wirtschaft überlassen werden.
☐ Andere: ______________________________

17b. Sie haben nun Quellen und Informationen genannt, mit denen Sie einen größeren Artikel zum »Mindestlohn« schreiben würden. Welche Gründe waren dafür entscheidend?

Für die Auswahl von Quellen und Informationen war für mich entscheidend …	*Trifft überhaupt nicht zu* ––– *Trifft voll und ganz zu*
kontroverse Aspekte des Themas zu betonen	☐---☐---☐---☐---☐
positive Aspekte des Themas zu betonen	☐---☐---☐---☐---☐
bekannte Leute zu Wort kommen zu lassen	☐---☐---☐---☐---☐
einfache Leute zu Wort kommen zu lassen	☐---☐---☐---☐---☐
negative Aspekte des Themas zu betonen	☐---☐---☐---☐---☐
einflussreiche Leute zu Wort kommen zu lassen	☐---☐---☐---☐---☐
Andere: ______________________	

18. Wenn Sie in der Redaktion ein Thema vorschlagen, wie wichtig sind Ihnen dabei mögliche Themenerwartungen anderer?

Für mich sind mögliche Themenerwartungen …	*Sehr unwichtig* … *Sehr wichtig*
der Leser unserer Zeitung	☐---☐---☐---☐---☐
meiner Vorgesetzten in der Redaktion (z. B. Chef vom Dienst, Ressortleiter)	☐---☐---☐---☐---☐
meiner Kollegen	☐---☐---☐---☐---☐
meiner Freunde und Bekannten	☐---☐---☐---☐---☐
anderer: ____________________	☐---☐---☐---☐---☐

19. Welche der folgenden Dinge erleichtern oder erschweren es Ihnen, eigene Themenvorschläge durchzusetzen?

Für mich ist das Durchsetzen von Themen …	*Sehr schwer* … *Sehr leicht*
wenn Zeit für Recherche vorhanden ist	☐---☐---☐---☐---☐
wenn andere Medien darüber *noch nicht* berichtet haben	☐---☐---☐---☐---☐
wenn noch Platz in der kommenden Ausgabe ist	☐---☐---☐---☐---☐
wenn meine Vorgesetzten das Thema befürworten	☐---☐---☐---☐---☐
wenn andere Medien schon darüber berichtet haben	☐---☐---☐---☐---☐
wenn nicht genug Kollegen zur Bearbeitung des Themas vorhanden sind	☐---☐---☐---☐---☐
weiterer Grund: ____________________	☐---☐---☐---☐---☐

20. Wie relevant ist die Auswahl von innenpolitischen Themen (z. B. Mindestlohn, Flugdatenspeicherung) für Sie persönlich in Ihrem redaktionellen Alltag?

Überhaupt nicht relevant				*Sehr relevant*
☐	☐	☐	☐	☐

21. Für welche Tageszeitungen arbeiten Sie derzeit?

Ich arbeite hauptsächlich für … ____________________

Außerdem arbeite ich auch noch für … ____________________

22. In welchem Arbeitsverhältnis sind Sie derzeit beschäftigt?

☐ Festanstellung
☐ Anstellung als Fester Freier
☐ Tätigkeit auf Honorarbasis
☐ Anderes: ____________________________

23. In welchem redaktionellen Umfeld arbeiten Sie zurzeit vorrangig?

☐ Ressort
☐ Newsdesk
☐ Teils Ressort, teils Newsdesk
☐ Anderes: ____________________________

24. Für welche(s) Ressort(s) oder für welche Themenfelder sind Sie in der Regel tätig?

____

____

25. Seit wie vielen Jahren sind Sie bereits journalistisch tätig? Wenn Sie es nicht genau wissen, schätzen Sie bitte!

Seit ca. ____ Jahren

26. In welcher Position sind Sie normalerweise tätig?

☐ leitende Tätigkeit auf mittlerer Ebene: Redaktionsleiter/in, Chef/in vom Dienst, Ressortleiter/in, Redakteur/in vom Dienst etc.
☐ Redakteur/in bzw. freie/r Mitarbeiter/in mit Reporter- oder Redakteursaufgaben
☐ Volontär/in
☐ Andere: ____________________________

27. Wie beurteilen Sie persönlich die Zeitung, für die Sie hauptsächlich arbeiten, im Hinblick auf folgende Eigenschaften?

Die Zeitung, für die ich hauptsächlich arbeite, ist …

hierarchisch flach	☐---☐---☐---☐---☐	hierarchisch stark
links	☐---☐---☐---☐---☐	rechts
liberal	☐---☐---☐---☐---☐	konservativ
regional	☐---☐---☐---☐---☐	überregional

28. Hier unterhalten sich zwei Journalisten über ihre Arbeit. Stimmen Sie eher Person A oder Person B zu?

Ich stimme zu …

Eindeutig Person A ☐---☐---☐---☐---☐ *Eindeutig Person B*

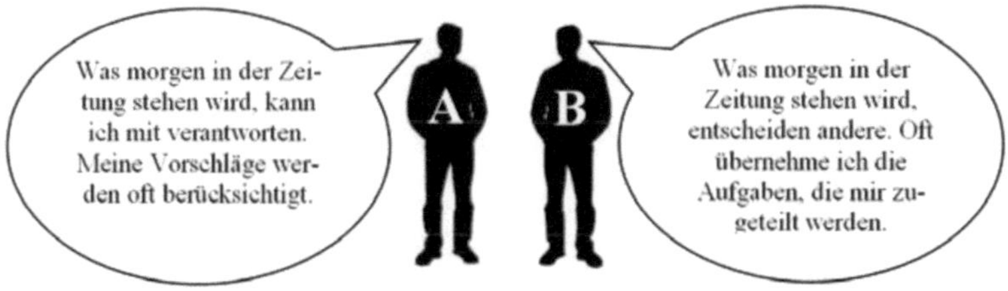

Literatur

Ajzen, I. (1989): Attitude structure and behavior. In: Pratkanis, A., Breckler, S. J., Greenwald, A. G. (Hrsg.): Attitude structure and function. Hillsdale, NJ: Erlbaum, 241-274.

Ajzen, I. (1991): The theory of planned behavior. In: Organizational Behavior and Human Decision Processes 50(2), 179-211.

Ajzen, I. (1993): Attitude theory and the attitude-behavior relation. In: Krebs, D., Schmidt, P. (Hrsg.): New directions in attitude measurement. Berlin: de Gruyter, 41-57.

Ajzen, I. (2000): Nature and operation of attitudes. In: Annual Review of Psychology 52(1), 27-58.

Ajzen, I. (2002): Perceived behavioral control, self-efficacy, locus of control, and the theory of planned behavior. In: Journal of Applied Social Psychology 32(4), 1-20.

Ajzen, I. (2005): Attitudes, personality and behaviour. 2. Auflage. Maidenhead u. a.: Open University Press.

Ajzen, I., Fishbein, M. (1980): Understanding attitudes and predicting social behavior. Englewood Cliffs, NJ: Prentice Hall.

Ajzen, I., Fishbein, M. (2000): Attitudes and the attitude-behavior relation: Reasoned and automatic processes. In: Stroebe, W., Hewstone, V. (Hrsg.): European review of social psychology. New York u. a.: John Wiley & Sons, 1-33.

Alker, H. R. (1969): A typology of ecological fallacies. In: Dogan, M., Rokkan, S. (Hrsg.): Quantitative ecological analysis in the social sciences. Cambridge, Mass: MIT Press, 69-86.

Altmeppen, K.-D. (1999): Redaktionen als Koordinationszentren: Beobachtungen journalistischen Handelns. Opladen u. a.: Westdeutscher Verlag.

Altmeppen, K.-D. (2006): Journalismus und Medien als Organisationen. Leistungen, Strukturen und Management. Wiesbaden: VS Verlag.

Anderson, J. R. (1983): A spreading activation theory of memory. In: Journal of Verbal Learning and Verbal Behavior 22(3), 261-295.

Armitage, C. J., Conner, M. (1999a): The theory of planned behaviour: Assessment of predictive validity and 'perceived control'. In: British Journal of Social Psychology 38(1), 35-54.

Armitage, C. J., Conner, M. (1999b): Distinguishing perceptions of control from self-efficacy: Predicting consumption of a low fat diet using the theory of planned behavior. In: Journal of Applied Social Psychology 29(1), 72-90.

Armitage, C. J., Conner, M. (2001): Efficacy of the theory of planned behavior: a meta-analytic review. In: British Journal of Social Psychology 40(4), 471-499.

Aronson, E., Wilson, T. D., Akert, R. M. (2008): Sozialpsychologie. 6. Auflage. München: Pearson Studium.

Backhaus, K., Erichson, B., Plinke, W., Weiber, R. (2006): Multivariate Analysemethoden. Eine anwendungsorientierte Einführung. Berlin u. a.: Springer.

Bagozzi, R. P., Yi, Y. (1989): The degree of intention formation as a moderator of the attitude-behavior relationship. In: Social Psychology Quarterly 52(4), 266-279.

Baltes-Götz, B. (2009): Moderatoranalyse per multipler Regression mit SPSS. www.uni-trier.de/fileadmin/urt/doku/modreg/modreg.pdf [download: 25.01.2010]

Bamberg, S. (1996): Allgemeine oder spezifische Einstellungen bei der Erklärung umweltschonenden Verhaltens? In: Zeitschrift für Sozialpsychologie 27(1), 47-60.

Bamberg, S., Davidov, E., Schmidt, P. (2008): Wie gut erklären »enge« oder »weite« Rational-Choice-Version Verhaltensveränderungen? Ergebnisse einer experimentellen Interventionsstudie. In: Diekmann, A., Eichner, K., Schmidt, P., Voss, T. (Hrsg.): Rational Choice: Theoretische Analysen und empirische Resultate. Wiesbaden: VS Verlag, 143-170.

Bamberg, S., Lüdemann, C. (1996): Eine Überprüfung der Theorie des geplanten Verhaltens in zwei Wahlsituationen mit dichotomen Handlungsalternativen: Rad vs. PKW und Container vs. Hausmüll. In: Zeitschrift für Sozialpsychologie 27(1), 32-46.

Bamberg, S., Schmidt, P. (1994): Auto oder Fahrrad? Empirischer Test einer Handlungstheorie zur Erklärung der Verkehrsmittelwahl. In: Kölner Zeitschrift für Soziologie und Sozialpsychologie 46(1), 80-102.

Barnand, C. (1938): The functions of the executive. Cambridge: Harvard University Press.

Baur, N., Florian, M. J. (2008): Stichprobenprobleme bei Online-Umfragen. In: Jackob, N., Schoen, H., Zerback, T. (Hrsg.): Sozialforschung im Internet. Methodologie und Praxis der Online-Befragung. Wiesbaden: VS Verlag, 109-128.

Bea, F. X., Göbel, E. (1999): Organisation: Theorie und Gestaltung. Stuttgart: Lucius & Lucius u. a.

Bentler, P. M., Speckart, G. (1979): Models of attitude behavior relations. In: Psychological Review 86(5), 452-464.

Berger, U., Bernhard-Mehlich, I. (2006): Die Verhaltenswissenschaftliche Entscheidungstheorie. In: Kieser, A., Ebers, M. (Hrsg.): Organisationstheorien. 6. Auflage. Stuttgart: Kohlhammer, 179-214.

Berger, P. L., Luckmann, T. (2004): Die gesellschaftliche Konstruktion der Wirklichkeit. 20. Auflage. Frankfurt am Main: Fischer.

Bergsma, F. (1978): News values in foreign affairs on Dutch television. In: Gazette 24(3), 207-222.

Beyle, T., Ostdiek, D., Lynch, G. P. (1996): Is the state press corp biased? In: Spectrum: The Journal of State Government 69(4), 6-16.

Biddle, B. (1986): Recent developments in role theory. In: Annual Review of Sociology 12(1), 67-92.

Bilandzic, H. (2006): Zur Forschungslogik im Uses-and-Gratifications-Ansatz. In: Wirth, W., Fahr, A., Lauf, E. (Hrsg.): Forschungslogik und -design in der Kommunikationswissenschaft. Anwendungsfelder in der Kommunikationswissenschaft. Köln: Halem, 195-216.

Blöbaum, B. (1994): Journalismus als soziales System. Geschichte, Ausdifferenzierung und Verselbständigung. Opladen: Westdeutscher Verlag.

Blöbaum, B. (2008): Wandel redaktioneller Strukturen und Entscheidungsprozesse. In: Bonfadelli, H., Imhof, K., Blum, R., Jarren, O. (Hrsg.): Seismographische Funktion von Öffentlichkeit im Wandel. Wiesbaden: VS Verlag, 119-129.

Blumer, H. (1973): Der methodologische Standort des Symbolischen Interaktionismus. In: Arbeitsgruppe Bielefelder Soziologen (Hrsg): Alltagswissen, Interaktion und gesellschaftliche Wirklichkeit 1: Symbolischer Interaktionismus und Ethnomethodologie. Reinbek: Rowohlt, 80-101.

Bortz, J., Döring, N. (1994): Forschungsmethoden und Evaluation. Berlin u. a.: Springer.

Breed, W. (1955): Social control in the newsroom: A functional analysis. In: Social Forces 33(4), 326-335.

Brickell, T. A., Chatzisarantis, N. L. D., Pretty, G. M. (2006): Using past behaviour and spontaneous implementation intentions to enhance the utility of the theory of planned behaviour in predicting exercise. In: British Journal of Health Psychology 11(2), 249-262.

Brosius, H.-B. (1995): Alltagsrationalität in der Nachrichtenrezeption: ein Modell zur Wahrnehmung und Verarbeitung von Nachrichteninhalten. Opladen: Westdeutscher Verlag.

Buckalew, J. K. (1969): A Q-Analysis of television news editors' decisions. In: Journalism Quarterly 46(1), 135-137.

Bühner, M., Ziegler, M. (2009): Statistik für Psychologen und Sozialwissenschaftler. München u. a.: Pearson Studium.

Carter, R. E. (1959): Racial identification effects upon the news story writer. In: Journalism Quarterly 36(2), 284-290.

Coleman, J. S. (1991): Grundlagen der Sozialtheorie. Band 1. München: Oldenburg.

Collins, A. M., Loftus, E. F. (1975): A spreading-activation theory of semantic processing. In: Psychological Review 82(6), 407-428.

Conner, M., Armitage, C. J. (1998): Extending the theory of planned behavior: A review and avenues for further research. In: Journal of Applied Social Psychology 28(15), 1429-1464.

Conner, M., McMillan, B. (1999): Interaction effects in the theory of planned behaviour: Studying cannabis use. In: British Journal of Social Psychology 38(2), 195-222.

Cyert, R. M., March, J. G. (1995): Eine verhaltenswissenschaftliche Theorie der Unternehmung. Stuttgart: Schäffer-Pöschel.

Dahrendorf, R. (1977): Homo Sociologicus. 15. Auflage. Opladen: Westdeutscher Verlag.

D'Alessio, D., Allen, M. (2000): Media bias in presidential elections: A meta-analysis. In: Journal of Communication 50(4), 133-156.

Daschmann, G., Hartmann, T. (2005): »Zur Befragung bitte hier klicken...«: Der Einfluss unterschiedlicher Rekrutierungsverfahren auf den Unit-Nonresponse-Fehler von Stichproben bei Online-Befragungen. In: Gehrau, V., Fretwurst, B., Krause, B., Daschmann, G. (Hrsg.): Auswahlverfahren in der Kommunikationswissenschaft. Köln: Halem, 251-281.

Davidov, E. (2007): Explaining habits in a new context the case of travel-mode choice. In: Rationality and Society 19(3), 315-334.

Dernbach, B. (2009): Generalisierung und Spezialisierung systemtheoretisch betrachtet: keine Frage von Entweder – Oder. In: Dernbach, B., Quandt, T. (2009): Spezialisierung im Journalismus. Wiesbaden: VS Verlag, 37-47.

Deutsch, M., Gerard, H. B. (1955): A study of normative and informational social influences upon individual judgment. In: Journal of Abnormal and Social Psychology 51(3), 629-636.

Diehlmann, N. (2003): Journalisten und Fernsehnachrichten. In: Ruhrmann, G., Woelke, J., Maier, M., Diehlmann, N. (Hrsg.): Der Wert von Nachrichten im deutschen Fernsehen. Ein Modell zur Validierung von Nachrichtenfaktoren. Opladen: Leske & Budrich.

Dijk, T. A. van (1988): News as discourse. Hillsdale, NJ: Erlbaum.

Dimbath, O. (2003): Entscheidungen in der individualisierten Gesellschaft: eine empirische Untersuchung zur Berufswahl in der fortgeschrittenen Moderne. Wiesbaden: Westdeutscher Verlag.

Dimmick, J. (1974): The Gate-Keeper: An uncertainty theory. In: Journalism Monographs 37(11), 1-39.

Ditton, H. (1998): Mehrebenenanalyse. Grundlagen und Anwendungen des Hierarchisch Linearen Modells. Weinheim: Juventa.

Donges, P. (2008): Medialisierung politischer Organisationen. Parteien in der Mediengesellschaft. Wiesbaden: VS Verlag.

Donsbach, W. (1982): Legitimationsprobleme des Journalismus. Gesellschaftliche Rolle der Massenmedien und berufliche Einstellung von Journalisten. Freiburg u. a.: Alber.

Donsbach, W. (1987): Journalismusforschung in der Bundesrepublik: Offene Fragen trotz Forschungsboom. In: Wilke, J. (Hrsg.): Zwischenbilanz der Journalismusausbildung. München: Ölschläger, 105-142.

Donsbach, W. (1990): Objektivitätsmaße in der Publizistikwissenschaft. In: Publizistik 35(1), 18-29.

Donsbach, W. (1993a): Redaktionelle Kontrolle im Journalismus. Ein internationaler Vergleich. In: Mahle, W. A. (Hrsg.): Journalisten in Deutschland. Nationale und internationale Vergleiche und Perspektiven. München: Ölschläger, 143-160.

Donsbach, W. (1993b): Journalismus versus Journalism – ein Vergleich zum Verhältnis von Medien und Politik in Deutschland und den USA. In: Donsbach, W., Jarren, O., Kepplinger, H.-M., Pfetsch, B. (Hrsg.): Beziehungsspiele – Medien und Politik in der öffentlichen Diskussion. Gütersloh: Bertelsmann Stiftung, 283-315.

Donsbach, W. (2004): Psychology of news decisions: Factors behind journalists' professional behavior. In: Journalism 5(2), 131-157.

Donsbach, W., Jandura, O. (2005): Rückkehr des Kanzlerbonus. Redepräsenz der Kanzlerkandidaten in den Fernsehnachrichten. In: Noelle-Neumann, E., Donsbach, W., Kepplinger, H.-M. (Hrsg.): Wählerstimmungen in der Mediendemokratie. Analysen auf Basis des Bundestagswahlkampfs 2002. Freiburg u. a.: Alber, 69-90.

Donsbach, W., Patterson, T. (2003): Journalisten in der politischen Kommunikation: Professionelle Orientierungen von Nachrichtenakteuren im internationalen Vergleich. In: Esser, F., Pfetsch, B. (Hrsg.): Politische Kommunikation im internationalen Vergleich. Grundlagen, Anwendungen, Perspektiven. Wiesbaden: Westdeutscher Verlag, 281-304.

Donsbach, W., Wolling, J. (1995): Redaktionelle Kontrolle in der regionalen und überregionalen Tagespresse. Ein internationaler Vergleich. In: Schneider, B., Reumann, K., Schiwy, P. (Hrsg.): Publizistik. Beiträge zur Medienentwicklung. Konstanz: UVK, 421-437.

Doll, J., Orth, B. (1993): The Fishbein and Ajzen theory of reasoned action applied to contraceptive behavior: Model variants and meaningfulness. In: Journal of Applied Social Psychology 23(5), 395-415.

Dussel, K. (2004): Deutsche Tagespresse im 19. und 20. Jahrhundert. Münster: LIT.

Dybski, W., Hanel, K., Kringe, A., Peun, K., Weiß, R. (2010): Ideologie vor Eigennutz? Die Berichterstattung über den Konflikt um den Post-Mindestlohn durch beteiligte und unbeteiligte Zeitungen divergierender politischer Richtung. In: Publizistik 55(2), 173-192.

Eagly, A. H., Chaiken, S. (1993): The Psychology of Attitudes. Fort Worth: Harcourt Brace Jovanovich College Publishers.

Eichenberger, R. (1992): Verhaltensanomalien und Wirtschaftswissenschaft. Herausforderungen, Reaktionen, Perspektiven. Wiesbaden: Deutscher Universitäts-Verlag.

Eifler, S., Bentrup, C. (2004): Zur Validität von Selbstberichten abweichenden und hilfreichen Verhaltens mit der Vignettenanalyse. Bielefelder Arbeiten zur Sozialpsychologie 208. In: http://wwwedit.uni-bielefeld.de/soz/pdf/Bazs208.pdf [download: 17.10.2010]

Eilders, C. (1997): Nachrichtenfaktoren und Rezeption. Eine empirische Analyse zur Auswahl und Verarbeitung politischer Information. Opladen: Westdeutscher Verlag.

Eilders, C. (1999): Zum Konzept der Selektivität: Auswahlprozesse bei Medien und Publikum. In: Wirth, W., Schweiger, W. (Hrsg.): Selektion im Internet. Empirische Analysen zu einem Schlüsselkonzept. Opladen u. a.: Westdeutscher Verlag, 13-41.

Eilders, C. (2004): Von Links bis Rechts – Deutung und Meinung in Pressekommentaren. In: Eilders, C., Neidhardt, F., Pfetsch, B. (2004): Die Stimme der Medien. Pressekommentare und politische Öffentlichkeit in der Bundesrepublik. Wiesbaden: VS Verlag, 129-166.

Eisenführ, F., Weber, M. (2003): Rationales Entscheiden. 4. Auflage. Berlin u. a.: Springer.

Emmerich, A. (1984): Nachrichtenfaktoren: Die Bausteine der Sensation. Eine empirische Studie zur Theorie der Nachrichtenauswahl in den Rundfunk- und Zeitungsredaktionen. Saarbrücken: Verlag der Reihe.

Engelmann, I. (2009): Frames und Positionen zur EU-Osterweiterung. Eine Argument- und Framing-Analyse ausgewählter EU-Beitritte. In: Publizistik 54(1), 82-102.

Engelmann, I. (2010): Journalistische Instrumentalisierung von Nachrichtenfaktoren. Einflüsse journalistischer Einstellungen auf simulierte Issue-, Quellen- und Statement-Entscheidungen. In: Medien & Kommunikationswissenschaft 58(4), 525-543.

Engelmann, I. (2011): Journalistische Selektionskriterien und -entscheidungen: Methodische Implikationen für die Anwendung einer Wert-Erwartungstheorie. In: Quandt, T., Jandura, O., Vogelgesang, J. (Hrsg.): Methoden der Journalismusforschung. Wiesbaden: VS Verlag, 141-154.

Engelmann, I. (2012): Nachrichtenfaktoren und die organisationsspezifische Nachrichtenselektion. Eine Erweiterung der Nachrichtenwerttheorie um die Meso-Ebene journalistischer Organisationen. In: Medien & Kommunikationswissenschaft 60(1), 41-63.

Esser, F. (1998): Die Kräfte hinter den Schlagzeilen. Englischer und deutscher Journalismus im Vergleich. Freiburg u. a.: Alber.

Esser, F., Weßler, H. (2002): Journalisten als Rollenträger: Redaktionelle Organisation und berufliches Selbstverständnis. In: Jarren, O., Weßler, H. (Hrsg.): Journalismus – Medien – Öffentlichkeit: eine Einführung. Wiesbaden: Westdeutscher Verlag, 165-240.

Esser, H. (1991a): Alltagshandeln und Verstehen: zum Verhältnis von erklärender und verstehender Soziologie am Beispiel von Alfred Schütz und »rational choice«. Tübingen: Mohr Siebeck.

Esser, H. (1991b): Die Rationalität des Alltagshandelns. Eine Rekonstruktion der Handlungstheorie von Alfred Schütz. In: Zeitschrift für Soziologie 20(6), 430-445.

Esser, H. (1996): Soziologie. Allgemeine Grundlagen. 2. Auflage. Frankfurt am Main u. a.: Campus.

Esser, H. (1999): Soziologie: Spezielle Grundlagen. Band 1: Situationslogik und Handeln. Frankfurt am Main u. a.: Campus.

Esser, H. (2000): Soziologie: Spezielle Grundlagen. Band 3: Soziales Handeln. Frankfurt am Main u. a.: Campus.

Esser, H. (2001): Soziologie: Spezielle Grundlagen. Band 6: Sinn und Kultur. Frankfurt am Main u. a.: Campus.

Esser, H. (2004): Soziologische Anstöße. Frankfurt am Main u. a.: Campus-Verlag.

Etzrodt, C. (2000): Alfred Schütz – Ökonom und/oder Soziologe? Eine Kritik an Hartmut Essers Interpretation der Theorie von Alfred Schütz und an seiner »Definition der Situation«. In: Kölner Zeitschrift für Soziologie und Sozialpsychologie 52(4), 761-782.

Etzrodt, C. (2003): Sozialwissenschaftliche Handlungstheorien: eine Einführung. Konstanz: UVK.

Fazio, R. H. (1990). Multiple processes by which attitudes guide behavior: The MODE model as an integrative framework. In: Zanna, M. P. (Hrsg.): Advances in experimental social psychology 23. New York: Academic Press, 75-109.

Fazio, R. H. (2000): Accessible attitudes as tools for object appraisal: Their costs and benefits. In: Maio, G. R., Olson, J. M. (Hrsg.): Why we evaluate: Functions of attitudes. Mahwah, NJ: Erlbaum, 1-36.

Fengler, S., Ruß-Mohl, S. (2005): Der Journalist als »Homo oeconomicus«. Konstanz: UVK.

Fengler, S., Ruß-Mohl, S. (2007): Ökonomik als neue Perspektive für die Kommunikationswissenschaft. In: Altmeppen, K.-D., Hanitzsch, T., Schlüter, C. (Hrsg.): Journalismustheorie: Next Generation. Soziologische Grundlegung und theoretische Innovation. Wiesbaden: VS Verlag, 97-118.

Fishbein, M., Ajzen, I. (1975): Belief, attitude, intention, and behavior: An introduction to theory and research. Reading, MA: Addison-Wesle.

Fiske, S. T. (1982): Schema-triggered affect: Applications to social perception. In: Clark, M. S., Fiske, S. T. (Hrsg.): Affect and cognition: The 17th Annual Carnegie Symposium on Cognition. Hillsdale, NJ: Erlbaum, 55-78.

Fiske, S. T., Taylor, S. E. (1991): Social Cognition. 2. Auflage. New York u. a.: McGraw-Hill.

Flegel, R. C., Chaffee, S. H. (1971): Influences of editors, readers, and personal opinions on reporters. In: Journalism Quarterly 48(4), 645-651.

Frädrich, M. (2006): Die Welt vor der Haustür. Von der Lebensnähe der Lokalberichterstattung. In: Rager, G., Graf-Szczuka, K., Hassemer, G., Süper, S. (Hrsg.): Zeitungsjournalismus. Empirische Leserschaftsforschung. Konstanz: UVK, 232-241.

Fretwurst, B. (2008): Nachrichten im Interesse der Zuschauer: eine konzeptionelle und empirische Neubestimmung der Nachrichtenwerttheorie. Konstanz: UVK.

Frey, B. S. (1989): Möglichkeiten und Grenzen des ökonomischen Denkansatzes. In: Schäfer, H.-B., Wehrt, K. (Hrsg.): Die Ökonomisierung der Sozialwissenschaften. Frankfurt am Main u. a.: Campus, 69-102.

Friedl, B. (2003): Controlling. Stuttgart: Lucius & Lucius.

Friedrichs, J., Stolle, M., Engelbrecht, G. (1993): Rational Choice-Theorie: Probleme der Operationalisierung. In: Zeitschrift für Soziologie 22(1), 2-15.

Früh, W. (2007): Inhaltsanalyse: Theorie und Praxis. 6. Auflage. Konstanz: UVK.

Fuchs, D., Klingemann, H. D. (1989). Das Links-Rechts-Schema als politischer Code. Ein interkultureller Vergleich auf inhaltsanalytischer Grundlage. In: Haller, M., Hoffmann-Nowotny, H. J., Zapf, W. (Hrsg.): Kultur und Gesellschaft. Frankfurt am Main u. a., 484-498.

Galtung, J. (1974): A Rejoinder. In: Journal of Peace Research 11(2), 157-160.

Galtung, J., Ruge, M. H. (1965): The Structure of Foreign News. The Presentation of the Congo, Cuba and Cyprus Crises in Four Norwegian Newspapers. In: Journal of Peace Research 2(1), 64-91.

Gans, H. J. (1979): Deciding what's news: A study of CBS Evening News, NBC Nightly News, Newsweek and Time. New York: Patheon.

Giddens, A. (1997): Die Konstitution der Gesellschaft: Grundzüge einer Theorie der Strukturierung. 3. Auflage. Frankfurt am Main u. a.: Campus.

Gigerenzer, G. (2001): The Adaptive Toolbox. In: Gigerenzer, G., Selten, R. (Hrsg.): Bounded rationality. The adaptive toolbox. Cambridge, MA u. a.: MIT Press, 37-50.

Gigerenzer, G. (2004): Striking a blow for sanity in theories of rationality. In: Augier, M., March, J. G. (Hrsg.): Models of a man: Essays in memory of Herbert A. Simon. Cambridge, MA u. a.: MIT Press, 389-409. Auch veröffentlicht unter http://library.mpib-berlin.mpg.de/ft/gg/GG_Striking_2004.pdf [download: 22.08.2010, 1-12]

Gigerenzer, G., Goldstein, D. G. (1996): Reasoning the fast and frugal way: Models of bounded rationality. In: Psychological Review 103(4), 650-669.

Gigerenzer, G., Selten, R. (2001) (Hrsg.): Bounded rationality. The adaptive toolbox. Cambridge, MA u. a.: MIT Press.

Goihl, K. (2003): Transformationale Führung: Implikationen für die lernende Verwaltung. Berlin: Freie Universität. Unveröffentlichtes Manuskript.

Görke, A. (1999): Risikojournalismus und Risikogesellschaft. Sondierung und Theorieentwurf. Opladen u. a.: Westdeutscher Verlag.

Görke, A., Kohring, M. (1997): Worüber reden wir? Vom Nutzen systemtheoretischen Denkens für die Publizistikwissenschaft. In: Medien Journal 21(1), 3-14.

Greve, W. (1994): Handlungserklärung. Die psychologische Erklärung menschlicher Handlungen. Bern u. a.: Hans Huber.

Greve, W. (2002): Handlungstheorien. In: Frey, D., Irle, M. (Hrsg.): Theorien der Sozialpsychologie. Band 2: Gruppen-, Interaktions- und Lerntheorien. 2. Auflage. Bern u. a.: Huber, 300-325.

Gross, C., Kriwy, P. (2009): Kleine Fallzahlen in der empirischen Sozialforschung. In: Kriwy, P., Gross, C. (Hrsg.): Klein aber fein! Quantitative empirische Sozialforschung mit kleinen Fallzahlen. Wiesbaden: VS Verlag, 9-21.

Groß, J., Börensen, C. (2009): Wie valide sind Verhaltensmessungen mittels Vignetten? Ein methodischer Vergleich von faktoriellem Survey und Verhaltensbeobachtung. In: Kriwy, P., Gross, C. (Hrsg.): Klein aber fein! Quantitative empirische Sozialforschung mit kleinen Fallzahlen. Wiesbaden: VS Verlag, 149-178.

Grube, J. W., Morgan, M. (1990): Attitude-social support interactions: Contingent consistency effects in the prediction of adolescent smoking, drinking and drug use. In: Social Psychology Quarterly 53(4), 329-339.

Gruenfeld, D. H., Tiedens, L. Z. (2010): Organizational preferences and their consequences. In: Fiske, S. T., Gilbert, D. T., Lindzey, G. (Hrsg.): Handbook of social psychology. Band 2. 5. Auflage. Hoboken, NJ: John Wiley & Sons, 1252-1287.

Hagen, L. (1992): Die opportunen Zeugen. Konstruktionsmechanismen von Bias in der Zeitungsberichterstattung über die Volkszählungsdiskussion. In: Publizistik 37(4), 445-460.

Hagen, L. (1995): Informationsqualität von Nachrichten. Meßmethoden und ihre Anwendung auf die Dienste von Nachrichtenagenturen. Opladen: Westdeutscher Verlag.

Hanitzsch, T. (2011): Die Modellierung hierarchischer Datenstrukturen in der Kommunikations- und Medienwissenschaft: Ein Vergleich von OLS-Regression und Mehrebenenanalyse an einem Beispiel aus der Journalismusforschung. In:

Quandt, T., Jandura, O., Vogelgesang, J. (Hrsg.): Methoden der Journalismusforschung. Wiesbaden: VS Verlag, 317-334.

Heath, C., Staudenmayer, N. (2000): Coordination neglect: How lay theories of organizing complicate coordination in organizations. In: Staw, B. M., Sutton, R. I. (Hrsg.): Research in organizational behavior. Volume 22. Greenwich u. a.: Jai, 153-191.

Hienzsch, U. (1990): Journalismus als Restgröße. Redaktionelle Rationalisierung und publizistischer Leistungsverlust. Wiesbaden: DUV.

Higgins, E. T., Brendl, C. M. (1995): Accessibility and applicability: Some »activation rules« influencing judgment. In: Journal of Experimental Psychology 31(3), 218-243.

Hinton, G. E., Anderson, J. A. (1981). Parallel models of associative memory. Hillsdale, NJ: Erlbaum.

Hoffjann, O. (2007): Journalismus und Public Relations: ein Theorieentwurf der Intersystembeziehungen in sozialen Konflikten. 2. Auflage. Wiesbaden: VS Verlag.

Hohlfeld, R. (1999): Systemtheorie für Journalisten – Ein Vademekum. Eichstätter Materialien zur Journalistik 12. Eichstätt: Katholische Universität Eichstätt.

Houston, D. A., Fazio, R. H. (1989): Biased processing as a function of attitude accessibility: Making objective judgments subjectively. In: Social Cognition 7(1), 51-66.

Hox, J. J. (2002). Multilevel analysis: Techniques and applications. Mahwah, NJ: Erlbaum.

Hummell, H. J. (1972): Probleme der Mehrebenenanalyse. Stuttgart: B. G. Teubner.

Jaccard, J. (1981): Attitudes and behaviour: Implications of attitudes towards behavioural alternatives. In: Journal of Experimental Social Psychology 17(3), 286-307.

Jaccard, J., Turrisi, R., Choi, K. W. (2003): Interaction effects in multiple regression. 2. Auflage. Newbury Park: Sage.

Jäckel, M. (1996): Wahlfreiheit in der Fernsehnutzung: Eine soziologische Analyse zur Individualisierung der Massenkommunikation. Opladen: Westdeutscher Verlag.

Joas, H. (1973): Die gegenwärtige Lage der soziologischen Rollentheorie. Frankfurt am Main: Athenäum.

Joch-Robinson, G. (1973): Fünfundzwanzig Jahre »Gatekeeper«-Forschung: Eine kritische Rückschau und Bewertung. In: Aufermann, J., Bohrmann, H., Sülzer, R. (Hrsg.): Gesellschaftliche Kommunikation und Information. Frankfurt am Main: Athenäum, 344-355.

Johnson-Laird, P. N. (1980): Mental models in cognitive science. In: Cognitive Science 4(1), 72-115.

Johnson-Laird, P. N. (1983): Mental models: Towards a cognitive science of language, inference, and consciousness. Cambridge: University Press.

Johnson-Laird, P. N. (1989): Mental models. In: Posner, M. I. (Hrsg.): Foundations of Cognitive Science. Cambridge, MA: MIT Press, 469-499.

Jonas, K., Doll, J. (1996): Eine kritische Bewertung der Theorie des überlegten Handelns und der Theorie des geplanten Handelns. In: Zeitschrift für Sozialpsychologie 27(1), 18-31.

Jost, P.-J. (2000): Organisation und Koordination: Eine ökonomische Einführung. Wiesbaden: Gabler.

Jungermann, H., Pfister, H.-R., Fischer, K. (2005): Die Psychologie der Entscheidung: eine Einführung. 2. Auflage. Heidelberg: Spektrum.

Kashima, Y., Gallois, C. (1993): The theory of reasoned action and problem-focused research. In: Terry, D. J., Gallois, C., McCamish, M. M. (Hrsg.): The theory of reasoned action: Its application to AIDS preventive behavior. New York, NY: Pergamon, 207-226.

Kelle, U., Lüdemann, C. (1995): »Grau, teurer Freund, ist alle Theorie ...«. Rational Choice und das Problem der Brückenannahmen. In: Kölner Zeitschrift für Soziologie und Sozialpsychologie 47(2), 249-267.

Kelman, H. C. (1958): Compliance, identification, and internalization: Three processes of attitude change. In: Journal of Conflict Resolution 2(1), 51-60.

Kemner, B., Scherer, H., Weinacht, S. (2008): Unter der Tarnkappe. Der Einsatz »volatiler Themen« und »opportuner Zeugen« in der Berichterstattung zum Übernahmeversuch der proSiebenSat.1 Media AG durch den Springer Verlag. In: Publizistik 53(1), 65-84.

Kepplinger, H.-M. (1989a): Theorien der Nachrichtenauswahl als Theorien der Realität. In: Aus Politik und Zeitgeschehen. Beilage zu Das Parlament 15, 3-16.

Kepplinger, H.-M. (1989b): Voluntaristische Grundlagen der Politikberichterstattung. In: Böckelmann, F. (Hrsg.): Medienmacht und Politik. Mediatisierte Politik und politischer Wertewandel. Berlin: Spiess, 59-83.

Kepplinger, H.-M. (1994): Publizistische Konflikte. Begriffe, Ansätze, Ergebnisse. In: Neidhardt, F. (Hrsg.): Öffentlichkeit, Öffentliche Meinung, Soziale Bewegungen. (Sonderheft 34 der Kölner Zeitschrift für Soziologie und Sozialpsychologie). Opladen: Westdeutscher Verlag, 214-233.

Kepplinger, H.-M. (1998): Die Demontage der Politik in der Informationsgesellschaft. Freiburg u. a.: Alber.

Kepplinger, H.-M. (2001a): Der Ereignisbegriff in der Publizistikwissenschaft. In: Publizistik 46(2), 117-139.

Kepplinger, H.-M. (2001b): Die Kunst der Skandalierung und die Illusion der Wahrheit. München: Olzog Verlag.

Kepplinger, H.-M., Bastian, R. (2000): Der prognostische Gehalt der Nachrichtenwert-Theorie. In: Publizistik 45(4), 462-475.

Kepplinger, H.-M., Brosius, H.-B., Staab, J. F., Linke, G. (1989): Instrumentelle Aktualisierung. Grundlagen einer Theorie publizistischer Konflikte. In: Kaase, M., Schulz, W. (Hrsg.): Massenkommunikation. Theorien, Methoden, Befunde. Opladen: Westdeutscher Verlag, 199-220.

Kepplinger, H.-M., Ehmig, S. (1997): Der Einfluss politischer Einstellungen von Journalisten auf die Beurteilung aktueller Kontroversen. In: Medienpsychologie 9(4), 271-292.

Kepplinger, H.-M., Ehmig, S. (2006): Predicting news decisions. An empirical test of the two-component theory of news decision. In: European Journal of Communication 31(1), 25-43.

Kepplinger, H.-M., Weißbecker, H. (1991): Negativität als Nachrichtenideologie. In: Publizistik 36(3), 330-342.

Kerrick, J. S., Anderson, T. E., Swales, L. (1964): Balance and the writer's attitude in news stories and editorials. In: Journalism Quarterly 41(1), 207-215.

Kiecolt, K. J. (1988): Recent developments in attitudes and social structure. In: Annual Review of Sociology 14, 381-403.

Kieser, A., Walgenbach, P. (2007): Organisation. 5. Auflage. Stuttgart: Schäffer-Poeschel.

Kim, M.-S., Hunter, J. E. (1993): Attitude-behavior relations: A meta-analysis of attitudinal relevance and topic. In: Journal of Communication 43(1), 102-142.

Kintsch, W. (1988): The role of knowledge in discourse comprehension: A construction-integration model. In: Psychological Review 95(2), 163-182.

Kintsch, W. (2005): An overview of top-down and bottom-up effects in comprehension: The CI perspective. In: Discourse Processes 39(2/3), 125-128.

Klatetzki, T. (2006): Der Stellenwert des Begriffs »Kognition« im Neo-Institutionalismus. In: Senge, K., Hellmann, K.-U. (Hrsg.): Einführung in den Neo-Institutionalismus. Wiesbaden: VS Verlag, 48-61.

Klein, M. (2005): Gesellschaftliche Wertorientierungen, Wertewandel und Wählerverhalten. In: Falter, J., Schoen, H. (Hrsg.): Handbuch Wahlforschung. Wiesbaden: VS Verlag, 423-445.

Kneer, G. (2006): Zur Integration des Systembegriffs in Hartmut Essers Soziologischer Erklärung. In: Greshoff, R., Schimank, U. (Hrsg.): Integrative Sozialtheorie?: Esser – Luhmann – Weber. Wiesbaden: VS Verlag, 229-258.

Kneer, G., Nassehi, A. (1997): Niklas Luhmanns Theorie sozialer Systeme. Eine Einführung. München: Fink.

Koelbl, R. (2001): Die Meute. Macht und Ohnmacht der Medien. München: Knesebeck.

Kohring, M., Hug, D. M. (1997): Öffentlichkeit und Journalismus. Zur Notwendigkeit der Beobachtung gesellschaftlicher Interdependenz – Ein systemtheoretischer Entwurf. In: Medien Journal 21(1), 15-33.

Krampen, G. (2000): Handlungstheoretische Persönlichkeitspsychologie: Konzeptuelle und empirische Beiträge zur Konstrukterstellung. 2. Auflage. Göttingen u. a.: Hogrefe.

Krzeminski, M. (1987): Thematisierung im Hörfunk. Eine empirische Untersuchung der Redaktionsarbeit für die aktuelle Berichterstattung in den Hörfunkprogrammen des WDR. Frankfurt am Main u. a.: Lang.

Kubicek, H., Welter, G. (1985): Messung der Organisationsstruktur. Eine Dokumentation von Instrumenten zur quantitativen Erfassung von Organisationsstrukturen. Stuttgart: Ferdinand Enke.

Kühnel, S.-M. (1993): Zwischen Boykott und Kooperation. Teilnahmeabsicht und Teilnahmeverhalten bei der Volkszählung 1987. Frankfurt am Main u. a.: Lang.

Kunczik, M., Zipfel, A. (2001): Publizistik. Ein Studienhandbuch. Köln u. a.: Böhlau.

Kunz, T. (2005): Der Sicherheitsdiskurs. Die Innere Sicherheitspolitik und ihre Kritik. Bielefeld: Transcript.

Kunz, V. (1997): Theorie rationalen Handelns: Konzepte und Anwendungsprobleme. Opladen: Leske & Budrich.

Kunz, V. (2004): Rational Choice. Frankfurt am Main u. a.: Campus.

Lang, R. (2005): Organizational Survey – Befragung von mehreren Organisationen. In: Kühl, S., Strodtholz, P., Taffershofer, A. (Hrsg.): Quantitative Methoden der Organisationsforschung. Ein Handbuch. Wiesbaden: VS Verlag, 85-114.

Langer, W. (2004): Mehrebenenanalyse: Eine Einführung für Forschung und Praxis. Wiesbaden: VS Verlag.

Larson, D. W. (1994): The role of belief systems and schemas in foreign policy decision-making. In: Political Psychology 15(1), 17-33.

Lazarsfeld, P. F., Menzel, H. (1961): On the relation between individual and collective properties. In: Etzioni, A. (Hrsg.): Complex organizations: A sociological reader. New York: Holt, Rinehart & Winston, 422-440.

Lichter, S. R., Noyes, R. (1995): Good Intentions Make Bad News. Lanham, MD: Rowman & Littlefield.

Lichter, S. R., Rothman, S., Lichter, L. S. (1986): The media elite: America's new powerbrokers. Bethesda, MD: Adler & Adler.

Liska, A. E. (1984): A critical examination of the causal structure of the Fishbein/Ajzen attitude-behavior model. In: Social Psychology Quarterly 47(1), 61-74.

Löffelholz, M. (2000): Theorien des Journalismus. Ein diskursives Handbuch. Wiesbaden: Westdeutscher Verlag.

Löffelholz, M. (2003): Kommunikatorforschung: Journalistik. In: Bentele, G., Brosius, H.-B., Jarren, O. (Hrsg.): Öffentliche Kommunikation. Handbuch Kommunikations- und Medienwissenschaft. Wiesbaden: Westdeutscher Verlag, 28-53.

Löffelholz, M. (2004) (Hrsg.): Theorien des Journalismus. Ein diskursives Handbuch. 2. Auflage. Wiesbaden: VS Verlag.

Löffelholz, M., Quandt, T. (2005): Journalism theory: Developments in German speaking countries. In: Ecquid Novi 26(2), 228-246.

Luhmann, N. (1997): Die Gesellschaft der Gesellschaft. Frankfurt am Main: Suhrkamp.

Maier, G. W., Prange, C., von Rosenstiel, L. (2003): Psychological perspectives of organizational learning. In: Dierkes, M., Antal, A. B., Child, J. Nonaka, I. (Hrsg.): Handbook of organizational learning and knowledge. Oxford: University Press, 14-34.

Maier, M. (2003): Analysen deutscher Fernsehnachrichten 1992-2001. In: Ruhrmann, G., Woelke, J., Maier, M., Diehlmann, N. (Hrsg.): Der Wert von Nachrichten im deutschen Fernsehen. Ein Modell zur Validierung von Nachrichtenfaktoren. Opladen: Leske & Budrich, 61-98.

Maier, M., Stengel, K., Marschall, J. (2010): Nachrichtenwerttheorie. Baden-Baden: Nomos.

Malik, M. (2004): Journalismusjournalismus. Funktion, Strukturen und Strategien der journalistischen Selbstthematisierung. Wiesbaden: VS Verlag.

March, J. G., Olsen J. P. (1975): The uncertainty of the past: Organizational learning under ambiguity. In: European Journal of Political Research 3(2), 147-171.

March, J. G., Simon, H. A. (1976): Organisation und Individuum. Menschliches Verhalten in Organisationen. Wiesbaden: Gabler.

March, J. G., Simon, H. A. (1993): Organizations. Cambridge, MA: Blackwell.

Marcinkowski, F. (1993): Publizistik als autopoietisches System: Politik und Massenmedien. Eine systemtheoretische Analyse. Opladen: Westdeutscher Verlag.

Marr, M., Wyss, V., Blum, R., Saxer, U. (2001): Journalisten in der Schweiz. Eigenschaften, Einstellungen, Einflüsse. Konstanz: UVK.

Mathes, R., Czaplicki, A. (1993): Meinungsführer im Mediensystem: »Top-down« und »Bottom-up«-Prozesse. In: Publizistik 38(2), 153-166.

Maurer, M., Jandura, O. (2008): Masse statt Klasse? Einige kritische Anmerkungen zu Repräsentativität und Validität von Online-Befragungen. In: Jackob, N., Schoen, H., Zerback, T. (Hrsg.): Sozialforschung im Internet. Methodologie und Praxis der Online-Befragung. Wiesbaden: VS Verlag, 61-73.

Mauer, M., Reinemann, C. (2006): Medieninhalte. Eine Einführung. Wiesbaden: VS Verlag.

Mayerl, J. (2008): Kognitive Grundlagen sozialen Verhaltens. Theoretische und statistische Analysen zur Modellierung von Einstellungs-Verhaltens-Beziehungen. Wiesbaden: VS Verlag.

Mayntz, R., Scharpf, F. W. (1995): Der Ansatz des akteurzentrierten Institutionalismus. In: Mayntz, R., Scharpf, F. W. (Hrsg.): Gesellschaftliche Selbstregelung und politische Steuerung. Frankfurt am Main u. a.: Campus, 39-72.

McClelland, J. L., Rumelhart, D. E. (1986): Parallel distributed processing: Explorations in the microstructure of cognition. Volume 2: Psychological and biological models. Cambridge, MA: MIT Press.

McQuail, D. (1992): Media performance. London: Sage.

Meckel, M. (1999): Redaktionsmanagement. Ansätze aus Theorie und Praxis. Opladen u. a.: Westdeutscher Verlag.

Meier, K. (2002): Ressort, Sparte, Team. Wahrnehmungsstrukturen und Redaktionsorganisation im Zeitungsjournalismus. Konstanz: UVK.

Meier, K. (2005): Stichwort »Redaktion«. In: Weischenberg, S., Kleinsteuber, H. J., Pörksen, B. (Hrsg.): Handbuch Journalismus und Medien. Konstanz: UVK, 394-398.

Meier, K. (2006): Newsroom, Newsdesk, crossmediales Arbeiten. Neue Modelle der Redaktionsorganisation und ihre Auswirkung auf die journalistische Qualität. In: Weischenberg, S., Loosen, W., Beuthner, M. (Hrsg.): Medien-Qualitäten. Öffentliche Kommunikation zwischen ökonomischem Kalkül und Sozialverantwortung. Konstanz: UVK, 203-222.

Meyen, M., Riesmeyer, C. (2009): Diktatur des Publikums. Journalisten in Deutschland. Konstanz: UVK.

Meyer, R., Hammerschmid, G. (2006): Die Mikro-Perspektive des Neo-Institutionalismus. In: Senge, K., Hellmann, K.-U. (Hrsg.): Einführung in den Neo-Institutionalismus. Wiesbaden: VS Verlag, 160-171.

Meyer, J. W., Rowan, B. (1977): Institutionalized organizations: Formal structure as myth and ceremony. In: American Journal of Sociology 83(2), 340-363.

Miebach, B. (2006): Soziologische Handlungstheorie: eine Einführung. 2. Ausgabe. Wiesbaden: VS Verlag.

Miebach, B. (2007): Organisationstheorie: Problemstellung – Modelle – Entwicklung. Wiesbaden: VS Verlag.

Miniard, P. W., Cohen, J. B. (1981): An examination of the Fishbein behavioral intentions model's concept and measures. In: Journal of Experimental Social Psychology 17(3), 309-329.

Mintzberg, H. (1992): Die Mintzberg-Struktur: Organisationen effektiver gestalten. Landsberg am Lech: Moderne Industrie.

Mohr, L. B. (1973): The concept of organizational goal. In: The American Political Science Review 67(2), 470-481.

Möllmann, B. (1998): Redaktionelles Marketing bei Tageszeitungen. München: Reinhard Fischer.

Müller, R. (2005): Corporate Governance in der Presse. Themen, Frequenzen und Nachrichtenwerte in Deutschland, der Schweiz und den USA zwischen 1994 und 2003. St. Gallen Universität: Dissertation.

Neuberger, C. (1996): Journalismus als Problembearbeitung: Objektivität und Relevanz in der öffentlichen Kommunikation. Konstanz: UVK.

Neuberger, C. (2000): Journalismus als systembezogene Akteurkonstellation. Vorschläge für die Verbindung von Akteur-, Institutionen- und Systemtheorie. In: Löffelholz, M. (Hrsg.): Theorien des Journalismus. Ein diskursives Handbuch. Wiesbaden: Westdeutscher Verlag, 275-291.

Neuberger, C. (2002): Online-Journalismus: Akteure, redaktionelle Strukturen und Berufskontext. In: Neverla, I., Grittmann, E., Pater, M. (Hrsg.): Grundlagentexte zur Journalistik. Konstanz: UVK, 356-374.

Neumann, J. v., Morgenstern, O. (1944): Theory of games and economic behavior. Princeton: University Press.

Neverla, I., Walch, S. (1994): Entscheidungsstrukturen in Printmedienunternehmen. In: Bruck, P. A. (Hrsg.): Print unter Druck. Zeitungsverlage auf Innovationskurs. München: Reinhard Fischer, 293-386.

Nisic, N., Auspurg, K. (2009): Faktorieller Survey und klassische Bevölkerungsumfrage im Vergleich – Validität, Grenzen und Möglichkeiten beider Ansätze. In: Kriwy, P., Gross, C. (Hrsg.): Klein aber fein! Quantitative empirische Sozialforschung mit kleinen Fallzahlen. Wiesbaden: VS Verlag, 211-246.

Niven, D. (1999): Partisan Bias in the Media? A New Test. In: Social Science Quarterly 80(4), 847-857.

Niven, D. (2001): Bias in the news. Partisanship and negativity in media coverage of Presidents George Bush and Bill Clinton. In: Press/Politics 6(3), 31-46.

Niven, D. (2003): Objective evidence on media bias: Newspaper coverage of congressional party switchers. In: Journalism and Mass Communication Quarterly 80(2), 311-326.

Noelle-Neumann, E. (1973): Kumulation, Konsonanz und Öffentlichkeitseffekt: Ein neuer Ansatz zur Analyse der Wirkung der Massenmedien. In: Publizistik 18(1), 26-55.

Noelle-Neumann, E. (1979): Die Entfremdung. Brief an die Zeitschrift »Journalist«. In: Kepplinger, H.-M. (Hrsg.): Angepaßte Außenseiter. Was Journalisten denken und wie sie arbeiten. Freiburg u. a.: Alber, 260-280.

Noelle-Neumann, E., Mathes, R. (1987): The »event as event« and the »event as news«. The significance of consonance for media effects research. In: European Journal of Communication 2(4), 392-414.

Oaksford, M., Chater, N. (1998): Rationality in uncertain world. Essays on the cognitive science of human reasoning. Hove: Psychology Press.

Opp, K.-D. (2004): Die Theorie rationalen Handelns im Vergleich mit alternativen Theorien. In: Gabriel, M. (Hrsg.): Paradigmen der akteurszentrierten Soziologie. Wiesbaden: VS Verlag, 43-68.

Opp, K.-D., Friedrichs, J. (1996): Brückenannahmen, Produktionsfunktionen und die Messung von Präferenzen. In: Kölner Zeitschrift für Soziologie und Sozialpsychologie 48(3), 546-559.

O'Reilly, C., Chatman, J., (1996): Culture as social control: Corporations, cults and commitment. In: Staw, B. M., Cummings, L. (Hrsg.): Research in organizational behavior. Volume 18. Greenwich u. a.: Jai, 157-200.

Orth, B. (1985): Eine undifferenzierte Prüfung eines differenzierten Wert-Erwartungs-Modells: Anmerkungen zu Krampen & Wünsche (1985). In: Zeitschrift für Sozialpsychologie 16, 280-283.

Ortmann, G., Sydow, J., Windeler, A. (1997): Organisation als reflexive Strukturation. In: Ortmann, G., Sydow, J., Türk, K. (Hrsg.): Theorien der Organisation. Die Rückkehr der Gesellschaft. Opladen: Westdeutscher Verlag, 315-354.

Östgaard, E. (1965): Factors influencing the flow of news. In: Journal of Peace Research 2(1), 39-63.

Page, B. I., Shapiro, R. Y. (1992): The Rational Public. Chicago: University of Chicago Press.

Palmgreen, P., Wenner, L. A., Rayburn, J. D. (1981): Gratification discrepancies and news program choice. In: Communication Research 8(4), 451-478.

Pappi, F. U., Shikano, S. (2004): Ideologische Signale in den Wahlprogrammen der deutschen Bundestagsparteien 1980 bis 2002. Arbeitspapiere – Mannheimer Zentrum für Europäische Sozialforschung 76. Mannheim: MZES.

Patterson, T. E., Donsbach, W. (1996): News decisions: Journalists as partisan actors. In: Political Communication 13(4), 455-468.

Petersen, T. (2002): Das Feldexperiment in der Umfrageforschung. Frankfurt am Main u. a.: Campus.

Peterson, S. (1979): Foreign gatekeepers and criteria of newsworthiness. In: Journalism Quarterly 56(1), 116-125.

Pfister, H.-R., Konerding, U. (1996): Erklärung und Vorhersage von Verhalten mit unsicheren Konsequenzen: Folgerungen aus der Entscheidungsforschung für die Einstellungsforschung. In: Zeitschrift für Sozialpsychologie 27(1), 90-99.

Plies, K., Schmidt, P. (1996): Intention = Verhalten? Eine repräsentative Längsschnittstudie zur Überprüfung der Theorie des geplanten Verhaltens im Kontext der AIDS-Prävention. In: Zeitschrift für Sozialpsychologie 27(1), 70-80.

Pligt, van der J., Eiser, J. R. (1984): Dimensional salience, judgement and attitudes. In: Eiser, J. R. (Hrsg.): Attitudinal judgment. New York: Springer Verlag, 43-63.

Pühringer, K. (2007): Journalisten – Kapital und Herausforderung im Zeitungsunternehmen: Implementierung von Personalentwicklungsinstrumenten und deren Wirkung auf redaktionelles Wissensmanagement, Mitarbeitermotivation und Personalfluktuation. Zürich u. a.: LIT.

Pürer, H., Raabe, J. (2007): Presse in Deutschland. 3. Auflage. Stuttgart: UTB.

Quandt, M., Ohr, D. (2004): Worum geht es, wenn es um nichts geht – zum Stellenwert von Niedrigkostensituationen in der Rational Choice-Modellierung normkonformen Handelns. In: Kölner Zeitschrift für Soziologie und Sozialpsychologie 56(4), 683-707.

Quandt, T. (2005): Journalisten im Netz. Eine Untersuchung journalistischen Handelns in Online-Redaktionen. Wiesbaden: VS Verlag.

Quandt, T., Scheufele, B. (2011) (Hrsg.): Ebenen der Kommunikation. Mikro-Meso-Makro-Links in der Kommunikationswissenschaft. Wiesbaden: VS Verlag.

Raabe, J. (2005): Die Beobachtung journalistischer Akteure: Optionen einer empirisch-kritischen Journalismusforschung. Wiesbaden: VS Verlag.

Raithel, J. (2006): Quantitative Forschung. Ein Praxisbuch. Wiesbaden: VS Verlag.

Rauchenzauner, E. (2008): Schlüsselereignisse in der Medienberichterstattung. Wiesbaden: VS Verlag.

Rayburn, J. D., Palmgreen, P., Acker, T. (1984): Media gratifications and choosing a morning news program. In: Journalism Quarterly 61(1), 149-156.

Reckwitz, A. (1997): Struktur. Zur sozialwissenschaftlichen Analyse von Regeln und Regelmäßigkeiten. Opladen: Westdeutscher Verlag.

Reinemann, C. (2003): Medienmacher als Mediennutzer: Kommunikations- und Einflussstrukturen im politischen Journalismus der Gegenwart. Köln u. a.: Böhlau.

Reinemann, C. (2007): Subjektiv rationale Akteure: Das Potenzial handlungstheoretischer Erklärungen für die Journalismusforschung. In: Altmeppen, K.-D., Hanitzsch, T., Schlüter, C. (Hrsg.): Journalismustheorie: Next Generation. Soziologische Grundlegung und theoretische Innovation. Wiesbaden: VS Verlag, 47-67.

Rosenberg, M. J. (1956): Cognitive structure and attitudinal affect. In: The Journal of Abnormal and Social Psychology 53(3), 367-372.

Rosenberg, M. J., Hovland, C. I. (1966): Cognitive, affective, and behavioral components of attitudes. In: Rosenberg, M. J., Hovland, C. I., McGuire, W. J., Abelson, R. P., Brehm, J. W. (Hrsg.): Attitude organization and change. New Haven: Yale University Press, 1-14.

Rosengren, K. E. (1970): Intra and extra media data. In: Acta Sociologica 13(2), 96-109.

Rossmann, C. (2011): Theory of reasoned action – Theory of planned behavior. Baden-Baden: Nomos.

Rühl, M. (1979): Die Zeitungsredaktion als organisiertes soziales System. 2. Auflage. Fribourg: Universitätsverlag.

Rühl, M. (1980): Journalismus und Gesellschaft. Mainz: Hase & Koehler.

Rühl, M. (1989): Organisatorischer Journalismus. Tendenzen der Redaktionsforschung. In: Kaase, M., Schulz, W. (Hrsg.): Massenkommunikation. Theorien, Methoden, Befunde. Opladen: Westdeutscher Verlag, 253-269.

Rumelhart, D. E., McClelland, J. L. (1986) (Hrsg.): Parallel distributed processing: Explorations in the microstructure of cognition: Volume 1: Foundations. Cambridge, MA: MIT Press.

Sanders, K., Kianty, A. (2006): Organisationstheorien. Eine Einführung. Wiesbaden: VS Verlag.

Savage, L. J. (1954): The foundations of statistics. New York: John Wiley & Sons.

Scharpf, F. W. (2000): Interaktionsformen. Akteurzentrierter Institutionalismus in der Politikforschung. Opladen: Leske & Budrich.

Schatz, H., Schulz, W. (1992): Qualität von Fernsehprogrammen. Kriterien und Methoden zur Beurteilung von Programmqualität im dualen Fernsehsystem. In: Media Perspektiven 11, 690-712.

Schenk, M., Büchner, B., Rössler, P. (1986): TV-Programmvergleich. Ein Test neuer Ansätze in der Publikumsforschung. In: Rundfunk und Fernsehen 34(1), 73-86.

Scherer, H. (1997): Medienrealität und Rezipientenhandeln. Zur Entstehung handlungsleitender Vorstellungen. Wiesbaden: DUV.

Scheufele, B. (2003): Frames – Framing – Framing-Effekte. Theoretische und methodische Grundlegung sowie empirische Befunde zur Nachrichtenproduktion. Wiesbaden: Westdeutscher Verlag.

Scheufele, B. (2008): Das Erklärungsdilemma der Medienwirkungsforschung. Eine Logik zur theoretischen und methodischen Modellierung von Medienwirkungen auf die Meso- und Makro-Ebene. In: Publizistik 53(3), 339-361.

Scheufele, B. (2011): Medienwirkungen jenseits des einzelnen Rezipienten. In: Quandt, T., Scheufele, B. (Hrsg.): Ebenen der Kommunikation: Mikro-Meso-Makro-Links in der Kommunikationswissenschaft. Wiesbaden: VS Verlag, 109-142.

Scheufele, B., Brosius, H.-B. (1999): The frame remains the same? Stabilität und Kontinuität journalistischer Selektionskriterien am Beispiel der Berichterstattung über Anschläge auf Ausländer und Asylbewerber. In: Rundfunk & Fernsehen 47(3), 409-432.

Scheufele, B., Engelmann, I. (2009): Empirische Kommunikationsforschung. Konstanz: UVK/UTB basics.

Scheufele, B., Engelmann, I. (2012): Im Rahmen von Werten – Das Value-Framing der Qualitäts- und Boulevardpresse bei ausgewählten Bundestagswahlen. In: Marcinkowski, F. (Hrsg.): Framing als politischer Prozeß. Aufsätze zur Politischen Kommunikation entwickelter Demokratien. Baden-Baden: Nomos-Verlagsgesellschaft *(im Druck)*.

Schimank, U. (1996): Theorien gesellschaftlicher Differenzierung. Opladen: UTB.

Schimank, U. (2005a): Die Entscheidungsgesellschaft. Komplexität und Rationalität der Moderne. Wiesbaden: VS Verlag.

Schimank, U. (2005b): Differenzierung und Integration der modernen Gesellschaft. Beiträge zur akteurzentrierten Differenzierungstheorie. Wiesbaden: VS Verlag.

Schimank, U. (2009): Wie sich funktionale Differenzierung reproduziert – eine akteurtheoretische Erklärung. In: Hill, P., Kalter, F., Kopp, J., Kroneberg, C., Schnell, R. (Hrsg.): Hartmut Essers Erklärende Soziologie. Kontroversen und Perspektiven. Frankfurt am Main u. a.: Campus, 201-223.

Schimank, U. (2010): Handeln und Strukturen. Einführung in die akteurtheoretische Soziologie. 4. Auflage. Weinheim u. a.: Juventa.

Schmidt, J. (2000): Die Grenzen der Rational-Choice-Theorie: eine kritische theoretische und empirische Studie. Opladen: Leske & Budrich.

Schnell, R., Hill, P., Esser, E. (1999): Methoden der empirischen Sozialforschung. 6. Auflage. München u. a.: Oldenbourg.

Schnotz, W. (1994): Aufbau von Wissensstrukturen. Untersuchungen zur Kohärenzbildung bei Wissenserwerb mit Texten. Weinheim: Beltz, PVU.

Scholl, A., Weischenberg, S. (1998): Journalismus in der Gesellschaft. Theorie, Methodologie und Empirie. Opladen u. a.: Westdeutscher Verlag.

Schönbach, K. (1976): Umfassende Information kontra »politische Grundhaltung«. Übereinstimmung mit der redaktionellen Linie als Nachrichtenwert. In: Publizistik 21(1), 68-87.

Schönbach, K. (1977): Trennung von Nachricht und Meinung: Empirische Untersuchung eines journalistischen Qualitätskriteriums. Freiburg u. a.: Alber.

Schulz, W. (1976): Die Konstruktion von Realität in den Nachrichtenmedien: Analyse der aktuellen Berichterstattung. Freiburg u. a.: Alber.

Schulz, W. (1982): News structure and people's awareness of political events. In: Gazette 30(3), 139-153.

Schütz, A. (1971a): Wissenschaftliche Interpretation und Alltagsverständnis menschlichen Handelns. In: Schütz, A.: Gesammelte Aufsätze. Band 1. Das Problem der sozialen Wirklichkeit. Den Haag: Martinus Nijhoff, 3-54.

Schütz, A. (1971b): Das Wählen zwischen Handlungsentwürfen. In: Schütz, A.: Gesammelte Aufsätze. Band 1. Das Problem der sozialen Wirklichkeit. Den Haag: Martinus Nijhoff, 77-110.

Schütz, A. (1972): Das Problem der rationalen Welt. In: Schütz, A.: Gesammelte Aufsätze. Band 2. Studien zur soziologischen Theorie. Den Haag: Martinus Nijhoff, 22-50.

Schütz, A. (1991): Der sinnhafte Aufbau der sozialen Welt. 5. Auflage. Eine Einleitung in die verstehende Soziologie. Frankfurt am Main: Suhrkamp.

Schütz, A., Luckmann, T. (2003): Strukturen der Lebenswelt. Konstanz: UVK.

Schütz, W. J. (2007): Redaktionelle und verlegerische Struktur der deutschen Tagespresse. In: Media Perspektiven 11, 589-598.

Scott, W. R. (1986): Grundlagen der Organisationstheorie. Frankfurt am Main u. a.: Campus.

Scott, W. R. (2001): Institutions and Organizations. Thousand Oaks: Sage.

Senge, K. (2006): Zum Begriff der Institution im Neo-Institutionalismus. In: Senge, K., Hellmann, K.-U. (Hrsg.): Einführung in den Neo-Institutionalismus. Wiesbaden: VS Verlag, 35-47.

Shoemaker, P. J., Cohen, A. (2006): News around the World. Content, practioners, and the public. New York u. a.: Routledge Publications.

Shoemaker, P. J., Eichholz, M., Kim, E., Wrigley, B. (2001): Individual and routine forces in gatekeeping. In: Journalism & Mass Communication Quarterly 78(2), 233-246.

Shoemaker, P. J., Reese, S. D. (1996): Mediating the message. Theories of influences on mass media content. New York: Longman.

Sigal, L. V. (1973): Reporters and officials: The organization and politics of newsmaking. Lexington, MA: D. C. Heath.

Simon, H. A. (1974): How big is a chunk? By combining data from several experiments, a basic human memory unit can be identified and measured. In: Science 183(4124), 482-488.

Simon, H. A. (1981): Entscheidungsverhalten in Organisationen. Eine Untersuchung von Entscheidungsprozessen in Management und Verwaltung. 3. Auflage. Landsberg am Lech: Moderne Industrie.

Simon, H. A. (1991): Bounded rationality and organizational learning. In: Organization Science 2(1), 125-134.

Simon, H. A. (1993): Homo rationalis. Die Vernunft im menschlichen Leben. Frankfurt am Main u. a.: Campus.

Six, B., Eckes, T. (1996): Metaanalysen in der Einstellungs-Verhaltens-Forschung. In: Zeitschrift für Sozialpsychologie 27(1), 7-17.

Sparks, P., Guthrie, C. A., Shephard, R. (1997): The dimensional structure of the perceived behavioral control construct. In: Journal of Applied Social Psychology 27(5), 418-438.

Sparrow, B. H. (1999): Uncertain guardians. The news media as a political institution. Baltimore, London: The John Hopkins University Press.

Srubar, I. (1992): Grenzen des »Rational Choice«-Ansatzes. In: Zeitschrift für Soziologie 21(3), 157-165.

Staab, J. F. (1990): Nachrichtenwert-Theorie: formale Struktur und empirischer Gehalt. Mainz: Alber.

Staehle, W. H. (1992): Funktionen des Managements. Eine Einführung in einzelwirtschaftliche und gesamtgesellschaftliche Probleme der Unternehmensführung. Bern u. a.: Haupt.

Stocké, V. (2002): Framing und Rationalität. Die Bedeutung der Informationsdarstellung für das Entscheidungsverhalten. München: Oldenbourg.

Stolle, M. (2000): Anwendungsprobleme der Wert-Erwartungs-Theorie am Beispiel der Migrationsbereitschaft von Arbeitslosen. Universität Leipzig.

Stroebe, W. (1980): Grundlagen der Sozialpsychologie. Stuttgart: Klett-Cotta.

Taylor, S. E., Crocker, J. (1981): Schematic bases of social information processing. In: Higgins, E. T., Herman, C. P., Zanna, M. P. (Hrsg.): Social Cognition: The Ontario Symposium. Volume 1. Hillsdale, NJ: Erlbaum, 89-160.

Theis-Berglmair, A. M. (1999): Die Grundlagen der Organisationsforschung in der Medienwissenschaft. In: Leonhard, J.-F., Ludwig, H.-W., Schwarze, D., Straßner, E. (Hrsg.): Medienwissenschaft. Ein Handbuch zur Entwicklung der Medien und Kommunikationsformen. 1. Teilband. Berlin u. a.: Walter de Gruyter, 70-82.

Thomas W. I., Thomas, D. S. (1928): The child in America. Behavioral problems and programs. New York: Knopf.

Todd, P. M., Gigerenzer, G. (2003): Bounded rationality to the world. In: Journal of Economic Psychology 24(2), 143-165.

Tolbert, P. S., Zucker, L. G. (1996): The institutionalization of institutional theory. In: Clegg, S. R., Hardy, C., Nord, W. R. (Hrsg.): Handbook of organization studies. London: Sage, 175-190.

Tuchman, G. (1978): Making news. A study in the construction of reality. New York: Free Press.

Türk, K. (1997): Organisation als Institution der kapitalistischen Gesellschaftsformation. In: Ortmann, G., Sydow, J., Türk, K. (Hrsg.): Theorien der Organisation. Opladen: Westdeutscher Verlag, 124-176.

Turner, R. H. (1962): Role-Taking – Process versus conformity. In: Rose, A. M. (Hrsg.): Human behavior and social processes. An interactionist approach. Boston, MA: Houghton Mifflin, 20-40.

Tversky, A., Kahnemann, D. (1974): Judgment under uncertainty: Heuristics and biases. In: Science 185, 1124-1131.

Tversky, A., Kahnemann, D. (1981): The framing of decisions and the psychology of choice. In: Science 211, 453-458.

Tversky, A., Kahnemann, D. (1982): Judgment under uncertainty: heuristics and biases. In: Kahnemann, D., Slovic, P., Tversky, A. (Hrsg.): Judgment under uncertainty: Heuristics and biases. Cambridge: University Press, 3-23.

Urban, D., Mayerl, J. (2006): Regressionsanalyse: Theorie, Technik und Anwendung. Wiesbaden: VS Verlag.

Vandenberg, R. J. (1994): A critical examination of the internalization, identification, and compliance commitment measures. In: Journal of Management 20(1), 123-140.

Verplanken, B., Aarts, H., van Knippenberg, A., van Knippenberg, C. (1994): Attitude versus general habit: Antecedents of travel mode choice. In: Journal of Applied Social Psychology 24(4), 285-300.

Verplanken, B., Myrbakk, V., Rudi, E. (2005): The measurement of habit. In: Betsch, T., Haberstroh, S. (Hrsg.): The routines of decision making. Mahwah, NJ: Erlbaum, 231-247.

Volkens, A. (1989): Parteiprogrammatik und Einstellungen politischer Eliten: Konsens- und Konfliktstrukturen in Wahlprogrammen. In: Herzog, D., Weßels, B. (Hrsg.): Konfliktpotentiale und Konsensstrategien. Beiträge zur politischen Soziologie der Bundesrepublik. Opladen: Westdeutscher Verlag, 118-144.

Walther, E. (2002): Guilty by mere association: Evaluative conditioning and the spreading attitude effect. In: Journal of Personality and Social Psychology 82(6), 919-934.

Wason, K. D., Polonsky, M. J., Hyman, M. R. (2002): Designing vignette studies in marketing. In: Australasian Marketing Journal 10(3), 41-58.

Weber, M. (1972): Wirtschaft und Gesellschaft. Grundriss der verstehenden Soziologie. 5. Auflage. Tübingen: Mohr.

Weber, P. (2007): Die Osteuropaberichterstattung in ausgewählten deutschen Tageszeitungen: eine empirische Untersuchung. Leipzig: Unveröffentlichte Magisterarbeit.

Weber, S., Brake, A. (2005): Internetbasierte Befragungen. In: Kühl, S., Strodtholz, P., Taffertshofer, A. (Hrsg.): Quantitative Methoden der Organisationsforschung. Ein Handbuch. Wiesbaden: VS Verlag, 59-84.

Weischenberg, S. (1994): Journalismus als soziales System. In: Merten, K., Schmidt, S. J., Weischenberg, S. (Hrsg.): Die Wirklichkeit der Medien. Eine Einführung in die Kommunikationswissenschaft. Opladen: Westdeutscher Verlag, 427-454.

Weischenberg, S., Bassewitz, S. v., Scholl, A. (1989): Konstellationen der Aussagenentstehung. Zur Handlungs- und Wirkungsrelevanz journalistischer Kommunikationsabsichten. In: Kaase, M., Schulz, W. (Hrsg.): Massenkommunikation. Theorien, Methoden, Befunde. (Sonderheft 30 der Kölner Zeitschrift für Soziologie und Sozialpsychologie). Opladen: Westdeutscher Verlag, 280-300.

Weischenberg, S., Löffelholz, M., Scholl, A. (1994): Merkmale und Einstellungen von Journalisten. Journalismus in Deutschland II. In: Media Perspektiven 4, 154-167.

Weischenberg, S., Malik, M., Scholl, A. (2006): Die Souffleure der Mediengesellschaft: Report über die Journalisten in Deutschland. Konstanz: UVK.

Weiß, H.-J. (1989): Öffentliche Streitfragen und massenmediale Argumentationsstrukturen. Ein Ansatz zur Analyse der inhaltlichen Dimension im Agenda-Setting-Prozess. In: Kaase, M., Schulz, W. (Hrsg.): Massenkommunikation. (Sonderheft 30 der Kölner Zeitschrift für Soziologie und Sozialpsychologie). Opladen: Westdeutscher Verlag, 473-489.

Werth, L., Mayer, J. (2008): Sozialpsychologie. Berlin u. a.: Spektrum Akademischer Verlag.

Westerstahl, J., Johansson, F. (1986): News ideologies as moulders of news. In: European Journal of Communication 1(2), 133-149.

White, D. M. (1950): The »Gatekeeper«. A Case Study in the Selection of News. In: Journalism Quarterly 27(3), 383-390.

Wilke, J. (1984): Nachrichtenauswahl in vier Jahrhunderten. Eine Modellstudie zur Verbindung historischer und empirischer Publizistikwissenschaft. Berlin u. a.: De Gruyter.

Wilke, J., Reinemann, C. (2000): Kanzlerkandidaten in der Wahlkampfberichterstattung 1949-1998. Köln u. a.: Böhlau.

Wiswede, G. (1977): Rollentheorie. Stuttgart u. a.: Kohlhammer.

Wyer, R. S., Albarracin, D. (2005): Belief formation, organization and change: Cognitive and motivational influences. In: Albarracin, D., Johnson, B. T., Zanna, M. P. (Hrsg.): Handbook of attitudes and attitude change. Mahwah, NJ: Erlbaum, 273-322.

Wyss, V. (2002): Redaktionelles Qualitätsmanagement. Ziele, Normen, Ressourcen. Konstanz: UVK.

Wyss, V. (2004): Journalismus als duale Struktur. Grundlagen einer strukturationstheoretischen Journalismustheorie. In: Löffelholz, M. (Hrsg.): Theorien des Journalismus. Ein diskursives Handbuch. Wiesbaden: VS Verlag, 305-320.

Zanna, M. P., Olson, J. M. (1982): Individual differences in attitudinal relations. In: Zanna, M. P., Higgings, E. T., Herman, C. P. (Hrsg.): Consistency in Social Behavior. Hillsdale, NJ: Erlbaum, 75-104.

Zimmermann, E. (1972): Das Experiment in den Sozialwissenschaften. Studienskripten zur Soziologie. Band 37. Stuttgart: B. G. Teubner.

Zucker, L. G. (1977): The role of institutionalization in cultural persistence. In: American Sociological Review 42(10), 726-743.

Zucker, L. G. (1983): Organizations as institutions. In: Bacharach, S. B. (Hrsg.): Research in the sociology of organizations. Volume 2. Greenwich u. a.: Jai, 1-47.

Zucker, L. G. (1987): Institutional theories of organization. In: Annual Review of Sociology 13(1), 443-464.